Dänische Volksmärchen

Herausgegeben von Laurits Bødker

EUGEN DIEDERICHS VERLAG

Übersetzt von Anna Kjærgaard

7. bis 9. Tausend 1976

Einbandentwurf: Hans Hermann Hagedorn
Gesamtherstellung: Passavia Passau
ISBN 3-424-00255-0 Hln
ISBN 3-424-00256-9 Leder

1. Der Sohn des Fischers

Es war einmal ein armer Mann, der ernährte sich vom Fischen. Er hatte einen Sohn, der ein schöner, gesunder Junge war. Eines Tages ging der Junge mit auf den Fischfang; wie sie so da draußen auf dem Meere liegen, kommt da ein kleines, schwarzes Boot in solcher Eile auf sie zugefahren, daß es, ehe sie ihm ausweichen konnten, an ihrer Seite war. Auf dem Deck stand eine Frauengestalt, ihr Gesicht aber konnte man nicht sehen, denn sie war von Kopf bis Fuß in einen Schleier gehüllt. Sie fragte den Fischer, ob er ihr nicht seinen Sohn überlassen wolle, sie wolle ihm viel Geld dafür geben und den Jungen glücklich machen. Der Fischer wollte nicht, aber sie redeten so lange hin und her, bis sie den Jungen mitnehmen durfte. Er stieg in ihr Boot über, und im Nu waren sie dem Fischer aus den Augen verschwunden.

Kurze Zeit darauf landete das Schiffchen, und die Jungfrau führte den Jungen in ein prächtiges Schloß und sagte: »Hier sollst du wohnen, und hier soll es dir gut gehen. Alles, was du dir wünschst, sollst du haben; nur mußt du dich hüten vor einem: Du darfst niemals Feuer oder Licht auf das Schloß bringen. Jede Nacht komme ich zu dir und lege mich zu dir, aber du darfst mich nicht sehen: Wenn du diesen Befehl übertrittst, ist dein Glück vorbei.«

Der Sohn des Fischers ging nun in das Schloß; da gab es viel zu sehen: zahllose Zimmer, das eine prächtiger als das andere mit großen vergoldeten Spiegeln und herrlichen Gemälden; ein großer Garten voll der schönsten Blumen und Früchte war auch da. In einem Stübchen war der Tisch mit den köstlichsten Gerichten und Weinen gedeckt. Der Junge aß und ging zu Bett, und in der Nacht kam sie wirklich und legte sich zu ihm, aber er konnte nicht sehen, wer sie war. Als er am nächsten Morgen aufstand, lag auf dem Stuhl statt seiner armseligen Fischerkleider eine wunderschöne Tracht, so prächtig wie für einen Prinzen; er zog sie an, der Tisch war wieder gedeckt, und er verzehrte sein Frühstück; dann besah er sich die Herrlichkeiten des Schlosses.

So verging der eine Tag wie der andere, er konnte tun und lassen, was er wollte, er bekam alles, was er sich wünschte, aber er sah nie einen einzigen Menschen.

Als eine Zeitlang vergangen war, fingen alle diese Herrlichkeiten an, ihm alt und gewohnt zu werden, die Zeit wurde ihm lang und er sehnte sich danach, nach Hause zu kommen und mit seinen Eltern zu sprechen. Eines Abends fragte er die Jungfrau, ob er nicht nach Hause kommen und seinen Vater besuchen dürfe. Sie gab ihm sofort die Erlaubnis, daß er am nächsten Tage gehen dürfe, und sagte: »Morgen früh wirst du drei Schüsse hören; beim ersten Schuß stehst du auf und machst dich fertig für die Reise, beim zweiten gehst du in den Garten und beim dritten gehst du an Bord.«

Der Junge tat, wie sie gesagt hatte, und kam schnell nach Hause; dort freuten sie sich sehr, als sie ihn sahen, sie staunten über seine prächtigen Kleider und was sie über sein feines Leben zu hören bekamen. Als er ihnen aber erzählte, daß er keinen Menschen zu sehen bekäme, nicht einmal sie, die nachts bei ihm läge, und daß er weder Feuer noch Licht ins Schloß bringen dürfe, da meinten sie, daß das absonderlich sei, und der Vater sagte: »Ich gebe dir eine Kerze und ein Feuerzeug mit, dann kannst du sie heimlich sehen, wenn sie schläft, das kann sie nicht merken. Du mußt ja annehmen, daß sie eine Prinzessin ist oder so etwas.« Der Junge war bei diesem Gedanken etwas beklommen, aber seine Eltern fuhren fort, ihn zu überreden, und er selber hatte auch große Lust dazu, und so beschloß er denn zu tun, wie sie sagten.

Als er darum wieder auf das Schloß zurückgekommen war, nahm er eine Kerze und ein Feuerzeug mit ins Bett. Die Jungfrau kam, wie sie zu tun pflegte, und legte sich zu ihm, und als er glaubte, daß sie schliefe, zündete er die Kerze an und hielt sie über sie, um sie richtig sehen zu können. Da sah er, daß sie eine so schöne Jungfrau war, wie man sie sich kaum vorstellen kann, und er war so in ihren Anblick versunken, daß er nicht merkte, wie die Kerze auf ihre Brust tropfte. Da erwachte sie und sah, was geschehen war, und sagte zu ihm: »Du schlimmer Junge! Daß du das doch nicht bleiben lassen konntest, ich hatte es dir doch so streng verboten! Jetzt kannst du hier nicht länger bleiben, morgen mußt du deiner Wege gehen und darfst nie wieder hierherkommen!«

Er bat um Verzeihung, aber das konnte ihm nicht helfen; doch konnte er merken, daß sie, obwohl sie so streng mit ihm redete, selber sehr betrübt war. Am Morgen lagen seine alten Kleider neben dem Bette; nun mußte er diese anziehen. Es gab auch nichts zu essen, und er mußte das Schloß verlassen, so ungern er wollte.

Der Sohn des Fischers wankte nun lange, lange Zeit umher. Am liebsten ging er durch die Wälder und in die Einöde, denn er konnte es nicht ertragen, unter Menschen zu sein. Tag und Nacht dachte er an die schöne Jungfrau, die er so unendlich liebte, und viele Male ging er zurück vor das Schloß, aber alle Türen waren verschlossen, und alle Fenster waren mit Gardinen verhangen, und es half ihm nichts, daß er dort stand.

Eines Tages, wie er wieder durch einen großen Wald geht, kommt er an eine Stelle, wo sich drei Tiere, ein Bär, ein Hund und ein Adler, um ein totes Pferd streiten. Der Junge sagte zu ihnen: »Laßt mich unter euch teilen, dann werdet ihr sicher alle drei zufrieden sein.«

Darauf gingen sie gern ein, und der Junge verteilte das Pferd so unter sie, daß der Bär das Beste vom Fleisch, der

Adler die Eingeweide und der Hund die Knochen bekam. Damit waren sie überaus zufrieden, und der Bär sagte zu dem Jungen: »Jetzt gebe ich dir, daß du dich in einen Bären verwandeln kannst, wann du willst, aber du sollst zehnmal so stark sein wie ein Bär.« Der Adler sagte: »Ich gebe dir, daß du dich in einen Adler verwandeln kannst, wann du willst, und daß du zehnmal so schnell fliegen kannst wie ein Adler.« Der Hund sagte: »Und ich gebe dir, daß du dich in einen Hund verwandeln kannst, wann du willst, und daß du zehnmal so schnell laufen kannst wie ein Hund.«

Der Junge dankte den Tieren viele Male für ihre Gaben und verwandelte sich sogleich in einen Adler und flog auf das Schloß, wo er sich auf einen Baum setzte. Die schöne Jungfrau stand an einem Fenster und schaute hinaus und erblickte den Adler. Ununterbrochen sah sie ihn an, und er flog immer wieder von einem Ast auf den anderen, bis er zuletzt nahe an der Erde war. Da kam die Jungfrau heraus und versuchte, ihn zu fangen, und das war gar nicht schwer; sie nahm ihn auf und ging mit ihm ins Schloß hinein. Dort nahm er seine wirkliche Gestalt an; als aber die Jungfrau sah, wer er war, sagte sie: »Pfui, du schlimmer Junge! Wie kannst du es wagen, hierherzukommen? Du mußt sofort deines Weges gehen!«

Der Junge flehte aber so lange, bis sie ihm gestattete, noch etwas zu bleiben, und da erzählte er ihr von den großen Gaben, die er bekommen hatte, und fragte sie, ob es denn nicht möglich wäre, daß er auf dem Schlosse bliebe, ob er nichts dafür tun könne, und wie das alles mit dem Schloß und mit ihr zusammenhinge.

Die Jungfrau antwortete: »Ich glaube nicht, daß sich daran etwas ändern läßt. Die Sache ist die: Ein schlimmer Zauberer wollte mich zwingen, ihn zu heiraten, und da ich das nicht wollte, verwandelte er alle meine Leute in Tiere; mich selber konnte er nicht verwandeln, aber er zwang mich, hier ganz allein zu leben, denn er glaubt, daß er mich dadurch zum

Nachgeben zwingen kann; aber das tue ich nicht. Ich glaube aber nicht, daß sich an allem etwas ändern läßt, bis er einmal tot ist.« »Wie lange kann er denn leben?« fragte der Junge.

»Das weiß ich nicht«, erwiderte die Jungfrau, »er kann sicher viele hundert Jahre leben, denn er sagt selber, daß er nicht sterben kann.«

»Hör«, sagte der Junge, »wir müssen herauskriegen, wie man ihn töten kann. Du mußt mit ihm sprechen und ihn so weit bekommen, daß er es dir offenbart; wenn du freundlich zu ihm bist, dann kriegst du ihn sicher so weit, daß er sich verrät, und dann mußt du mir alles erzählen, und dann werde ich sehen, ob ich keinen Rat weiß.«

Der Jungfrau dünkte das gut, und sie ging sofort zu dem Zauberer. Sie sprach freundlich zu ihm und sagte: »Ich fürchte, daß du krank bist, ich finde, du siehst so schlecht aus.«

»Nein, mein Liebchen«, antwortete der Zauberer, »ich bin ganz gesund, und wenn ich auch krank würde, so bestünde dennoch keine Gefahr, daß ich stürbe.«

»Bist du dessen auch ganz sicher, ich bin doch bange, daß du sterben könntest.«

»Da brauchst du keine Angst zu haben, mein Schätzchen! Es müßte seltsam zugehen, wenn ich sterben sollte. Damit du aber ganz ohne Furcht sein kannst, will ich dir etwas erzählen, was ich noch nie erzählt habe. Ich kann nicht sterben, es sei denn, daß einer käme und mir mein Herz an die Stirn würfe; das kann aber kaum einer tun, denn mein Herz sitzt in einer Taube, die Taube sitzt in einem Fuchs und der Fuchs in einem Bären; der Bär aber geht in einem Königshof tausend Meilen von hier entfernt. Da siehst du wohl, daß ich vollkommen ruhig sein kann.«

»Ja, jetzt bin ich beruhigt«, sagte die Jungfrau, und dann ging sie fort und erzählte alles dem Fischersohn. Er wurde sehr froh und sagte:

»Sei nun gutes Mutes, Liebste! Wenn der liebe Gott mir beisteht, hoffe ich sicher, daß ich dich retten kann.«

Dann sagte er Lebewohl, verwandelte sich in einen Adler und flog in großer Eile die tausend Meilen zu dem Königshof, in dem sich der Bär befand.

Als er dort ankam, wurde er freundlich empfangen, denn er war inzwischen zu einem schönen, stattlichen Burschen herangewachsen. Der König erzählte ihm, was für eine Bürde der große Bär für das Land bedeutete, der da draußen herumginge und jeden Morgen zwanzig Schafe zum Frühstück verzehrte; viele hätten versucht, ihn zu erschlagen, aber keinem sei es bisher gelungen. »Da möchte ich es auch einmal versuchen«, sagte der Sohn des Fischers, »darf ich morgen dem Bären sein Frühstück bringen?« Dem stand natürlich nichts im Wege, aber der König riet ihm davon ab, denn er meinte, er würde sein Leben dabei verlieren.

Am nächsten Morgen begab er sich zu dem Bären, der furchtbar böse war und ihn fragte: »Wo bleibt mein Frühstück?«

»Heute gebe ich dir dein wohlverdientes Frühstück«, antwortete der Bursche, und im selben Augenblick verwandelte er sich in einen Bären, und sie fuhren aufeinander los und rauften sich, daß es grauenhaft anzusehen war. Das dauerte lange, denn keiner konnte recht die Übermacht bekommen; sie hörten eine Weile auf, um zu verpusten, und da sagte der Bär des Königs: »Wenn ich nur eine Flasche des klarsten Wassers hätte, dann würde ich dich schon kleinkriegen!« – »Ja«, antwortete der andere, »wenn ich nur eine Flasche vom besten Wein des Königs hätte, dann wäre es bald aus mit dir!«

Ein Diener des Königs holte sofort den Wein und gab ihn dem Sohn des Fischers, und da überwand er denn auch den anderen und riß ihm den Bauch auf. Und da fuhr der Fuchs aus dem Bauch des Bären und lief über die Felder. Der Bursche verwandelte sich sofort in einen Hund und setzte hinter dem Fuchs her, den er denn auch bald einholte und ihm den Bauch aufriß. Da flog eine Taube aus dem Fuchs heraus, der Hund verwandelte sich in einen Adler, fing die Taube und zerriß sie, daß sie starb, nahm das Ei, das er in ihr fand, und flog mit dem Ei im Schnabel auf das Schloß, auf dem die Jungfrau wohnte.

Die Jungfrau war gerade bei dem Zauberer; er war sehr unruhig und sagte: »Ach, ich fühle mich so krank, mich dünkt, mein Herz kommt näher.« Je mehr der Adler sich ihm näherte, um so ängstlicher wurde der Zauberer. »Mein Herz kommt, mein Herz kommt«, rief er, und da wurde die Jungfrau froh.

Als der Adler das Schloß erreichte, verwandelte er sich wieder in einen Menschen, nahm das Ei in die Hand und ging damit zu der Jungfrau und dem Zauberer. Dieser war jetzt so elend, daß er ganz machtlos geworden war, er wand sich und jammerte: »Mein Herz kommt, mein Herz kommt«, rief er immer wieder, und als der Bursche hereingekommen war, schlug er dem Zauberer das Ei mitten auf die Stirn, so daß er sofort umfiel und tot war.

Da herrschte große Freude auf dem Schlosse, die Jungfrau nahm ihren Schleier ab und zeigte dem Sohn des Fischers ihr schönes Gesicht und dankte ihm so inniglich für alles, was er getan hatte. Von allen Seiten kamen nun Leute herbei, die ihm dankten, weil er ihren Zauber gelöst hatte; es waren die Untertanen der Prinzessin – denn die schöne Jungfrau war wirklich eine Prinzessin –, die von dem Zauberer alle in Tiere verwandelt worden waren.

Da wurden alle Anstalten für die Hochzeit des Fischersohns und der Prinzessin getroffen, und es wurde eine Hochzeit gefeiert, wie man sie noch nie erlebt hatte. Er vergaß aber auch seine Eltern nicht; sie kamen zur Hochzeit und blieben da, bis sie starben. Der Sohn des Fischers und die Prinzessin lebten noch viele, viele Jahre in Glück und Freude, und wenn sie nicht gestorben sind, dann leben sie noch heute.

2. *König Lindwurm*

Es war einmal ein König, der hatte eine wunderschöne Königin. Als sie Hochzeit hatten und in der ersten Nacht zu Bett gingen, war nichts auf ihrem Bett geschrieben; aber als sie aufstanden, war darauf zu lesen, daß sie keine Kinder haben würden. Darüber war der König sehr traurig, aber die Königin noch viel mehr; sie dachte, es sei doch gar zu schlimm, daß sie gar keinen Erben für ihr Reich haben sollten.

Eines Tages ging sie in tiefen Gedanken und kam an eine abgelegene Stelle. Da begegnete ihr ein altes Weib, das fragte, ob ihr die Königin nicht sagen wolle, warum sie denn gar so traurig sei? Die Königin schaute auf und sagte: »Ach, das hilft mir doch nichts, wenn ich es dir auch sage; du kannst mir doch nicht helfen.«

»Vielleicht doch«, sagte die Alte und bat die Königin, sie möge es doch sagen. Ja, sie könne es ja sagen: und sie erzählte, wie nach der Hochzeitsnacht auf ihrem Bett geschrieben stand, daß sie keine Kinder haben sollten, und darüber sei sie so sehr traurig. Da könne sie ihr wohl helfen, sagte die Alte, sie könne schon Kinder bekommen. Am Abend bei Sonnenuntergang solle sie eine Schüssel nehmen und sie umgestürzt in der Nordwestecke des Gartens aufstellen. Am Morgen, bei Sonnenaufgang, solle sie sie wieder wegnehmen. Dann würden zwei Rosen darunter stehen, eine rote und eine weiße: »Nimmst du nun die rote und ißt sie, so wird es ein Knabe, nimmst du aber die weiße, so wird es ein Mädchen; aber beide zusammen darfst du nicht nehmen.«

Die Königin ging heim und tat, wie die Alte ihr gesagt hatte. Am Morgen, als die Sonne aufging, ging sie auch in den Garten und hob die Schüssel auf, und da standen zwei Rosen, eine rote und eine weiße. Nun wußte sie nicht, welche sie nehmen sollte, nahm sie die rote, so wurde es ein Knabe, der konnte in einen Krieg kommen und erschlagen werden; und dann hatte sie wieder kein Kind. Also dachte sie, sie wollte lieber die weiße nehmen; dann wurde es ein Mädchen, und das konnte bei ihr zu Hause bleiben und dann heiraten und in einem anderen Reiche Königin werden. Also nahm sie die weiße Rose und aß sie. Aber die schmeckte so vorzüglich, daß sie die rote auch nahm und aß. Denn sie dachte bei sich: »Wenn es Zwillinge gibt, so geht es in einem hin.«

Nun geschah es, daß zu dieser Zeit der König im Krieg war, und als die Königin merkte, daß sie schwanger war, schrieb sie ihm und ließ es ihn wissen, und er war sehr glücklich darüber.

Es ging nun eine Weile, und als es an der Zeit war, daß sie gebären sollte, gebar sie einen Lindwurm. Kaum war er geboren, so schlüpfte er unter das Bett in die Kammer, und da hatte er seinen Aufenthalt.

Es dauerte wieder eine Weile, und da kam ein Brief vom König, daß er in kurzer Zeit heimkehren werde. Und als der König heimkam und in seinem Wagen vor dem Schlosse anfuhr und die Königin herauskam, um ihn zu empfangen, da kam auch der Lindwurm und wollte ihn begrüßen. Er sprang an dem Wagen in die Höhe und rief: »Willkommen daheim, Vater!« – »Was!« sagte der König. »Bin ich dein Vater?« – »Ja, wenn du nicht mein Vater sein willst, so mache ich dich und das Schloß kaputt!« Da mußte der König ja sagen. Sie gingen ins Schloß, und die Königin mußte bekennen, was zwischen ihr und der Alten vorgegangen war.

Einige Tage darauf versammelte sich der ganze Rat und alle Vornehmen und wollten den König in der Heimat willkommen heißen und zum Sieg über seine Feinde beglückwünschen. Da kam auch der Lindwurm und sagte: »Vater, jetzt will ich heiraten!« – »Ja, was glaubst du denn, wer wird dich wohl nehmen?« sagte der König. »Ja, wenn du mir nicht eine Frau verschaffst, sei sie jung oder alt, groß oder klein, reich oder arm, dann mache ich dich und das ganze Schloß kaputt.«

Da schrieb der König an alle Königreiche, ob jemand seinen Sohn heiraten wolle. Da kam auch eine wunderschöne Prinzessin; aber es kam ihr kurios vor, daß sie ihren Verlobten nicht eher sehen durfte, als bis sie in dem Saal stand, wo sie getraut werden sollten. Da erst kam der Lindwurm zum Vorschein und stellte sich neben sie. Der Hochzeitstag ging zu Ende, und sie sollten miteinander in die Kammer. Aber kaum waren sie darin, so fraß er sie auf.

Es verging eine Weile, und dann kam der Geburtstag des Königs. Als da alle bei Tisch saßen, kam der Lindwurm wieder und sagte: »Vater, ich will heiraten!« Der König sagte: »Was für eine Frau wird dich wohl nehmen wollen?« — »Ja, wenn du mir nicht eine Frau verschaffst, sei sie wie sie will, so fresse ich dich und das ganze Schloß auf!«

Der König schrieb an alle Königreiche, ob jemand seinen Sohn heiraten wolle. Da kam wieder eine wunderschöne Prinzessin von weit her. Sie bekam ihren Bräutigam auch nicht zu sehen, bis sie in dem Saal stand, wo sie getraut werden sollten. Da kam der Lindwurm und stellte sich neben sie. Aber als der Hochzeitstag um war und sie in die Kammer kamen, brachte der Lindwurm sie um.

Nach einiger Zeit war der Geburtstag der Königin, da kam der Lindwurm herein, als alle am Tisch saßen, und sagte wieder: »Vater, ich will heiraten!« — »Nun kann ich dir keine Frau mehr verschaffen«, sagte der König, »nun wollen die zwei mächtigen Könige, deren Töchter ich dir zu Frauen gegeben habe, Krieg gegen mich führen, was soll ich da anfangen!« — »Ach, laß sie nur kommen! Solange du mit mir gut stehst, mögen sie ruhig kommen, und wenn es gleich zehn wären. Aber wenn du mir keine Frau verschaffst, sei sie jung oder alt, groß oder klein, reich oder arm, so mache ich dich und das Schloß kaputt!«

Da mußte der König nachgeben, aber er war sehr unglücklich. Da war ein alter Mann, der war Schäfer beim König. Er hatte ein Häuschen im Wald und auch eine Tochter. Zu dem ging der König hin und sagte: »Hör, lieber Mann, willst du deine Tochter nicht meinem Sohn zur Frau geben?« – »Nein, das kann ich nicht; denn einmal habe ich nur das eine Kind, um in meinem Alter für mich zu sorgen, und außerdem wird der Prinz, wenn er so schöne Prinzessinnen nicht schont, auch meine Tochter nicht schonen, und das wäre sündhaft!« Aber der König wollte sie haben, und der Alte mußte sich darein fügen.

Der alte Schäfer ging heim und erzählte alles seiner Tochter. Sie wurde sehr traurig und ging in tiefen Gedanken in den Wald. Wie sie so ging, begegnete sie einer alten Frau, die wollte auch in den Wald, um Beeren und Holzäpfel zu pflükken. Sie hatte einen roten Rock und eine blaue Jacke an. »Warum bist du denn so traurig?« fragte sie. »Ich habe wohl Grund, traurig zu sein, aber es hat keinen Wert, wenn ich es dir sage, denn du kannst mir doch nicht helfen.« – »Vielleicht doch«, sagte sie, »erzähl mir nur!« – »Also, ich soll den Königssohn heiraten, der ist aber ein Lindwurm; er hat schon zwei Prinzessinnen umgebracht, und ich weiß gewiß, daß er mich auch umbringen wird!« – »Ach, wenn du auf mich hören willst, könnte dir geholfen werden«, sagte die Alte.

Das Mädchen wollte gern ihren Rat hören. »Wenn die Trauung vorbei ist und du in die Kammer gehst, so mußt du zehn Hemden anhaben; hast du nicht so viel, so mußt du sie leihen. Dann mußt du einen Kübel voll Lauge und einen Kübel voll süßer Milch verlangen und einen Arm voll Ruten. Und das soll in die Kammer gebracht werden. Wenn er nun hereinkommt, wird er sagen: Schön Jungfrau, zieh dein Hemd aus! Dann mußt du sagen: König Lindwurm, zieh deine Haut aus! Und das werdet ihr zueinander sagen, bis du neun Hemden ausgezogen hast und er neun Häute; dann hat er keine Haut mehr, aber du hast noch ein Hemd an. Dann mußt du ihn nehmen, er ist dann nichts anderes als ein blutiger Fleischklumpen, und die Ruten in die Lauge tauchen und ihn so lange damit schlagen, bis er fast in Stücke fällt. Dann mußt du ihn in der süßen Milch baden und in die neun

Hemden wickeln und in den Arm nehmen; aber dann wirst du einschlafen, wenn es auch nur für kurze Zeit ist.«

Das Mädchen dankte für den guten Rat; aber Angst hatte sie trotzdem, denn es war doch ein arges Unterfangen mit einem so unheimlichen Tier.

Der Hochzeitstag war da, und in einer großen und prächtigen Karosse kamen da zwei Damen gefahren, die das Mädchen mit dem Brautstaat schmücken sollten. Sie wurde ins Schloß und in den Saal geführt, der Lindwurm kam und stellte sich neben sie und sie wurden getraut. Es ging gegen Abend, und sie sollten ins Brautbett. Da verlangt die Braut einen Kübel voll Lauge und einen Kübel voll süßer Milch und die Ruten. Die Herren lachten sie aus, das sei Bauernaberglaube und Einbildung, aber der König sagte, man solle ihr geben, was sie verlange. Und sie bekam es. Bevor sie die Kammer betrat, zog sie die neun Hemden an, außer dem einen, das sie schon anhatte.

Als sie in die Kammer kamen, sagte der Lindwurm: »Schön Jungfrau, zieh dein Hemd aus!« Da sagte sie: »König Lindwurm, zieh deine Haut aus!« Und so ging es weiter, bis sie neun Hemden ausgezogen hatte und er neun Häute. Da faßte sie wieder Mut; denn er lag am Boden und konnte sich kaum rühren und das Blut lief an ihm herunter. Da nahm sie die Ruten und tauchte sie in die Lauge und schlug ihn so stark sie konnte und so lange, als nur irgendein Zweig von den Reisern noch da war. Dann tauchte sie ihn in die süße Milch und wickelte ihn in die neun Hemden und ging ins Bett und legte ihn in ihren Arm. Dann schlief sie gleich ein, aber es war spät. Als sie wieder aufwachte, lag sie im Arm eines schönen Königssohnes.

Der Morgen kam; niemand traut sich, zur Tür der Kammer hineinzusehen, denn sie dachten alle, es sei ihr ergangen wie den beiden ersten. Da wollte der König hineinsehen, und als er die Tür öffnete, rief sie: »Komm nur herein. Es steht alles gut!«

Er ging hinein und war voller Freude, holte die Königin und alle anderen. Und da war ein großes Glückwünschen über dem Brautbett, wie noch niemals eines gewesen ist. Sie standen gleich auf und gingen in ein anderes Gemach, wo sie angekleidet wurden; denn in dieser Kammer sah es greulich aus. Dann wurde aufs neue Hochzeit gehalten mit Prunk und Freude, und der König und die Königin hatten die junge Königin sehr gern, sie wußten gar nicht, was sie ihr alles zuliebe tun sollten, weil sie ihren Lindwurm erlöst hatte.

Nach einiger Zeit wurde sie schwanger; aber da war wieder Krieg und der alte König und König Lindwurm mußten ins Feld ziehen. Ihre Zeit kam, und sie gebar zwei schöne Knaben. Um diese Zeit war Ritter Rot am Hofe. Der sollte dem König einen Brief überbringen, daß sie zwei schöne Knaben hatte. Er reiste eine Strecke weit, dann machte er den Brief auf und schrieb statt dessen, daß sie zwei junge Hunde geboren hätte. Der König bekam den Brief und war sehr traurig, denn er fand es wunderlich, daß sie junge Hunde geboren hatte, er hatte eher einen Lindwurm oder so etwas erwartet. Er schrieb zurück, sie sollten die Geschöpfe bis zu seiner Heimkunft leben lassen, wenn sie überhaupt leben könnten. Diesen Brief sollte Ritter Rot heimbringen; aber als er ein Stück weit gereist war, machte er auch diesen Brief auf und schrieb einen anderen, sie sollten die Königin mitsamt den Kindern verbrennen.

Über diesen Brief war die alte Königin sehr traurig, denn sie hatte die junge Königin sehr gern. Bald darauf kam ein Brief vom König, wann er heimkommen werde. Da bekamen sie Angst und wußten nicht, was sie tun sollten; denn die alte Königin konnte es nicht übers Herz bringen, sie verbrennen zu lassen. Die Kinder ließ sie einer Amme überbringen, denn sie dachte, der König könne doch vielleicht besseren Sinnes werden, wenn er erst zu Hause wäre. Der Königin gab sie Essen mit und etwas Geld und hieß sie in den Wald gehen. Sie ging in den Wald und wanderte einen Tag und noch einen

Tag und war in großer Not. Da sah sie einen großen Berg und stieg hinauf, ohne anzuhalten. Oben auf dem Berg waren drei Bänke, und sie setzte sich auf die mittlere und preßte sich die Milch aus den Brüsten, denn sie war sehr gequält, weil sie ihre Kinder nicht mehr hatte; da kamen zwei große Vögel und setzten sich rechts und links neben sie, es waren ein Schwan und ein Kranich, und sie preßte ihnen die Milch in den Schnabel, so nah saßen sie bei ihr. Und wie sie so dasaß, wurden sie auf einmal zu den zwei schönsten Prinzen, die man sich denken kann, und der Berg wurde zum schönsten Königsschloß, das man sehen kann; mit Gefolge und Getier und Gold und Silber und allem, was dazugehörte. Sie waren so verzaubert gewesen, daß sie niemals erlöst werden konnten, wenn sie nicht Milch von einer Königin tränken, die zuvor zwei Knaben geboren hatte. Sie ging dann mit den beiden, mit König Schwan und König Kranich; und der eine wollte sie heiraten und der andere auch; denn sie hatte ja beide erlöst.

Inzwischen kam König Lindwurm heim und fragte nach der Königin. »Freilich«, sagte die alte Königin, »du hast gerade noch nötig, daß du nach ihr fragst! Du bist mir der Rechte! Du hast nicht mehr daran gedacht, daß sie dich aus deinem großen Elend erlöst hat! Du hast es fertig gebracht, zu schreiben, wir sollten sie und die Kinder verbrennen! Schämen sollst du dich!« – »Nein«, sagte König Lindwurm, »ihr habt mir geschrieben, sie hätte zwei junge Hunde geboren; und ich habe euch geschrieben, ihr solltet die Geschöpfe leben lassen, bis ich heimkäme.« Da redeten sie lang hin und her, bis sie dahinterkamen, daß Ritter Rot Verrat geübt hatte. Da wurde er festgenommen und mußte gestehen. Und man sperrte ihn in ein mit Nägeln beschlagenes Faß und spannte vier Pferde davor, und die rannten mit ihm über Berg und Tal.

Der König war voller Trauer um seine Frau und seine Kinder, als er erfahren hatte, daß es zwei schöne Knaben waren.

Die alte Königin sagte zu ihm: »Sei nur ruhig! die Kinder sind gut aufgehoben, denn sie sind bei Ammen untergebracht; aber wie es ihr geht, das weiß ich nicht, denn ich habe ihr etwas Essen und etwas Geld geben lassen und sie in den Wald gehen heißen, und seitdem haben wir nichts mehr von ihr gehört.«

Da befahl der König, man solle die Kinder zurückholen, und nahm etwas Essen und etwas Geld und ging in den Wald, um sie zu suchen. Er wanderte zwei Tage lang und drei Tage lang und suchte nach ihr, aber er fand sie nicht. Da kam er schließlich an das Schloß im Wald. Als er Leuten begegnete, fragte er sie, ob sie nicht eine fremde Jungfrau im Wald hätten gehen sehen. Aber sie hatten niemand gesehen. Da wollte er in das Schloß hineingehen und sehen, was für Königsleute darin wohnten. Er ging hin und trat ein. Gerade als er hineinkam, sah er sie, und sie sah ihn auch; aber sie hatte Angst, weil sie dachte, er suchte sie, um sie zu verbrennen, und sie lief davon.

Die beiden Prinzen kamen herein, und sie kamen ins Gespräch miteinander und wurden recht gute Freunde. Sie luden ihn zum Mittagessen ein. Da sagte er, sie hätten da eine schöne Jungfrau, wo sie denn her sei? Sie antworteten, ja, sie sei sehr lieb, sie hätte sie beide befreit. Da wollte er wissen, von was sie sie befreit hätte, und sie erzählten ihm die ganze Geschichte. Da sagte er, er könne sie auch gut leiden, ob sie nicht ein Übereinkommen treffen könnten? Man könne ihr vielleicht heimlicherweise das Mittagessen versalzen, und der, den sie dann auffordern würde, er solle ihr zutrinken, der solle sie bekommen. Damit waren die Prinzen wohl zufrieden, denn so konnten sie auch gleich entscheiden, wer von ihnen beiden sie bekommen sollte; denn sie glaubten nicht, daß sie den Fremden auffordern würde, ihr zuzutrinken.

Sie gingen zum Mittagessen und da sagte sie: »Mir kommt das Essen so versalzen vor:

König Schwan sitzt nah bei mir,
König Kranich ist gut mit mir,
König Lindwurm trinkt mit mir.«

Gleich nahm er die silberne Kanne zur Hand und trank auf ihr Wohl, und die anderen tranken auf ihr eigenes Wohl; und dann mußten die anderen auf sein und ihr Wohl trinken, obgleich sie nicht zufrieden waren. Da erzählte König Lindwurm ihnen, wie sie ihn erlöst habe, bevor sie sie erlöste; also stünde er ihr am nächsten. Darauf sagten die beiden Prinzen, das hätte er ihnen vorher sagen sollen, dann hätten sie sie ihm überlassen. Aber er sagte, das hätte er nicht so sicher wissen können.

Dann zog König Lindwurm mit der Königin heim, und die Kinder waren inzwischen auch heimgeholt worden. König Schwan behielt das Schloß im Wald und holte sich eine Prinzessin aus einem anderen Königreich. Und König Kranich ging in ein anderes Land und verheiratete sich dort. So hatte jeder von ihnen etwas. König Lindwurm und seine Königin standen in hohen Ehren ihr Leben lang. Sie waren sehr glücklich und hatten viele Kinder. Als ich das letzte Mal dort war, bekam ich ein zinnernes Butterbrot in einem Sieb angeboten.

3. Der Zauberlehrling

Es war einmal ein Mann, der hatte einen Sohn. Der war sehr unpraktisch und konnte nichts. Wenn er pflügen sollte, ließ er den Pflug über die Erde laufen, und wenn er ernten sollte, hieb er die Sichel in den Boden. Als er eines Tages wieder beim Ernten war und sich wieder so anstellte, wurde der Vater böse und sagte: »Jetzt will ich nichts mehr mit dir zu tun haben!« Dann gab er ihm fünfundzwanzig Taler, und damit konnte er gehen. Er bekam einige Wegzehrung und machte sich davon.

Er wanderte lange und kam endlich in einen Wald. Dort

ging er immer weiter, bis es Abend wurde, aber der Wald nahm kein Ende. Er setzte sich hin und aß seine Wegzehrung, und dann kletterte er auf einen Baum, um zu sehen, wie weit der Wald noch reichte, aber wohin er auch blickte, sah er nur Bäume. Er ging ein Stück weiter und kletterte wieder auf einen Baum und noch ein Stück länger kletterte er auf einen dritten Baum. Endlich beim dritten Mal sah er ein Licht und darauf ging er zu.

Er kam an ein Häuschen, in dem Licht brannte, und ging hinein. In der Stube stand ein gedeckter Tisch und daneben ein schöner Lehnstuhl; da war auch ein Bett und daneben lag eine Pfeife auf einem Stuhl, aus der man rauchen konnte. Er sagt beim Eintreten »Guten Abend«, aber keiner antwortete. Er wartete still ein Weilchen und sagte nochmals »Guten Abend«, aber er erhielt keine Antwort. Da dachte er im stillen: »Jetzt warte ich ein Viertelstündchen, und dann sage ich es noch einmal, wenn dann aber immer noch keiner antwortet, setze ich mich an den Tisch, denn ich bin hungrig.« Er sagt zum drittenmal »Guten Abend«, aber es kam keine Antwort. Da setzte er sich hin und aß und dann zündete er sich die Pfeife an und lehnte sich behaglich im Stuhl zurück.

Wie er nun gerade so recht gemütlich da sitzt, kommt ein graues Männlein zur Tür herein und schimpft gleich den Burschen aus und sagt: »Wer hat dir erlaubt, so einfach in mein Haus zu gehen und mein Essen zu verspeisen?«

Er erzählte ihm, wie sich alles zugetragen hatte. Da sagt das Männlein: »Du könntest dir wohl nicht denken, in meine Dienste zu treten? Du hast leichte Arbeit bei mir, und ich will dir einen Scheffel Geld für ein Jahr geben. Zu essen ist immer genug auf dem Tisch hier, dafür brauchst du keinen Finger zu rühren. Deine ganze Arbeit besteht nur darin, daß du dafür sorgst, daß kein Staub auf dieses Buch kommt und daß du diesen Zaum und diesen Strick sauberhältst, aber du darfst niemals in dem Buche lesen. In einem Jahr komme ich wieder, um zu sehen, wie es dir geht.«

Hans nahm die Dienste an und der Mann ging wieder davon. – Ja, der Bursche hieß übrigens Hans, so heißen sie ja gern, aber das hatte ich vergessen. Er ging zu Bett, und morgens, nachdem er aufgestanden war, putzte er den Zaum blank und reinigte den Strick. Dann nahm er das Buch, das mit einer Spange verschlossen war, und bürstete es ab, sah es sich aber in den ersten Tagen nicht näher an. Dann aß und trank und schlief er, und die Zeit verging ihm ein paar Tage lang gut, aber schließlich dachte er: »Es wäre vielleicht gar nicht so übel, wenn man einmal in das Buch hineinguckte.« Er öffnet die Spange und fängt an zu lesen. Es war sicher ein Cyprianus, und das Lesen nahm ihn so gefangen, daß er den Zaum und den Strick ganz vergaß.

Eines Tages aber fällt ihm plötzlich ein: »Heute ist es ja ein Jahr her, daß ich in dieses Haus kam.« Flugs griff er nach dem Zaum und dem Strick, die in der Zwischenzeit ganz schimmelig geworden waren. Er rieb und putzte sie, was das Zeug nur herhalten wollte, und als er gerade damit fertig war, kam das graue Männlein. Er untersuchte gleich die Sachen und sie sahen ja ordentlich aus, besonders das Buch; darauf hatte er sehr schön aufgepaßt. »Aber du hast nicht darin gelesen?« »Nein, natürlich nicht?«

Er erhielt darauf den Scheffel Geld, den er als Lohn haben sollte, und dann verabredete das Männlein mit ihm, daß er ein weiteres Jahr bleiben solle; aber für dieses Jahr sollte er zwei Scheffel Geld haben.

Nun, das Männlein ging wieder weg, und alles trug sich zu wie im ersten Jahre; er las statt zu putzen. Aber da hatte er auch so viel in dem Buche gelesen, daß er zaubern konnte.

Als das Männlein zum zweiten Male zurückkam und alles in Ordnung fand, wollte es haben, daß er ihm auch ein drittes Jahr dienen sollte. Dieses Mal wollte Hans drei Scheffel Geld haben, und er wollte sie im voraus haben: »Wenn du darauf eingehst, bleibe ich hier.«

Das graue Männlein fand sich darein, und jetzt hatte Hans also sechs Scheffel Geld. Als das Männlein gegangen war, nahm Hans ein großes Brot und holte das Weiche heraus, so daß nur die Kruste übrig war. Das Loch füllte er mit dem Gelde aus, und dann nahm er das Brot auf den Nacken. Den Zaum und den Strick nahm er auch mit, das Buch steckte er unter den Arm und dann ging er, und er hatte Glück, daß er den rechten Weg fand und aus dem Walde herausgelangte. Er kehrt zurück zu seinem Vater und wirft das Brot auf den Tisch, daß es auseinanderbricht und das ganze Geld auf dem Boden herumrollt.

Dieser Anblick verwunderte den Vater sehr, und sie sammelten emsig das Geld wieder auf. »Jetzt will ich nichts mehr tun«, sagte Hans, »jetzt will ich nur von diesem Gelde leben; das reicht eine Zeitlang aus.« Dagegen hatte der Vater nichts einzuwenden. Sie ließen die Arbeit auf dem Felde liegen, und es wurde von Disteln und Unkraut ganz überwuchert.

So lebten sie eine Zeitlang in Freuden, aber das Geld hörte ja auch einmal auf. Da sagt der Vater eines Tages zu Hans: »Jetzt haben wir die Geschichte. Mit dem Feld ist nichts mehr anzufangen, und wir haben kein Geld mehr. Was machen wir jetzt?«

»Darüber brauchst du dir keine Sorgen zu machen«, sagt Hans, »morgen, wenn du aufstehst, nimmst du diesen Strick und legst ihn mir um den Hals; dann werde ich zu einem Stier, und du führst mich auf den Markt und verlangst zweitausend Taler für mich. Aber du mußt unbedingt den Strick behalten. Den darfst du nicht mit dem Stier verkaufen.«

Darauf wollte er wohl achten. Der Morgen bricht an, und er legt Hans den Strick um den Hals, und sofort wird er zu dem gewaltigsten Stier, den der Vater je in seinem Leben gesehen hatte. Er mußte eine Mauer abreißen, um ihn aus dem Hause zu bekommen. So zog er mit dem Stier auf den Markt, und die Leute gafften hinter ihnen her, denn ein solches Tier hatten sie noch nie gesehen. Auf den Markt kam aber auch das graue Männlein. Es sah sich den Stier von allen Seiten an und fragte, was er dafür haben wollte.

Ja, er wollte zweitausend Taler dafür haben, aber den Strick wollte er behalten.

Das wäre reichlich viel, sagt das Männlein, und geht dabei um den Stier herum, und wie es so um das Tier herumgeht, wird der Stier immer kleiner, und der Mann erschrickt. Als ihm darum das graue Männlein zweitausend Taler bot, wenn auch der Strick mit in den Kauf ginge, dachte er, ganz so schief könnte das wohl kaum ablaufen, und schlug zu.

Und das Männlein trabte mit dem Stier davon, band ihn in einem Häuschen fest und schloß die Tür. Aber Hans rieb sich den Strick vom Halse, verwandelte sich in eine Maus und schlüpfte unter der Tür ins Freie. Als der Vater nach Hause kam, war Hans schon längst wieder da.

Jetzt geht es mit dem Zaum genau so. Der Vater legt ihn Hans um den Hals, und im gleichen Augenblick wird dieser zu einem Pferd, das er auf den Markt führen und für zweitausend Taler verkaufen soll; dabei soll er nur ja aufpassen, daß er den Zaum abnimmt, ehe er das Pferd fortgibt, denn dieser darf nicht mit in den Kauf gehen. Aber der Vater verkauft das Pferd mitsamt dem Zaum an das graue Männlein, und dieses führt das Pferd zu einem Schmied, um es beschlagen zu lassen. Der Schmied war aber gerade nicht zu Hause, und darum band das Männlein den Gaul an die Tür und ging fort, um den Schmied zu suchen. Im selben Augenblick kommt ein kleines Mädchen vorbei, denn die Schmiede lag gleich an einem Wege, an dessen gegenüberliegenden Seite ein großer Teich lag. Da sagt das Pferd zu dem Mädchen: »Ach, willst du mir nicht den Zaum abnehmen?«

Zuerst erschrak sie sehr, als er aber seine Bitte wiederholte, tat sie es, und sofort verwandelte er sich in eine kleine

Ente und schwamm auf den Teich hinaus. Im selben Augenblick kommt das graue Männlein zurück. Kaum sieht es, was geschehen ist, als es sich auch schon in eine Ente verwandelt und auf dem Teich hinter Hans hersetzt. Er kommt immer näher, als es aber für Hans gefährlich auszusehen anfängt, verwandelt er sich in einen Falken und schwingt sich in die Lüfte. Der andere verwandelt sich auch in einen Falken und fliegt hinter ihm her. Sie fliegen so hoch, daß Wolken, Berge und Täler tief unter ihnen liegen, und schließlich kommen sie zu einem großen Königshof, der einen Garten hatte, und in dem Garten ging eine Prinzessin spazieren.

Er verwandelt sich in einen goldenen Ring und fällt ihr gerade vor die Füße. Sie hebt ihn auf und steckt ihn gleich an den Finger. Da mußte das Männlein für dieses Mal seine Sache aufgeben.

Die Prinzessin geht in das Schloß zurück und sagt nichts von alledem, und am Abend geht sie wie immer zu Bett. Als sie kaum eingeschlafen ist, verwandelt sich der Ring in Hans und legt sich neben sie. Darüber erwacht sie und schreit wie eine Wilde, so daß ihr Vater und ihre Mutter und alle Hofleute angelaufen kommen und glauben, es wäre ihr wer weiß was passiert. Aber Hans verwandelt sich flugs in ein Mäuschen und versteckt sich im Bettstroh. Sie konnten überhaupt nicht verstehen, was los war. Als sie weggegangen waren, kam er wieder zurück, und sie fing wieder an zu schreien. Und es ging wie beim letzten Mal, alle kamen sie gelaufen, und nichts war zu sehen. Da wurde ihr Vater böse und sagte, wenn sie noch einmal für nichts und wieder nichts ein solches Geschrei mache, dann würde sie mit ihm zu tun bekommen.

Und dann kam Hans zum dritten Mal, und da wagte sie nicht mehr zu schreien. Er sagte ihr, daß sie vor ihm nicht bange zu sein brauche, denn er würde ihr schon kein Leid antun. Sie sollte tun, als ob gar nichts geschehen sei, und am nächsten Morgen würde er auch wieder ein Ring sein, den sie sich an den Finger stecken könne. Und dann sagt er weiter: »Wenn du morgen wieder in den Garten gehst, wird dort ein graues Männlein kommen und dich fragen, ob du ihm den Ring verkaufen willst. Zuerst mußt du tun, als ob du es nicht willst, aber wenn es dich noch einmal fragt, sollst du ja sagen, wenn es dir soviel Gold und doppelt soviel Silber geben will, wie du wiegst. Darauf geht es ein, und wenn es damit kommt, sollst du ihm den Ring geben; aber du sollst nur so tun, als ob du ihn ihm geben willst, und du sollst darauf achten, daß du ihn zu Boden fallen läßt.«

Das versprach sie ihm, und alles trug sich zu, wie er gesagt hatte. Das graue Männlein kam und sie schlossen ihren Handel ab. Es sollte dann am nächsten Tage mit dem Silber und dem Golde kommen. Als es damit kam, trat sie zu ihm hinaus und tat, als ob sie ihm den Ring geben wollte, aber sie achtete darauf, daß sie ihn auf die Erde fallen ließ. Da wurde er plötzlich zu drei Gerstenkörnern. Das Männlein verwandelt sich in einen Hahn und will die Gerstenkörner auflesen, aber da laufen sie auf einmal zusammen und werden zu einem Fuchs, der dem Hahn sofort den Hals abbeißt.

Damit war das Männlein fertig, aber der Fuchs wurde wieder zu Hans, und er und die Prinzessin gingen zum König und zur Königin. Die Prinzessin sagte, daß sie ihn zum Manne haben wollte. Er hatte ja das viele Gold und Silber, so daß er eine passende Partie für die Tochter sein konnte. Sie heirateten einander und lebten lange und glücklich.

4. Die Prinzessin auf der Insel

Es war einmal ein König in England, der hatte einen Sohn. Der junge Prinz bekam einmal ein Bildnis von der dänischen Prinzessin zu sehen, und von dem Augenblick an hatte er keine Ruhe mehr; sie und keine andere wollte er zur Frau haben. Da ging er zu seinem Vater und sagte, er liebe die dänische Prinzessin über alles und wolle sie zur Frau haben. Seinem Vater war es ganz recht: »Wenn England und Dänemark zusammenkommen, so gibt es keine Macht auf Erden, die uns zwingen kann«, sagte er.

Und er schrieb gleich einen Brief an den dänischen König und verlangte dessen Tochter für seinen Sohn, der nach ihm König von England werden sollte. Aber der dänische König schrieb zurück, seine Tochter sei noch nicht erwachsen und sollte auch niemals Königin von England werden. Da wurde der englische König zornig und schrieb wieder, die dänische Prinzessin müsse die Braut seines Sohnes werden und wenn es Blut kosten sollte. Darauf antwortete der dänische König, das werde niemals geschehen, solange ein Däne auch nur noch einen Tropfen Blut im Leibe habe.

Nun kam es zum Krieg. Der englische Prinz kam mit einem großen Heer nach Dänemark und belagerte die Hauptstadt. Da schickte der dänische König seine Tochter weit fort auf eine Insel. Er gab ihr sieben Mädchen mit, einen kleinen Hund und Vorrat für sieben Jahre. Dann ließ er das Schloß auf der Insel fest zumauern, daß niemand hinein konnte.

Als die sieben Jahre um waren, hatte der englische Prinz die Stadt eingenommen und den König erschlagen; und er nahm im Schlosse Aufenthalt. In allen Gemächern ging er umher und kam auch in die Kammer der Prinzessin. Da stand ein Webstuhl aus Elfenbein, und die Stäbe waren aus rotem Gold. Da waren Vögel und Fische und allerhand Tiere gewebt, aber das Gewebe war noch nicht fertig.

Nachdem nun der Prinz lange hatte vergebens nach der Prinzessin suchen und forschen lassen, ließ er ein Gebot über sein ganzes Land ergehen: diejenige, die das Gewebe zu Ende bringen könne, die solle seine Königin werden. Denn er dachte, nun werde sich die dänische Prinzessin melden, wenn sie sähe, daß sie nichts zu fürchten habe.

Nun war aber ein Herzog im Lande, dessen Tochter hatte große Ähnlichkeit mit der verschwundenen Prinzessin und auch großes Geschick im Weben. Die hieß er ins Schloß gehen und einen Versuch machen, aber das Gewebe war zu kunstvoll für sie, und alles was sie webte, wurde verkehrt.

Draußen auf der Insel hatte inzwischen die Prinzessin mit ihren sieben Mädchen und dem kleinen Hund in dem zugemauerten Schloß gelebt. Sie hatten ihren Vorrat für sieben Jahre verzehrt und fingen an, Hunger zu leiden. Nun versuchten sie, die Mauer durchzubrechen, aber das ging sehr langsam, und sie waren dem Hungertod nahe. Da sagte eine von den Mädchen, ihr sei am Leben nicht viel gelegen, und sie bat die Prinzessin und die anderen, sie möchten sie töten und aufessen. Entweder mußten sie den Vorschlag annehmen oder alle zusammen Hungers sterben, und sie nahmen den Vorschlag an.

Aber als das Mädchen aufgegessen war, hatten sie die Mauer immer noch nicht durchbrechen können, und da sagte ein zweites von den Mädchen dasselbe wie die erste, und so ging es weiter, bis nur noch die Prinzessin und der Hund übrig waren. Da schlachtete die Prinzessin den Hund und aß ihn auf. Und als der nicht mehr da war, nahmen die Ratten und Mäuse überhand. Die fing die Prinzessin, zog ihnen das Fell ab und hing es an Schnüren auf, und das Fleisch verspeiste sie.

Während der ganzen Zeit arbeitete sie an der Mauer, und schließlich gelang es ihr, sie zu durchbrechen. Sie ging hinaus und sah weit draußen auf dem Meer ein Schiff. Da winkte sie mit einem Tuch, und das Schiff steuerte auf die Insel zu und nahm sie an Bord. Sie setzten sie bei ihres Vaters Schloß an Land. Hier zog sie ihre prächtigen Gewänder aus und kleidete sich statt dessen in alte Lumpen. Dann ging sie in die Küche und fragte, ob man nicht ein Spülmädchen brauche. Die Herzogstochter fand, sie mache einen guten Eindruck, und nahm sie in Dienst.

So stand also die dänische Prinzessin in der Küche ihres väterlichen Schlosses und verrichtete die niedrigsten Arbeiten. Am Feiertag brachte das Spülmädchen Wasser in die Webstube. Wie sie nun dastand und das kunstvolle Gewebe betrachtete, sagte die Herzogstochter, ein so schwieriges Gewebe habe sie ihr Lebtag noch nie gefertigt. Da sagte das Spülmädchen, sie traue sich wohl zu, das Stück fertig zu weben. »Ja, wenn du das kannst, so will ich dir hundert Taler geben, und du sollst Stubenmädchen werden«, sagte die Herzogstochter. Die Prinzessin zog alles wieder auf, was die andere falsch gemacht hatte, und dann ging das Weben rasch.

Der Prinz hörte, wie der Webstuhl ging, daß man es im ganzen Schloß vernahm, und es dauerte nur wenige Tage, so kam die Botschaft zu ihm, das Gewebe sei fertig. Da kam der Prinz und betrachtete das Gewebe und er fand nichts daran auszusetzen und mußte sein Wort halten und die Herzogstochter zur Frau nehmen, obgleich er sehr im Zweifel war, ob das die richtige Prinzessin sei.

Die dänische Prinzessin hatte ein Pferd gehabt, das hieß Blanka. Das war in den sieben Kriegsjahren sich selbst überlassen geblieben und so wild geworden, daß zwei Männer es mit zwei starken Stangen zur Schwemme führen mußten.

Die Hochzeit sollte am Sonntag sein, und der Prinz hatte bestimmt, daß seine Braut auf Blanka zur Kirche reiten sollte; denn er wußte genau, daß niemand als die dänische Prinzessin auf Blanka reiten konnte. Aber die Herzogstochter wagte das nicht. Sie sagte zu der Prinzessin, die Stubenmädchen geworden war, sie solle ihre häßlichen Kleider ausziehen und sich den Brautstaat anlegen lassen und an ihrer Stelle mit dem Prinzen zur Kirche reiten. Dafür wolle sie ihr noch einmal hundert Taler geben.

Der Prinz kam und nahm die Prinzessin mit. Zuerst kamen sie an eine Brücke, die knackte und krachte. Da sagte die Prinzessin:

»Brücke, brich nicht unter der Braut!
Der König, mein Vater, hat dich gebaut!«

Da war die Brücke ruhig. »Was hast du gesagt, mein Herz?« fragte der Prinz. »Nichts, Herr!« sagte die Prinzessin. Dann kamen sie an ein Tor und davor lag ein Hund angebunden. Der bellte und lärmte. Da sagte die Prinzessin:

»Hund, bell nicht, gib frei meinen Weg!
Der König, mein Vater, hat dich gehegt!«

Da war der Hund still. »Was hast du gesagt, mein Herz?« fragte der Prinz. »Nichts, Herr!« gab die Prinzessin zur Antwort. Sie gingen weiter und kamen an den Deich. Da sagte die Prinzessin:

»Hier, unter dem grünen Deich,
Haben muntere Fische ihr Reich.

Hätt ich anderes bekommen für mein rotes Gold wert,
Hätt ich nicht die sieben Mädchen und den Hund verzehrt!«

»Was hast du gesagt, mein Herzchen?« fragte der Prinz. »Nichts, Herr!« gab die Prinzessin zur Antwort. Und sie gingen weiter. Weit draußen konnte die Prinzessin die Insel sehen, wo sie die sieben Jahre gewesen war. Da sagte sie:

»Graue Mausebälge hängen draußen,
Meine Hand hat sie abgezogen mit Grausen.
Wär ich nicht gewesen in Hungersnot,
Hätt ich nie gegessen Ratten statt Brot!«

»Was hast du gesagt, mein Herzchen?« fragte der Prinz. »Nichts, Herr!« gab die Prinzessin zur Antwort. Schließlich kamen sie zu Blanka. Die schlug aus und sprang und war ganz ungebärdig. Da sagte die Prinzessin:

»Blanka, Blanka, knie vor mir!
Es ritt keine Jungfrau sonst auf dir
Außer mir!«

Kaum vernahm das Pferd die Stimme der Prinzessin, so ging es auf die Knie nieder und sie konnte aufsitzen. »Was hast du gesagt, mein Herz?« fragte der Prinz. – »Nichts, Herr«, gab die Prinzessin zur Antwort. Aber der Prinz war froh, denn er wußte nun, daß niemand anderes als die dänische Prinzessin an seiner Seite ritt. Als sie nun zur Kirche kamen, zog der Prinz seine goldenen Handschuhe aus und gab sie der Prinzessin; sie mußte ihm mit einem Eid schwören, daß sie und niemand anderes ihm die Handschuhe wieder zurückgeben würde, wenn er sie verlangte.

Darauf wurden sie getraut und ritten von der Kirche wieder ins Schloß. Da sollten sie sich umkleiden; die Prinzessin ging in die Webstube, und an ihrer Statt trat die Herzogstochter wieder heraus. Nun erwartete man ein großes Fest mit vielen Gästen; aber der Prinz sagte, er sei heute nicht recht für Festlichkeiten aufgelegt, die Gäste sollten morgen wiederkommen, da solle dann die Hochzeit gefeiert werden.

Als es Abend wurde, gingen der Prinz und die Herzogstochter in die Brautkammer. Da sagte der Prinz zu ihr, sie solle doch wiederholen, was sie auf der Brücke gesagt hätte. Sie sagte, es gehe ihr heute wunderlich, sie habe alles vergessen; aber sie habe ein Stubenmädchen, der habe sie alles anvertraut, was sie heute gesagt hätte, und die würde es wohl noch wissen. Sie wolle sie doch einmal fragen. Und damit lief die Braut hinaus zur Prinzessin und fragte sie: »Hör, du Närrin, was hast du denn bei der Brücke gesagt?« Die Prinzessin wiederholte ihre Worte, und die Herzogstochter ging wieder hinein zum Prinzen und sagte:

»Brücke, brich nicht unter der Braut!
Der König, mein Vater, hat dich gebaut!«

»Ja, das war es«, sagte der Prinz, und sie meinte, das Fragen sei nun zu Ende. Aber der Prinz fragte sie nach den Worten, die sie zu dem Hund gesprochen hatte. Sie gab zur Antwort, sie sei ganz benommen vor lauter Liebe zum Prinzen, daß sie sich durchaus nichts merken könne; aber sie wolle gleich zu ihrem Stubenmädchen gehen und danach fragen. Und sie lief zur Prinzessin und sagte, ihr würde noch ganz wirr im Kopf über all die Reden, die sie unterwegs geführt haben sollte: »Was ist denn das wieder, was du zu dem Hund gesagt hast?«

Die Prinzessin sagte ihr Bescheid und sie ging wieder hinein zum Prinzen und sagte:

»Hund, bell nicht, gib frei meinen Weg!
Der König, mein Vater, hat dich gehegt!«

»Ja, das war es«, sagte der Prinz, »du hast aber ein wunderbares Stubenmädchen.« Sie meinte, nun würde er es gut sein lassen. Aber der Prinz wollte auch die Worte wissen, die sie auf dem Deich gesagt hatte. Da mußte sie wieder die Prinzessin fragen und kam zurück und sagte:

»Hier, unter dem grünen Deich,
Haben muntere Fische ihr Reich.
Hätt ich anderes bekommen für mein rotes Gold wert,
Hätt ich nicht die sieben Mädchen und den Hund verzehrt!«

Der Prinz sagte, ihr Stubenmädchen müsse ein gutes Gedächtnis haben; aber er wolle auch noch wissen, was sie gesagt hatte, als sie die Insel draußen im Meer erblickt hatte. Da mußte sie wieder zur Prinzessin gehen und war sehr ärgerlich über das viele Hin- und Herlaufen. Und sie fragte: »Was hast du Plaudertasche gesagt, wie du die Insel im Meer draußen sahst?« Der Prinzessin gefiel die Anrede nicht; aber sie nahm sie ruhig entgegen und wiederholte ihre Worte. Und als die Herzogstochter wieder zu dem Prinzen zurückkam, da war ihr wieder eingefallen, was sie gesagt hatte:

»Graue Mausebälge hängen draußen,
Meine Hand hat sie abgezogen mit Grausen.
Wär ich nicht gewesen in Hungersnot,
Hätt ich nie gegessen Ratten statt Brot!«

»Ja, das war es«, sagte der Prinz, und nun meinte sie, er wäre endlich zufrieden. Aber der Prinz wollte noch wissen, was sie zu Blanka gesagt hatte. Das hatte sie auch rein vergessen, aber das Stubenmädchen würde sich gewiß erinnern, der hätte sie alles erzählt, als sie aus der Kirche kam. Und sie lief wiederum zur Prinzessin, und wenn sie zuvor noch nicht zornig war, so war sie es gewiß jetzt: was denn das bedeuten solle mit den Reden, die sie dem Prinzen unterwegs aufgetischt hätte! Man könnte meinen, sie hätte nichts anderes zu tun als hin- und herzulaufen! »Sag mir sofort, mit was für einer Redensart bist du ihm gekommen, als du Blanka besteigen solltest?« Die Prinzessin blieb immer noch ruhig und sagte ihr richtig Bescheid. Und als die Herzogstochter die Antwort hatte, ging sie zum Prinzen und sagte zu ihm:

»Blanka, Blanka, knie vor mir!
Es ritt keine Jungfrau sonst auf dir
Außer mir!«

»Ja, das war es«, sagte der Prinz. »Dein Stubenmädchen hat ein Gedächtnis für euch beide.« Nun, meinte die Prinzessin, würde sie Ruhe haben; aber da verlangte der Prinz, sie solle ihm die goldenen Handschuhe wiedergeben, die er ihr zum Aufheben gegeben hätte. Sie sagte, sie seien in ihrer Kammer, sie wolle sie gleich holen. Wie sie nun zur Prinzessin kam, war sie höflicher als die letzten Male und bat um die Handschuhe. Aber die Prinzessin sagte: Nein, sie habe einen Eid geschworen, daß sie selbst und niemand anderes die Handschuhe zurückgeben würde. Die Herzogstochter rang die Hände und wußte nicht aus noch ein. Da meinte die Prinzessin, sie könnten ja zusammen in die Brautkammer gehen; sie wolle hineingehen, die Lichter auslöschen und dem Prinzen die Handschuhe geben; dann wolle sie sich zurückziehen und die Herzogstochter könne bei dem Prinzen bleiben; der würde die Täuschung gar nicht merken.

Sie gingen zusammen zur Brautkammer zurück, die Prinzessin trat ein, löschte das Licht und ging mit den Handschuhen zum Prinzen. Sie wollte gleich wieder hinaus, aber der Prinz hielt sie am Arm fest und sagte, sie müsse bei ihm bleiben, und wer etwa noch sonst im Zimmer sei, solle sich hinausverfügen. Am Morgen wurde die Herzogstochter zu ihrem Vater zurückgeschickt; aber auf dem Schloß feierte man die Hochzeit des englischen Prinzen mit der dänischen Prinzessin.

5. Hans mit den Wasserstiefeln

Es war einmal ein Mann, der hatte drei Söhne. Die beiden ältesten hießen Per und Wolle. Sie waren ein paar selbstbewußte Burschen und meinten, alles drehte sich nur um sie. Und dann war da der Jüngste, der Hans. Er war ein sonderbarer Kauz, meinten sie, denn er konnte nie recht böse oder traurig werden, er sang den lieben, langen Tag, und wenn ein Stück Extraarbeit zu tun war, sagten sie nur zu Hans: »He, Hänschen, kannst du das nicht tun? Du bist ja so tüchtig.« »Aber gern«, sagte Hans und tat die schlimmste Schweinearbeit für sie, und seine Brüder lachten ihn darob aus.

Als die beiden Burschen herangewachsen waren, kamen sie eines Tages auf den Gedanken, daß sie in die weite Welt ziehen und die Prinzessin und das halbe Königreich erobern wollten, wie man so sagt. Da gingen sie zu ihrem Vater: »Du kannst uns wohl ein paar Pferde, Sattel und Geschirr und eine ordentliche Ausrüstung geben, damit wir uns in der Welt umsehen können.« Der Vater sagte: »Ja, und ich wünsche euch, daß ihr euer Glück macht.« – »Hei, da will ich mit dabei sein«, sagt Hans. »Jaja«, sagt der Vater, »erst die anderen, dann können wir immer noch sehen, was aus dir wird.«

Und sie bekamen, was sie verlangt hatten, schöne Kleider und Pferdegeschirr und ein paar prächtige Rosse. Sie schwangen sich aufs Pferd und nahmen Abschied, und wie sie auf den Hofplatz reiten, kommt da auch der Hans. Er hatte sich den alten Gaul genommen und kam in den Kleidern, die er immer trug. So kam er auf den Hofplatz. Dort stand eine alte Eiche. Die beiden Herren hatten ja auch jeder einen Dolch an der Seite und sagen zu Hans: »Was willst denn du?« – »Ich will auch in die weite Welt hinaus«, sagt Hans. »Ha, was willst denn du schon erobern, etwa die Prinzessin und das halbe Königreich?« – »Dann erobere ich etwas anderes«, sagt Hans. »Ehe wir von dannen ziehen«, sagt Wolle, »stoßen wir jeder unseren Dolch in diese Eiche, denn wir können uns unterwegs neue schaffen. Du auch, Hans, und der, der zuerst nach Hause kommt, der zieht seinen Dolch wieder heraus, und dann finden wir uns alle hier wieder zusammen und werden sehen, wer sein größtes Glück gemacht hat.« Das taten sie alle drei. Hans hatte zwar nur ein abgebrochenes Taschenmesser, das stieß er neben die beiden Dolche in die Rinde, und dann zogen sie davon.

Die beiden sprengten ja davon, daß Hans nicht folgen konnte. Er besah sich die schönen Bäume und hörte dem Gesang der Vögel zu, und ihm war herzlich wohl zu Mute. Wie schön war es, in die weite Welt zu kommen! So ritt er hinter den beiden anderen, die bald weit weg waren, her. Als diese tief in einen großen Wald und über eine Wiese und wieder in einen großen Wald kommen, treffen sie eine alte Frau, die viel zu schleppen hat und sehr müde ist. »Hallo, Alte«, sagen die beiden. »Was hast du vor?« – »Ich muß das ganze Bündel Reisig nach Hause schleppen und bin so müde und hungrig, weil ich lange nichts mehr gegessen habe. Könnt ihr mir was geben?« – »Wir haben nicht mehr, als was wir selber brauchen«, sagten sie und ritten weiter. Sie wollten ihr weder helfen noch etwas zu essen geben.

Ein paar Stunden später kommt Hans und sieht die alte

Frau. Er reitet auf sie zu und sagt: »Komm, gib mir das Holz, daß ich es dem alten Gaul auf den Rücken lege. Wenn er mich tragen kann, kann er auch das tragen.« – Sie sah zu ihm auf und lächelte: »Warum willst du mir helfen?« fragte sie. – »Ich kann es nicht mit ansehen, wenn es einem anderen schlecht geht«, sagte er. »Komm, setz dich zu mir an den Straßenrand und iß mein Brot mit mir, ich kann es mit dir teilen, und du bekommst die Hälfte.« Und sie setzten sich hin und schwatzten miteinander und waren froh und zufrieden.

Als sie fertig waren, legte Hans das Holz auf den Gaul, setzte sich dazu, die Alte ging neben ihm her, und sie schwatzten weiter. Als sie zu ihrem Häuschen kamen, reichte er ihr das Holz hinab, und sie sagte: »Weil du mir heute geholfen hast, will ich dir etwas schenken.« – »Nein, du brauchst mir nichts zu schenken«, sagt Hans, denn ihm fehle nichts auf der Welt. – »Vielleicht fehlt dir jetzt nichts«, sagte sie, »es könnte aber einmal eine Zeit kommen, wo du froh über mein Geschenk bist. Hier hast du eine Flöte, und wenn dir etwas Böses zustoßen sollte, brauchst du nur mit der Flöte daran zu rühren, dann stirbt es«, sagte sie, »dann ist es fertig. Du sollst es aber nur tun, wenn dich nichts anderes mehr retten kann.« Das versprach er ihr und steckte die Flöte in die Westentasche, und dann dachte er nicht mehr an sie, ritt weiter und sang.

Am folgenden Tage kam er zu einer Herberge. Als er in den Hof ritt, hörte er von drinnen lautes Singen, Grölen und Spektakel. Hans setzte seinen Gaul in den Stall, wo schon ein paar alte Mähren standen. Er dachte: »Sieh einer an, denen geht es noch schlechter als mir. Jetzt will ich etwas zu trinken und ein Stück Brot haben, denn ich habe nichts mehr von meiner Wegzehrung, die ich mit der alten Frau teilte, übrig, und seitdem habe ich kaum etwas gegessen. Ich habe aber dennoch keine Not gelitten.«

Er tritt in die Schenkstube, und wer sitzt da? Per und

Wolle! Er konnte sie aber kaum wiedererkennen, denn sie hatten elende, alte Lumpen an, alle ihre feinen Kleider waren weg. Und Hans sagt: »Was ist denn das? Wie seht ihr denn aus?« – »Aha, da kommst du ja«, sagen sie, »da kannst du uns helfen, denn wir sind in schlechte Gesellschaft geraten.« – »Das sieht mir auch so aus«, sagt Hans. – »Weißt du was, deine Kleider sind besser als unsere, gib uns die, dann reisen wir weiter, denn wir werden sicher unser Glück machen. Du schaffst es ja doch nicht.« – »Ach«, dachte Hans, »sie jammern mich«, und teilte mit ihnen, was er hatte, und er bekam die alten Lumpen, die kaum noch zusammenhängen konnten, und sie bekamen seine alten Stiefel. Sie waren wahrhaftig nicht mehr gut, und jeder konnte nur einen bekommen, aber so war es nun einmal und konnte nicht anders sein. Hans bekam dafür ein paar uralte Stiefel, in denen kaum noch Sohlen waren, die Schäfte waren zerrissen, denn es waren ein Paar verschlissene Stiefel, in denen ein alter Soldat getippelt war, und Hans sagte: »Das sind mir aber ein Paar schlechte, alte Wasserstiefel, man muß versuchen, noch etwas in ihnen herumzuwaten.«

Und dann zogen die beiden Herren wieder davon, der eine mußte ja die alte Mähre behalten, und Hans bekam die andere, Wolle nahm den alten Gaul. So trabten sie davon, und wir hören nichts wieder von ihnen und lassen sie ihres Weges ziehen.

Auch Hans wandert weiter. Gegen Abend kommt er auf ein großes Stück Land, auf dem eine Herde Schafe weidet. Da war auch ein alter Hirte, der viel Mühe hatte, die Schafe zusammenzuhalten. Da sagt Hans zu ihm: »Soll ich dir nicht ein bißchen helfen, denn ich kann besser hinter den Schafen herlaufen als du.« – »Ach, da wäre ich froh«, sagte der alte Schafhirte, »wenn du mir helfen wolltest. Dann darfst du diese Nacht auch bei mir schlafen, und dein Abendbrot bekommst du und ein Stück Brot am Morgen, ehe du weiterreitest.« Kurz und gut, Hans lief hinter den Schafen her und half dem alten Hirten, sie auf den Hof des Königsschlosses zu treiben, wo er Hirte war. Und der alte Viehknecht nahm sich liebevoll des jungen Hans' an, nahm ihn mit in sein Häuschen, gab ihm zu essen und ließ ihn bei sich schlafen. Und er erzählte ihm, wie es ihm im Leben ergangen war, und sagte ihm, wie er es im Leben anfangen solle, daß er immer ehrlich sein und denen helfen solle, die in Not seien, dann werde es ihm gut gehen unter den Menschen.

Am nächsten Tag aber sagt er zu Hans: »Wenn du mir helfen willst, teilen wir, was wir haben, was ich habe und was ich bekomme.« – »Warum nicht«, sagt Hans, »ein paar Tage vielleicht, das könnte ganz lustig sein.«

»Du sollst auf die Weide gehen. Es gibt ihrer drei, aber auf diese Weiden darfst du nicht gehen. Davor aber liegt ein großes Feld, da darfst du die Schafe grasen lassen, aber du mußt aufpassen, daß sie nicht auf die Weiden gehen. In jeder Weide liegt ein großes Hünengrab, und in jedem Hünengrab wohnt ein Riese. Wenn du dahin gerätst, nimmt er dir die Schafe und schlägt dich tot, und dann geht es uns bitter schlecht.«

»Ich brauche ja nicht dahin zu gehen«, sagte Hans und ritt mit den Schafen hinaus. Es verging ein Tag und es verging ein zweiter Tag, und alles ging gut, aber dann hatten die Schafe alles Gras auf dem Felde abgeweidet, und Hans dachte: »Was kann da schon Schlimmes geschehen? Die Schafe müssen etwas zu fressen haben, ich versuch's.« Er öffnete das Pförtchen und ließ die Schafe hinein. Und sie fraßen das Gras, und Hans sang und dachte: »Was ist schon dabei? Hier sind keine Riesen, das ist alles nur dummes Gerede.« Aber da hört er etwas. »ORRRR«, brummt es in dem Hünengrab, und er denkt: »Was ist denn das? Was kommt denn da?« Und da kommt der Riese und hat einen großen Kopf und nur ein Auge mitten auf der Stirn. Und er brummt und brummelt: »Was soll das heißen? Kommst du mit deinen Schafen hierher? Das will ich nicht haben, das lasse ich mir nicht gefallen!« – »Hier ist aber sonst Gras genug«, sagt Hans, »laß uns nur ...« – »Ich will ein Schaf haben, sonst schlage ich dich tot!« Hans dachte: »Dann gebe ich ihm aber das schlechteste.« Und er suchte ein Schaf aus, das war ganz zerfetzt und alt und hatte Leibschmerzen, konnte man ihm ansehen, und die Wolle war nicht schön. Und Hans nahm es und sagte: »Dieses kannst du haben, aber dann will ich auch mit meinen Schafen hier ziehen dürfen, bis sie alles abgeweidet haben.« – Der Riese griff nach dem Schaf, und Hans wollte es nicht gern hergeben, aber da fiel ihm auf einmal die Flöte ein, ei, da konnte er doch gleich einmal versuchen, wie es damit bewandt war. Er hält sie so, daß der Riese sie berührt, und gleich fällt das Ungeheuer um, und sein großer Kopf schlägt auf die Erde, und er ist tot. »Hei!« sagt Hans, »das Ding ist gut, gar kein schlechtes Geschenk, was mir die Alte da gegeben hat.« Und steckt die Flöte wieder in die Westentasche, treibt seine Schafe zusammen und zieht mit ihnen zurück zum Königsschloß.

Dort erzählt er dem alten Viehknecht, was sich zugetragen hat. »Ach wie gut, wie gut! Was haben uns die drei Riesen alle Tage geplagt, die drei Riesen da draußen in den Hünengräbern! Wir wußten nicht, was wir mit ihnen anfangen sollten. Aber paß auf, der andere in dem zweiten Hügel ist viel, viel schlimmer!« – »Ja, ja«, sagte Hans, »das hat nichts zu sagen. Jetzt lassen wir die Schafe erst einmal das Gras fressen, was da ist, und dann will ich doch ganz gern mal sehen, was geschieht, wenn wir auf die andere Weide kommen, denn da gehe ich auch hinein.« Wie gesagt, so getan.

Und es dauerte nicht viele Tage, bis sie auf die zweite Weide kamen, und da kommt ganz richtig ein Riesenkerl brummend und fauchend heraus. Er hatte zwei Köpfe, und in jedem Kopf saßen ihm drei Augen. Er war grausig anzusehen. Lange Haare hingen ihm am ganzen Leibe, und er hatte große, lange Nägel und tobte. – »Uha«, dachte Hans, »der sieht mir schon schlimmer aus, aber übler als schlecht gehen kann es mir hier auch nicht.« Der Riese wollte sein Schaf haben. Hans war gleich bei der Hand mit seinem ausgedienten Tier und dachte: »Das beste kriegst du jedenfalls nicht.« Und der Riese kommt ja voller Wut, um nach dem Schaf zu greifen, aber Hans hält auch ihm die Flöte hin, daß er danach greift, und im selben Nu fällt er um. Die beiden Köpfe machten ja einen greulichen Krach, als sie auf die Erde stießen, aber tot war und blieb er. Na, unser Hans zog heim mit seinen Schafen und erzählte dem Hirten, was geschehen war. »Ach wie gut, wie gut! Wenn du sie nur alle drei ausrotten könntest! Allerdings, sie haben noch einen Bruder draußen im Meer, der ist noch viel, viel schlimmer. Aber wer weiß, vielleicht kannst du dem auch noch den Garaus machen. Aber paß auf!« sagte er, »paß gut auf dich auf!«

Es vergingen wieder einige Tage und Hans kam auf die dritte Weide. Aber da kam eine Gestalt heraus! Neun Köpfe hatte das Ungeheuer und drei Augen in jedem Kopf, die rollten in ihren Höhlen, und der Unhold brummte wie ein Donner, es klang gräßlich! Hans lief gleich, um das alte Schaf zu holen, er wußte ja, daß der Riese es haben wollte. Und hält ihm die Flöte hin, und der Riese berührt sie und fällt tot um. Hans mußte laut lachen, als er ihn so dumm daliegen sah und alle die neun Köpfe die Zunge herausstreckten. Aber tot war er.

Als Hans an diesem Abend von der dritten Weide, auf der er den Riesen erschlagen hat, nach Hause kommt, fällt ihm auf, daß auf dem Schloß alles so anders ist als sonst. Der alte Viehknecht hängt mit dem Kopfe, alle Fenster sind schwarz verhängt, die Leute gehen umher und weinen, und alle tragen schwarze Kleider, und Hans sagt: »Was ist denn hier los? Wie sieht es denn hier aus?« – »Denk dir nur«, sagt der alte Viehknecht, »der Riese draußen im Meer ist hier gewesen und hat gesagt, er will die Königstochter haben, sonst würde ein großes Unglück geschehen, er würde alle Tiere am Strand erschlagen und eine große Überschwemmung über das Land schicken, so daß alles darin umkäme. Und jetzt wissen wir nicht, was wir tun sollen.« – »Ob er wirklich so große Gewalt hat?« sagt Hans, »ich kann es nicht recht glauben. Aber laß uns schlafen gehen, morgen ist auch noch ein Tag.« – »Aber er will sie schon in acht Tagen haben. Dann muß sie zu ihm gehen, sonst kommt das große Unglück über uns.« – »Aber dann haben wir ja noch acht Tage zum Überlegen«, sagt Hans.

Und er zog wieder mit seinen Schafen auf die Weide und sang, und es ging ihm über die Maßen gut. Da fallen ihm auf einmal die drei Hünengräber ein, und er will doch zu gern einmal nachschauen und geht in den ersten Hügel hinein. Das ist gerade an dem Tage, an dem die Königstochter am Abend dem Meerunhold ausgeliefert werden soll. Und wie er in das erste Hünengrab hineinkommt, staunt er ja. Denn da steht ein braunes Pferd, ein wunderschönes Pferd, und daneben hängt der schönste Sattel, und eine Rüstung mit einem Säbel ist da. Er hätte es nie für möglich gehalten, daß es so etwas Schönes gäbe, denn alles war viel schöner als das, was Per und Wolle trugen, als sie in die Welt hinauszogen. Und er ging weiter in den Hügel hinein und fand eine große Kiste voller Kupfergroschen. »Hei«, sagte Hans, »der Riese ist nicht mehr, das gehört alles mir.« Und er dachte im stillen: »Jetzt will ich doch mal sehen, ob ich der Prinzessin heute abend nicht helfen kann. Ich habe ein Pferd und eine Rüstung, und ich habe einen Säbel. Es sollte doch seltsam zugehen, wenn ich da nicht helfen könnte.« Er zog mit seinen Schafen nach Hause und sagte kein Sterbenswörtchen.

Als er sein Abendbrot verzehrt hat, ist es bald so weit, daß die Prinzessin am Strande ausgeliefert werden soll. Er begibt sich in das Hünengrab, nimmt Pferd und Rüstung und denkt: »Jetzt wird sie wohl schon am Strande sein«, und er setzt sich auf's Pferd und reitet an den Strand. Da steht fast das ganze Volk des Königreiches, und der König und die Königin stehen da und ringen die Hände und wissen nicht, was sie tun sollen. Sie sind furchtbar betrübt, und die Prinzessin steht in der Mitte und weint: »Gibt es denn keine Hilfe? Kommt denn da keiner und hilft mir?« – und dann kommt es, das Ungeheuer, aus dem Meer. Die Wogen schlagen hoch, eine um die andere, sie schäumen und spritzen, und die häßliche Gestalt erhebt sich in ihrer ganzen Gewaltigkeit. So viel Häßlichkeit hatte keiner für möglich gehalten, und alle waren vor Entsetzen wie gelähmt.

Da kommt plötzlich ein Reiter auf einem braunen Pferd und in einer vornehmen Rüstung daher und sagt: »Was geht hier vor sich?« und sie erzählten ihm alles. »Ich will gern mit ihr zu dem Riesen hinausreiten, wenn es so sein soll, daß sie ausgeliefert werden soll. Das macht mir gar nichts aus. Denn ich will doch einmal sehen, ob ich ihm nicht ein Schnippchen schlagen und ein Wörtchen mit ihm reden kann.« Und der Riese schrie und tobte draußen auf dem Meere, jetzt sollten sie endlich kommen, es wäre die höchste Zeit, und er wolle nicht länger warten. – »Setz dich hinten auf mein Pferd«, sagte der Reiter. Und weinend saß sie auf und legte die Arme um ihn, um sich festzuhalten. Und sie legte ihr Köpfchen an seine Schulter und entdeckte dabei, daß er viele wunderschöne Locken hatte. Und sie dachte: »Was kann ich Ärmste tun? Er soll aber etwas haben, weil er so gut zu mir ist«, und sie band ihren Ring in seine Locken, daß er gut geborgen war. So näherten sie sich dem Riesen, der ihnen, die noch auf dem Strande waren, zurief: »Du mußt mit ihr zu mir herauskommen, und das ein bißchen schnell!« und er gebrauchte die häßlichsten Worte und schäumte vor Wut. »Ein bißchen schnell?« sagt Hans, »ist denn da nichts zu machen, können wir nicht einen Handel abschlagen, ein wenig feilschen? Kann ich dir nicht etwas anderes geben, dann behalte ich die Prinzessin?« – »Kommt überhaupt nicht in Frage!« – Nein, er will die Prinzessin haben, da gibt es keine Widerrede. – »Immer langsam, immer langsam«, sagt Hans, »weißt du überhaupt, wer ich bin? Ich habe deine

Brüder gekannt und ich habe sie erschlagen, und dich kann ich auch erschlagen. Heute Abend kriegst du die Prinzessin nicht. Du kannst ein anderes Mal kommen, sonst mache ich es mit dir genauso wie mit deinen Brüdern.« Da wurde der Riese merkwürdig kleinlaut, er wußte nicht, wie das mit seinen Brüdern zugegangen war, er wußte nur, daß sie tot waren, und dachte: »Wer weiß«, und sank ganz still und geduckt in das Meer zurück. Hans aber ritt mit der Prinzessin den Strand hinauf. Was für ein Jubel brach da aus! Der König und die Königin empfingen ihre Tochter und wollten sich nach Hans umdrehen, um ihm zu danken, aber da war kein Hans mehr, er war in der Volksmenge verschwunden, und keiner wußte, wer er war. Aber froh waren sie alle.

Einige Abende später ist der Riese wieder da. Es sei, wie es wolle, jetzt müsse er die Prinzessin haben, und jetzt solle es ganz bestimmt sein, jetzt müsse sie kommen, sonst geschähe ein Unglück. Er hatte wieder Mut bekommen.

Es ging wie beim ersten Mal. Am festgesetzten Tage ist Hans in dem zweiten Hügel. Sieh mal einer an, da war alles noch feiner! Da stand ein weißer Hengst, ein stattliches Tier. Und alles war aus Silber, der Sattel und ... er ging in den tiefer gelegenen Raum. Da stand eine Kiste voller Silbergeld. »Wer weiß, ob ich nicht ein zweites Mal mich und die Prinzessin rette?« dachte Hans bei sich und ging nach Hause und sagte nichts.

Der Abend kommt und die Prinzessin soll ausgeliefert werden. Überall herrscht große Sorge und Betrübnis wie beim ersten Mal, am schlimmsten draußen am Strand ... Sie weinen, das ganze Volk weint, der König und die Königin sind unglücklich, und die Prinzessin denkt: »Mein letztes Stündchen hat geschlagen, wenn er nicht kommt, er mit den lockigen Haaren.« – Plötzlich kommt da ein Reiter auf einem weißen Pferd, und keiner konnte erkennen, daß es derselbe war wie beim letzten Mal. Die Prinzessin auch nicht. Aber alles geschah wie beim letzten Mal, sie stieg hinter ihm auf sein Roß, und er mußte mit ihr hinausreiten.

Und sie weinte, schmiegte sich an ihn und dachte: »Doch, es ist derselbe mit den schönen Locken«, und sie band ihren anderen Ring in seine Locken und dachte: »Ach, wenn er mich nur retten wollte, dann werde ich aber aufpassen, daß er nicht wieder davonreitet, ohne daß ich ihm gedankt habe.«

Und es ging genau wie beim letzten Mal. Der Riese war trotz allem sehr böse, denn Hans drohte ihm, er solle nur aufpassen, denn Hans habe Macht, ihn zu erschlagen. Und es ging wie beim letzten Mal. Hans nahm die Prinzessin wieder mit zurück, und es herrschte eine Freude ohnegleichen. Und als sie sich nach Hans umsahen, war er wieder weg. Es war genau wie beim letzten Mal, keiner ahnte, wer der Reiter war.

Die Prinzessin aber zog wieder auf das Schloß, und dort lebten sie und glaubten, nun sei die Gefahr vorüber. Aber sicher waren sie nicht. Und das traf zu, denn der Riese erwachte wieder zur Tat und verhielt sich wie beim letzten Mal. Er stieg aus dem Wasser empor und verlangte also, daß die Prinzessin an dem und dem Abend kommen solle. Und jetzt sei es das letzte Mal, jetzt müsse es sein, sonst werde er Unglück über das Land, das ganze Land und das ganze Königreich, bringen. Die Verzweiflung war wieder groß, und dieses Mal waren sie entsetzt, denn jetzt war die letzte Hoffnung aus, man konnte sich nicht denken, daß da ein drittes Mal einer kommen und sie retten sollte, unmöglich, an ein so großes Wunder konnte man beinahe nicht glauben.

Die Zeit verging, und an dem Tage, an dem die Prinzessin an den Riesen ausgeliefert werden sollte, ging Hans in den letzten Hügel. Er wollte doch einmal sehen, was dort sei, es könnte ja sein, daß er es gebrauchen könnte, wer weiß? Er wußte es ja nicht, er wollte hingehen und nachsehen. Als er hineinkam, stand da ein schwarzer Hengst, ein kräftiges Tier, ein schönes Tier, und das empfing ihn freundlich, schaute ihn an und wieherte, und Hans klopfte es. Da hing auch das herrlichste Sattelzeug, und Hans ging tiefer in den Hügel hinein. Da stand eine Kiste voller Golddukaten. Hans lächelte vergnügt in sich hinein: »Es sieht so aus, als ob ich ein reicher Mann werden soll, da komme ich wohl kaum drum herum. Wenn ich das alles nur aus diesem Zauberhügel herausbekommen kann!‹

Er trieb seine Schafe nach Hause, wo großes Leid und Elend herrschten, weil die Prinzessin ausgeliefert werden sollte. Vielleicht war es das erste Mal in seinem Leben, daß Hans betrübt war, denn er hatte ja die schöne Prinzessin gesehen, und wenn er sie nicht retten könnte, würde er sein Leben lang unglücklich sein. Er konnte den Gedanken nicht ertragen, daß sie zu diesem Riesen hinausgebracht werden sollte. So war ihm noch nie zu Mute gewesen. Der alte Viehknecht redete ihm gut zu, aber Hans sagte nichts. Der alte Mann erzählte, wie die Leute redeten, daß doch nun auch das dritte Mal einer kommen wolle, um die Prinzessin zu retten, denn sonst wüßten sie nicht, was geschehen sollte. Schrecklich wäre das Ganze, und die Prinzessin sei ganz außer sich. Ach nein, alles, alles sei aus den Fugen geraten.

Der Abend kam, und Hans hatte die Schafe nach Hause getrieben. Dann geht er zu dem Hünengrab zurück. Und wie sie unten am Strande alle versammelt sind ... die Prinzessin hatte vor lauter Angst und Schrecken fast das Bewußtsein verloren, der König und die Königin hielten sie in ihren Armen und weinten, und das ganze Land trauerte, ... da erhebt sich der Riese da draußen in seiner ganzen Grausamkeit und Macht, Schaum und Gischt umgeben seine Schultern. Ein Schauder erfaßte die Menge, als sie ihn erblickte. Das war das Letzte, jetzt gab es keine Rettung mehr. Ehe sie sich aber versahen, kommt da ein Reiter auf einem schwarzen Hengst durch die Menge auf die Prinzessin zu gesprengt. Und er sagt: »Setz dich auf mein Pferd, dann will ich sehen, was ich für dich tun kann.« Sie halfen ihr auf das

Pferd hinauf, und der König und die Königin nahmen Abschied von ihr. Sie schmiegte sich an seinen Rücken und seine Schulter, und da sah sie, daß es derselbe war. Er hatte dieselben schönen Locken, und auch ihre beiden Ringe hingen da. Sie faßte wieder Mut, es könnte ja sein, daß alles glücklich verlief, und sie, sie würde nie vergessen, ihm zu danken.

Hans ritt mit ihr an die Wasserkante. Der Riese wurde rasend, als er ihn erblickte. Ob das nicht bald aufhören könnte, er solle sehen, daß er mit der Prinzessin zu ihm hinauskäme. Das wollte Hans aber nicht, der Riese könne ja selber kommen, wenn er sie haben wolle, er wolle sie nicht hergeben, dazu sei er nicht verpflichtet. Solle er doch nur selber kommen! Der Riese hatte seine Bedenken, aber jetzt wollte er nicht länger warten, jetzt sollte es sein, und er schoß durch die Wogen, daß Gischt und Schaum um ihn spritzten, und griff rasend nach der Prinzessin. Glücklicherweise hat aber Hans seine Flöte dabei und berührt damit den Riesen, und das war genug. Siehe da, die Flöte hatte immer noch ihre Kraft, und der Meermann sank in die Wellen hinab, obwohl er immer noch schalt und brummte, und der Schaum spritzte hoch empor, aber es zog ihn in die Tiefe, und er war tot.

Die Prinzessin saß ja hinter Hans auf dem Pferde und klammerte sich an ihn und weinte und schluchzte. Sie ritten zum König und zur Königin zurück, und die Freude war ja so groß! Vom Strande aus hatten sie gesehen, was da vor sich gegangen war und wie das Ungeheuer in den Wellen versunken und umgekommen war. Sie jubelten und huldigten Hans, und der Freude war kein Ende. Wie sie an den Strand kommen, schließen der König und die Königin die Prinzessin in ihre Arme. Sie rechneten damit, daß der Reiter dieses Mal verweilen werde, aber als sie sich nach ihm umsahen, war er wieder weg. Das war eine große Enttäuschung für sie.

Ja, der Kummer darüber, daß Hans verschwunden war,

war groß. Dieser stattliche Reiter, der da dreimal gekommen war und zuletzt die Prinzessin gerettet hatte und dann verschwunden war, ohne den geringsten Dank zu erhalten! Das konnten sie einfach nicht begreifen, denn er mußte sich doch denken können, daß sie ihm unendlich dankbar waren.

Da ließ man in allen Herbergen und überall im Lande anschlagen, daß der, der die Prinzessin gerettet hatte, zurückkommen solle, denn er solle die Prinzessin und das halbe Königreich haben, weil er die Prinzessin gerettet habe. Man rechnete damit, daß er sich daraufhin zeigen werde. Nach einer gewissen Zeit strömten Scharen von Männern herbei. Eines Tages sah Hans ein paar Reiter, die keine anderen als Per und Wolle sein konnten. Sie waren wieder etwas zu Kräften gekommen und hatten ein paar einigermaßen gute Pferde, und auch die Sättel gingen an. Sie kamen mit anderen Reitern zusammen auf das Schloß. Hans grinste und dachte bei sich: »Ihr seid mir gerade die Rechten. Damit hattet ihr nun nichts zu schaffen.« Aber er sagte kein Wörtchen.

Und da kamen sie denn auf das Schloß, der eine Reiter nach dem anderen. Die Prinzessin sollte den finden, der sie gerettet hatte. Sie durften alle am Hochsitz des Thrones vorbeigehen. Da saßen der König und die Königin mit der Prinzessin. Sie sollte den Rechten erkennen, und sie guckte alle, die hereinkamen, an, sie kamen und gingen, und sie guckte, aber sie guckte nach den lockigen Haaren. Das war ja fast das einzige, was sie von ihm gesehen hatte, und darum mußten sich alle so vor ihr zeigen, daß sie ihre Haare sehen konnte. Der eine nach dem anderen ging vorbei, und sie schüttelte den Kopf. Sie wurde immer trauriger, weil ihrer so viele kamen und keiner von ihnen der eine war, der sie gerettet hatte. Ein Tag verging nach dem anderen, und zuletzt fürchteten sie sehr, daß er nicht kommen werde. Dann nahm die Schar ab, schließlich kam kaum noch einer und zuletzt gar keiner mehr. Der Prinzessin war das Herz schwer, und sie ging umher und war traurig. Sie ging hinaus durch die Wälder und Felder und konnte nirgends Ruhe finden, sie sehnte sich nach dem einen, der ihr das Leben gerettet hatte, und wenn er nicht käme, würde sie ihr Leben lang unglücklich sein, das wußte sie genau, denn sie hatte ihn liebgewonnen, und nur ihn wollte sie zum Manne haben, und nur er sollte König in dem Lande sein, in dem sie Prinzessin war.

Eines Tages, als sie wieder traurig durch die Felder und in den Wald hinein und wieder über die Felder ging, kam sie auch dahin, wo die Schafe ihres Vaters weideten. Da sieht sie auch den unscheinbaren Hirten. Und sie spricht mit ihm, und da kann sie nicht verstehen, was das eigentlich ist, sie meint, sie hat diese Stimme früher schon einmal gehört. Wer konnte das sein? Wo hatte sie ihn schon einmal gesehen? Es war nicht zu begreifen. Sie klagte ihm ihre Not und erzählte ihm, daß sie nie den Reiter vergessen könne, den sie so liebgewonnen habe und der sie gerettet habe. Ob er nicht davon gehört habe? – Doch, er habe davon gehört. Aber er sagte nicht, was er wußte. Sie redete mit ihm und dem alten Viehknecht und ging umher und sprach mit allen Leuten, ob denn da keiner sei, der ihn gesehen habe, keiner, der ihn kenne, keiner, der den stattlichen Reiter zuerst auf einem braunen Pferd und dann auf einem weißen Pferd und dann auf einem schwarzen Pferd gesehen habe. Aber da war keiner, wo sie auch fragen mochte, da war keiner.

Und dann ging sie weiter. Hans aber dachte: »Jetzt weiß ich auf jeden Fall, daß sie mich liebhat. Es ist also nicht nur wegen der stattlichen Pferde, sondern weil sie mich gern hat, weil ich sie rettete und weil sie entdeckt hat, daß ich es gut mit ihr meine.« Und er dachte im stillen: »Jetzt ist es wohl an der Zeit, daß ich etwas unternehme, denn ich kann auch nicht ohne sie leben, denn ich kann auch nie wieder froh sein, wenn wir nicht vereinigt werden.«

Und eines Abends kommt er auf seinem schwarzen Hengst und in seiner prachtvollen Ritterrüstung aufs Schloß geritten, und sobald der König und die Königin ihn sehen, erkennen sie ihn. Und die Prinzessin kommt hinzu und eilt ihm entgegen, und sie waren ja so froh und glücklich, daß sie endlich beieinander waren.

Und dann sollte die Hochzeit sein. Es wurde bestimmt, daß sich das ganze Land versammeln und dem neuen König huldigen sollte. Er sollte die Prinzessin haben und nicht nur das halbe Königreich, sondern das ganze, denn der König und die Königin wollten auf alles verzichten, weil er die Prinzessin gerettet hatte.

Die Hochzeit wurde in großer Pracht und Herrlichkeit gehalten, das ganze Land nahm daran teil und huldigte dem jungen König und seiner Königin.

Da dachte Hans: »Jetzt ist es an der Zeit, daß ich nach Hause komme und meinem Vater zeige, was für ein Glück ich gemacht habe. Es könnte ja sein, daß Per und Wolle auch wieder da sind.« Er wollte wirklich gern wieder einmal nach Hause und sprach mit der jungen Königin darüber. Sie wollte mitfahren. Sie wollte wirklich gern einmal durch ihr Land fahren, denn sie war so beliebt geworden, als sie damals bei ihrer Suche nach Hans fast das ganze Land durchwanderte. Da hatte sie mit vielen Leuten gesprochen, und sie hatten sie alle sehr liebgewonnen, und auch die Prinzessin hatte gelernt, ihr Volk zu lieben. Darum möchte sie jetzt gern im Lande umherfahren und allen Leuten ihren jungen König und jungen Mann zeigen, daß sie ihm huldigten und ihn kennenlernten.

Und so zogen sie im Land umher, die Königin auf dem weißen Pferd und Hans auf dem schwarzen, der ganze Hofstab zog mit, und sie begaben sich auf den Weg zum alten Vaterhaus des jungen Königs.

Als sie dort ankommen, fällt sein Blick sofort auf die alte Eiche, die dort im Hof steht. Die beiden Dolche sind nicht mehr da, nur das alte zerbrochene Taschenmesser von Hans steckt noch drin. Als sie in den Hof reiten, kommen Per und

Wolle und der alte Vater heraus, aber sie können Hans nicht erkennen. Sie ziehen ihre Hüte und verneigen sich und bitten ihn, ins Haus einzutreten. Hans wollte sich nicht gleich zu erkennen geben, und so standen sie da und redeten, bis Hans auf einmal sagt: »Ich muß mir doch lieber mein altes, zerbrochenes Taschenmesser wiederholen, schließlich gehört es mir.« Da konnten sie ihn wiedererkennen und waren sehr bestürzt.

Da sagen Per und Wolle zueinander: »Wie in aller Welt ist das zugegangen? Der arme, kleine Tropf, der nichts konnte und so dumm war, daß er alle schmutzige Arbeit für uns tat, daß wir ihn für alles, was wir von ihm wollten, herumkriegen konnten, der kommt hier und ist König in unserem Lande!« Das konnten sie nicht begreifen.

Aber Hans gehörte nicht zu denen, die nachtragen. Er nahm seinen alten Vater und die beiden Brüder mit aufs Schloß. Und er tat viel Gutes für die Armen und für den alten Viehknecht. Dieser bekam ein schönes, großes Zimmer, in dem er wohnen und schlafen konnte. Er sollte auch nicht mehr die Schafe hüten, er konnte kommen und gehen, wie es ihm paßte, er konnte über die Felder gehen und sich umsehen und leben, wie es ihm gefiel, und alles wurde ja so gut in diesem Lande.

Eines Tages kommt eine alte Frau auf das Schloß. Hans kommt hinzu und sieht ja gleich, daß es die alte Frau ist, die ihm geholfen hat. Plötzlich verwandelt sie sich und wird zu einer Fee, und sie erzählt ihm, daß sie also eine Fee sei, die ihm begegnete, als sie sich in der Welt nach den edelsten Menschen umsah. Er sei einer der wenigen, die sie getroffen habe. Und er sei der beste von allen. Darum habe sie ihm das Geschenk gegeben, denn sie habe sehen können, daß er Gutes damit tun werde. Darum sei sie gekommen. Nicht die Flöte sei es gewesen, sondern sein eigenes Herz, das den Alten und Schwachen beistehe und das Gutes tun wolle, wo andere Böses tun. Darum habe sie ihm geholfen, und darum sei er König geworden, und darum habe er die junge Prinzessin bekommen, und nun sollten sie in Freude und Herrlichkeit alle Tage ihres Lebens leben. Und das taten sie.

Und damit ist die Geschichte aus.

6. Ederland, die Hühnermagd

Es war einmal eine Frau, die hatte drei Töchter. Sie war sehr krank und wartete jeden Tag darauf, daß der Tod an ihre Tür klopfen würde. Deshalb rief sie ihre drei Töchter zusammen und verteilte unter sie, was sie hatte. Aber sie teilte nicht gleichmäßig; den beiden älteren, die immer hübsch und geputzt waren, gab sie ihre ganze Habe, und die jüngste, die kleine Ederland, bekam nur einen Teigtrog, einen Besenstiel und eine Schürze.

Die Mutter lebte nur noch kurze Zeit, und als sie gestorben war, teilten sie das Erbe so, wie sie bestimmt hatte, und da sagten die beiden älteren Schwestern zu Ederland: »Da kannst du wieder sehen, Ederland, daß die Mutter uns lieber gehabt hat als dich, denn dir hat sie nur den elenden Teigtrog und den Besenstiel und die Schürze gegeben.« Aber die kleine Ederland war still und geduldig und glaubte doch, daß ihre Mutter sie gleich liebgehabt hätte wie die beiden anderen.

Nach einiger Zeit kamen alle drei Schwestern in Dienst in einem vornehmen Haus. Die beiden älteren waren im Hause selbst und hatten bei allen Arbeiten mitzuhelfen; aber die kleine Ederland war nur Hühnermagd. Doch es dauerte nicht lange, so merkte der Herr, daß sein Geflügelhof noch nie in so gutem Stand gewesen war, als seit Ederland dafür zu sorgen hatte, und deshalb lobte er sie beständig vor ihren Schwestern. Das hörten die aber gar nicht gerne. Schließlich kamen sie darauf, dem Herrn zu sagen, daß Ederland noch viel mehr vermöge, wenn sie nur wolle. Sie wüßten gewiß, daß sie einen Leuchter herbeischaffen könnte, der ohne Licht leuchtete; wenn sie es leugne, so wolle sie eben nicht.

Als der Herr das hörte, rief er sofort nach Ederland und sagte zu ihr: »Ich habe gehört, du könntest mir einen Leuchter verschaffen, der ohne Licht leuchtet; den möchte ich furchtbar gerne haben, und du mußt ihn mir verschaffen. Es hilft dir gar nichts, wenn du dich weigerst, denn ich weiß, du kannst, wenn du willst.«

Klein Ederland weinte und sagte, sie wolle ja gerne, wenn sie nur könnte, aber das sei eine Aufgabe, die sie schlechterdings nicht lösen könne. Aber der Herr glaubte ihr nicht. »Hier hilft dein Reden nicht«, sagte er, »du mußt mir den Leuchter verschaffen, aber dafür bekommst du auch zwei Scheffel Gold!«

Klein Ederland ging weinend hinaus und gleich zum Grab ihrer Mutter, und wie sie da stand und weinte, kam die Mutter aus dem Grab hervor und sagte: »Du mußt nicht weinen; geh nur heim und verlange vom Herrn zwei Scheffel Salz und nimm deinen Besenstiel und setze ihn als Mast in den Teigtrog und binde die Schürze als Segel fest und fahre mit deinen zwei Scheffeln Salz aufs Meer; dann wirst du dahin kommen, wo du den Leuchter, der ohne Licht leuchtet, bekommen kannst!«

Damit sank die Mutter wieder ins Grab, und klein Ederland ging heim und verlangte vom Herrn zwei Scheffel Salz. Das bekam sie, und dann richtete sie ihren Teigtrog her, mit dem Besenstiel als Mast und der Schürze als Segel, nahm ihre zwei Scheffel Salz und fuhr auf das wilde Meer hinaus, wohin die Wellen sie trugen.

Sie fuhr weit umher, aber schließlich landete sie auf der Trollinsel und ging mit ihren zwei Scheffeln Salz an Land. Irgendwo sah sie ein Haus. Da ging sie hin, kletterte aufs Dach und schaute zum Schornstein hinunter. Da unten stand die alte Trollmutter und kochte Brei für ihre Söhne. Und auf dem Herd neben dem Breikessel stand der Leuchter, der ohne Licht leuchtete. Den wollte Ederland ja haben, und als die alte Trollmutter sich umkehrte, schüttete sie ihre zwei Scheffel Salz hinunter in den Brei. Gleich darauf kam die Trollmutter wieder und versuchte den Brei, aber der war furchtbar versalzen. Da nahm sie den Eimer und wollte Wasser holen, um den Brei noch einmal aufzukochen. Aber Ederland ließ sich in einem Hui durch den Schornstein hinunter und lief hinter ihr drein, und als die Alte sich über den Brunnenrand beugte, um den Eimer aufzuziehen, gab ihr Ederland einen Stoß in den Rücken, daß sie kopfüber hineinfiel und nicht mehr lebendig zum Vorschein kam.

Ederland holte nun eiligst den Leuchter und lief hinunter zu ihrem Schiff. Und als sie gerade ein Stückchen vom Lande weg war, sah sie die Trolle heimkommen, und gleich darauf kamen sie an den Strand gelaufen und riefen ihr nach: »Ederland! Ederland! Du hast unsere alte Mutter in den Brunnen geworfen und unseren Leuchter genommen! Wenn du noch einmal hierherkommst, werden wir uns bitter rächen!« Aber Ederland rief zurück: »Ja, ich komme noch zweimal wieder!« und fuhr vergnüglich heim.

Der Herr war voller Freude, als er den Leuchter sah, der ohne Licht leuchtete; klein Ederland bekam ihre zwei Scheffel Gold und da war sie auch froh. Aber ihre Schwestern ärgerten sich jeden Tag über ihr Glück und dachten nur daran, wie sie ihr die Freude versalzen könnten. Schließlich sagten sie wieder zum Herrn, Ederland könne noch viel mehr. Sie könne ein Pferd herbeischaffen mit Glöckchen an allen vier Beinen, das man hören könne, lange ehe es da sei, und das man finden könne, wie weit es sich auch verlaufen habe.

Ein solches Pferd hätte der Herr nun noch viel lieber gehabt als den Leuchter, den er schon besaß. Er ließ sofort Ederland rufen und sagte zu ihr, er wisse wohl, daß sie ihm ein Pferd verschaffen könne, das an allen vier Beinen Glöckchen habe und das man von weitem höre und das sich nie verlaufen könne, weil man es immer höre, so weit es auch immer fort sei. Das Pferd solle sie ihm verschaffen.

Ederland weinte und sagte, sie wolle ja gerne, aber sie

könne nicht. Aber der Herr wollte sich nicht damit zufrieden geben. »Du kannst wohl, wenn du willst,« sagte er, »das Pferd mußt du mir verschaffen, ich will dir auch drei Scheffel Gold dafür geben.«

Ederland ging wieder an das Grab ihrer Mutter und weinte und war sehr betrübt. Aber die Mutter erhob sich wieder aus dem Grab und sagte zu ihr: »Weine nicht, klein Ederland! Geh heim und bitte den Herrn um vier Büschel Werg und nimm sie mit und setze dich in deinen Teigtrog mit dem Besenstiel und der Schürze, wie das letztemal. Dann wirst du an einen Ort gelangen, wo du das Pferd mit den Glöckchen an allen vier Beinen bekommen kannst.« Darauf sank die Mutter wieder in ihr Grab, aber klein Ederland ging heim und verlangte vom Herrn die vier Büschel Werg. Sie bekam sie sogleich und fuhr in ihrem Teigtrog auf das Meer, mit dem Besenstiel als Mast und der Schürze als Segel.

Auch dieses Mal landete sie wieder auf der Trollinsel. Es war gerade die Zeit, wo die Trolle zu Hause waren und zu Mittag aßen, und auf der Wiese vor dem Haus graste das Pferd mit den Glöckchen an den Beinen. Aber Ederland schlich sich hin zu ihm, band um jedes Bein einen Büschel Werg, so daß die Glöckchen nicht läuten konnten, und zog das Pferd an den Strand hinunter. Gerade wie sie es aber ins Boot führte, löste sich der Wergbüschel von dem einen Bein und gleich fing die Glocke zu klingeln an, und alle Trolle kamen an den Strand gerannt. Aber klein Ederland hatte das Pferd doch glücklich ins Boot gebracht und war gerade ein kleines Stück vom Lande weggekommen, als die Trolle am Ufer anlangten. Sie gerieten in greuliche Wut, als sie sahen, daß Ederland mit ihrem Pferd entkommen war, und riefen ihr nach: »Ederland! Ederland! Du hast unsre alte Mutter umgebracht und uns unseren Leuchter genommen, und nun hast du unser Pferd gestohlen! Wenn du wieder kommst, werden wir uns bitter rächen!« Aber Ederland rief zurück: »Ja, ich komme noch einmal!«

Wie nun Ederland mit dem Pferd heimkam, war der Herr voller Freude, und er gab ihr gern die drei Scheffel Gold, die er ihr versprochen hatte, und sie war auch sehr froh. Aber ihre beiden Schwestern freuten sich gar nicht über ihr Glück; sie dachten Tag und Nacht an nichts anderes, als wie sie ihr Böses antun könnten, und einige Zeit darauf sagten sie zu dem Herrn: »Ederland könnte Euch noch etwas viel Besseres verschaffen, als was Ihr bis jetzt habt, wenn sie nur wollte: nämlich ein Schwein, von dem man so viel Speck ausschneiden kann, als man will, es bleibt doch immer gleich viel dran.«

Das kam dem Herrn als das Allerschönste vor, und Ederland mußte gleich kommen, und er sagte zu ihr: »Ich habe gehört, daß du mir ein Schwein verschaffen kannst, von dem man so viel Speck abschneiden kann, wie man will, und das doch immer gleich fett bleibt; dieses Schwein muß ich haben!« Vergebens weinte Ederland und sagte: »Ich wollte ja gern, wenn ich nur könnte; aber ein solches Schwein kann ich Euch nicht verschaffen!« Doch der Herr wollte nichts davon wissen: »Du kannst und mußt mir das Schwein verschaffen«, sagte er, »dafür will ich dir aber auch alle Herrlichkeit, die du hier siehst, schenken!«

Aber klein Ederland war sehr traurig. Sie ging an das Grab ihrer Mutter und weinte bitterlich. Da stieg die Mutter aus ihrem Grab und sagte zu ihr: »Weine nicht, klein Ederland! Geh nur heim und verlange vom Herrn zwei Speckseiten und setze dich in dein Boot und fahre aufs Meer. Dann wirst du schon dahin kommen, wo du dieses Schwein bekommen kannst!« Und als sie das gesagt hatte, sank sie wieder in ihr Grab zurück. Aber Ederland ging nach Hause und bekam die zwei Speckseiten, setzte sich in ihren Teigtrog mit dem Besenstiel als Mast und der Schürze als Segel, und der Wind blies sie wieder übers Meer bis an die Trollinsel. Es war gerade um die Zeit, als die Trolle ihren Mittagsschlaf hielten. Das Schwein war auf der Weide, aber die Trolle hatten einen kleinen Buben angestellt, der es hüten sollte.

Ederland lief zu dem Buben hin und sagte zu ihm: »Diese zwei Speckseiten sind für die Trolle; willst du sie hinauftragen, so will ich unterdessen das Schwein hüten!« Der Knabe dachte sich nichts Böses dabei; er nahm den Speck und lief damit ins Haus. Aber wie er den Trollen erzählte, auf welche Weise er zu den zwei Speckseiten gekommen war, dachten sie gleich, Ederland könne wieder die Hand im Spiel haben, und rannten, was sie konnten, an den Strand hinunter. Und da hatte Ederland das Schwein noch nicht ins Boot bringen können.

Da packten die Trolle das Schwein und sie selbst; und Ederland schleppten sie ins Haus und übergaben sie dem alten Trollvater und sagten, er solle sie schlachten und ihnen ein recht gutes Abendessen vorsetzen, wenn sie von der Arbeit nach Hause kämen. Dann gingen die Trolle fort, und Ederland blieb allein mit dem alten Trollvater zurück. Der schleppte einen großen Block herbei und stellte die Axt daneben und sagte zu ihr: »Nun leg deinen Kopf auf den Block, daß ich ihn abhauen kann!« – »Ja, das will ich schon«, sagte Ederland, »aber ich weiß gar nicht, wie ich mich dazu anstellen soll; du mußt es mir schon vormachen!« – »Ach«, sagte der alte Troll, »das ist ja ganz einfach, du brauchst es nur so zu machen«, und damit legte er seinen Kopf auf den Block. In einem Hui hatte Ederland die Axt ergriffen und hieb ihm mit einem Schlag den Kopf ab. Dem Kopf setzte sie dann die Zipfelmütze auf und legte ihn ins Bett, und den Körper tat sie in den Suppenkessel, der über dem Herde hing. Dann lief sie hinunter an den Strand, nahm das Schwein und fuhr damit auf ihrem Boot davon.

Aber bald darauf kamen die Trolle nach Hause und machten sich gleich über das Essen her, das auf dem Feuer stand. Sie wunderten sich sehr, daß das Fleisch so zäh war, obgleich es doch junges Fleisch war. Aber sie waren hungrig und würgten es doch hinunter. Schließlich jedoch fiel einem von ihnen ein, daß ihr alter Vater doch auch dabei sein müßte. Und er ging hin und rüttelte ihn. Aber da gab es einen großen Schrecken, als sie sahen, daß nur sein Kopf im Bett lag.

Nun merkten sie, wie die ganze Sache zugegangen war, und rannten vom Essen weg an den Strand. Aber da fuhr Ederland schon weit draußen auf dem Meer. Da kamen die Trolle in die höchste Wut und riefen ihr nach: »Ederland! Ederland! Du hast unsere alte Mutter umgebracht, du hast unseren Leuchter genommen, du hast unser Pferd gestohlen, und nun hast du unseren alten Vater umgebracht und unser Schwein gestohlen! Wenn du noch einmal kommst, werden wir uns bitter rächen!« Aber Ederland rief zurück: »Ich komme nicht wieder, aber ich will euch zwei schicken, an denen ihr ebensoviel Freude haben sollt wie an allem, was ich euch gestohlen habe.«

So fuhr klein Ederland heim, und der Herr empfing sie mit großer Freude, und bald darauf hielten sie Hochzeit und lebten in Glück und Zufriedenheit. Aber die Schwestern blieben bei ihr und grämten sich von Tag zu Tag mehr über Ederlands Glück. Da sagte eines Tages Ederland zu ihnen: »Wenn ihr Lust habt zu segeln, so könnt ihr gern mein Boot haben!« Und die Schwestern wollten es gleich probieren. Sie stiegen ins Boot und fuhren drauflos und kamen auch auf die Trollinsel. Aber da packten die Trolle sie und kochten und brieten sie und freuten sich sehr des guten Fanges.

7. Das graue Pferdchen

Es waren einmal ein Mann und eine Frau, die waren so steinreich, daß der Reichtum ihrer Tage kaum zu überblicken war, aber sie hatten keine Kinder, und darüber grämten sie sich sehr, denn sie hatten diesen ganzen Reichtum und keinen Erben dafür.

Eines Tages ging der Mann spazieren und dachte wie so oft daran, wie traurig es sei, daß er keine Kinder habe. Da begegnete er einem grauen Männlein. Das fragte ihn, warum er sich so gräme; es schien ihm, der Mann sehe so verzagt aus. Der Mann meinte, es würde wenig helfen, wenn er es ihm erzählte, er könne ihm ja auch nicht helfen. Das Männlein wollte es aber zu gerne wissen, es könnte ja sein, daß es ihm helfen könne, das solle er nicht ungesagt lassen. Und so erzählte er denn dem Männlein, daß er und seine Frau das schönste Leben in Reichtum führten und daß sie sich darüber grämten, daß sie keinen Erben hätten.

Da versprach ihm das Männlein, daß er es schon noch so einrichten werde, daß sie einen Sohn bekämen, aber dann müßten sie sich auch nach seinen Vorschriften richten, die da waren, daß sie den Sohn Hans nennen sollten, und daß er, wenn er die Leute bitten wollte, Pate zu stehen, den ersten, der ihm begegnete, dazu auffordern müsse, was für einer er auch sein mochte. Der Mann wollte sich willig nach diesen Vorschriften richten, er dankte dem Männlein sehr, und als er zu seiner Frau nach Hause kam, erzählte er ihr alles, und auch sie wurde herzensfroh.

Es trug sich auch alles so zu, wie das Männlein gesagt hatte, sie bekamen einen Sohn, und obwohl sie keinen in der Familie hatten, der Hans hieß, so beschlossen sie doch, daß sie sich danach richten wollten, was das Männlein gesagt hatte. Der Mann machte sich dann auf, um einen Paten zu finden; er hatte an ein paar vornehme Herren gedacht, es trifft sich aber wohl oder übel so, daß er einem armen, alten, zerlumpten Bettler begegnet. Da überlegte er es sich doch ein bißchen, denn das war ihm denn doch ein gar zu seltsamer Pate, aber er wagte es nicht, dem Männlein zuwider zu handeln, und darum fragte er den Bettler, ob er nicht der Pate seines Sohnes sein wollte. Dann ging er zu seiner Frau und erzählte ihr, wie es ihm ergangen war, und auch sie meinte, es sei das beste, wenn sie sich nach den Vorschriften des Männleins richteten.

Auf diese Weise wurde der Bettler der Pate des Sohnes in

der Kirche, er hatte am Nachmittag den besten Platz am Tische; die vielen feinen Leute rümpften zwar die Nase, daß der zerlumpte Bettler dort sitzen sollte, aber dieser Nachmittag nahm ja auch einmal ein Ende.

Hans wuchs heran; seine Eltern brauchten ja nicht zu sparen, und da wurde nicht gespart; er war aber auch gelehrig, und so lernte er mehr als andere seiner Art. Als er herangewachsen war und konfirmiert wurde, hatte er die größte Lust, sein Glück in der Welt zu versuchen und in andere Länder zu ziehen. Das gefiel seiner Mutter gar nicht, er hatte es doch nicht nötig, auf die Wanderschaft zu gehen, sie hätten genug für ihn und er könnte zu Hause bleiben, meinte sie. Aber das half alles nichts, Hans wollte sich umsehen, da half kein Bitten und Flehen, sie mußten ihn ziehen lassen.

So machte sich Hans denn davon und war schon einige Tage unterwegs, als er über ein Feld kam, auf dem ein Bretterhäuschen stand. Er ging um das Häuschen herum und wunderte sich, daß es überhaupt keine Tür hatte. Nanu, dachte er, das ist doch seltsam, daß da keine Tür ist; so ein Haus hatte er noch nie gesehen. Seltsam, meinte er, da muß doch ein Eingang sein. Und was tat er, er kletterte auf das Haus hinauf und guckte von oben in es hinein, und da sah er, daß in dem Häuschen nichts anderes als ein schönes graues Pferdchen war; es war gesattelt, und auf dem Sattel waren lauter Stacheln. Das ist doch ein Jammer, dachte Hans, daß das Pferd dastehen soll; es bekäme sicher nichts zu fressen; er könnte es sicher nehmen, dachte er. Er holte das Pferd heraus, setzte sich darauf und ritt davon – und damit war er also zu Pferde.

Da er eine Zeitlang geritten war, sah er am Wege eine schöne Feder liegen, und er stieg vom Pferde, um sie aufzuheben, und als er sie in die Hand nahm, sah er, daß das Bildnis einer schönen Frauensperson darauf gemalt war. »Laß die Feder liegen«, sagte das Pferd. »Was, kannst du reden?« sagte Hans erstaunt. »Ja«, sagte das Pferd, »aber die Feder sollst du liegenlassen.« Dazu konnte sich Hans aber nicht bequemen, und obschon ihn das Pferd ermahnte, sie liegenzulassen, da sie ihm sonst viel Verdruß bringen werde, so nahm er sie mit.

Hans wollte in eine große Stadt, und endlich gelangte er denn auch in eine große Stadt. Er ritt auf das Schloß und fragte, ob sie dort einen Stallknecht gebrauchen könnten. Doch, so einen konnten sie gerade gebrauchen, und so blieb Hans dort.

Hans schwang sich aber bald empor, denn er war ja klug und belesen, und da auch gerade Krieg war, zog er mit ins Feld. Es erging ihm dort ausgezeichnet, er ritt auf seinem grauen Pferde, und wo Hans auch immer sich zeigen mochte, mußte der Feind weichen, und darum wurde Hans zum Diener des Königs befördert.

Jetzt hatte er ein eigenes Zimmer – das haben solche Herren ja immer – und da konnte er abends sitzen und studieren und tun, was ihm beliebte. Eines Abends sitzt er auch wieder so da und betrachtet die schöne Feder, die er hat. Er hatte die Feder sehr gern und war in das schöne Bildnis, das darauf war, sehr verliebt. Nun trifft es sich eines Tages nicht anders, als daß der König vorbeikommt, und als er die Feder sieht, fliegt er vor Wut fast in die Luft. Das Bild auf der Feder war ein Bildnis seiner Königin, die vor vielen Jahren verschwunden war, und da Hans ihr Bild hatte, mußte er mehr von ihr wissen – er solle sie herbeischaffen, sonst müsse er sein Leben lassen.

Das paßte Hans gar nicht, und er wußte nicht, was er tun sollte. Darum ging er zu seinem Pferdchen und beklagte sich. »Du hättest ja die Feder liegenlassen können; ich sagte dir ja, daß sie dir Verdruß bringen werde, aber du wolltest ja nicht hören«, sagte das Pferd. Ach, meinte Hans, jetzt könne er sich ebensogut das Leben nehmen, je eher je besser, denn die Königin herbeischaffen – das könne er nicht. Das Pferd war aber anderer Meinung und sagte, er solle zum König gehen und Pferd und Wagen, ein paar Scheffel Graupen, einen Sack Brot und eine Masse Fleisch verlangen. Das tat Hans denn auch, und der König gab ihm, was er forderte.

Dann spannte Hans sein graues Pferdchen mit dem Pferd, das er vom König bekommen hatte, vor, und dann fuhren sie. Der Weg, auf dem Hans fuhr, führte am Meer vorbei, und an einer Stelle war da eine Meerfrau aus dem Wasser an Land gestiegen und konnte nicht mehr ins Wasser zurückkommen. »Geh hin und hilf der Wasserfrau wieder ins Wasser«, sagte das Pferd zu Hans. Hans tat, wie ihm das Pferd befohlen hatte, und half der Wasserfrau wieder ins Wasser. »Vielen Dank«, sagte die Wasserfrau, »solltest du jemals in Bedrängnis sein und sollte ich dir dann helfen können, so werde ich es tun.«

Dann fuhren sie ein Stück weiter und stießen auf eine große Vogelschar; sie flogen und zogen in großen Bahnen dahin und stritten miteinander und waren vom Hunger getrieben. »Nimm die Graupen und gib sie den Vögeln«, sagte das Pferd zu Hans. Hans nahm die Graupen und streute sie den Vögeln aus, und die Vögel freuten sich und verschlangen, was sie konnten. »Ja«, sagte der größte Vogel – das war ein gar schöner und hieß Vogel Fanus – »wenn du jemals Hilfe brauchen solltest und ich dir helfen kann, so komm du nur zu mir.«

Dann fuhren sie weiter. »Ja, jetzt kommen wir bald zu dem Hof, auf dem die Königin wohnt«, sagte das Pferd, »aber es wird nicht leicht sein, denn da sind so viele Wachen aufgestellt, daß fast keiner hineinkommen kann.« Wie sie noch etwas weiterfahren, kommen sie zu den ersten Wächtern, lauter großen Bären, die sich gegenseitig bekämpften, weil der Hunger sie so gräßlich quälte. »Nimm das Fleisch und gib es ihnen«, sagte das Pferd, und das tat er, und sie versprachen ihm, daß sie ihm, wenn er je in Not geraten sollte, helfen wollten.

Jetzt konnten sie ungehindert weiterfahren, aber etwas später kommen sie zu der zweiten Wache; das waren zwölf grimmige, große Riesen, die da standen und sich gegenseitig vor lauter Hunger nach etwas Brot bekämpften; der Hunger stand ihnen im Gesicht geschrieben. »Nimm das Brot und gib es den Riesen«, sagte das Pferd zu Hans. Das tat Hans, und die Riesen waren so froh, daß sie ihm versprachen, daß sie ihm, wenn er jemals ihrer Hilfe bedürfe und sie ihm helfen könnten, es auch tun würden. Jetzt war auch hier die Durchfahrt frei, und es dauerte nicht lange, so kamen sie an den Hof, auf dem die Königin wohnte. Das war ein großes, schönes Schloß, aber es war von so vielen Bären und Hunden umgeben, daß man erschrecken mußte, und sie schlugen, vom Hunger getrieben, aufeinander ein. Da mußte Hans das eine Pferd schlachten, und so kamen sie in das Schloß.

Hans nahm sein graues Pferdchen mit in das Schloß, und es sagte zu ihm, daß die Königin, wenn er nun einträte, ihn gut empfangen werde, wenn sie aber zu Tisch gingen, solle er nur von der Schüssel nehmen, die in der Mitte stehe, und überhaupt von keiner anderen Schüssel, und wenn es Abend werde, so dürfe er sich in kein Bett legen, sondern er solle zu ihm in den Stall herauskommen und sich neben das Pferdchen legen.

Hans ging in das Schloß und wurde gut empfangen, er tat aber genau, was das Pferd gesagt hatte, er aß nur von der Schüssel in der Mitte, und abends, als sie zu Bett gehen sollten und man ihm ein Zimmer mit vielen schönen gemachten Betten anwies, unter denen er wählen konnte, sagte er nein, er wolle kein Bett haben, er wolle am liebsten im Stalle schlafen. Und dann ging er in den Stall und legte sich neben sein Pferd.

In der Nacht aber kamen da lauter kleine Geister, die sich mit aller Gewalt Hans' bemächtigen wollten; sie versuchten es von hinten, aber da schlug das Pferd nach hinten aus, so daß sie nicht an ihn herankommen konnten; da versuchten sie es von oben, aber da konnten sie nicht an ihn heran wegen der Stacheln, die im Sattel saßen, und da mußten sie Hans in Ruhe lassen.

Am Morgen ging er zur Königin und fragte sie, ob sie mitkommen wollte. Nein, das könne sie nur, wenn Hans sie in ein paar Puppen Seide finden könne. Das konnte Hans ja nicht, er konnte sie doch nicht zwischen Seidenfäden finden, und er jammerte bei seinem Pferd, daß er die Königin zwischen Seidenfäden finden solle; wie sollte er das doch können? Und darum könne er sich lieber gleich das Leben nehmen. »Ja«, sagte das Pferd, »du hättest ja die Feder liegenlassen können, die dir so viel Verdruß bringen würde. Aber geh du nur und nimm die Puppe Seide, die in der Mitte liegt. Du kannst sie daran erkennen, daß sie etwas dunkler ist als die anderen, und dann nimmst du deine Schere und tust, als ob du sie durchschneiden wolltest.« Hans tat, wie ihm das Pferd gesagt hatte, er ergriff die Puppe Seide und tat, als ob er sie durchschneiden wollte, aber da stand sie da: die dürfe er nicht durchschneiden, und dann versprach sie ihm, daß sie am folgenden Tage mit ihm gehen werde.

In der Nacht lag Hans wieder bei seinem Pferd, und am anderen Morgen ging er wieder zu der Königin: Ob sie jetzt mitkommen könne? Nein, das könne sie nur, wenn er sie in einem Bund Stroh finden könne. Das war ja genau so schlimm; wie sollte er sie in einem Bund Stroh finden können? Das erschien ihm ganz unmöglich. Und wieder erzählte er es seinem Pferd, und jetzt könne er sich genau so gut gleich das Leben nehmen, meinte er. »Ja«, sagte das Pferd, »du hättest ja die Feder liegenlassen können. Habe ich es nicht gesagt! Aber geh du nur hin und löse das Strohbund auf, dann wirst du in der Mitte einen größeren und dickeren Strohhalm finden. Du kannst ihn leicht von den anderen unterscheiden. Und dann nimmst du dein Messer und tust, als ob du ihn durchschneiden wolltest.« Das befolgte Hans, und als er den Strohhalm durchschneiden wollte, stand sie ja wieder da; diesen Strohhalm dürfe er nicht durchschneiden, und dann versprach sie ihm, ihm am nächsten Tag zu folgen.

Am anderen Morgen – Hans hatte ja in der Nacht wieder

bei seinem Pferd geschlafen – ging er wieder zu ihr hinein und fragte, ob sie ihm folgen wolle. Ja, aber er solle ihr erst ihr Pferd schaffen; es heiße Bissefalius und könne überall gleich schnell laufen, auf der Erde, unter der Erde und auf dem Wasser, und es wäre ihr vor vielen Jahren abhanden gekommen.

Jetzt war Hans wieder genau so weit, wie sollte er das Pferd schaffen können; Hans meinte, daß sich das nicht machen lassen könne. Und er ging wieder zu seinem Pferd und klagte ihm sein Leid, daß er der Königin ein Pferd schaffen solle, das Bissefalius hieße und das schon viele Jahre verschwunden sei, und nun könne er sich genau so gut gleich das Leben nehmen, denn dieses Pferd, meinte er, könne er nicht herbeischaffen. »Ja«, sagte das Pferd, »du hättest ja die Feder liegenlassen können, wie ich dir gesagt hatte, aber höre jetzt gut zu: Du gehst hinein und verlangst einen Zaum für den Bissefalius. Sie wird dir eine Masse schönes Zaumzeug zeigen, unter dem du wählen darfst; aber davon sollst du keinen nehmen; statt dessen sollst du einen alten Zaum nehmen, der an der Tür hängt, und dann mußt du auf den Baum klettern, der hier draußen steht, und wenn du oben sitzt, mußt du mit dem Zaum rasseln, dann wird Bissefalius schon kommen. Wenn er kommt – und er wird so schnell gelaufen kommen, daß du ihn 100 Meilen weit hören kannst – und wenn er dann gerade unter deinem Baum vorbeikommt, so mußt du ihm den Zaum um den Hals werfen, dann wird er schon stehenbleiben, aber sieh nur ja zu, daß du den Hals richtig triffst, denn sonst ist es um dein und mein Leben geschehen.«

Hans tat, wie ihm das Pferd gesagt hatte, und bat um den Zaum, und sie kam ja auch gleich mit einem Haufen schöner Zäume an, und davon konnte Hans nehmen, was er wollte. Nein, davon wollte er keinen haben, aber da hinter der Tür hinge so ein altes Stück, das würde ihm schon seine Dienste tun, und das nahm er dann. Dann ging Hans hinaus und kletterte auf den Baum und rasselte mit dem Zaum, und es dauerte auch nicht lange, da konnte er Bissefalius kommen hören. Er konnte hören, wie die Erde hundert Meilen fort unter ihm erbebte. Und dann kam er heran wie Blitz und Donner und gerade unter den Baum, in dem Hans saß. Da warf er den Zaum hinab und er warf ihn so genau um den Hals des Pferdes, daß es baumstille stand.

Da mußte sie ihm folgen, wohl oder übel; sie ritt den Bissefalius, und Hans saß auf seinem grauen Pferdchen, und sie ritten über und unter der Erde, und es dauerte nicht lange, bis sie den Weg zurückgelegt hatten. Und wenn einer froh war, so war es der König, als er seine Königin wiederhatte.

Jetzt dachte Hans, er habe allen Verdruß überstanden, aber da verlangte die Königin, daß er ihr Schloß herbeischaffen und neben das Schloß des Königs stellen solle, und wenn er das nicht könne, müsse er sein Leben lassen. Das gefiel Hans nun gar nicht, denn wie sollte er ein Schloß von einer Stelle zur anderen bringen können. Er wußte sich keinen besseren Rat, als daß er sich bei seinem Pferd beklagte. »Ja«, sagte das Pferd, »du hättest ja die Feder liegenlassen können.« Das könne jetzt auch nichts mehr helfen, meinte Hans, daß es ihm immer die Feder vorhalte, nun habe er einmal die Feder genommen, und daran sei nichts mehr zu ändern. Aber er könne sich genau so gut gleich das Leben nehmen. »Nein«, sagte das Pferd, das solle er lieber nicht tun.

Es sei aber jetzt nichts anderes zu tun, als sich wieder auf den Weg zu machen, und dann ritten sie davon. Abermals kamen sie zu den Bären und den Löwen und den zwölf großen Riesen, und jedes Mal sagte das Pferd: »Wir haben euch einmal geholfen, mich dünkt, ihr könntet uns einen Gegendienst leisten.« Was es denn sei, wenn sie es könnten, würden sie es gerne tun. Ja, ob sie nicht das Schloß der Königin neben das Schloß des Königs stellen könnten. Das könnten sie sicher, und es dauerte auch nicht lange, da hatten sie es verrückt.

Aber dann war schon wieder etwas los, denn jetzt hatte die Königin ihre Schlüssel verloren und konnte nicht in das

Schloß hineinkommen, und die sollte Hans nun herbeischaffen, wenn er nicht sein Leben verlieren wollte. Hans jammerte wieder bei seinem Pferd: Jetzt solle er der Königin ihre Schlüssel herbeischaffen, die sie unterwegs verloren habe, man könne ja nicht wissen, wo sie seien, denn sie seien ja auf und unter der Erde geritten. »Ja«, sagte das Pferd, »du hättest ja die Feder liegenlassen können! Aber jetzt ist nichts anderes zu tun, als sie zu finden.«

So zogen sie denn abermals davon und begaben sich zu der Wasserfrau, der sie geholfen hatten. Sie war auch richtig wieder da, und das Pferd fragte sie, ob sie nicht ein Schlüsselbund gefunden habe. Nein, sie habe kein Schlüsselbund gefunden, aber sie könne ja ihre Fische fragen, der eine Dienst sei des anderen wert, sagte sie. Dann rief sie ihre Fische zusammen. Sie kamen sofort herbei, als sie rief, und die Wasserfrau fragte sie, ob sie nicht ein Schlüsselbund gefunden hätten. Aber das hatte keiner. Da sah sie einmal nach, ob sie auch alle da wären. Aber da fehlte noch der Hering. Sie rief nach ihnen, aber es dauerte etwas, ehe sie kamen, denn sie schleppten an einem Schlüsselbund. War das aber eine Freude, als Hans das hörte! Dann bekam er die Schlüssel, dankte der Wasserfrau und ritt davon, herzensfroh, daß die Sache so gut abgelaufen war.

Jetzt konnte die Königin da in ihr Schloß kommen; aber sie war immer noch nicht zufrieden. Jetzt fiel ihr ein, daß sie das tote Wasser, das lebendige Wasser und das schöne Wasser haben wolle, und das sollte Hans ihr schaffen oder sein Leben lassen. Da war guter Rat teuer. Solche Wasser könnte man wohl kaum bekommen, meinte Hans. Und wie er zu tun pflegte, begab er sich zu seinem Pferd und klagte ihm sein Leid. »Ja, du hättest ja die Feder liegenlassen können, wie ich dir sagte. Das Wasser ist nicht leicht zu bekommen«, sagte es, »denn da sind so viele Wächter aufgestellt, daß kein Mensch herankommen und ein Vogel nur mit knapper Not über sie hinwegfliegen kann.«

Hans jammerte, jetzt sähe es schwarz und finster für sie aus, und er könne sich genau so gut gleich das Leben nehmen, denn er könne deutlich sehen, daß das trotz allem das Ende vom Lied sein werde. »Wir könnten es ja einmal versuchen«, meinte das Pferd. »Geh du nur hinein und verlange drei Krüge, in die wir das Wasser füllen können, und dann müssen wir sehen, daß wir uns auf die Beine machen.« Hans tat wie gesagt und erhielt drei Krüge oder Eimer, was es nun war, jedenfalls waren Henkel daran, und dann setzte er sich auf sein Pferd und ritt davon.

Da kamen sie an die Stelle, an der sie die vielen Vögel angetroffen hatten. Sie riefen nach dem Vogel Fanus, und es dauerte nicht lange, so kam er herbei. Was sie wollten? Ja, sie hätten ihm ja einmal einen Dienst erwiesen, und ob er ihnen jetzt nicht auch einen Dienst erweisen und ihnen etwas von dem toten Wasser, dem lebendigen Wasser und dem schönen Wasser holen wolle. Das sei nur schwer zu bekommen, meinte er, denn da seien so furchtbar viele Wächter aufgestellt, aber er könne es ja versuchen.

Da banden sie ihm einen Eimer um jeden Fuß, und den dritten hängten sie ihm um den Hals, und dann flog er fort, und es dauerte nicht lange, da kam er mit den gefüllten Eimern zurück. Dann berichtete er ihnen, was das tote Wasser, das lebendige Wasser und was das schöne Wasser sei. Froh waren sie und nahmen es mit.

Und dann brachten sie es der Königin. Sie nahm es und wollte den König damit waschen. Zuerst wusch sie ihn mit dem schönen Wasser, dann mit dem lebendigen Wasser und dann mit dem toten Wasser. Da war er tot und war und blieb tot.

Da wollte sie auch Hans waschen; das gefiel ihm gar nicht, aber da war nichts zu machen, er hatte zu gehorchen. Da wusch sie ihn zuerst mit dem toten Wasser, dann mit dem schönen Wasser und dann mit dem lebendigen Wasser, und da lebte Hans ja und war schön dazu. Und dann heiratete die

Königin Hans. Die Hochzeit dauerte viele Tage, und er wurde König.

Als die Hochzeit vorbei war, wollte Hans nach seinem Pferd sehen, und da sagte es zu ihm: Jetzt habe es ihm so oft geholfen, jetzt könne Hans ihm auch einmal helfen. Das wollte Hans so herzensgern. Was er denn für es tun könne? Ja, er solle ihm den Kopf abschlagen und ihn hinten auf den Schwanz setzen. Nein, das konnte Hans nicht übers Herz bringen, wie sollte er einem den Kopf abschlagen, der ihm so viel Gutes getan hatte! Ja, da helfe alles nichts, sagte das Pferd, wenn er es gut mit ihm meine, müsse er es tun, und da mußte er es wohl oder übel tun; kaum aber hatte er es getan, so stand da ein schöner Prinz vor ihm. Es war ein Prinz aus einem anderen Königreich, dessen König er einmal hatte werden sollen, aber er habe eine böse Stiefmutter gehabt, die ihn verzauberte; ihn habe sie zu einem Pferd gemacht, und seine Braut habe sie in eine Salzsäule verwandelt.

Da blieb denn der Prinz so lange bei Hans, wie er lebte. Seine Braut konnte er nicht wiederbekommen, sie stand ja irgendwo als eine Salzsäule, und da mußte sie ja stehenbleiben. – Hans aber war und blieb König, und wenn er nicht gestorben ist, dann ist er es heute wohl noch.

8. Das kluge Mädchen

Es waren einmal zwei Leute; die hatten nur eine Tochter. Da kam eines Tages ein Freier für sie; und da schickte ihre Mutter sie hinunter in den Keller, um Bier vom Faß zu holen. Wie sie nun den Zapfen heraus hatte, fiel es ihr ein: »Wenn ich ihn nun kriege – und kriegen werde ich ihn schon – und wir haben einen kleinen Buben, und der hat Kopfweh – in was sollen wir ihn dann einwickeln?« Und sie hielt den Krug unter und das Bier lief, und sie saß darin bis an die Knöchel.

Da kam ihre Mutter herunter und fragte: »Was sitzest du

denn da?« – »Ach, ich sitze hier und denke darüber nach: wenn ich ihn nun kriege – und ich werde ihn schon kriegen – und wir haben einen kleinen Buben, und der hat Kopfweh – in was sollen wir ihn dann einwickeln?« – »Ja, in was könnten wir ihn nur einwickeln?« Und sie hielten den Krug unter und es lief, und sie saßen im Bier bis an die Knie.

Da ging der Mann hinunter und wollte sehen, wo sie steckten. »Was sitzt ihr denn da?« sagte er. Da sagte die Frau: »Ach, wir sitzen und denken darüber nach: Wenn sie ihn nun kriegt – und sie wird ihn schon kriegen – und sie haben einen kleinen Buben, und der hat Kopfweh – in was sollen sie ihn dann einwickeln?« – »Ja, in was könnten wir ihn nur einwickeln?« Also blieb er auch bei ihnen sitzen. Und sie hielten den Krug unter und es lief, und sie saßen bis an die Hüften im Bier.

Wie nun alle drei nicht mehr kamen, ging schließlich der Freier selbst hinunter, und wie er zu ihnen kam, fragte er: »Aber, was sitzt ihr denn hier?« Da sagte der Mann: »Ach, wir sitzen hier und denken darüber nach, wenn sie dich nun kriegt – und sie wird dich schon kriegen – und ihr habt einen kleinen Buben, und der hat Kopfweh: in was sollt ihr ihn da einwickeln?« Aber als der Freier das hörte, ging er seines Weges und kam nie wieder.

9. Der Bärenmann

Es war einmal ein alter Soldat, der hatte so lange gedient, wie man verlangen konnte, und zuletzt bekam er seinen Abschied und konnte gehen, wohin er wollte. Ein Zuhause hatte er nicht, auch keine Verwandten, und der Bauernarbeit war er längst entwöhnt. So ging er denn und überlegte sich, was er sich vornehmen sollte. Da kommt er in ein Gebüsch und in ein Wäldchen, und wie er so geht und überlegt, guckt er in die Bäume und denkt sich, daß es vielleicht das beste sei, wenn er sich erhänge. Aber da tritt ein Mann an ihn heran und fragt ihn, warum er so nachdenklich aussehe? Er erzählt ihm, wer er ist und was er im Sinne hat. Es sei sicher das beste, wenn er sich erhänge, meinte er.

»Tu das nicht«, sagt der andere, »sich erhängen ist nicht angenehm. Du solltest lieber in meine Dienste treten.«

Er wußte nicht recht, was er dazu sagen sollte. »Wer bist du eigentlich?« fragte er.

Er wäre der Teufel. »Hast du von dem noch nie gehört?«

Doch, aber er habe keine rechte Lust, ihm zu dienen.

»Ich verlange überhaupt keine richtige Arbeit von dir; du sollst nur sieben Jahre lang tun, was ich sage, und so lange will ich dich mit Geld versorgen. Dreh dich einmal um«, sagt der Teufel.

Der Soldat dreht sich um, und wenige Schritte vor ihm steht da ein gewaltiger Bär. Er wirft die Büchse an die Wange und erlegt ihn sogleich.

»Du bist mir der rechte Kerl«, sagt der Teufel, »du bist nicht bange, das gefällt mir.« Der Teufel macht sich sofort daran, dem Bären das Fell abzuziehen. Er rollte und rieb es zwischen den Händen, bis es ein Fell geworden war, wie es sein muß, wenn man es zum Gerben geschickt hat. Dann faltet er es zusammen, legt es vor sich hin und sagt: »Nun, was sagst du, können wir zwei einig werden?«

»Laß mich deine Bedingungen hören«, sagt der Soldat, »bei einer solchen Abmachung sind sicher Bedingungen dabei.«

»Ja«, sagt er, »da sind Bedingungen, und sie lauten: Wenn du mir dienen willst, mußt du alle deine Kleider ausziehen, und dann nähe ich dich in dieses Bärenfell ein. Das sollst du dann sieben Jahre tragen, und in dieser Zeit darfst du dich weder waschen noch kämmen noch deine Haare, deinen Bart oder deine Nägel schneiden, und du darfst kein Vaterunser beten. Wenn du das durchführst, bekommst du einen Geldbeutel von mir, den du niemals leeren kannst, und du darfst dein Geld gebrauchen, wie du willst. Du darfst trinken und

Karten spielen und es zu allem gebrauchen, wozu man Geld gebraucht. Übertrittst du die Verbote, die ich dir gegeben habe, nur ein einziges Mal, dann gehörst du mir; wenn du sie aber befolgst, bist du frei, wenn die sieben Jahre um sind.«

»Ich gehe darauf ein«, sagt er.

»Dann zieh deine Sachen aus«, sagt der Teufel, und dann nähte er ihn ein. »Genau in sieben Jahren treffen wir uns hier wieder, und es darf keine Minute daran fehlen.«

Der Teufel geht, und der Soldat stand da in seinem neuen Anzug. Er blickte an sich herab und fand, daß er ein schreckliches Wesen geworden war. Es fiel ihm schwer, in die Nähe anderer Menschen zu kommen und etwas zu essen zu bekommen, besonders in der ersten Zeit, denn alle, die ihn sahen, wurden ja bange vor ihm. Er ging zu den Allerärmsten; mit ihnen konnte er am besten in ein Gespräch kommen, und allen Armen, zu denen er kam, gab er Geld; er hatte ja eine Börse bekommen, die niemals leer wurde. Da konnten sie begreifen, daß er nicht so schlimm war, wie er aussah. Als sie ihn näher kennenlernten, gaben sie ihm zu essen, und er gab ihnen viel mehr Geld dafür, als sie haben wollten. »Ihr sollt mir nichts anderes dafür geben, als daß ihr ein Vaterunser für mich betet.«

Auf diese Weise wurde der Mann weit und breit bekannt, und man nannte ihn nur den Bärenmann. Er ging im ganzen Lande umher und kam zu allen Armen, und es kamen viele, um ihn zu sehen. So wanderte er vier Jahre lang. Er hatte nur Geld für das tägliche Brot und ein paar Übernachtungen gebraucht, denn meistens wiesen ihm die Leute den Kuhstall oder die Leutekammer an. Einen Teil des Geldes verschenkte er auch.

Da geschieht es eines Tages, daß er in einer einsamen Gegend zu einem Krug kommt; dort will er bleiben, an diesem Tage will er nicht weitergehen. Er fragt darum den Wirt, ob er bleiben darf.

Er sagt ja, wenn er sich mit der Leutekammer oder einem

Schuppen begnügen will. Dann bestellt er sich ein bescheidenes Abendbrot, und der Wirt weist ihm seine Lagerstatt an. Die Kammer liegt neben einem Stall, in dem die Pferde standen, und als er eine Zeitlang gelegen hatte, hörte er, daß da nebenan im Stall einer redete. Zwischen Kammer und Stall befanden sich nur einige Bretter, so daß er deutlich hören konnte, was geredet wurde. Ein alter Mann sprach mit dem Stallknecht und klagte ihm so jämmerlich sein Leid. Er sei so furchtbar arm; der Krugwirt hatte ihm siebenhundert Taler geliehen, und jetzt müßten sie bezahlt werden, und er könne nirgendwo anders das Geld leihen. Darum müsse er das Haus, in dem er wohne, verlassen, und er wisse nicht, wohin er gehen solle.

»Kannst du dem Wirt nicht zureden, daß er wartet?« sagt der Stallknecht, »ihm fehlt es ja an nichts.«

»Doch, ich habe mit ihm gesprochen, aber da ist nichts zu machen, und ich muß ausziehen.«

Da erhebt sich der Bärenmann, öffnet die Tür und tritt zu ihnen hinein. Sie erschrecken, denn sie wußten ja nicht, daß er dort wohnte. »Ihr müßt schon entschuldigen, daß ich euch störe«, sagt er, »aber ich höre, daß es dir an Geld fehlt; da kann ich dir helfen.«

Sie betrachten ihn eine Zeitlang, und der arme Mann guckt ihm in die Augen. Die Augen waren gut, aber sonst sah er ja schrecklich aus. »Wo wohnst du?« sagt der Bärenmann.

Er erzählt es ihm, es sei nicht so weit vom Krug entfernt.

»Morgen komme ich und gebe dir das Geld.« Der andere war in einer solchen Not, daß er sich die Sache nicht lange überlegte.

Der Bärenmann geht zurück in seine Kammer und legt sich nieder, und am nächsten Morgen bekam er etwas zu essen und bezahlte, was er schuldete, und dann ging er hinaus, um den Mann zu finden. Dieser stand vor seinem Hause und spaltete Holz, und da kommt der Bärenmann und grüßt ihn. »Hier bin ich, wie ich dir gestern abend versprochen habe.«

Man bat ihn, ins Haus einzutreten. Der Mann hatte drei Töchter. Die beiden älteren saßen am Webstuhl, die dritte spulte. »Hier«, sagt der Vater, »ist der Mann, der mir gestern abend das Geld versprach. Könnt ihr ihm etwas zu essen geben?«

»Nein, nein«, sagt er, »ich habe im Krug gegessen und getrunken.« Er zieht seinen Beutel und gibt ihm auf Heller und Pfennig, was der andere dem Wirt schuldet.

»Darüber müssen wir aber ein Papier schreiben«, sagt der arme Mann.

»Nein, ach nein, das Geld schenke ich dir.«

Der Mann ist ganz verdutzt, daß er das Geld nicht wiederhaben will.

»Sind das deine Töchter, die drei Mädchen dort?«

»Ja.«

»Dann hast du ihrer ja genug; du könntest mir gern eine davon geben. Ich habe keine Frau und könnte mir denken, mich einmal zu verheiraten.«

»Ja, sicher könnte ich dir eine geben, aber es soll freiwillig sein, wenn dich eine haben will.«

»Natürlich soll es freiwillig sein«, sagt der Bärenmann und wendet sich an die Mädchen.

Nein, die beiden Älteren wollten nichts mit ihm zu tun haben, das wußten sie ganz bestimmt. Aber die Jüngste da hinten am Spinnrad, sie war so sanft und errötete und sagte zu ihrem Vater:

»Dann nehme ich ihn, weil er dir geholfen hat. Er muß ein guter Mann sein, sonst hätte er dir nicht so viel Geld gegeben.«

Der Bärenmann hörte nicht richtig, was sie sagte, denn sie sprach so leise, aber ihr Vater erzählte es ihm. »Mein liebes Kind«, sagte er, »heute will ich dich noch nicht haben. Aber heute in drei Jahren komme ich wieder. Bis dahin kann ich mich verändert haben, und das kannst du auch, und es könnte sein, daß wir uns dann nicht wiedererkennen. Aber ich habe hier einen Ring. Den breche ich durch; du bekommst die eine Hälfte und ich behalte die andere. Wenn wir uns wiedersehen, können wir uns daran erkennen, denn die beiden Stücke müssen zueinander passen.«

Sie nahm das eine Stück des Ringes. »Da du jetzt meine kleine Braut bist«, sagt er, »wirst du sicher jeden Morgen, wenn du aufstehst, und jeden Abend, ehe du zu Bett gehst, ein Vaterunser für mich beten.« Das versprach sie ihm so herzensgern.

Er nimmt Abschied, und der arme Mann dankt ihm für seine Hilfe. Auch ihn bittet er, ein Vaterunser für ihn zu beten. Dann ging der Bärenmann.

Da neckten die beiden Älteren die Jüngste ob des Bräutigams, den sie sich da erworben hatte; sie aber tröstete sich damit, daß er kein schlechter Mensch sein könne, wenn er um ein Vaterunser bat.

Die drei Jahre vergingen. Der Bärenmann stellt sich zur rechten Zeit ein, und auch der Teufel kommt. »Jetzt habe ich mich benommen, wie verabredet war«, sagt der Bärenmann.

Ja! Dazu konnte er nur ja sagen. »Aber du hast Schlimmeres getan als das. Du hast mein ganzes Geld verschleudert, um den Armen damit Gutes zu tun, und darum habe ich dich nicht gebeten.«

»Du hast es mir auch nicht verboten«, sagt der Bärenmann.

»Ja, das habe ich vergessen. Aber du hast noch viel Schlimmeres getan als das, denn du hast das Himmelreich so mit Vaterunsern bestürmt, daß es kein Ende hat, und du hast andere für dich beten lassen. Das hatte ich dir nicht erlaubt.«

»Du hast es mir auch nicht verboten.«

»Ja, das habe ich vergessen.«

»Jetzt hast du mir die Bärenhaut abzuziehen und mich sauber zu machen«, sagt der Soldat, »und das ein bißchen schnell.«

Dazu mußte sich der Teufel bequemen, aber er war wütend.

Jetzt war er also den Teufel los und wollte ein anderes Leben beginnen. Er hatte eine Masse Geld aus dem Beutel geschüttelt und es diesem und jenem gegeben, die ihm versprochen hatten, es für ihn aufzubewahren, bis er es sich holen könne. Also begab er sich dorthin, wo er einiges Geld hatte. Er kaufte sich ordentliche Kleider und ließ sich die Nägel schneiden und die Haare richten, so daß er wieder wie ein Mensch aussah. Er kaufte sich auch einen schönen Wagen und ein paar Pferde und fuhr zu seiner Braut.

Als er dort ankam, stand der Vater vor der Tür. Er konnte ihn nicht erkennen, und der Soldat sagt Guten Tag und fragt ihn, ob er einen Eimer Wasser für seine Pferde bekommen könne, denn er sei lange gefahren; er wolle auch gern etwas Futter für sie und selber etwas zu essen haben.

»Der Krug ist nicht so weit von hier entfernt, aber du kannst alles dennoch gern bekommen, wenn du dich mit dem begnügen willst, was wir haben.«

Darauf ging der Bärenmann ein und trat ins Haus. Die Mädchen saßen beim Spinnen und Spulen wie immer. Der Vater sagt ihnen, daß sie ihm etwas von ihrem Vorrat abschneiden sollten.

»Ein netter Mann«, sagen die beiden Älteren zueinander und holen die Speisen für ihn, die Jüngste aber bleibt sitzen. Dann decken sie den Tisch für ihn.

»Sind diese drei deine Töchter?« sagt der Fremde.

Ja, das seien sie.

»Dann hast du ihrer ja genug. Wie seltsam, daß du sie noch nicht verheiratet hast, sind sie nicht verlobt?«

»Nein, nur die Jüngste«, sagt der Vater.

»Merkwürdig. Wie lange ist sie denn schon verlobt?«

»Heute ist es drei Jahre her.«

»Ist ihr Bräutigam in der ganzen Zeit nicht hier gewesen?«

»Nein, er hat weder von sich hören lassen noch ist er selber gekommen.«

»Er muß sich in der ganzen Zeit sehr verändert haben«, sagt der Soldat; »würdest du ihn wiedererkennen, wenn er käme?«

»Ja«, sagt das Mädchen da, »ich glaube, ich würde ihn erkennen. Und er wird sicher kommen.«

»Woran willst du ihn denn erkennen?«

»Ich habe einen halben Ring«, sagt sie, »und er hat die andere Hälfte, denn er brach ihn entzwei, ehe er ging.«

»Ja, dann kann es kein anderer sein als ich«, sagt der Soldat, »denn ich habe den halben Ring.« Er zog die andere Hälfte hervor, und die beiden Stücke paßten auch richtig zusammen. Da wurde sie so froh, daß sie beinahe in Ohnmacht gefallen wäre. Sie fiel ihm um den Hals und küßte ihn und auch er freute sich, daß er sie hatte; die beiden Schwestern aber ließen das Maul hängen.

Jetzt brauchte man nicht mehr zu warten. Die Hochzeit sollte unverzüglich gefeiert werden. Sie gingen zum Pfarrer und das Aufgebot wurde gemacht. Die beiden Schwestern aber waren so böse, daß es kein Ende haben wollte. Am Abend vor der Hochzeit gingen sie fort und kamen nicht wieder. Als es Schlafenszeit geworden war, ging der Bräutigam ein wenig vor die Tür, und da kam der Teufel daher und grinste ihm direkt ins Gesicht und sagte: »Siehst du, jetzt habe ich dennoch nicht den kürzeren gezogen, jetzt habe ich zwei statt der einen.«

Der Soldat konnte zwar seine Fratze wiedererkennen, wunderte sich aber über das seltsame Geschwätz. Aber am anderen Morgen vermißte man die Schwestern. Man ging hinaus, um sie zu suchen, und es dauerte nicht lange, da fand man sie; sie hatten sich erhängt, jede in einem Baum in der Nähe des Hauses.

Der Bärenmann kaufte noch einiges Land dazu, und dann wohnte er dort mit seiner Frau und ihrem alten Vater.

10. Der Hirschprinz

Es war einmal ein Witwer und eine Witwe, die heirateten einander und jedes von ihnen hatte eine Tochter. Die Tochter des Mannes war anmutig und schön, aber die Tochter der Frau war sehr häßlich. Die Frau war neidisch auf die Tochter des Mannes, weil sie so viel schöner war als ihre eigene. Und sie dachte früh und spät darüber nach, was sie ihr Arges antun könnte; und sie war sehr böse gegen sie. Nun war der Mann fast jeden Tag fort von morgens bis abends, und weil er nie zu Hause war, merkte er nicht, wie es seiner Tochter ging.

Eines Abends, nachdem die Tür geschlossen war und alle schon im Bett lagen, klopfte es an die Tür. Da sagte die Frau zu ihrer Tochter, sie solle gehen und aufschließen und sehen, wer draußen sei. Dazu hatte die Tochter keine Lust, und da wollte die Tochter des Mannes gehen und aufschließen; aber sie durfte nicht, denn die Frau wollte durchaus, daß *ihre* Tochter aufmachen sollte. Das Mädchen ging hin und schloß auf, und da stand ein großer Bock oder ein Hirsch oder so etwas vor der Tür. Sie packte einen Besenstiel und prügelte das Tier damit; aber da war es schon fort. Dann ging sie wieder hinein und erzählte ihrer Mutter, was da gewesen war.

Am nächsten Tag am Abend, als die Tür schon geschlossen war, klopfte es wieder, und diesmal traute sich die Tochter der Frau nicht hinzugehen und aufzumachen, und da mußte die Tochter des Mannes gehen. Als sie die Tür aufschloß, sah sie den Hirsch draußen stehen, und da sagte sie zu ihm:

»Wo kommst du denn her, du armer Kerl?« — »Kleines Mädchen, setz dich auf meinen Rücken!« Nein, das wollte sie nicht, sagte sie, das wäre ja sündhaft, der arme Kerl habe an sich genug zu schleppen. Ja, aber auf andere Weise könne sie nicht mitkommen, sagte der Hirsch.

Nun setzte sie sich auf den Rücken des Hirsches, denn zu Hause wollte sie doch nicht bleiben, und er lief mit ihr fort.

Da kamen sie an eine Wiese, und da sagte er zu ihr: »Wie wäre es, wenn wir uns hier einmal verlustieren könnten?« Aber das Mädchen dachte nach, wie es wohl zugehen müßte, daß sie beide sich hier einmal verlustieren könnten.

Dann kamen sie an einen Wald; und auch da sagte der Hirsch wieder: »Wie wäre es, wenn wir einmal in diesem Wald spazierengehen und uns vergnügen könnten?« Aber sie konnte nicht verstehen, wie das zugehen sollte. Schließlich kamen sie an ein Schloß, das war riesig groß; da führte der Hirsch sie hinein und sagte ihr, hier solle sie nun ganz allein leben; aber alle ihre Wünsche würden ihr erfüllt werden, und sie möge sehen, wie sie sich am angenehmsten die Zeit vertreiben könne, er werde sie schon wieder einmal besuchen. Aber einen Platz gebe es, wo sie nicht hin dürfe, nämlich ein Ort, wo sich drei Türen befänden, eine aus Holz, eine aus Kupfer und die dritte aus Eisen. Diese dürfe sie um keinen Preis aufschließen, – aber er dachte bei sich, daß sie ganz gewiß am eiligsten das tun würde, was er ihr verboten hatte.

So schlug sie denn den Tag tot, allein wie sie war, und die Nacht kam, und am anderen Morgen sah sie sich um. Nun bekam sie große Lust, die eiserne Tür aufzumachen, und sie konnte nicht widerstehen und tat es auch; da sah sie zwei Männer stehen, die rührten in einem Kessel voll Teer mit bloßen Händen und Armen. Sie fragte die Leute, warum sie denn mit bloßen Händen und Armen rührten. Da sagten sie, sie könnten nicht anders, bis ihnen ein Christ etwas zum Rühren gäbe. Da nahm sie eine Axt und schnitzte eine Art flachen Rührlöffel, und den gab sie den Leuten zum Rühren.

Der Tag ging hin und die Nacht kam, und am nächsten Morgen hörte sie großen Lärm im Hof, überall liefen Männer herum, da waren Knechte, die Pferde fütterten, und Diener, die Silberzeug putzten, und alle waren sehr eifrig, und der ganze Hof war voller Männer.

Nun bekam sie auch Lust, die zweite Tür aufzumachen, und da schloß sie die kupferne Tür auf; da sah sie zwei Mädchen stehen, die schürten in glühendem Feuer mit bloßen Händen. Sie fragte, warum sie das täten. Da sagten die Mädchen, sie dürften nicht anders, bis ihnen ein Christ etwas zum Schüren gäbe. Nun gab sie ihnen eine Stange, und die Mädchen dankten ihr sehr dafür. Am nächsten Morgen war das Schloß ganz voll Mädchen, die fegten und wuschen und putzten alles.

Nun ließ sie den Tag hingehen, aber sie konnte nicht anders, sie mußte auch die hölzerne Tür aufschließen. Da lag der Hirsch auf einem Strohwisch, und sie fragte ihn, warum er so daliege? Da sagte er, er müsse so liegenbleiben, bis ein Christ ihm den Schmutz abwische. Nun nahm sie eine Handvoll Stroh und wischte ihm den Schmutz ab. Und während sie das tat, verwandelte er sich in den schönsten Prinzen, den man sich nur denken kann. Dann erzählte er, daß er und das ganze Schloß verzaubert waren, und nun sei alles gut, und nun wollten sie Hochzeit machen. Es war eine schöne Hochzeit, und sie dauerte mehrere Tage.

Als nun einige Zeit vergangen war, fragte der Prinz seine Frau, ob sie nicht Lust habe, ihre Mutter und Schwester zu Besuch einzuladen. Sie hatte große Lust dazu. Da sagte der Prinz zu ihr, wenn sie nun kämen, so würde er nicht gleich da sein, aber wenn sie ihnen mit Wein aufwartete, so solle sie einen Tropfen auf ihren Schuh verschütten, dann würde er kommen und ihn auftrocknen. Auch dürfe sie ihrer Mutter nichts geben, was ein oder drei Dinge seien, sondern nur mehrere Dinge, wie Korn oder so etwas.

Als nun die Mutter und die Schwester kamen, war die Prinzessin – denn nun war sie ja eine Prinzessin – sehr freundlich gegen sie, und als sie ihnen Wein einschenkte, verschüttete sie einen Tropfen auf ihren goldenen Schuh, und in dem Augenblick kam der Prinz herein und trocknete den Fleck mit seinem Taschentuch ab; und wenn die anderen nicht schon zuvor Mund und Nase aufgesperrt hatten, so taten sie es jetzt, als sie ihn kommen sahen.

Dann gingen sie hinaus in den Garten, und da wollte die Mutter durchaus einen Apfel haben, aber die Prinzessin gab ihr keinen. Aber die Mutter bestand darauf, sie wolle Äpfel haben, und wenn es nur drei wären, aber nein, die Prinzessin sagte bloß, wenn sie reif wären, könnte sie eine ganze Menge bekommen. Da wurde die Mutter schrecklich zornig, und als sie mit ihrer eigenen Tochter fortging, war sie ganz voller Neid, daß nicht ihre Tochter zu diesem Glück gekommen war. Und sie konnte nicht anders und ließ es sie auch hören, daß sie selbst daran schuld sei, und die Tochter gab trotzig Antwort, und wie es so geht – ein Wort gab das andere, und sie kamen einander ordentlich in die Haare, und schließlich zersprangen sie alle beide in lauter Kieselsteine; und deswegen gibt es so viele Kieselsteine.

11. Die geduldige Frau

Es war einmal ein König, den liebten seine Untertanen sehr. Viele Jahre lang war es ihre größte Sorge, daß er sich nicht zum Heiraten entschließen konnte und das Reich ohne Erben blieb. Da baten ihn die Untertanen oft, er möge sich doch eine Königin nehmen, damit dem Reich das Haus erhalten bliebe. Schließlich sagte er, er wolle sich ihrem Wunsch fügen und eine Frau nehmen; aber frei wolle er wählen, und sie sollten versprechen und schwören, daß sie seine Frau und Königin achten und ehren wollten, einerlei, ob er nun ein Mädchen aus niederem Stand oder von hohem Adel wähle. Da gelobten sie alle, sie wollten sie ebenso ehren und lieben, und wenn sie auch von geringster Herkunft wäre.

Der König hatte einen Pförtner, und der hatte eine einzige Tochter. Ihre Mutter war tot, und sie lebte bei ihrem Vater, hielt ihm Haus und war sein Trost und seine Freude. Eines Tages wurde dem Pförtner angesagt, der König wolle ausfahren und werde vielleicht auch bei ihm eintreten, er solle sich in seinem besten Staat bereit halten. Als die Tochter das hörte, bat sie ihren Vater, ob sie nicht hinausgehen und den königlichen Wagen sehen dürfe; sie könne ja, um sich etwas zu schaffen zu machen, einen Eimer Wasser holen.

Als der König kam, ließ er außen halten, gerade wie sie mit dem Wassereimer kam, und er ging hinein zu dem alten Pförtner und sagte, er wolle seine Tochter heiraten. Der Pförtner wollte gar nichts davon wissen; er sagte, das sei das Schlimmste, was sich der König wünschen könne, denn er würde nicht glücklich dabei sein, und sie auch nicht; und er bat den König herzlich, ob er sich nicht anders entschließen könne; aber der König wollte nicht. Er hatte Kleider für sie mitgebracht, die sie anziehen mußte; gewaschen wurde sie mit dem Wasser, das sie geholt hatte, dann wurde sie geschmückt und dann fuhr sie mit dem König auf das Schloß.

Als sie nun mit dem König auf dem Schloß angekommen war, sagte er zu ihr, sie solle seine rechtmäßige Frau werden; aber sie müsse ihm geloben, daß sie nie weinen und nie bös dreinschauen wolle, was ihr auch Unangenehmes begegnen möge; und das versprach sie auch.

Da hielten sie Hochzeit und ein Jahr verging. Dann gebar sie einen Sohn; und als die Untertanen das hörten, waren sie über alle Maßen froh und strömten zum Schloß, um durch Schreien und Rufen ihre Freude zu bezeugen. Da ging der König zur Königin hinein und sagte: »Ich will dir etwas sagen: Das Volk ist in Zorn geraten und will nicht haben, daß dein kleiner Sohn das Reich erbt, weil er von so geringer Abkunft ist; sie wollen, daß man ihn tötet.« Darauf sagte die Königin: »Ja, nun kannst du sehen, das ist es ja, was mein Vater gesagt hat und was ich gesagt habe; aber nun ist nichts mehr zu ändern.« Da kam ein Diener herein und verlangte ihr das Kind ab. Sie war allein und bat ihn, er möge das Kind so rasch wie möglich töten; und es war ihr keine Betrübnis anzusehen; denn sie hatte ja gelobt, immer ein fröhliches Gesicht zu zeigen.

Im nächsten Jahr gebar sie eine Tochter; die, hoffte sie, würde sie behalten können. Die Untertanen freuten sich ebenso über die Prinzessin, wie sie sich über den Prinzen gefreut hatten. Aber der König ging zu ihr hinein und sagte, das Volk habe verlangt, man solle auch dieses Kind töten; und wie das erstemal kam ein Diener herein, um das Kind zu holen. Sie sagte: »Ja, das muß sein«, und bat ihn nur, das Kind so rasch wie möglich zu töten.

Danach lebte sie vierzehn Jahre als Königin. Da kam eines Tages der König zu ihr und sagte, nun hätten die Untertanen verlangt, er solle sich eine andere Königin von adliger Herkunft nehmen, von der er einen richtigen Thronerben bekommen könne; es sei ihnen nicht recht, daß eine Frau von so geringer Herkunft Königin sei; sie müsse wieder heimgehen zu ihrem Vater. Da sagte sie zu dem König, das habe sie schon lang erwartet; denn weil er ihre Kinder nicht habe wollen am Leben lassen, so habe sie sich wohl denken können, daß er sie auch nicht mehr behalten wolle; sie wolle sehr gern wieder zu ihrem Vater zurückkehren.

Also ging sie heim zu ihrem Vater, dem alten Pförtner, und er war sehr froh, daß er sie wiederhatte, und sie feierten fröhliches Wiedersehen. Da stand noch ihr Rocken mit demselben Flachs daran, wie sie ihn verlassen hatte, und sie setzte sich hin und spann den Faden zu Ende.

Eines Tages, als sie so saß und spann, ließ der König sagen, sie solle aufs Schloß kommen und angeben, was für Gerichte für sein Hochzeitsmahl bereitet werden sollten. Sie wollte gar nicht gern, aber sie mußte doch. Sie ging aufs Schloß und gab ihre Anordnungen, und was sie angab, das geschah.

An dem Tag, als die Hochzeit sein sollte, schickte der König ihr ein neues Gewand und ließ sie aufs Schloß entbieten, damit sie bei der Hochzeit zusehe; und das mußte sie auch tun, obgleich sie gar nicht wollte. Sie zog sich an und ging hinauf, und da mußte sie sich zur Linken des Königs stellen, und zu seiner Rechten stand eine schöne Jungfrau, die sie für seine

Braut hielt. Wie nun der König seiner Braut die Hand reichen sollte, reichte er sie statt dessen ihr, und sie wurde aufs neue mit ihm vermählt; und er sagte ihr, daß die Jungfrau, die sie für seine Braut gehalten hatte, ihre Tochter sei. Da kamen auch ihre Söhne herein und sie erfuhr, daß das ihre Kinder seien, die sie schon längst tot geglaubt hatte.

Nun hatte sie so viele Jahre lang ein schweres Herzeleid getragen und, um ihr Wort zu halten, dazu geschwiegen und sich nicht beim König beklagt, sondern es in aller Stille für sich selbst behalten. Das wußte auch der König wohl; denn er kannte sie viel zu gut, um nicht zu wissen, daß sie nicht gleichgültig gegen ihr Schicksal gewesen war; und da sie sich niemals ihren Kummer hatte anmerken lassen, verehrte er sie nun aufs höchste, und sie erlebte nun ebenso viel Freude, als sie vorher Kummer erlebt hatte. Sie lebte mit dem König viele Jahre sehr glücklich und war von allem Volk geliebt und geehrt – sie und auch der König.

12. Der tapfere Schuhmacher

Es war einmal ein Schuhmachergeselle, der saß in seiner Werkstatt und nähte ein Paar alte Stiefel zusammen. Es waren aber so schrecklich viele Fliegen da, daß er seinen Riemen nahm und mitten in sie hineinschlug. Er trifft auch ganz richtig einige davon, und wie er zählt, wie viele er wohl erschlagen haben mag, da sind es ihrer dreißig. Darob ist er so stolz, daß er zu einem Maler geht und ihn bittet, ihm mit vergoldeten Buchstaben auf den Rücken zu schreiben:

»Ich bin ein Held, der niemals weniger als dreißig mit einem Schlag erschlägt.«

Dann geht er zu seinem Meister und verlangt seinen Lohn, denn jetzt will er in die Welt hinaus.

Wie er so seine Straße zieht, kommt er an einen Deich, an dem er sich schlafen legt, denn es war Sommer und gerade zur Mittagsstunde. Während er da liegt und schläft, kommt der König vorbeigefahren und sieht, wie da etwas so blank auf dem Rücken einer Person glänzt, die da hinten liegt. Wie er näher hinschaut, sind es vergoldete Buchstaben, und er schickt seinen Diener hin, daß er mit ihm sprechen soll. Der Diener liest, daß da auf seinem Rücken steht: »Ich bin ein Held, der niemals weniger als dreißig mit einem Schlag erschlägt.« Da wagt er es nicht, ihn zu wecken, sondern geht zurück und berichtet, daß der Mann schläft und daß er es nicht wagt, ihn zu wecken.

Der König aber grüßte und nickte immerzu zu der Person hinüber, denn er glaubte, er wäre ein vornehmer Mann. Wie er nun hört, daß er schläft, befiehlt er dem Diener, ihn zu wecken. Dieser muß sich ja ein Herz nehmen, und der Schuhmacher springt wie der Blitz auf und sagt: »Was ist los?«

Der König möchte so gern mit ihm sprechen und möchte so sehr darum bitten, daß er sich zu ihm in die Kutsche setze und ihm Gesellschaft leiste.

Der Schuhmacher fand, das war nett von dem König; das war etwas anderes als Schuhmachergeselle sein, und er begibt sich dahin, grüßt und steigt ein.

Der König wollte mit einem so großen Helden über ein wildes Tier sprechen, das ins Land gekommen war und das man Einhorn nannte, weil es ein Horn mitten auf der Stirn hatte, das drei Ellen lang war; dieses Tier hatte schon viele Menschen getötet. Aber er verstand, daß man mit so einem Mann vorsichtig reden muß. Er habe die Absicht, ihn mit nach Hause zu nehmen und ihn zu bitten, das Tier zu erschlagen.

»Ach, das ist eine Kleinigkeit für mich«, sagte der Schuhmacher.

Er kommt auf das Schloß und sitzt abends mit dem König an der Tafel, und das war etwas anderes, als Schuhmachergeselle sein und das elende Futter essen, das die Frau des Meisters für ihn machte.

Am nächsten Tage sollte er hinaus und das Einhorn erschlagen. Der König wollte haben, daß er ein paar Leute mitnehme, er aber sagt: »Das kommt überhaupt nicht in Frage. Aber etwas Geld für die Wegzehrung möchte ich gern haben, denn es kann ja sein, daß ich tagelang gehen muß, ehe ich auf das Tier stoße.«

Sie gaben ihm reichlich Geld und ein paar Butterbrote mit, und dann hatte er ja vor zu desertieren, denn er wagte es nicht, dem Einhorn zu begegnen.

Es war ziemlich warm an diesem Tage, und er kommt an einen Wald, durch den er hindurchgehen will, weil er dort im Schatten gehen kann. »Das wäre viel, wenn ich das Einhorn gerade dort treffen sollte«, denkt er.

Es ergeht ihm aber nicht anders, als daß das Einhorn, als er gerade tief im Walde ist, aus dem Dickicht auf ihn zu gestürzt kommt. Er weiß sich keinen besseren Rat, als auf einen Baum zu klettern; das Einhorn ist aber gleich hinter ihm, und es war im letzten Augenblick, daß er hinaufkam.

Das Tier wollte ihm sein Horn in den Leib rennen, er war aber schon ein tüchtiges Stück nach oben gekommen, und da rennt das Tier das Horn mit solcher Kraft in den Baum, daß es es nicht mehr heraus bekommen kann, und da steht es und rüttelt den Baum, daß er beinahe heruntergefallen wäre. Die Kräfte des Tieres erlahmen aber immer mehr, und wie er da oben sieht, daß es nicht von der Stelle kommen kann, beschließt er, hinabzuklettern.

Dann riffelt er den einen Strumpf auf und wickelt das Garn um das Tier und den Baum. Das sollte vorstellen, daß er das Einhorn durch Hexerei an den Baum gebunden und daß es dann sein Horn in den Baum gestoßen habe.

Dann geht er schleunigst zurück zum König und erzählt ihm, daß er das greuliche Tier draußen im Walde festgebunden habe und daß sie hinausgehen und es sich ansehen könnten. Der König und der ganze Hof müssen das ja sehen; es sind auch ein paar Schlächter dabei. Und sie finden es ganz richtig; es stand immer noch da, das Horn im Baume. Da schlachteten sie es.

Da wurden Freudenfeuer im ganzen Lande abgebrannt, und der Jubel hatte kein Ende. Die Leute machten geradezu mehr Staat mit dem Helden, der sie von dem Ungeheuer befreit hatte, als mit dem König.

Der Held stolziert auf dem Schloß herum und führt das beste Leben, das ein Mensch haben kann; ja, das ist etwas anderes, als Schuhmachergeselle sein. Wenn er spazierenging, schlugen die Leute beinahe Fenster und Türen ein, um den zu sehen, der mehr ausgerichtet hatte als der König sein ganzes Leben lang.

Während er so seine Zeit verbringt, kommt ein Ungeheuer ins Land, das man Zweihorn nennt. Jetzt war da aber keiner mehr, der sich besonders vor ihm fürchtete, denn der König hatte ja einen Helden, der es totschlagen konnte – das war ja eine Kleinigkeit für ihn. Er denkt aber nur daran, davonzulaufen, er wußte ja, daß er nichts konnte.

Wie er nun dem Ungeheuer begegnen soll, denkt er: »Dieses Mal gehe ich nicht durch den Wald, ich gehe querfeldein.« Da kommt er an einem Ziegelofen vorbei, und da kommt das Zweihorn angesprengt und läuft hinter ihm her. Nun stammt die Geschichte aus der Zeit, als die Ziegelöfen nach oben offen und in die Erde eingegraben waren; er sieht also keinen anderen Ausweg, als von oben in den Ziegelofen hineinzuspringen, aber das Zweihorn ist hinter ihm her. Er springt aus der Luke heraus, aus der man die Steine herauszunehmen pflegte, das Zweihorn konnte ihm aber hier nicht nachkommen, da es zu groß war. Es konnte sich im Ofen nicht einmal drehen und wenden, und es brüllte, daß man es meilenweit hören konnte.

Der Schuhmacher geht nun zum König und erzählt ihm, daß er das Zweihorn draußen auf dem Felde in einen Ziegelofen geworfen habe, dort könnten sie es leicht erschlagen. Aber das Tier war ganz außer sich und beinahe schon umgekommen. Da wurde der Schuhmacher noch mehr gefeiert, und die Leute brachen beinahe Arm und Bein, um den Helden zu sehen, den der König da bekommen hatte.

Jetzt wurde der König übermütig, weil er diesen Helden hatte, von dem er wußte, daß er große Dinge ausrichten konnte, und er erklärte einem anderen König, der viel mächtiger als er selber war, den Krieg. Der Feind kam und besetzte im Handumdrehen große Teile des Landes, und jetzt sollte der Schuhmacher dem Feind entgegenziehen; der König hatte ja nur ihn, auf den er sich verlassen konnte.

»A — aber das eilt doch nicht so«, sagt er, aber der König trieb ihn an, und da mußte er sich denn schließlich aufmachen. Der König wollte ihm Kriegsleute mitgeben, aber das wollte er nicht. »Nein, ich muß das alleine machen«, sagte er. Da wollte ihm der König auf jeden Fall sein eigenes Pferd mitgeben, und das gefiel ihm schon besser, denn er hatte beschlossen, nicht dem Feind entgegenzureiten, sondern von ihm fort zu reiten.

Er packt das Pferd mit der einen Hand an der Mähne, und es läuft mit ihm davon über Stock und Stein, denn er hatte ja keine Ahnung, wie man ein Pferd reitet und zügelt.

Es dauert nicht lange, da ist er dem Feind so nahe, daß er die Musik spielen hören kann; das konnte das Pferd auch, denn es läuft dahin, wo die Musik spielt.

Der Feind hatte indessen erfahren, daß der König einen Helden haben sollte, der so tüchtig morden und totschlagen könne, und hatte darum auf einer breiten Anhöhe Aufstellung genommen, damit er den Helden gleich sehen könne, wenn er käme.

Je mehr nun das Pferd mit dem Schuhmacher davonläuft, desto näher kommt es der Musik und damit auch dem Feinde. »Was fange ich nun an?« denkt er, »wenn ich abspringe, breche ich Hals und Bein!« Da sieht er einen alten Wegweiser am Wege stehen und denkt: »Wenn sich das Pferd nur auf der gleichen Seite des Weges hält, auf der es jetzt läuft, dann halte ich mich an dem Wegweiser fest, wenn es dort vorbeikommt, und lasse mich fallen.«

Er packt auch ganz richtig den Wegweiser, dieser aber ist morsch und bricht an der Erde ab und fällt dem Pferd über den Hals, so daß er quer darüberliegt. Der Feind konnte sehen, wie er mit einem Mordsinstrument, das quer über dem Pferde liegt, herangeritten kommt. Die Soldaten werden bange und wollen fliehen und fangen an, sich einfach gegenseitig totzustechen, denn sie wußten kaum, was sie taten, und das Gemetzel dauerte, bis nur noch ein Mann übrig war und schrie und um Pardon rief. Das hört der Schuhmacher aber nicht, er schlägt ihn mit dem Wegweiser über das Ohr, und da liegt er und ist mausetot.

Wie der Schuhmacher sieht, was für einen Sieg er errungen hat, wälzt er den Wegweiser vom Pferde und kommt auch selbst vom Pferde herab, das inzwischen etwas ruhiger geworden war.

Herunterkommen konnte er zwar, aber er kann nicht wieder aufsteigen, denn er kann ja nicht reiten. So muß er denn das Pferd führen.

Der König und die Königin hatten sich aufgemacht, um nach ihrem Helden zu sehen, und kommen ihm entgegen, wie er da mit seinem Pferd angezogen kommt. Da sagt die Königin, als sie ihn erblickt: »Aber er geht ja zu Fuß!«

»Ach ja«, sagt der König, »es war sicher ein heißer Kampf.«

Sie waren wißbegierig zu erfahren, wie die Dinge stünden, und er erzählt ihnen, daß er alle Feinde erschlagen habe und daß das ganze Schlachtfeld voller toter Leiber liege; er sei aber auch müde und erschöpft, so daß er nicht einmal reiten könne, sondern das Pferd führen müsse. Der König nahm ihn unter den einen Arm und die Königin unter den anderen, und so bergen sie ihn schließlich auf das Schloß.

War ihm früher schon gehuldigt worden, so war das nichts gegen jetzt. Er war höher geachtet als der König, und man redete von nichts anderem als von ihm und seinen Heldentaten. Keiner wagte es, mit ihm anzubändeln, und darum stolziert er umher und denkt: »Das ist etwas anderes als Schuhmachergeselle sein.«

13. Die kleine Wildente

Es war einmal eine Frau, die hatte drei Kinder; von zweien war sie die Stiefmutter, und das dritte war ihr rechtes Kind. Da zog der Sohn fort, um sich einen Dienst zu suchen, und er kam zum König an den Hof und war da außergewöhnlich gut gelitten. Die Töchter aber blieben zu Haus bei der Mutter. Sie war so böse gegen die Stieftochter, wie sie nur sein konnte, und ihr das Leben zu nehmen, war ihr einziges Ziel. Aber das Mädchen war immer brav und gut und war ein liebes kleines Ding.

Eines Tages nahm die Mutter sie und setzte sie auf den Brunnenrand und hieß sie Garn winden, und als sie nun da treulich an ihrer Arbeit saß, kam die Mutter von rückwärts heran und stieß sie kopfüber in den Brunnen. Aber es war nicht so viel Wasser darinnen, daß sie ertrinken konnte; und da suchte sie unten im Brunnen so lange herum, bis sie ein altes rostiges Tor fand. Da ging sie hinein und fand Leute darin, die hatten viel zu tun, denn sie backten, und waren übel daran, denn sie hatten ein kleines Kind, das war krank und schwächlich, und das konnten sie nicht richtig pflegen, weil sie so viel zu tun hatten. Da sagte sie, ob sie nicht das Kind eine Weile hüten solle, denn es sei ja arg, wie es weine. Ja, wenn sie das wolle, sagten sie, so sei es ihnen sehr recht. Also hütete sie das Kind den ganzen Tag und spielte mit ihm und brachte es zur Ruhe, und das Kind war sehr gern bei ihr.

Am Abend sagten die Leute, nun dürfe sie drei Wünsche tun, weil sie mit dem Kind so lieb gewesen sei. Aber sie wollte sich nichts anderes wünschen, als daß sie wieder aus dem Brunnen herauskäme. Da sagte die Frau, wenn sie sich selbst nichts wünsche, so wolle sie die Wünsche für sie tun, und aus dem Brunnen würde sie schon herauskommen. Der erste Wunsch war, jedesmal, wenn sie ihre Haube abnähme und ihr Haar aufmachte, sollte es hell werden, wenn es auch sonst noch so dunkel wäre. Der andre Wunsch sollte sein, daß, jedesmal wenn sie spuckte, sie einen goldnen Ring spucken sollte; und der dritte war, wenn sie einmal in Wassersnot sei, so solle sie nicht ertrinken können, sondern wie eine kleine Wildente auf dem Wasser schwimmen.

Als diese Wünsche ausgesprochen waren, sorgten die Leute dafür, daß sie wieder aus dem Brunnen herauskam, und so kam sie wieder zu ihrer Mutter. »Was! Kommst du wieder?« rief sie ihr zu. Da spuckte das Mädchen auf den Boden, und da kamen eine Menge schöner Goldringe aus ihrem Mund und lagen und glänzten am Boden. Als die Stiefmutter sie sah, kam sie gerannt und wollte sie auflesen, aber das Mädchen las sie selber eilig zusammen und steckte sie in ihre eigene Tasche.

Am Abend, als es dunkel wurde, nahm sie ihre Haube ab und machte ihr Haar auf, und da wurde es so hell im Zimmer, als ob es hellichter Tag wäre. Da wurde die Frau noch neugieriger und fragte das Mädchen aus, was sie bei den Leuten unten im Brunnen getan habe, weil sie sie so beschenkt hätten. »Das will ich euch sagen«, sagte sie, »sie backten da unten und hatten auch ein kleines Kind, das hütete ich, und dafür taten sie drei gute Wünsche über mich.«

»Da soll meine eigne Tochter morgen auch hinunter und drei Wünsche erfüllt bekommen«, sagte die Frau. Am Morgen schickte sie ihre eigene Tochter auch an den Brunnen, und als sie am Brunnenrand saß und spann, rannte die Frau hin und stieß sie hinunter. Da suchte das Mädchen so lang, bis es das rostige Tor fand und zu den Leuten hineinkam. Heute schlachteten sie und hatten viel damit zu tun. Als sie hörte, daß das Kind schrie, da bot sie sich an wie ihre Schwester, daß sie es gerne ein wenig hüten wolle. Aber es war sehr unruhig, und sie war böse und zornig mit ihm, so daß es ärgerlich wurde und die ganze Zeit weinte, und je ärger es weinte, um so ungeduldiger wurde sie und schlug und knuffte es.

Am Abend durfte sie auch drei Wünsche tun, und als sie nur bat, aus dem Brunnen herauszukommen, weil sie genug hatte von da unten, da sagten sie: »Du kommst ganz sicher wieder heraus.« Aber dann wünschten sie ihr erstlich, daß jedesmal, wenn sie ihre Haube abnähme und ihr Haar aufmachte, es um sie herum dunkel werden solle, und wenn es hellichter Tag wäre, und weiter, daß ihr am Kopf ein Fuchsschwanz wachsen solle, und je öfter man ihn abschnitte, desto länger solle er werden. Zuletzt sagte die Frau: »Und mein dritter Wunsch soll sein, daß jedesmal, wenn sie spuckt, eine graue Kröte ihr aus dem Mund springt.« Die Wünsche waren getan, und daraufhin waren die Leute darüber einig, daß man ihr aus dem Brunnen helfen müsse, und so kam sie wieder zu ihrer Mutter.

»Aber was ist das für ein Schwanz, der dir da am Kopf hängt?« fragte die Mutter sie; »den wollen wir doch abschneiden.« Sie holte eine Schere und schnitt den Schwanz ab, aber da wurde er länger; sie schnitt noch einmal zu, aber da wurde er so lang, daß er auf dem Boden nachschleppte, und so wie er war, mußte sie ihn behalten. Seit der Zeit nannten die Leute sie Fuchsschwanz.

Des anderen kleinen Mädchens Bruder diente beim König und war recht gut angeschrieben bei ihm. Jeden Tag nach Tisch bat er um Erlaubnis, in den Wald gehen zu dürfen. Da wurde der König neugierig, und eines Tages schlich er ihm nach, um zu sehen, was wohl der Grund sei, daß er jeden Tag in den Wald ging. Da hatte der Bursch ein wunderschönes Bild in einen Baum geschnitzt, und das war seiner Schwester Bild. Da fragte ihn der König, was das für ein Bild sei, das er da habe, ob es ein Götze sei, zu dem er bete? Nein, sagte er, das sei seine Schwester, die sei daheim und habe es sehr schlecht, denn ihre Stiefmutter sei gar böse gegen sie, und nun gehe er jeden Tag da heraus und bitte den lieben Gott, er möchte ihr doch helfen, und es möchte ihr besser gehen. Zugleich erzählte er auch, wie schön sie sei, und da sagte der König zuletzt, wenn sie denn so schön sei, so solle der Bursch heimreisen und sie holen, es könne sein, daß er sie zur Frau haben wolle.

Da machte sich der Bursch auf den Weg und unterwegs kaufte er schöne Kleider für seine Schwester, denn er wußte ja ganz genau, daß sie viel zu geringe Kleider hatte. Mit diesem Einkauf hatte er Glück, denn die Kleider paßten ihr ausgezeichnet, und sie sah schön aus darin. Da richtete er seinen Auftrag aus und daß er sie mit an den Hof nehmen werde, sie solle dem König dienen. Ja, sagte die Mutter, sie und Fuchsschwanz wollten auch mit. Er konnte ihnen die Reise nicht gut verbieten, und so machten sie sich zu viert auf den Weg.

Als sie aufs Meer hinauskamen — denn sie mußten zu Schiff zum Königsschloß fahren —, war das Wetter so stürmisch, daß der Bruder auf Deck ging und zu seiner Schwester sagte: »Hüte dich.« Denn die Wellen schlugen erschrecklich über Bord hinein. Aber sie konnte nicht hören, was ihr Bruder sagte, denn ihre Stiefmutter hatte sie so sehr aufs Ohr geschlagen, daß sie davon schwerhörig geworden war. Da fragte sie die Mutter: »Was hat mein Bruder da gesagt?«

»Er sagt, du sollst dein Kleid ausziehen und meiner Tochter zum Anziehen geben.« Was ihr Bruder ihr befahl, das tat sie gerne. Also zog sie ihr Kleid aus und tauschte das ein, das Fuchsschwanz getragen hatte. Bald darauf rief ihr Bruder wieder: »Schwester, hüte dich!«

»Was sagt mein Bruder da?« fragte sie. »Er sagt, du sollst den Schmuck von deinem Kopf nehmen und meiner Tochter aufsetzen.« Ja, was ihr Bruder befahl, das täte sie gerne, sagte sie und nahm den Schmuck von ihrem Kopf und setzte ihn Fuchsschwanz auf. Aber er stand ihr nicht allzu gut, weil sie den Schwanz an ihrem Kopf hatte. Da rief ihr Bruder wieder: »Schwesterlein, hüt dich doch!«

»Was sagt mein Bruder da?«

»Er sagt, du sollst deinen Kopf in meinen Schoß legen, daß ich dich lausen kann«, sagte die Mutter; und sie tat es auch, denn was ihr Bruder befahl, das tat sie gerne. Im gleichen Augenblick jedoch warf die Mutter sie hinaus ins Meer.

Aber sie ertrank doch nicht, denn sie wurde eine kleine Wildente, die hinter dem Schiff drein schwamm.

Als sie an Land kamen, da ging der König vom Schloß herunter ihnen entgegen und fragte, ob das seine Schwester sei. Jetzt hatte er keine andre Schwester mehr als diese. Da wurde der König zornig und sagte, er müsse hinunter in das Schlangenverlies und die Schlangen sollten ihn fressen. Das war die Strafe damals, wenn sich jemand etwas Schweres zuschulden kommen ließ. Also wurde er auf des Königs Befehl hinunter in das Schlangenverlies geworfen.

Als es nun Abend wurde, kam eine kleine Wildente und schwamm in den Rinnstein hinein, so daß sie in des Königs Küche kam, und da warf sie alle ihre Federn ab und wärmte ihren nackten Körper am Feuer. Da saß ein kleiner Hund in der Küche und zu dem ging die Ente hin und sagte:

»Rupfer, Zupfer unter der Bank!
Schläft der König in seinem Hofe?
Schläft der alte Schelm hinterm Ofen?
Schläft im Schlangenverlies der Bruder?
Schläft Schwester Fuchsschwanz und schläft ihre Mutter?«

Dann gab sie dem Hund ein Reis, das er ihrem Bruder hinreichen sollte, damit er sich die Schlangen abwehren könne, und zuletzt spuckte sie einen goldenen Ring für das Küchenmädchen, weil sie ihr erlaubt hatte, sich am Feuer zu wärmen.

Nun lag da wirklich ein alter Schelm hinter dem Ofen, und die ganze Zeit war er wach und hörte zu. Schließlich, als die Ente alle ihre Federn wieder angezogen hatte, sagte sie:

»Jetzt komme ich noch zweimal, wenn ich dann nicht erlöst werde, so muß ich mein Leben lang am Strand gehen.« Das hörte der Knecht auch; aber er traute sich nicht, es dem König zu sagen, denn wenn es nicht stimmte, so fürchtete er, auch ins Schlangenverlies zu kommen.

Am nächsten Abend kam die Ente wieder und schwamm in den Rinnstein wie vorher; als sie hineinkam, schüttelte sie ihre Federn ab und sagte zu dem Hund:

»Rupfer, Zupfer unter der Bank!
Schläft der König in seinem Hofe?
Schläft der alte Schelm hinterm Ofen?
Schläft im Schlangenverlies der Bruder?
Schläft Schwester Fuchsschwanz und schläft ihre Mutter?«

und dabei warf sie ihm ein Reis hin, das er ihrem Bruder geben sollte, damit er die Schlangen von sich abwehren könne, und dann spuckte sie einen Goldring für das Küchenmädchen, zum Dank, weil sie ihr erlaubt hatte, sich zu wärmen. Endlich sagte sie: »Jetzt komme ich noch einmal, und wenn ich da nicht erlöst werde, muß ich mein Leben lang am Strand bleiben.«

Da lag der alte Schelm wieder und hörte alles, und am folgenden Tag erzählte er dem König alles, wie es zugegangen war und was er gehört hatte. Nun wollte der König sich die nächste Nacht selbst hinter den Herd legen und hören, und wenn es nicht stimmte, was der Knecht gesagt hatte, so sollte er ins Schlangenverlies wandern.

Als es wieder Abend wurde, kam sie wie gewöhnlich durch das Rinnsteinloch hereingeschwommen und sagte zu dem Hund:

»Rupfer, Zupfer unter der Bank!
Schläft der König in seinem Hofe?
Schläft der alte Schelm hinterm Ofen?
Schläft im Schlangenverlies der Bruder?
Schläft Schwester Fuchsschwanz und schläft ihre Mutter?«

Da warf sie dem Hund ein Reis zu, das er ihrem Bruder geben sollte, damit er sich die Schlangen fernhalten könne, und spuckte einen Goldring für das Küchenmädchen, weil sie ihr erlaubt hatte, sich zu wärmen. »Jetzt komme ich niemals mehr und muß mein Leben lang am Strand gehen«, und sie watschelte hin und her auf dem Boden mit ihrem bloßen Körper. Denn ihre Federn hatte sie abgeschüttelt wie gewöhnlich, als sie kam; aber die hatte der König heimlich an sich genommen, während sie auf und ab ging, und als sie nun fort wollte, brauchte sie ihre Federn, aber sie konnte sie durchaus nicht finden. Da begann sie gar sehr zu klagen: Jetzt hätte sie nicht einmal ihre Federn mehr und jetzt müßte sie ganz gewiß erfrieren, denn sie könne nicht mehr kommen und sich wärmen.

Aber der Augenblick kam, wo sie fort mußte, und da wollte sie zum Rinnstein hinausschwimmen wie gewöhnlich; aber da packte sie der König, und da sie ihm entfliehen wollte, griff er fest zu. Da wurde sie in einen Käse verwandelt, und als er den ein wenig in die Asche legen wollte, wurde es ein Aal. Da nahm er ein Messer und wollte ihm den Kopf abschneiden, aber da verwandelte er sich in die schönste Jungfrau, die er je gesehen hatte.

Nun wurde zuallererst hinunter zu ihrem Bruder geschickt, daß er aus dem Schlangenverlies befreit werde, und die Schlangen hatten ihm nichts zuleid getan, weil er unschuldig hineingekommen war. Dann wurden Fuchsschwanz und die Stiefmutter ergriffen und mußten bekennen, was sie gegen ihre Schwester und ihren Bruder und den König unternommen hatten, und zur Strafe dafür wurden sie in eine Tonne mit Stacheln darin gesteckt, und davor wurden vier wilde Pferde gespannt. Die rannten nach allen Himmelsrichtungen mit ihnen, und so kamen sie elend ums Leben. Aber der König nahm das kleine Mädchen zur Frau, und ihr Bruder dient ihnen noch heutigen Tages.

14. *Die Schlange*

Es war einmal ein alter Mann, der wohnte in einem Wald und hatte kein anderes Brennholz als nur die alten faulen Bäume, die er umhauen konnte. Eines Tages stand nun seine alte Frau vor der Hütte und spaltete das faule Holz klein. Da kroch eine junge Schlange heraus. »Ach«, sagte die Frau zu sich selber, »seht nur das stumme Getier an, das am Boden kriecht; das kann Junge haben, und wir Menschen können keine Kinder bekommen!« Da sagte die Schlange: »Wenn ihr so gern Kinder haben wollt, so nehmt mich und zieht mich auf!« – »Was!« schrie die Frau, »du kannst reden!« Dann ging sie mit der Schlange in ihre Stube und richtete ihr unter dem Ofen eine Lagerstatt. Da kam der Mann heim. Die Frau erzählte ihm, eine kleine Schlange sei aus dem Baum herausgekrochen und habe schließlich gesagt, sie sollten sie aufziehen.

Also behielten sie sie unter dem Ofen, bis sie sieben Jahre alt war. Da fiel es ihr ein, daß sie heiraten wolle. Da sagte der Mann: »Nun, da muß ich wohl sehen, daß ich draußen im Walde eine Schlangenfrau für dich finde.« Da sagte die Schlange: »Nein, Pflegevater, ich will keine Schlange haben, ich will eine Prinzessin haben! Will der Pflegevater morgen frühzeitig gehen und mir die Prinzessin holen?« – »Nein, das getraue ich mir nicht«, sagte der Pflegevater, »denn ich habe Angst, der König könnte mich ins Gefängnis werfen.«

Die Schlange sagte, er könne getrost gehen, wenn er es nur richtig anfange. Also ging er wirklich hinauf ins Schloß und fiel auf der Treppe auf die Knie. Dann kam er in ein Gemach, und da fiel er wieder auf die Knie und bat, der König möge ihn nicht strafen, wenn er eine Bitte vor ihn brächte. Der König sagte: »Rede nur frei heraus! Es soll dir nichts geschehen!« Da sagte der Mann: »Ich habe eine Schlange unter meinem Kachelofen, die habe ich schon seit sieben Jahren; und die möchte gerne heiraten und verlangt die Prinzessin zur Frau.« — »Ja«, sagte der König, »wenn sie es fertigbringt, daß alle meine Obstbäume im Garten goldene Äpfel und silberne Äpfel und goldene Blätter und silberne Blätter tragen, dann kann sie die Prinzessin bekommen.«

Als der Man heimkam, sagte die Schlange: »Wie ist es gegangen, Pflegevater?« Da sagte er: »Du sollst machen, daß alle seine Obstbäume in seinem Garten goldene Äpfel und silberne Äpfel und goldene Blätter und silberne Blätter tragen.« — »Das kann ich leicht, Pflegevater!« sagte die Schlange; »jetzt müßt Ihr hinausgehen und alle Arten Obststeine, Zwetschgensteine, Kirschensteine und alle anderen, in Euer kleines Körbchen sammeln. Am Abend geht Ihr dann hinauf in den Garten und werft in jeden Baum eine Handvoll davon, so lange, bis Ihr bei allen Bäumen gewesen seid. Wenn Ihr dann an die Gartentür kommt, so schaut Euch um und seht, was daraus geworden ist.« Als er dann an die Tür kam und sich umschaute, da sah es aus, als ob alle Bäume im Feuer stünden: sie waren wie aus purem Gold.

Am nächsten Tag ging der Mann frühmorgens zum König und fragte, ob er seinen Garten gesehen habe. Der König sagte, er habe ihn wohl gesehen, und die Schlange habe seine Tochter wohl verdient, aber sie müsse noch eine Probe bestehen, nämlich alle seine Gartenbänke und all seine Gartenwege mit Perlen und Edelsteinen auslegen.

Als der Mann heimkam, fragte die Schlange: »Wie ist es gegangen, Pflegevater?« Er antwortete: »Du sollst alle seine Gartenbänke und alle seine Gartenwege mit Perlen und Edelsteinen auslegen. Wie fangen wir denn das an?« Die Schlange sagte: »Ach, das können wir ganz leicht machen, Pflegevater! Ihr müßt ausgehen und aller Art Scherben sammeln und sie ganz klein schlagen und am Abend in Euern kleinen Korb tun, und wenn alles dunkel ist, so müßt Ihr ins Schloß gehen und die Scherben rundum werfen, auf die Bänke und auf die Wege und überallhin. Wenn Ihr dann aus dem Garten geht, so müßt Ihr Euch umschauen, wie schön es geworden ist.«

Als er heimkam, fragte die Schlange, ob er etwas gesehen habe. Er antwortete, ja, alles sei wie vergoldet gewesen, die Wege und die Bänke. Da sagte die Schlange: »Wollt Ihr nun morgen in aller Frühe aufs Schloß gehen und den König fragen, ob er mir jetzt seine Tochter geben will?«

Am Morgen in aller Frühe ging er hinauf und fragte den König: »Habt Ihr Euren Garten gesehen?« Er antwortete: »Ja, ich hab ihn wohl gesehen, und die Schlange hat wohl meine Tochter verdient, aber sie muß noch eine Probe bestehen, sie soll mein ganzes Schloß vergolden.«

Da ging der Mann wieder heim zur Schlange. »Nun, was sagt der König jetzt?« fragte sie. »Er sagt, du bist noch nicht am Ende: du sollst ihm sein ganzes Schloß vergolden.« – »Das können wir ja leicht tun«, sagte die Schlange. »Der Pflegevater braucht nur in den Wald zu gehen und allerhand Grün zu holen, das sich in ein Bündel binden läßt. Dann nehmt Ihr das in Euren Korb, geht hinauf ins Schloß und reibt mit dem Bündel die Wände ab, so weit Ihr reichen könnt. Ehe Ihr dann zur Tür hinausgeht, seht Ihr Euch um.« Da war das ganze Schloß wie vergoldet.

Da sagte die Schlange zu ihrem Pflegevater: »Wollt Ihr jetzt hinaufgehen und fragen, ob der König mir jetzt seine Tochter geben will?« Da sagte der König: »Ja, sie hat sie verdient, nun soll sie sie auch haben.«

Da ging der Pflegevater heim zu der Schlange und sagte zu ihr: »Jetzt bekommst du die Prinzessin, nun kannst du hinauf ins Schloß kriechen.« Aber die Schlange sagte, nein, sie wolle im Wagen fahren, und der Pflegevater mußte in die Stadt gehen und einen Wagen auf den und den Tag bestellen und mit der Schlange aufs Schloß fahren.

Als sie durch die Straßen fuhren, waren alle Leute neugierig und rannten auf die Straße und wollten die Schlange sehen. Aber als sie sie sahen, bekamen sie solche Angst, daß sie wieder in die Häuser liefen und nicht mehr hinzusehen wagten.

Sie kamen vor dem Schloß an, die Schlange drückte die Wagentür auf und kroch auf die Treppe zu. Da standen Vater und Mutter am Fenster und sahen das greuliche Tier. Und sie riefen ihrer Tochter zu: »Nimm dich in acht! Sonst frißt sie dich!« Sie sagte, nein, die Schlange habe sie teuer verdient. Da rannten die Eltern hinaus in ein anderes Gemach und schlossen die Tür hinter sich zu. Aber die Tochter blieb ganz allein im Saal stehen. Die Schlange kam herangekrochen und glitt an ihr hinauf, über die Füße und über die Beine und kam mit dem Mund bis hinauf an ihr Gesicht. Und da fiel auf einmal die Schlangenhaut von ihr ab, und da stand der schönste Prinz. Sie umarmte ihn voll Freude und war außer sich vor Glück. Er berichtete, aus welchem Königreich er sei, und welches Königs Sohn und auf welchem Weg man dahin käme.

Wie sie nun so dastanden und lachten und vergnügt waren, dachten Vater und Mutter, es sei offenbar doch keine Gefahr dabei, da sie Lachen hörten. Da machten sie die Tür auf, und nun kamen sie herein, Vater und Mutter, und sahen den schönen Prinzen, der vor ihren Augen stand. Da waren sie voller Freude. Der Vater sah die Schlangenhaut, die auf der Erde lag, und warf sie ins Feuer und verbrannte sie. Auf einmal schaute der Prinz zu Boden, und da war seine Schlangenhaut weg. Da sagte er: »Wo ist meine Schlangenhaut geblieben?« Der Vater sagte: »Die habe ich verbrannt.« Da sagte der Prinz: »Nun bin ich wieder im Unglück.« Denn die Haut hätte er denen geben müssen, die ihm geholfen hatten.

Da die Haut nun verbrannt war, hatte er diesen nichts zu geben und wurde wieder in alle möglichen Tiergestalten verwandelt. Zuletzt wurde er eine Taube. Da flog er nun im Saal herum und konnte nicht hinaus, weil Fenster und Türen zu waren. Da flog er an ein Fenster und stieß die Scheibe ein und kam durch das Loch ins Freie. Aber das zerbrochene Glas war scharf und schnitt kreuz und quer in seinen Kopf.

Wie er draußen war, flog er nach Hause in das Schloß seines Vaters. Nun lag er dort im Bett und war so krank und schwach, daß man Ärzte zu ihm holte, aber keiner konnte ihn heilen. Da lag er elend und in Schmerzen und niemand konnte ihm helfen.

Daran dachte die Prinzessin und war sehr unglücklich, daß sie ihn auf diese Weise verlieren sollte. Da fiel ihr ein: »Kannst du denn nicht zu ihm reisen?« Am Abend, wie alles ruhig und stille war, nahm sie ihr ganzes Gold und wollte zu ihm wandern. Sie hatte auch ein kleines Riechfläschchen, das nahm sie mit ein wenig feiner Essenz darin, um daran zu riechen, wenn es ihr schlecht werden sollte. Nun hatte sie das kleine Päckchen unterm Arm und schlich sich in den Wald hinunter.

Als sie in den Wald kam, begegnete sie einem Fuchs. Der sagte zu ihr: »Wo willst du hin?« Sie sagte, sie wolle da und da hin, in das Königsschloß zu dem Prinzen, sie habe gehört, er sei krank. Und sie fragte den Fuchs: »Willst du mir den Weg zeigen?« — denn sie war fremd und kannte den Weg nicht. Da ging der Fuchs mit ihr und ging voraus.

Sie gingen immer weiter, bis sie an eine grüne Lichtung kamen, durch die ein Bächlein floß. Da sagte der Fuchs: »Hier mußt du dich niederlegen und von diesem Wasser trinken«, — denn das war ein heilkräftiges Wasser, von dem man frisch wurde, und die Prinzessin war sehr erschöpft von der Wanderung. Der Fuchs fragte sie, ob sie den schönen Vogelgesang höre, der in der Nacht im Wald erschalle. Sie sagte ja. — Da fragte der Fuchs wieder: »Aber du verstehst nicht, was die Vögel singen.« — »Nein«, sagte sie, das wisse sie nicht. »Sie singen, wenn man dem Prinzen, der jetzt krank liegt, den Kopf mit ihrem Blut einreibt, so wird er wieder gesund.« — »Kannst du mir nicht solches Vogelblut verschaffen?« fragte sie den Fuchs. — »Was willst du mir geben, wenn ich es dir verschaffe?« sagte der Fuchs. »Ich will dir den ganzen Pack Gold geben, den ich hier bei mir habe, wenn du mir das Vogelblut verschaffst«, sagte die Prinzessin. »Aber ich kann es nicht, ehe sie hinter ihre grünen Gardinen geschlüpft sind«, sagte darauf der Fuchs.

Wie nun alle Vögel zur Ruhe gegangen waren, kletterte der Fuchs in die Bäume hinauf und biß einem Vogel nach dem anderen den Hals ab und warf sie alle der Prinzessin hinunter. Sie hatte aber nichts, um das Blut damit aufzufangen; da nahm sie ihr Riechfläschchen und leerte es aus und ließ Blut von allen Vögeln hineintropfen. Da sagte der Fuchs: »Nun meinst du wohl, du seist am Ziel, weil du das Vogelblut hast; aber du müßtest auch noch von meinem Blut haben.« Und damit nahm er Abschied: »Jetzt will ich nicht mehr weiter mit dir gehen.« Da sagte die Prinzessin: »Ach, du mußt mir doch den Weg durch den Wald zeigen!« – »Was willst du mir dafür geben?« fragte der Fuchs. Da sagte sie: »Ich habe nichts mehr für dich, denn mein Gold hast du schon; aber willst du vielleicht den kleinen Goldring an meinem Finger haben?«

Er bekam den Goldring und zeigte ihr den Weg durch den Wald. Sie ging und überlegte, wie sie es anstellen könnte, um auch von dem Fuchs Blut zu bekommen. Der Fuchs ging voraus, und sie folgte ihm. Da stieß sie mit dem Fuß an einen Kieselstein im Weg; den hob sie auf. Der Fuchs trug den Kopf zurückgebogen, weil er den Pack Gold im Maul hielt. Da nahm sie den Kieselstein, an den sie gestoßen war, und hieb ihn damit in den Nacken, daß das Blut herausspraug. Dann lief sie hin, hielt ihr Fläschchen unter und füllte es mit dem Blut des Fuchses. Da nahm sie all ihr Gold, das sie ihm als Lohn für die Führung durch den Wald gegeben hatte, wieder an sich.

Nun ging sie weiter, bis sie an das Schloß kam. Sie trat ein und ließ sich als eine kluge Frau melden, die den Prinzen gesund machen könne. Das wurde dem König ausgerichtet. Da kam der König heraus zu ihr und fragte sie, ob sie wirklich glaube, sie könne seinen Sohn heilen. »Ja«, sagte sie, »aber ich will eine Übereinkunft mit dir machen, nämlich, wenn ich ihn heile, so will ich ihn zum Mann haben.« »Das sollst du auch, meine Tochter!« sagte der König, »wenn du ihn gesund machen kannst, so bekommst du ihn zum Mann.« Da sagte sie: »Willst du mir nun das Gemach zeigen, wo er liegt?«

Als sie nun hineinkam, war das Fenster verhängt, denn sein Kopf war so schwach, daß er das Licht nicht ertragen konnte. Da ging sie zu ihm hin und nahm sein Haupt und entfernte das Haar von den Wunden und ließ das Blut aus ihrer Flasche hineintropfen. Dann klopfte sie ihm auf den Kopf, so stark sie konnte, damit das Blut auch gut in die Wunden hineinsickern konnte. Als es gut in den Kopf eingedrungen war, kamen ihm die Kräfte wieder und er konnte sich im Bett aufrichten, und in wenigen Minuten war er ganz gesund. Da schlüpfte sie hinter den Vorhang, daß er sie nicht sehen sollte.

Sein Vater kam herein, weil er hörte, daß sich etwas in dem Gemach rührte. Da fragte er den Vater, wer ihn denn geheilt habe. Der Vater sagte, es sei ein kleines kluges Mädchen, die wolle ihn zum Mann haben, wenn er gesund würde. Da antwortete er: »Ach nein, Vater! Ich habe meine Liebste in dem und dem Königreich, und ich habe hart um sie gekämpft, und sie hat mich aus der Schlangenhaut erlöst.« Als sie hörte, daß er so treu zu ihr stand, kam sie hinter dem Vorhang hervor und sagte zu dem Prinzen: »Hier bin ich, hier bin ich, die dich aus der Schlangenhaut erlöst hat!«

Da waren sie froh und glücklich miteinander wie noch nie. Sie erzählte ihm, wie sie ihn gesund gemacht hatte, nämlich mit Blut von Vögeln und einem Fuchs. Er fragte seinen Vater, den König, ob er das Königreich und die Prinzessin bekommen dürfe, die er heiraten wollte. Sie sei die und die Königstochter aus dem und dem Königreich. Ob er nun mit ihr zu ihrem Vater reisen und Hochzeit halten dürfe?

Da machten sie sich alle auf die Fahrt, der Königssohn und die Prinzessin und der König und die Königin in zwei

Wagen: die Alten in dem einen und die Jungen in dem anderen. Sie reisten, bis sie zu seinem Pflegevater und seiner Pflegemutter in den Wald kamen. Die baten sie, sie möchten doch mit zum Schloß fahren und die Hochzeit mitfeiern helfen; und nach der Hochzeit luden sie die Pflegeeltern ein, mit auf ihr Schloß zu kommen, da sollten sie es ebensogut haben, wie er es bei ihnen gehabt hatte.

15. Der Reisekamerad

Es war einmal ein Mann, der hatte einen Sohn, der hieß Johannes. Da wurde der Mann krank und konnte merken, daß er sterben müsse. Darüber war der Sohn sehr betrübt, aber der Vater sagte zu ihm: »Ja, ich muß sterben, und dann mußt du sehen, wie du dich durchs Leben schlägst. Ich habe gerade sieben Mark für dich, das ist alles, was du auf die Reise mitnehmen kannst; und wenn du die alten Sachen hier verkaufst, kannst du wohl so viel dafür bekommen, daß du mich begraben kannst.« Dann starb er. Johannes regelte alles, und gute Leute halfen ihm dabei. Er sorgte dafür, daß der Vater begraben wurde, nahm seine sieben Mark und begab sich auf die Wanderschaft.

Während er so ging, zog eines Abends ein schreckliches Gewitter auf. Als er an einer Kirche vorbeikam, wollte er sich in den Schutz der Kirchentür stellen. Da sah er zwei Männer, die dabei waren, einen Sarg auszugraben, und sobald sie ihn geöffnet hatten, nahmen sie den toten Mann aus dem Sarge und mißhandelten ihn.

Das erschien Johannes eine große Sünde, und darum geht er zu den Männern hin und fragt, wie es sein könne, daß sie den armen toten Mann in der Weise behandelten?

Ja, das wäre kein bißchen zuviel für ihn, sagen sie; er schulde ihnen Geld, und da habe er sich zum Sterben gelegt. Jetzt wollten sie ihm das Leichenhemd nehmen und seinen

Sarg als Brennholz gebrauchen, denn dann hätten sie jedenfalls etwas bekommen.

»Ihr sollt euch schämen!« sagte Johannes, »wieviel schuldet er euch denn?«

Sieben Mark.

Johannes dachte: das ist gerade alles, was ich besitze, dann aber fiel ihm sein alter Vater ein; es wäre nicht schön gewesen, wenn man ihn so behandelt hätte. Er gab ihnen seine sieben Mark, wenn sie dafür ihres Weges gehen und den Toten in Frieden lassen wollten. Sie gingen auch wirklich, und Johannes legte den Toten wieder in den Sarg und schüttete ihn mit Erde zu. Das dauerte lange, und inzwischen hatte sich das Gewitter verzogen. Es fing an zu tagen, und er ging weiter. Er kam in einen Wald, und da hörte er eine Stimme, die rief: »Wohin?«

Und da steht ein großer Junge, etwas älter als er selber, auf dem Pfad hinter ihm. Johannes antwortet, daß er in die weite Welt gehe. Er habe zwar kein Geld, aber er wolle sehen, ob er nicht dennoch sein Glück machen könne.

Da fragt ihn der Junge, ob er ihn begleiten dürfe.

Dagegen hatte Johannes nichts einzuwenden. »Wie heißt du denn?« sagt Johannes.

»Du kannst mich Kamerad nennen«, sagt er.

Dann gehen sie miteinander weiter. Als sie etwa einen Tag gegangen waren, begegneten sie einer alten Frau, die ein großes Reisigbündel trug. Wie sie so geht, fällt sie um und bleibt liegen, denn das eine Bein war gebrochen. Nun war Johannes immer behilflich, und darum sagt er, ob sie nicht der armen Frau helfen sollen.

Doch, das könnten sie sicher, sagt der Kamerad. Er geht zu der Frau und sagt: »Hör, Alte, kannst du mir nicht das Reisig geben, das du da hast?«

Das könne sie nicht, denn das brauche sie ja, um sich daran zu wärmen, wenn sie nach Hause käme.

»Du kannst es mir genau so gut gleich geben, denn du

hast ja dein Bein gebrochen und kannst sowieso nicht nach Hause kommen.«

Als sie das hört, fängt sie jämmerlich an zu weinen und zu klagen. Wenn es sich so verhielte, könnten sie ebenso gut das Reisig nehmen. Ob sie ihr denn nicht helfen wollten, daß sie nach Hause kommen könnte?«

»Doch, aber gib mir nur erst einmal das Reisig, dann bekommst du ein paar Tropfen, die ich hier in einem Fläschchen habe, damit du das Bein einreiben kannst.«

Dann nahm der Kamerad die Zweige in einem Beutel auf den Nacken, und dann gingen sie weiter und ließen die Frau mit ihren Tropfen liegen. Das war Johannes gar nicht recht, denn er meinte, sie hätten der alten Frau ebenso gut nach Hause helfen können. Er fand, es sei nicht ganz richtig, sie einfach so da liegenzulassen.

»Sie kommt schon noch nach Hause«, sagte der Kamerad, »darum brauchst du dir keine Sorge zu machen.«

Johannes aber dreht sich um, um nach ihr zu sehen, und da ist sie schon aufgestanden und weitergegangen, und er kann sehen, daß die Tropfen sie sofort geheilt haben.

Sie gehen weiter und kommen auf eine Anhöhe, von der aus sie weit ins Land hinausblicken. Da hören sie auf einmal einen großen Spektakel über ihren Köpfen. Ein Adler und ein Falke kämpfen miteinander in der Luft so fürchterlich, daß schließlich beide tot vor ihre Füße fallen. Der Kamerad hebt sie auf, schneidet dem Adler die Schwingen und dem Falken die Beine ab und steckt sie in seinen Beutel.

»Was willst du damit?« fragt Johannes.

»Darüber brauchst du dir keine Gedanken zu machen, wir werden sie schon noch brauchen.«

Sie gehen weiter und gegen Abend kommen sie an eine Herberge, in die sie hineingehen, denn sie sind richtig hungrig und durstig geworden. Wie sie nun so dasitzen und essen, entsteht draußen auf der Straße ein solches Lärmen und Hin- und Herrennen, daß sie fragten: »Was ist denn das?«

»Uha«, sagen die Leute, »da ist die Königstochter, sie fährt durch die Straßen. Sie ist so boshaft wie die schlimmste Hexe, sie ist ja verhext.« Johannes und der Kamerad wollen mehr über sie erfahren, und die Leute erzählen weiter: »Sie ist so schön, daß man nie eine schönere Prinzessin gesehen hat, und sie hat eine Unzahl von Freiern. Alle die Prinzen, die es auf der Welt gibt, kommen hierher, um sie zu erwerben. Aber sie müssen drei Dinge raten, an die sie denkt, und wenn sie das nicht können, werden sie draußen im Garten erhängt. Nicht eine einzige Blume ist in diesem Garten, nur lauter tote Menschen und Knochen, und die Raben und die Krähen schlagen sich darum.«

Während sie so dastehen und reden, kommt die Prinzessin auf einem weißen Pferd vorbei: es trägt einen goldenen Sattel, und die Zügel sind aus Gold, und sie ist so schön und hat so herrliche Augen und langes goldenes Haar, das bis auf das Pferd herabfällt. Unserem Johannes gefiel sie gut, und er sagt zu seinem Kameraden, er wollte, er könnte raten, an was sie denkt.

Ach nein, das gefiel dem Kameraden gar nicht, und er wollte ihn überreden, daß er es bleibenlassen solle. Johannes aber wollte auf das Schloß und sich als Freier melden, gleichgültig, was der andere sagte. Er geht auch dahin und wird beim König und der Prinzessin vorgelassen. Da sagt sie, ob er raten könne, an was sie denkt? Er könnte bis morgen darüber nachdenken. Als sie das sagte, wurde ihm angst und bange, denn sie sah unheimlich dabei aus. Aber er denkt: »Irgendwie muß ich darauf kommen.« Als er zu seinem Kameraden zurückkommt, erzählt er ihm, was sich zugetragen, und sagt, wenn er die Antwort in der Nacht nicht träume, wisse er nicht, wie es ihm ergehen sollte.

»Ja«, sagt der Kamerad, »leg du dich nur ins Bett und sieh zu, ob du sie träumen kannst.«

Das tut Johannes, und der Kamerad geht auch zu Bett. Als Johannes aber richtig gut eingeschlafen ist, steht der andere auf und öffnet den Beutel, den er bei sich hatte. Er bindet sich die Adlerschwingen und die Falkenbeine an, nimmt einige Reisiger in die Hand und fliegt davon und setzt sich vors Fenster der Prinzessin. Als er dort ein wenig gesessen hat, springt das Fenster auf und die Prinzessin kommt herausgeflogen; aber der Kamerad fliegt hinter ihr her und peitscht aus allen Kräften mit seinen Zweigen auf sie ein. Sie seufzt und stöhnt und setzt sich ab und zu und kann kaum Luft bekommen. »Oh, was für ein Hagelwetter, was für ein Hagelwetter!« sagt sie.

Endlich kommen sie zu einem Hügel, wo sie hält und anklopft. Der Hügel öffnet sich, und sie schlüpft hinein, der Kamerad aber schlüpft hinterher. Ein Berggeist kommt herbei, um sie zu empfangen. Er hat einen Kopf so groß wie sein ganzer Körper und die Arme und Beine zusammen, die Ohren wachsen ihm mitten aus der Stirn heraus, und seine Augen sind so groß wie Teller.

Sie beklagte sich bei ihm über das schreckliche Hagelwetter unterwegs, so daß sie kaum hätte weiterkommen können.

Naja, daran sollte sie jetzt nicht mehr denken, sagte er. Jetzt sollte sie sich ein wenig zu ihm setzen, und zieht sie mit sich fort. Der Kamerad hatte sich unsichtbar gemacht und schlüpfte hinterher. Sie kamen durch einen großen Saal, in dem alle möglichen Tiere durcheinanderwimmelten, Löwen und Frösche und Eidechsen und ekelhaftes Gewürm. Ganz oben in der Halle stand ein Thron, auf den sich der Berggeist und die Prinzessin niederließen, und dann fingen die Tiere an zu tanzen. Der Berggeist nahm die Prinzessin bei der Hand und tanzte mit ihr zwischen allen diesen scheußlichen Tieren. Der Kamerad aber war dauernd hinter ihnen her, denn er sollte ja aufpassen, worüber sie miteinander sprächen.

Während sie so tanzen, sagt die Prinzessin zu dem Berggeist, daß sie wieder einen Freier habe; ob er ihr nicht sagen könne, woran sie denken solle?

Der Berggeist sagt, sie könne an ihre Handschuhe denken.

Dann tanzen sie weiter, aber schließlich mußte sie ja wieder nach Hause. Der Berggeist begleitete sie und schloß den Hügel für sie auf, und der Kamerad schlüpfte mit hinaus. Er schlug auf sie ein, bis von den Zweigen nichts mehr übrig war. Sie seufzte und stöhnte und entschlüpfte ihm dann endlich durch das Fenster. Der Kamerad kam auch nach Hause und ins Bett der Herberge.

Am nächsten Morgen stand Johannes auf und war sehr unglücklich. Er hatte nichts geträumt und fragte den Kameraden, ob auch er nichts geträumt habe?

»Doch, ich habe etwas geträumt. Du kannst ja sagen, sie habe an ihre Handschuhe gedacht.«

Mit diesem Bescheid begibt er sich auf das Schloß und wird vorgelassen. Da steht die Prinzessin und macht sich furchtbar wichtig und fragt ihn, was er erraten habe?

Tja, die Prinzessin sollte wohl nicht an ihre Handschuhe gedacht haben?

Das gab ihr geradezu einen Stoß, denn sie erschrak sehr, konnte aber nicht leugnen, daß sie an ihre Handschuhe gedacht hatte. Da das nun gut abgelaufen ist, soll er zum zweiten Mal raten und darf es sich bis zum nächsten Tag überlegen.

Es geht nun wie beim ersten Mal. Der Kamerad steht auf, als Johannes eingeschlafen ist, zieht sich die Flügel an und fliegt an das Fenster. Die Prinzessin kommt herausgeflogen und fliegt zu jenem Hügel, und er peitscht aus allen Kräften auf sie ein. An diesem Abend sagt ihr der Berggeist, daß sie an ihre Schuhe denken soll.

Johannes steht am nächsten Morgen auf und fragt, ob er in der Nacht nichts für ihn erträumt habe?

»Doch, ich glaube, du sollst sagen, daß sie an ihre Schuhe gedacht habe.«

Das tut er, und es ergeht ihm auch gut dabei. Die Prinzessin erschrickt sehr, daß er wieder richtig raten kann; das hat bisher noch keiner getan. Dann soll er zum dritten Mal raten und sich die Sache bis zum nächsten Tag überlegen.

In der dritten Nacht nimmt der Kamerad alle die Ruten mit, die er noch hat, und dann peitscht er so auf die Prinzessin ein, daß sie beinahe halb tot ist, als sie an den Berg kommt. Sie beklagt sich jämmerlich beim Berggeist über das schreckliche Hagelwetter, so daß sie beinahe nicht hätte weiterkommen können, so wie die Hagelkörner auf sie herabgepeitscht seien. – »Und jetzt sieht es ganz schlimm aus«, sagt sie, »denn er hat wieder erraten, an was ich gedacht habe.«

»Ja, das sieht ja schlimm aus, aber dieses Mal wird uns schon etwas einfallen, das er nicht erraten kann. Jetzt aber wollen wir lustig sein.« Und dann tanzen sie, und es geht wild zu. Der Kamerad befürchtet, daß er nicht hören kann, was der Berggeist der Prinzessin sagt, und er hat seine liebe Not, dem Tanz so gut er eben kann zu folgen. Endlich hören sie damit auf, und der Berggeist begleitet die Prinzessin zum Ausgang. Da dachte der Kamerad: »Jetzt muß er ihr sagen, an was sie denken soll.« Aber der Berggeist begleitet sie nach draußen und sagt kein Wort. Als die Prinzessin dann fliegen will, fliegt der Berggeist mit. Jetzt kann ich euch aber sagen, daß der Kamerad die Hände voll zu tun hatte, um auf die beiden loszuprügeln, und er nahm ein Reisig in jede Hand und peitschte sie aus allen Kräften. Endlich erreichten sie das Fenster der Prinzessin, und sie stöhnten und jammerten beide.

Da dachte der Kamerad: »Ja, jetzt hat er ihr sicher schon gesagt, an was sie denken soll, und ich dachte doch, ich hätte so gut aufgepaßt.« Aber wie der Berggeist gerade den Rückweg antreten will, flüstert er: »Denk an meinen Kopf.«

Im selben Augenblick gelingt es dem Kameraden, ihn zu erwischen und ihn bei beiden Ohren zu packen, die so groß waren, und es gibt einen ordentlichen Ruck, wie er zugreift. Der Berggeist war aber jetzt so mürbe von der Peitscherei, daß der Kopf beinahe abging. Der Reisekamerad zieht sein

Taschenmesser und macht einen kleinen Einschnitt, und da hat er auch schon den ganzen Kopf, ein richtig häßlicher Anblick, denn der Berggeist streckt die Zunge weit aus dem Mund heraus. Er nahm sein Taschentuch und wickelte den Kopf des Berggeistes hinein, und dann flog er in die Herberge zurück, legte ihn neben sein Bett und tat, als ob er schliefe.

Am Morgen, als Johannes zu ihm hineinkam und ihn fragte, ob er in der Nacht nichts geträumt habe, sagt er: »Jetzt kannst du der Prinzessin dieses Tuch mitbringen und sie fragen, ob sie nicht an das gedacht habe, was da drin ist. Aber du darfst es nicht aufknüpfen, bevor du zu ihr gekommen bist.«

Dann nimmt er das Tuch mit und kann nicht recht verstehen, was da wohl drin sein könne. Er kommt auf das Schloß und wird zum König und zu der Prinzessin hineingelassen, und da steht sie und sieht ungeheuer wichtig aus, denn sie ist ja ihrer Sache sicher, daß er die Frage nicht erraten kann. »Na, an was habe ich denn gedacht?«

Da setzt sich Johannes hin und löst die Knoten des Tuches auf, aber kaum hat er es aufgelöst, als er auch schon einen lauten Schrei ausstößt und die Prinzessin und alle ihre Jungfrauen in Ohnmacht fallen und der König ganz entsetzt aussieht, denn so etwas Häßliches hatten sie noch nie gesehen. Endlich hat man der Prinzessin und den Jungfrauen und der Königin etwas Wasser gegeben, damit sie wieder zu sich kommen. Der König aber ist sehr froh, daß der Berggeist tot ist, denn jetzt glaubt er, daß die Prinzessin wieder gut geworden ist. Sie kann ja nicht leugnen, daß sie an diesen Kopf gedacht hat, und jetzt soll sie also Johannes heiraten.

Nun glaubten alle, sie sei wieder gut geworden, das war sie aber nicht; sie war genau noch so bös und voller Gift, daß es ein Greuel war. Aber die Hochzeit wurde gehalten.

Am Tage nach der Hochzeit beklagt sich Johannes bei dem Kameraden, denn er weiß nicht, was er mit ihr anstellen soll.

Der Kamerad sagt: »Versuch einmal, eine große Wanne voll Wasser neben das Bett zu stellen. Wenn ihr zu Bett geht, nimmst du sie einfach und steckst sie richtig tief ins Wasser, und das mußt du dreimal tun; und du mußt sie tief hineinstecken, ob sie nun so oder so aussieht.«

Jetzt konnte er ja den Mädchen befehlen, und darum sagt er, daß sie einen großen Zuber Wasser vor das Bett stellen sollen. Wie die Prinzessin nun fertig ist, um zu Bett zu gehen, ist sie so aufgebracht, daß man das Weiße in ihren Augen sehen kann, und sie spuckt wie eine böse Hexe. Er aber denkt: »Da ist nichts zu machen, du mußt hinein!« und dann nimmt er sie mit einem raschen Griff und steckt sie in den Zuber. Wie er sie losläßt und sie wieder nach oben kommt, sieht sie aus wie eine große, schwarze Ente, und die Ente will beißen, so daß er sie kaum anzurühren wagt. Endlich aber faßt er sich ein Herz und schafft es, daß er sie noch einmal richtig tief unter Wasser taucht, und wie sie wieder nach oben kommt, ist sie zu einem weißen Schwan geworden. Er packt sie noch einmal und taucht sie zum dritten Mal ins Wasser, obwohl sie schon ganz nett aussieht, und wie sie dieses Mal aus dem Wasser auftaucht, ist sie wieder zur Prinzessin geworden. Jetzt sieht sie aber nicht mehr böse aus, denn jetzt ist der Zauber gebrochen.

Am nächsten Morgen kommt der Kamerad, um zu sehen, wie es ihnen geht, und da ist Johannes froh und sagt: »Jetzt verstehen wir uns.« Auch die Prinzessin ist freundlich zum Kameraden und fragt ihn, ob er nicht bleiben und bei ihnen wohnen wolle?

»Nein«, sagt er, er wolle nicht bleiben, denn jetzt habe er nichts mehr auf der Erde zu tun. »Denn jetzt will ich dir erzählen, wer ich bin. Ich bin der Geist des toten Mannes, den du wieder begraben hast und dessen Schuld du bezahltest. Jetzt habe ich dir das Gute vergolten, das du mir getan hast, denn jetzt hast du die Prinzessin zur Frau bekommen, wie du dir es gewünscht hast, und jetzt muß ich zurück zu den Toten.« Damit verschwand er vor ihren Augen und sie sahen ihn nicht mehr. Johannes bekam das halbe Königreich mit der Prinzessin, und wenn der alte König gestorben ist, soll er König über das ganze Land sein.

16. Die Schlange und das kleine Mädchen

Es war einmal ein kleines Mädchen, das sollte seinem Vater, der auf dem Felde arbeitete, das Essen bringen. Als sie zu ihm hinauskam mit dem Essen, sagte er, sie solle ihm seine Jacke holen, die er unter einen Baum gelegt hatte. Das Mädchen ging und wollte sie holen. Aber wie sie hinkam, sah sie, daß eine unheimliche, große Schlange auf der Jacke lag, und sie nahm einen Stock und wollte sie wegjagen; aber die Schlange blieb liegen. Da sagte das Mädchen zur Schlange, sie solle doch endlich weggehen, damit sie die Jacke für den Vater mitnehmen könnte. »Ja«, sagte die Schlange, »wenn du wieder zu mir zurückkommen und dich auf meinen Rücken setzen willst, so darfst du die Jacke nehmen.«

Das Mädchen sagte ja, und die Schlange kroch von der Jacke weg, und das Mädchen brachte sie seinem Vater. Dann kam sie gleich wieder und setzte sich der Schlange auf den Rücken, aber kaum hatte sie sich gesetzt, so kroch sie zum Wald hin und immer weiter in den Wald hinein.

Als sie nun weit gelaufen war, sagte sie: »Kleines Mädchen, stell dich auf meinen Rücken und schau, ob du etwas siehst?« Das Mädchen stand auf und sagte: »Ich sehe etwas glänzen wie das helle Silber.« – »Ja, das ist das Schloß meiner Mutter«, sagte die Schlange, »dann haben wir noch einen weiten Weg.«

Dann kroch die Schlange wieder weit durch den Wald, und dann sagte sie abermals: »Kleines Mädchen, stell dich auf meinen Rücken und schau, ob du etwas siehst?« – »Ja«, sagte das Mädchen, »ich sehe etwas glänzen wie pures Gold.«

»Ja, das ist meines Vaters Schloß«, sagte die Schlange, »dann haben wir noch einen weiten Weg.«

Nun kroch sie wieder ein langes Stück und sagte zum drittenmal: »Kleines Mädchen, stell dich auf meinen Rücken und schau, ob du etwas siehst?« – »Ja«, sagte das Mädchen, »nun sehe ich etwas, das leuchtet wie Diamant.« – »Ja, dann sind wir gleich da«, sagte die Schlange.

Und sie kroch weiter, bis sie an ein schönes Schloß kam, da legte sie sich vor die Tür und sagte zu dem Mädchen: »Stell dich auf meinen Rücken und läute die Glocke! Und wenn der Pförtner kommt und fragt, was du willst, so sage, daß du einen Dienst auf dem Schloß suchst; dann wird er dich gut empfangen.«

Das Mädchen tat, wie die Schlange gesagt hatte, und als der Pförtner kam und fragte, was sie wolle, sagte sie, sie wolle einen Dienst auf dem Schloß suchen. Er fragte, was sie arbeiten könne, und sie sagte, sie könne den Boden fegen und Wasser tragen und in der Küche helfen. Dann solle sie nur kommen, sagte er, so jemand könnten sie gerade brauchen. Er führte sie nun ins Schloß und zeigte ihr ihre Schlafkammer, und dann ging sie in die Küche hinunter und half bei allen Arbeiten, und alle Leute konnten sie gut leiden, weil sie so flink war.

Am Abend, als sie in ihr Kämmerchen kam, hörte sie jemand an die Tür klopfen und fragte, wer da sei? »Ach, ich bin es«, gab die Schlange zur Antwort, »hier ist es so kalt, ich friere, darf ich hereinkommen und in deiner Kammer liegen?«

Das Mädchen hatte Mitleid mit der Schlange, daß sie draußen liegen und frieren sollte, und sie ließ sie ein. Aber kaum war sie drinnen, so wollte sie das Mädchen küssen. Das hielt seine Schürze dazwischen, aber die Schlange erwischte sie doch, und auf einmal verwandelte sie sich in den schönsten Prinzen, den man sich denken kann. Er dankte ihr für seine Befreiung und erzählte, er sei ein Königssohn und sie seien auf seinem eigenen Schloß. Der Prinz und das Mädchen hielten nun Hochzeit mit großer Pracht, und dann reisten sie zu seinem Vater und dann zu seiner Mutter und dann zu den Eltern des kleinen Mädchens, und die holten sie zu sich auf ihr Schloß, wo sie in Frieden und Freude lebten.

17. Der starke Hans

Es war einmal ein Mann, dem gebar seine Frau einen Sohn, und da er gehört hatte, daß Kinder, die man lang an der Brust behält, besonders stark werden, so ließ er diesen Sohn zehn volle Jahre bei seiner Mutter trinken. Als die zehn Jahre um waren, nahm er ihn mit in den Wald, um zu probieren, wie stark er sei. Er hieß ihn einen Baum anpacken und sagte: »Nun probiere, Hans, ob du ihn ausreißen kannst?« Der Bursche gab dem Baum einen gehörigen Ruck, daß er wankte von oben bis unten, aber ausreißen konnte er ihn doch nicht.

Da ging der Vater wieder mit ihm nach Hause und ließ ihn noch einmal zehn Jahre lang bei seiner Mutter trinken, und als auch diese um waren, nahm er ihn wieder mit hinaus in den Wald, und nun konnte er den Baum mit Leichtigkeit ausreißen.

Da dachte der Mann, nun sei sein Sohn stark genug und solle ihm bei der Arbeit helfen. Aber kein Mensch wollte mehr auf dem Hof bleiben, als man sah, wie stark Hans war. Wenn er Korn mähte, so warf er es so weit umher, daß man es gar nicht mehr zusammenlesen konnte, und so ging es mit aller Arbeit. Da sagte der Vater eines Tages zu Hans: »Halt! So kann das nicht weitergehen! Ich kann dich nicht zu Hause behalten; du mußt in die Welt hinaus und dir einen Dienst suchen, wo mehr Platz ist, und die Leute mehr zu brechen und zu beißen haben als wir hier.«

Also zog Hans in die Welt hinaus, um sich einen Dienst

zu suchen, und kam an einen Ort, wo er hörte, daß des Pfarrers Ackerknecht kürzlich weggegangen sei und daß er da wohl eine Stelle finden könne; aber der Pfarrer sei furchtbar geizig, sagten die Leute. Darum kümmerte sich Hans weiter nicht, sondern ging zum Pfarrer und fragte, ob er nicht als Ackerknecht bei ihm in Dienst treten könne? Er wolle weiter keinen Lohn, nur nach Ablauf des Jahres wolle er dem Pfarrer drei hinten hinaufgeben. Als der Pfarrer hörte, daß er nicht mit Geld herauszurücken brauche, willigte er gleich ein.

Am ersten Tag, als Hans im Dienst war, sollte er Wasser und Brennholz in die Küche tragen. Aber die Eimer kamen ihm zu klein vor, damit ließe sich nichts ausrichten, sagte er, und nahm zwei große Bräukessel und brachte darin das Wasser, und vom Brennholz nahm er ein ganzes Klafter auf einmal. Als die Köchin das sah, erschrak sie sehr, lief hinein zum Pfarrer und sagte, das sei ein kurioser Kerl, den sie da in Dienst genommen hätten, und erzählte, wie er sich anstellte.

Da fiel dem Pfarrer das Herz in die Hosen, als er an den ausgemachten Lohn dachte, und er sagte: »Wart nur, ich will ihn in den Teufelswald schicken, da wird er schon nicht mehr heimkommen, und wir sind ihn los.« Und er ging hinaus und sagte zu Hans: »Morgen mußt du hinaus in den Wald fahren und Brennholz holen.« »Jawohl, Herr!« sagte Hans und spannte am nächsten Morgen zeitig an und fuhr in den Wald.

Als er an Ort und Stelle war, hieb er zuerst einen Baum um, spaltete ihn in Stücke und verlud ihn auf den Wagen. Aber wie er mitten in der Arbeit war, da wimmelten von allen Ecken und Enden Teufel daher und wollten ihm auf den Leib rücken. Er wußte sich aber zu helfen: neben ihm stand ein großer Baum mit mächtiger Krone, den riß er mit der Wurzel aus und drehte ihn um und benützte ihn als Besen und fegte damit alle Teufel weg. Und als er damit fertig war, lud er auch diesen Baum auf seinen Wagen; aber nun war die Last so schwer geworden, daß die Pferde den Wagen nicht mehr von der Stelle bringen konnten, und da spannte er sie aus, lud sie ebenfalls auf den Wagen und zog das ganze Fuhrwerk selbst heim.

War der Pfarrer zuvor nicht erschrocken, so erschrak er jetzt, als er den Hans wiederkommen sah, und noch dazu auf diese Weise. Er mußte sich nun auf einen anderen Ausweg besinnen und sagte zu Hans, er habe mit dem Teufel einen Vertrag geschlossen, und den solle Hans aus der Hölle holen. Wenn er das fertigbringe, so wolle er ihm einen Wagen voll Geld geben. Denn er dachte sich dabei: »Wenn er nur erst in der Hölle ist, so wird er schon nicht mehr herauskommen.«

Hans tat, wie ihm gesagt war, er ging in die Hölle und verlangte, der Teufel solle ihm den Vertrag des Pfarrers herausgeben. Aber da brachte der Teufel einen eisernen Ring herbeigeschleppt und sagte zu Hans: »Nun wollen wir sehen, wer von uns beiden diesen eisernen Ring am höchsten werfen kann, wenn du ihn am höchsten wirfst, so gebe ich dir den Kontrakt heraus, werfe aber ich am höchsten, so behalte ich den Kontakt und du mußt auch hierbleiben.« Da schleuderte zuerst der Teufel den Ring in die Luft, und er flog eine ganze Weile, aber schließlich kam er doch wieder herunter.

Nun war Hans an der Reihe, aber er merkte wohl, daß seine Kräfte nicht ausreichen würden, um sich mit dem Teufel zu messen. Aber er ließ sich nichts merken, nahm den Ring in beide Hände und spreizte die Beine, als ob er ihn wirklich in die Luft schleudern wollte, aber auf einmal blieb er stehen und drehte ihn hin und her, als ob er sich etwas überlegte. »Was überlegst du dir?« fragte der Teufel. – »Ach«, sagte Hans, »ich dachte nur, ob ich den Ring wohl richtig hochschleudern sollte, hinauf bis zu dem Alten – du weißt ja, wer da oben sitzt; aber dann siehst du deinen Ring nie wieder.« – »Nein, nein, das darfst du nicht tun!« schrie der Teufel, »lieber gebe ich dir den Kontrakt heraus!«

So bekam Hans den Kontrakt und ging damit wieder zu dem geizigen Pfarrer, der es mit der Angst bekam, als er Hans wiedersah. Aber ob er wollte oder nicht, so mußte er ihm nun einen Wagen voll Geld geben, und damit fuhr Hans davon. Unterwegs kam er an eine Schmiede, da hielt er und fragte an, ob der Schmied ihm einen Spazierstock verfertigen wolle? »Nein«, sagte der Schmied, »das ist nicht meine Sache, ich bin kein Kleinschmied, müßt Ihr wissen.«

»Das ist auch nicht nötig«, sagte Hans, »denn der Stock, den ich haben möchte, muß vierhundert Pfund schwer sein, dreihundert Pfund der Schaft und hundert Pfund der Knauf.« »So viel Eisen habe ich mein Lebtag noch nicht gehabt«, sagte der Schmied. »Nun ja«, sagte Hans und nahm eine Handvoll Geld vom Wagen und bot sie dem Schmied, »hier hast du Geld, um das Eisen zu kaufen; in acht Tagen komme ich wieder, um den Stock zu holen.« Darauf fuhr er heim zu seinem Vater, der sich sehr freute, ihn wiederzusehen, und auch über das viele Geld nicht traurig war. Hans schenkte ihm alles, denn ihm selbst war wenig daran gelegen.

Der Vater hätte es gern gesehen, wenn Hans nun bei ihm zu Hause geblieben wäre und es sich hätte wohl sein lassen, aber dazu hatte er keine Lust. Als die acht Tage um waren, nahm er Abschied von seinem Vater, holte bei dem Schmied seinen Stock ab und begab sich wieder auf die Wanderschaft durch die weite Welt.

Als er eine Weile gewandert war, kam er an eine Brücke, da stand ein Mann und klopfte Steine, und bei jedem Schlag zerhieb er einen Stein so groß wie ein Mühlstein. »Der ist gar nicht so übel«, dachte Hans und ging zu dem Mann hin und fragte: »Warum stehst du hier und klopfst Steine?« – »Nun«, sagte der Mann, »man muß doch irgendwie sein Brot verdienen.« – »Aber das ist kein besonderes Pläsier«, sagte Hans, »komm du lieber mit mir, da sollst du es besser haben.« Der Steinhauer hatte nichts dagegen, Weib und Kinder hatte er nicht, und so schloß er sich Hans an.

Als sie nun eine Weile gewandert waren, kamen sie an einen Wald. Da stand ein Mann und machte Holz, und mit jedem Schlag spaltete er einen mächtigen Klotz. »Der ist auch nicht so übel«, dachte Hans, ging zu dem Mann hin und fragte, warum er hier stehe und Holz mache? »Irgendetwas muß man doch tun«, sagte der Holzhauer. – »Ja, aber das ist eine harte Arbeit«, sagte Hans, »komm du lieber mit mir, da sollst du etwas Besseres bekommen.« Und er ging auch mit.

Als sie eine gute Weile zusammen gewandert waren, kamen sie in einen dichten Wald, und mitten in dem Wald stießen sie auf ein schönes Schloß. »Das gefällt mir gut«, sagte Hans, »wir wollen hineingehen.« Also gingen sie hinein und kamen in ein schönes Gemach nach dem anderen, aber es war kein Mensch darin. Schließlich kamen sie auch in ein Zimmer, das hing voll der schönsten Büchsen und anderer Waffen. »Wir wollen jeder eine Büchse nehmen«, sagte Hans, »und hinausgehen und Wildbret schießen, das können wir dann essen, denn für die Bewirtung müssen wir wohl selber sorgen.« Jeder nahm sich eine Büchse, und sie zogen aus, und als sie eine reichliche Menge Wildbret erlegt hatten, einigten sie sich dahin, daß der Holzhauer zu Hause bleiben und das Essen herrichten sollte, während die beiden anderen noch weiteres Wild herbeischaffen wollten.

Also blieb der Holzhauer zu Hause, kochte die Suppe, briet den Braten und richtete alles her, bis die anderen nach Hause kämen. Aber auf einmal kam ein altes Weib zur Tür herein, und als sie das Essen sah, sagte sie zu dem Holzhauer: »Ach, gib mir auch ein wenig zu essen!« – »Ja, gerne«, sagte der Holzhauer und schöpfte ihr Suppe heraus und legte ihr Braten vor, und sie aß. Aber als sie gegessen hatte, zog sie einen Stock heraus und fing an, auf den Holzhauer loszudreschen. Zuerst schlug er wieder, aber sie war stärker als er und prügelte ihn so lange, bis er auf der Erde lag und nicht mehr mucksen konnte. Dann schloß sie eine Falltür auf, die sich im

Boden befand, warf den Holzhauer hinunter und schloß die Falltür wieder zu.

Als nun die anderen wieder heimkamen, sahen sie wohl das fertige Essen, aber der Holzhauer war nirgends zu finden. Da glaubten sie, er sei der Sache überdrüssig geworden und davongelaufen. Sie aßen und dann legten sie sich zum Schlafen hin.

Am folgenden Tag sollte der Steinhauer zu Hause bleiben und kochen, während Hans sich draußen herumtrieb. Und es ging ihm, um es kurz zu sagen, ebenso wie dem ersten, und als Hans heimkam, war das Essen fertig, und es war bereits davon gegessen, aber kein Steinhauer war da. »Das waren mir zwei saubere Kameraden«, sagte Hans.

Am nächsten Tag mußte er dann selbst für das Essen sorgen und auch kochen. Als er fertig war, kam das alte Weib und bat um ein wenig zu essen. Er habe nichts dagegen, sagte er, und sie setzten sich zusammen an den Tisch und aßen; aber als sie fertig waren, zog die Frau ihren Stock heraus und fing an, auf Hans loszuprügeln. Er war aber nicht faul und nahm seinen Spazierstock und schlug gehörig auf sie ein. Aber er merkte bald, daß er von jedem ihrer Schläge eine Beule bekam, und daß auch sie von jedem seiner Schläge eine Beule bekam, aber sie hatte eine Büchse mit einer Salbe unter ihrer Schürze verborgen, und wenn sie diese auf die Wunde strich, so heilte sie auf der Stelle.

Da sah er wohl ein, daß er unter diesen Umständen auf die Dauer den kürzeren ziehen müsse. Deshalb rückte er ihr auf den Leib und riß ihr die Büchse weg, und nachdem sie noch ein paar tüchtige mit dem Spazierstock bekommen hatte, war sie am Ende ihrer Kraft und mußte um gut Wetter bitten. Aber da sagte Hans, er werde nicht eher aufhören sie zu prügeln, bis sie ihm sage, wo sie seine beiden Kameraden hingeschafft habe. Da mußte sie mit der Sprache heraus und ihm die Falltür zeigen. Er schloß auf und zog die beiden heraus, zwar lebendig, aber jämmerlich zugerichtet. Aber da nahm er die Salbe und rieb sie damit ein, und da wurden sie gleich wieder heil. Inzwischen hatte sich die Hexe aus dem Staub gemacht.

Als die Kameraden nach dem Schrecken wieder etwas zu sich gekommen waren, sagte Hans: »Wir wollen uns doch ein bißchen genauer im Schloß umsehen, denn es kann mehr hier sein, als wir geahnt haben.«

Da gingen sie von einem Gemach in das andere, und schließlich kamen sie an eine Stelle, wo ein tiefes Loch in der Erde war, wie ein Abgrund. »Wir müssen herausbringen, was das ist«, sagte Hans, und sie nahmen ein langes Seil und banden einen Korb daran und machten aus, daß der Holzhauer zuerst und dann der Steinhauer hinuntergelassen werden sollten, und dann sollten sie wieder heraufkommen und Hans berichten, was da unten sei.

Als sie nun unten waren und sich ein wenig umsahen, kamen sie an eine Tür, machten sie auf und kamen in ein Gemach, worin zwei schöne Prinzessinnen saßen. Aber als die die Fremden gewahr wurden, riefen sie, sie sollten sich in acht nehmen, die Hexe sei jetzt ausgegangen, aber wenn die zurückkäme, würde es ihnen schlecht gehen. Da bekamen sie Angst, liefen wieder zu dem Korb und gaben Hans das Zeichen, sie wieder hinaufzuziehen; als sie wieder hinaufkamen, erzählten sie Hans, was sie gesehen hatten. »Da muß ich hinunter«, sagte Hans, und ließ sich hinunterseilen, ging zu der Tür und machte sie auf.

Inzwischen war die Hexe heimgekommen, aber das machte Hans wenig Beschwerde. Er hieb so lange auf sie ein, bis sie ihm erlaubte, die beiden Prinzessinnen mitzunehmen. Dann gingen sie zu dem Korb, und zuerst wurde die eine Prinzessin aufgezogen und dann die andere. Aber als sie oben waren, beschlossen der Steinklopfer und der Holzhauer, sie wollten Hans unten lassen. Denn wenn er heraufkäme, dachten sie, würde er eine von den Prinzessinnen haben wollen, und einer von ihnen müßte leer ausgehen. Also ließen sie den

Korb hinunter, als sie ihn aber halbwegs in die Höhe gezogen hatten und merkten, daß er schwer war und daß also Hans wohl drinnen säße, schnitten sie das Seil ab und ließen ihn fallen. Aber sie waren doch an den Unrechten gekommen; denn Hans hatte nur seinen Spazierstock in den Korb gelegt, und der fiel nun wieder hinunter, ihm vor die Füße.

Als er nun merkte, woran er war und daß er nicht hinaufkommen könne, kehrte er wieder um und machte sich auf weitere Entdeckungsreisen. Da kam er an ein schweres Eisengitter, und dahinter saß eine dritte Prinzessin und lauste einen Troll mit sieben Köpfen. Der Troll schlief, aber Hans schlug mit seinem Spazierstock so stark an das Gittertor, daß es aufsprang und der Troll erwachte. Aber Hans war nicht faul: er stürzte sich auf ihn und hieb ihm mit einem Schlag alle sieben Köpfe ab. Dann nahm er die Prinzessin bei der Hand und sagte, sie solle ihm folgen, und das tat sie gern. Die beiden gingen zurück zu der Hexe, und Hans prügelte sie so lange, bis sie ihm versprach, ihn und die Prinzessin wieder auf die Erde hinaufzuschaffen.

Die Prinzessin wollte nun zu ihren Eltern heimgebracht werden, und das mußte die Hexe auch besorgen, aber Hans wollte nicht mitgehen. Ehe sie sich trennten, gab ihm die Prinzessin zwei Goldstücke, das eine wie eine halbe Sonne, das andere wie einen Halbmond.

Dann zog Hans wieder in die weite Welt hinaus, und als er eine Zeitlang gewandert war, kam er in eine Stadt, wo er hörte, daß der König eine große Belohnung ausgesetzt habe für den, der ihm eine halbe Sonne und einen halben Mond machen könne.

Da ging Hans zu einem alten Goldschmied, gab sich als Goldschmiedgeselle aus und sagte, eine halbe Sonne und einen halben Mond könne er leichtlich machen. Der Goldschmied solle nur zum König gehen und ihm sagen, er werde die Arbeit übernehmen, und in drei Tagen sollten die Stücke fertig sein. Das tat der alte Goldschmied, und Hans sollte nun anfangen zu arbeiten; aber davon wollte er nichts wissen; er lief herum und vertrieb sich die Zeit, und abends kam er singend heim. Das erzählte der alte Goldschmied seiner Frau und war sehr bekümmert darüber; denn er glaubte sicher, Hans sei ein Schwindler, der ihn zum besten haben wolle. Aber am letzten Morgen hörte er auf einmal etwas dröhnen und donnern in seiner Werkstatt, daß es ein Graus war. »Nun fängt er, scheint's, doch noch an zu arbeiten«, sagte der Goldschmied, »ich muß hinauf und nachsehen, wie er es macht.«

Als er nun in die Werkstatt kam, stand Hans da und schlug mit seinem Stock auf den Boden, daß die Funken stoben und die ganze Werkstatt in hellichten Flammen zu stehen schien. »Was treibst du da?« sagte der Goldschmied ganz entsetzt. »Jetzt bin ich fertig«, sagte Hans, »wollt Ihr nun mit dem halben Mond und der halben Sonne aufs Schloß gehen?« – »Nein, dafür danke ich«, sagte der Goldschmied, »ich habe mit der Sache schon genug Angst ausgestanden; du gehst am besten selbst.« – »Ja, das kann ich auch«, sagte Hans und ging hinauf ins Schloß, und als er sagte, er sei der mit der halben Sonne und mit dem halben Mond, wurde er gleich zum König hineingeführt, der mit der Königin bei Tische saß und mit den drei Prinzessinnen, die in dem Trollschloß gewesen waren. Aber das erste, was Hans erblickte, als er hereinkam, das waren seine guten Freunde, der Holzhauer und der Steinklopfer, die auch mit am Tische saßen und große Herren geworden und mit den beiden Prinzessinnen verheiratet waren.

Hans zeigte nun die beiden Goldstücke, die ihm die Prinzessin gegeben hatte. Und als die dritte Prinzessin, die die schönste von allen war, sie sah, erkannte sie gleich ihren Befreier wieder, erzählte dem König und der Königin die ganze Geschichte und sagte, sie wolle keinen anderen Mann haben als diesen. So bekam Hans die Prinzessin, und es wurde eine große Hochzeit gefeiert, wobei es im Schloß sehr lustig zuging. Hans und die Prinzessin wohnten im Schloß, und vielleicht wohnen sie heute noch dort.

18. Mette Holzkäppchen

Es war einmal ein Mann, der wohnte draußen auf dem Felde; er hatte nur eine einzige Tochter, die hieß Mette. Sie ging bei einer Frau in die Schule, die große Lust hatte, sich mit ihrem Vater zu verheiraten, und darum gab sie Mette eine Botschaft an ihren Vater mit nach Hause, ob er sie nicht haben wolle; beim ersten Mal aber schüttelte der Vater nur den Kopf, und die Sache gefiel ihm gar nicht, als die Tochter aber zum zweiten Mal mit der gleichen Botschaft kam, schlug er zu und verheiratete sich mit der Frau, die außerdem noch zwei Töchter mit ins Haus brachte. Die eine dieser Töchter hatte außer den beiden Augen im Gesicht noch ein drittes Auge im Nacken.

Sobald die Frau verheiratet war, fing sie sofort an, die arme Mette schlecht zu behandeln, und gönnte ihr nicht die Speise, die sie essen sollte. Jeden Tag mußte Mette mit einer der Töchter spazierengehen, und jeden Tag hörte sie nur böse Worte, aber bekam nichts zu essen. Das arme Mettchen weinte und war betrübt, und eines Tages, als es wieder so betrübt war, kam es auf den Kirchhof an das Grab seiner Mutter. Hier warf es sich nieder und klagte seine Not und klopfte dreimal an das Grab. Da erhob sich seine Mutter aus dem Grabe, tröstete es und sagte, wenn es ihm gar zu schlimm ergehe, solle es nur an ihr Grab kommen und sich Rat bei ihr holen; wenn sie mit den Töchtern der Stiefmutter spazierengehe, könne es ja immer einmal auf den Kirchhof kommen, und dann solle es sagen: Schlaf Einauge, schlaf Zweiauge, schlafe ganz«, dann würde das Kind einschlafen, und dann könne es seine Mutter aus dem Grabe rufen. Und zwei weiße Tauben, die auf dem Altar der Kirche saßen, flogen ihm auf die Schulter und brachten ihm Speisen.

Als es am nächsten Tage mit dem Töchterchen spazierenging, das nur zwei Augen hatte, tat es, wie es die Mutter geheißen hatte, und als es sagte: »Schlaf Einauge, schlaf Zweiauge, schlaf ganz«, schlummerte das Kind ein, und Mette klopfte dreimal an das Grab und rief die Mutter hervor, und sie tröstete ihr Kind, daß es erleichterten Herzens nach Hause ging. Aber die beiden weißen Tauben kamen auch dieses Mal vom Altar herbeigeflogen, setzten sich auf ihre Schulter und gaben ihr zu essen.

Als sie eines Tages mit dem Mädchen spazierenging, das drei Augen hatte, ging sie abermals auf den Kirchhof und sagte: »Schlaf Einauge, schlaf Zweiauge, schlaf ganz!« Da schlossen sich die beiden Augen im Gesicht, aber das dritte Auge, das im Nacken saß, stand offen, und damit sah das kleine Mädchen, daß die Mutter aus dem Grabe stieg und mit Mette sprach und daß zwei weiße Tauben vom Altar mit Speise für Mette herbeigeflogen kamen. Sobald sie zu Hause angekommen waren, erzählte das dreiäugige Mädchen, was es gesehen hatte, und die schlimme Stiefmutter wurde so böse auf Mette, daß sie eingeschlossen wurde und nicht mehr mit den kleinen Mädchen spazierengehen durfte.

So verging einige Zeit, bis die Stiefmutter eines Tages das Haus verließ. Da bat Mette ihren Vater, ob sie nicht ein wenig hinausgehen dürfe, und dann verließ sie ihr Gefängnis und begab sich sogleich auf den Kirchhof, wo sie sich über das Grab ihrer Mutter warf und dreimal klopfte und ihre Not klagte. Die Mutter erhob sich wie sie früher getan hatte, aus dem Grabe und sagte zu Mettchen, daß es jetzt nicht mehr zu Hause bleiben könne. Sie gab ihm ein Käppchen aus Holz und sagte, daß es, wenn es aus dem Kirchhof käme, ein rotes Kälbchen finden werde. Darauf solle es sicht setzen und immer weiterreiten. Dann werde es durch einen silbernen Wald kommen, aber wenn es in diesem Walde ein Blatt abrisse, würde es von wilden Tieren und Menschen verfolgt werden. Dann werde es an einen goldenen Wald kommen, durch den es auch hindurchkommen müsse, aber wo es auch, wenn es ein Blatt anrührte, von wilden Tieren und Menschen überfallen werden würde. Zuletzt werde es durch einen Wald von lauter Diamanten kommen, in dem es auch mit wilden Tieren und Menschen kämpfen müsse, wenn es versuchte, ein Blatt von einem Baum zu nehmen. Wenn es glücklich durch alle diese Wälder gekommen sei, werde es ein großes goldenes Schloß erblicken, das nahe am Wege läge. Hier, sagte die Mutter, solle sie hineingehen und Dienst suchen. Dann gab ihr die Mutter eine kleine Schachtel, die sie auf der Brust tragen solle, und wenn sie der Hilfe bedürfe, solle sie darauf klopfen. Und dann sank die Mutter in ihr Grab zurück, Mettchen aber fand das rote Kalb, setzte sich darauf und ritt in die weite Welt hinaus.

Das ging schnell über Stock und Stein, bis sie endlich den silbernen Wald erreichten; da funkelte alles im Strahl der Sonne, und die kleine Mette fand ihn wunderschön. Sie dachte, sie könne wohl ein einziges Blättchen in diesem großen Wald nehmen; als sie es aber genommen hatte, wurde es zu einem wunderschönen silbernen Kleid, das die wilden Tiere und Menschen, die von allen Seiten herbeigestürzt kamen, ihr entreißen wollten; sie schlugen sie und rissen an ihr, aber das rote Kälbchen trabte davon so schnell es nur konnte.

Dann ging es weiter des Weges, und sie kamen in den goldenen Wald; hier glitzerte alles noch schöner als im silbernen Wald, und Mettchen nahm auch hier ein Blatt, das sogleich zu einem wunderschönen Goldkleide wurde, aber die wilden Tiere und Menschen rissen an ihr und schlugen sie schlimmer als im silbernen Wald; dennoch entrann sie ihnen, denn das rote Kälbchen trabte davon so schnell es nur konnte.

Dann ging es weiter des Weges, bis sie in den Diamantenwald kamen; hier blitzte und funkelte alles noch herrlicher als im silbernen und goldenen Wald. Mettchen hatte noch nie im Leben so etwas Schönes gesehen, und es konnte nicht anders als auch hier ein Blättchen pflücken, das sogleich zu einem diamantenen Kleid wurde, schöner noch als das silberne und goldene Gewand. Aber dieses Mal wurde der Kampf mit den wilden Tieren und Menschen noch heftiger als die anderen Male, und zuletzt rissen und schlissen sie so an ihr, daß sie sie von dem roten Kälbchen herabzogen, aber Mette kam doch wieder hinauf, und das Kalb trabte mit ihr nach besten Kräften davon, bis sie aus dem Walde herauskamen und die Gefahr überstanden war.

Kurze Zeit danach erreichten sie das große goldene Schloß, von dem die Mutter erzählt hatte, und Mettchen verließ das Kalb und ging auf das Schloß und begehrte einen Dienst. Den erhielt sie auch, aber sie wurde nur das Hühnermädchen. So ging sie denn hier jeden Tag in ihrem Holzkäppchen umher, mußte für die anderen putzen und wurde von allen wie ein Hund geschunden.

Als es Sonntagmorgen geworden war, sagte der Koch zu ihr, daß sie dem König Wasser nach oben bringen solle, was sie auch tat. Als sie aber mit der Wasserschüssel kam, ergriff der König dieselbe und goß das Wasser über sie aus, weil er erzürnt war, daß Mette Holzkäppchen – so wurde sie wegen ihrer hölzernen Kleidung genannt – ihm das Wasser brachte.

Mette ging betrübt in die Küche zurück, wo ihr der Koch befahl, das Essen zu machen, während er in die Kirche ging. Mette sagte ja, als aber der Koch gegangen war, zog sie die kleine Schachtel, die sie auf der Brust trug, hervor und klopfte daran. Da kam ein schwarzes Hündchen und fragte sie, was sie wünsche. Mette bat um ihr silbernes Kleid und einen Wagen mit vier weißen Pferden davor. Das erhielt sie auch alles, und kaum hatte sie sich in den Wagen gesetzt, so sagte sie: »Keiner seh' vorne und keiner seh' hinten, und keiner sehe, wohin ich gehe«, und dann fuhr sie zur Kirche, während der Hund in der Küche das Essen machte.

In der Kirche setzte sich Mette nicht auf den Stuhl neben dem König, sondern auf den nächsten, und der König konnte seine Augen von der schönen Dame in dem silbernen Gewand nicht losreißen; ehe aber der Gottesdienst zu Ende war, lief Mette zu ihrem Wagen hinaus, und hier trat der Diener des Königs an sie heran und sollte sie fragen, woher sie sei. Sie antwortete: »Aus Wasserland«, stieg in den Wagen und sagte: »Keiner seh' vorne und keiner seh' hinten, und keiner sehe, wohin ich gehe«, und fuhr fort. Als der Koch nach Hause kam, war das Essen so gut zubereitet wie noch nie, Klein-Mette erhielt viel Lob dafür, und alle Leute fingen an, Mitleid mit ihr zu haben, weil sie in ihrem Holzkäppchen herumgehen mußte.

Am folgenden Sonntagmorgen bat der Koch Klein-Mette, dem König ein Paar Stiefel nach oben zu bringen. Mette ging hinauf, als der König sie aber sah, ergriff er die Stiefel und warf sie hinter ihr her. Er war erzürnt, daß Mette Holzkäppchen ihm die Stiefel brachte.

Mette ging betrübt in die Küche, und der Koch sagte, sie solle das Essen machen, während er in die Kirche gehe. Mette sagte ja, als der Koch aber gegangen war, nahm sie die kleine Schachtel, die sie auf der Brust trug, hervor und klopfte daran; da kam das schwarze Hündchen und fragte, was sie wünsche. Mette bat um ihr goldenes Kleid und einen Wagen mit vier weißen Pferden davor. Das erhielt sie auch alles, und sobald sie sich in den Wagen gesetzt hatte, sagte sie: »Keiner seh' vorne und keiner seh' hinten, und keiner sehe, wohin ich gehe«, und dann fuhr sie zur Kirche, während der Hund in der Küche das Essen machte.

In der Kirche setzte sich Mette auf den Stuhl neben dem König, und der König konnte seine Augen von der schönen Dame in dem goldenen Gewand nicht losreißen. Bevor aber der Gottesdienst zu Ende war, lief Mette zu ihrem Wagen hinaus, wo der Diener des Königs schon stand, um sie zu fragen, woher sie komme. Sie sagte: »Aus Stiefelland«, stieg in den Wagen und sagte: »Keiner seh' vorne und keiner seh' hinten, und keiner sehe, wohin ich gehe«, und fuhr fort. Als der Koch nach Hause kam, war das Essen so gut zubereitet wie noch nie, und Klein-Mette erhielt viel Lob.

Am nächsten Sonntagmorgen sagte der Koch zu ihr, daß sie dem König ein Handtuch bringen solle. Das tat sie auch, als sie aber mit dem Handtuch kam, nahm der König es ihr ab und schlug damit nach ihr, weil er erzürnt war, daß ihm Mette Holzkäppchen das Handtuch gebracht hatte.

Mette ging betrübt in die Küche zurück, und der Koch sagte, sie solle das Essen machen, während er in die Kirche gehe. Mette sagte ja, als der Koch aber gegangen war, zog sie die kleine Schachtel, die sie auf der Brust trug, hervor und klopfte daran. Da kam das schwarze Hündchen und fragte sie, was sie wünsche. Mette bat um ihr diamantenes Kleid und einen Wagen mit vier weißen Pferden davor. Das erhielt sie auch alles, und kaum hatte sie sich in den Wagen gesetzt, so sagte sie: »Keiner seh' vorne und keiner seh' hinten, und keiner sehe, wohin ich gehe«, und dann fuhr sie zur Kirche, während der Hund in der Küche das Essen machte.

In der Kirche setzte sie sich in den Stuhl des Königs, und der König konnte seine Augen von der schönen Dame in dem diamantenen Gewand nicht losreißen, bevor aber der Gottesdienst zu Ende war, ging der König zu dem Wagen hinaus, vor den er hatte Pech schmieren lassen, damit die Dame im Diamantkleide hängenbleiben und nicht so schnell weiterkommen sollte. Kurz darauf kam Klein-Mette, und der König fragte sie, woher sie sei. »Aus Handtuchland« erwiderte Klein-Mette und hüpfte in den Wagen, aber der eine Schuh blieb im Pech stecken. Dann sagte sie: »Keiner seh' vorne und keiner seh' hinten, und keiner sehe, wohin ich gehe«, und damit wurde sie mit Pferd und Wagen unsichtbar vor aller Augen. Als sie nach Hause kam, war das Essen so gut zubereitet wie noch nie, und der Koch lobte Mette sehr.

Den kleinen Schuh, den der König aufgenommen hatte,

schickte er in der ganzen Welt herum, um zu erfahren, wer die schöne Dame sei, die er in der Kirche gesehen hatte; aber keiner paßte der Schuh. Alle Leute versuchten es, aber keinem wollte der Schuh passen, und als alle außer Mette Holzkäppchen den Schuh probiert hatten, baten die anderen Leute des Schlosses, daß auch sie ihn einmal probieren dürfe, und da sagte der König: »Naja, dann laßt sie mal zu mir heraufkommen und den Schuh probieren«, und als Mette ihn anzog, da paßte ihr der kleine Schuh, der keiner anderen in der ganzen Welt passen wollte, und als der König das sah, da konnte er in ihr auch die schöne Dame wiedererkennen, die er in der Kirche gesehen hatte, und er hielt Hochzeit mit ihr, und sie lebten in Glück und Freude ihr Leben lang.

19. Der Gesundheitsbaum

Es war einmal ein Mann, der hatte drei Söhne. Wie es mit ihm zum Sterben kam, rief er sie zu sich und sagte, er habe ihnen nichts zu hinterlassen als seinen Obstgarten; den sollten sie teilen. Einer von den Bäumen im Garten trage Gesundheitsäpfel, aber welcher das sei und wo er stehe, das wolle er nicht sagen.

So starb der Mann und die Söhne wollten das Erbe teilen. Aber der Jüngste war so klein, daß er bei der Teilung nicht dabei sein durfte. Die beiden älteren Brüder teilten nun den Garten unter sich, und nur einen einzigen Baum mitten im Garten wiesen sie ihrem kleinen Bruder zu. Land bekam er gar keines, und sie dachten, wenn das Unglück es wirklich wolle, daß sein Baum die Gesundheitsäpfel trüge, so könnten sie ja immer auflesen, was auf ihren Grund und Boden fiel.

Eines Tages hörte man, daß die Prinzessin im Land gefährlich krank sei, und der König hatte sie und das halbe Königreich demjenigen versprochen, der sie wieder gesund machen könne. Und da wollten die Brüder gleich ihr Glück versuchen.

Der älteste rannte gleich in den Garten hinunter mit einem Korb, pflückte eine Frucht von jedem seiner Bäume, legte sie in seinen Korb und machte sich auf den Weg nach dem Schloß.

Der Weg führte durch einen großen Wald, und wie er da hineinkam, begegnete ihm eine alte Frau. »Guten Tag«, sagte die Frau, »was hast du in deinem Korb?« – »Frösche und Kröten«, sagte der Bursche, »aber was geht das dich an?« – »Also sollen es Frösche und Kröten sein und bleiben!« sagte die alte Frau und ging ihren Weg. Der Bursche ging weiter und kam vor die Schloßwache. »Was willst du, mein Sohn?« fragte man ihn. »Ich habe Gesundheitsäpfel in meinem Korb und will ins Schloß und die Prinzessin gesund machen.« Nun, das sei ja sehr schön, aber zuerst wolle man doch in den Korb sehen. Und als sie den Deckel aufmachten, wimmelte es von Fröschen und Kröten. Da prügelte die Wache den Burschen gehörig durch und jagte ihn davon.

Inzwischen war auch der zweite Bruder in seinen Garten gelaufen und hatte von allen seinen Bäumen einen Korb voll Obst gepflückt. Und als er in den Wald kam, begegnete ihm dieselbe alte Frau, die ihm Guten Tag sagte und fragte, was er in seinem Korb habe. »Schlangen und Blindschleichen!« sagte er ebenso barsch wie sein Bruder. Und sie sagte ebenso zu ihm: »Schlangen und Blindschleichen sollen es sein und bleiben!« Er kam an die Wache und wollte mit seinen Gesundheitsäpfeln Einlaß haben, aber als man den Korbdeckel aufmachte, kamen die ekelhaftesten Schlangen und Blindschleichen haufenweise herausgekrochen. Und da bekam er eine Tracht Prügel ebenso wie sein Bruder.

Schließlich wollte auch der jüngste Bruder sein Glück versuchen und pflückte Äpfel von seinem Baum und machte sich auf den Weg. Im Wald begegnete ihm die alte Frau. »Guten Tag«, sagte sie, »was hast du in deinem Korb?« – »Guten Tag auch Euch«, sagte der Kleine recht freundlich. »Das sind Gesundheitsäpfel in meinem Korb.« – »Gesundheitsäpfel sollen es sein und bleiben!« sagte die Frau und ging weiter.

Der Kleine ging seines Weges, und als er aus dem Wald heraus war, führte der Weg am Strand entlang. Da sah er, daß die Wellen einen großen Hecht an den Strand warfen, der nun dalag und nach Luft schnappte. »Du armer Fisch«, sagte der Bursche, »ich will dir schon helfen!« und er warf ihn weit hinaus ins Wasser. Gleich streckte der Hecht das Maul heraus und rief: »Du sollst bedankt sein! Wenn du in Not bist und ich dir helfen kann, so rufe nach mir, und ich werde kommen!«

Der Bursche ging nun weiter, und da sah er einen Raben und einen Bienenschwarm, die stritten sich, und es ging zwischen beiden Teilen schlimm her. Da ging der Bursche hin und machte ihnen Vorstellungen, wie unsinnig es sei, so übereinander herzufallen, da doch jeder nach seiner Seite fliegen könne. Das kam ihnen auch vernünftig vor, und der Rabe und der Bienenschwarm riefen ihm zu, als sie auseinanderflogen: »Bedankt sollst du sein für deinen guten Rat! Und wenn du in Not kommst und wir dir helfen können, so rufe uns, und wir werden kommen!«

Der Bursche ging nun weiter und kam an die Schloßwache. »Was willst du, mein Sohn?« fragte die Schildwache. »Ich habe Gesundheitsäpfel in meinem Korb und möchte ins Schloß und die Prinzessin gesund machen«, sagte der Bursche. Ja, das sei ja sehr schön, aber zuerst wollten sie doch einmal in den Korb sehen, wo die Äpfel sein sollten, denn sie hätten heute schon allerhand kuriose Sachen gesehen. Aber der Korb war richtig voll schöner Äpfel; und als der Bursche einem von der Wache zwei Äpfel zu versuchen gab, wurde ihm so frisch und leicht zumute, daß man den Knaben schleunigst vor den König und vom König zur Prinzessin führte. Er gab ihr einige Äpfel, und als sie den ersten gegessen hatte, konnte sie das Haupt von den Kissen erheben, und als sie den zweiten gegessen hatte, konnte sie sich im Bett aufsetzen, und als sie den dritten gegessen hatte, sprang und tanzte sie im Zimmer herum.

Der König war aus Herzensgrund froh darüber und sagte, nun müsse sie den kleinen Burschen zum Mann nehmen. Aber das gefiel ihr nicht, denn das sei doch eine recht unansehnliche Heirat, meinte sie. Und sie sagte zu ihrem Vater, der Mann, der sie zur Frau haben wolle, müsse doch auch etwas ausgerichtet haben in der Welt; und wenn sie den kleinen Burschen nehmen müsse, so solle er zuerst den Ring wiederbringen, der dem König vor vierundzwanzig Jahren ins Meer gefallen war.

Das teilte der König dem Burschen mit, und der machte ein bedenkliches Gesicht, aber da fiel ihm der Hecht ein, und er lief hinunter an den Strand, rief ihn herbei und klagte ihm seine Not. Der Hecht tauchte sofort unter und kam bald wieder mit dem Ring zum Vorschein, und der Bursche kehrte leichten Herzens wieder ins Schloß zurück.

Der König nahm den Ring mit großer Verwunderung, ging hinein zu seiner Tochter und sagte: »Du weißt ja, was dem versprochen ist, der dich gesund gemacht hat, und nun hilft kein Reden mehr, du mußt ihn zum Mann nehmen.« Die Prinzessin sagte aber doch, das könne sie nicht, denn sie müsse einen Mann haben, der ihr ein ebenso großes und prächtiges Schloß verschaffen könne wie das, in dem sie jetzt wohnte, und das müsse aus Wachs sein und glänzen wie das helle Gold.

Der König ging hinaus zu dem Burschen und sagte ihm das Verlangen der Prinzessin, und da machte er zuerst ein langes Gesicht. Aber dann fielen ihm die Bienen ein, er lief hinaus und klagte ihnen seine Not. Und sie versprachen, sie würden für ihn tun, was sie könnten. Und als am nächsten Morgen die Leute aufwachten, stand ein Wachsschloß da, das war ebenso groß und prächtig wie das Königsschloß und glänzte wie das helle Gold.

Da ging der König zur Prinzessin hinein und sagte: »Nun kann ich dir nicht mehr länger Zeit lassen, jetzt mußt du ihn nehmen, und du kannst ja auch sehen, daß er mehr versteht als andere Leute.« Die Prinzessin wunderte sich sehr über das, was sie sah; aber sie war immer noch nicht zufrieden. Sie verlangte, der Bursche solle ihr noch die drei ältesten Brände der Hölle holen, wenn er ihr die verschaffen könne, so wolle sie nichts weiter beanspruchen und ihm gern ihre Hand geben.

Der König war böse darüber, aber er gab doch seiner Tochter nach und sagte dem Burschen das Verlangen. Der war zuerst sehr traurig, aber auf einmal fiel ihm der Rabe, der Apostel des Teufels, ein, dem er damals geholfen hatte, und den rief er und klagte ihm seine Not. Der Rabe versprach zu tun, was in seinen Kräften stehe, und war bald wieder mit den drei Bränden zurück. Die nahm der Bursche, rannte damit, was er konnte, ins Schloß und schleuderte sie in den Schoß der Prinzessin. Gleich flammte es hoch auf, und im Rauch und Feuer wäre sie fast erstickt.

Da sprang sie in größter Angst auf und lief zu dem Burschen hin; und nun hatte sie nichts mehr dagegen, seine Frau zu werden. Da hielten sie Hochzeit und bekamen das halbe Königreich als Mitgift.

20. Der Topf

Es war einmal ein Mann, der ging auf den Markt und wollte seine einzige Kuh verkaufen. Als er ein Stück Weg weit gegangen war, begegnete er einem Mann, der hatte ein Schaf bei sich. Da wurden sie handelseinig, daß sie tauschen wollten, und da bekam der Mann mit der Kuh statt dessen das Schaf. Er ging weiter zum Markt hin mit dem Schaf, aber da kam einer, der hatte eine Gans. Sie tauschten wieder: der Mann mit dem Schaf bekam die Gans und zog mit ihr weiter zum Markt. Da kam er zu einer Hexe, die hatte einen Topf, und sie machten wieder einen Tausch: der Mann bekam den Topf und die Hexe die Gans.

Dann ging der Mann zu seiner Frau nach Hause mit dem

Topf. »Nun, hast du die Kuh verkauft?« fragte sie. »Ja«, sagte der Mann, »ich habe einen Topf dafür bekommen.« – »Einen Topf?« sagte die Frau. »Das ist aber wenig für eine Kuh.« – »Ja«, sagte der Mann, »nun ist der Handel geschlossen, und ich will ihn nicht wieder rückgängig machen.«

Also wurde der Topf auf das Brett zu den anderen Töpfen gestellt. Aber als er eine Weile gestanden hatte, sagte er: »Jetzt tripple-trapple ich!« – »Wo trippel-trappelst du denn hin?« fragte die Frau. »Ich tripple-trapple hinauf zum Herrn!« sagte der Topf und trippel-trappelte davon.

Als er hinaufkam, ging er in die Küche, da meinte die Köchin, das sei ein schöner Topf, um Grütze zu kochen, und schüttete die Grütze hinein. Da sagte der Topf: »Jetzt tripple-trapple ich!« – »Wo trippel-trappelst du denn hin?« fragte die Köchin. »Ich tripple-trapple hin zu dem armen Mann mit der Grütze.« Und damit wackelte er davon.

Als der arme Mann die Grütze gegessen hatte, wurde der Topf gespült und wieder auf das Wandbrett gestellt. Wie er nun eine Weile dagestanden hatte, sagte er: »Jetzt tripple-trapple ich!« – »Wo trippel-trappelst du denn hin?« fragte die Frau. »Hinauf zum Herrn«, sagte der Topf und trippel-trappelte fort.

Als er hinaufkam, ging er wieder in die Küche. Da dachte das Mädchen, das wäre ein hübscher Topf, um Butter hineinzutun, und sie tat Butter hinein. Da sagte der Topf: »Nun tripple-trapple ich!« – »Wo trippel-trappelst du denn hin?« fragte das Mädchen. »Zu dem armen Mann, ich bringe ihm die Butter«, sagte der Topf und trippel-trappelte davon.

Der arme Mann nahm die Butter aus dem Topf, und er wurde gespült und wieder auf das Wandbrett gestellt. Als er eine Weile oben gestanden war, sagte er: »Jetzt tripple-trapple ich!« – »Wo trippel-trappelst du denn hin?« fragte die Frau. »Auf den Herrenhof«, sagte der Topf und trippel-trappelte davon.

Da kam er wieder in die Küche. Das Mädchen dachte, das

wäre ein schöner Topf, um Silberzeug darin zu waschen, und legte eine Menge Silberlöffel hinein. »Jetzt tripple-trapple ich«, sagte der Topf und trippel-trappelte davon.

Da nahm der arme Mann die silbernen Löffel heraus und stellte den Topf wieder auf das Wandbrett. Da sagte der Topf wieder: »Jetzt tripple-trapple ich!« – »Wo trippel-trappelst du denn hin?« fragte die Frau. »Auf den Herrenhof«, sagte der Topf und trippel-trappelte davon.

Da dachte der Herr, das wäre ein schöner Topf, um Geld hineinzutun, und tat all sein Geld hinein. »Jetzt tripple-trapple ich«, sagte der Topf. »Wo trippel-trappelst du denn hin?« fragte der Mann. »Zum armen Mann mit dem Geld«, sagte der Topf und trippel-trappelte davon.

Der arme Mann nahm das Geld aus dem Topf und stellte ihn wieder auf das Wandbrett. »Nun tripple-trapple ich«, sagte der Topf. »Wo trippel-trappelst du denn hin?« fragte die Frau. »Zum Pfarrer«, sagte der Topf und trippel-trappelte davon.

Der Pfarrer dachte wie der Herr, das wäre ein schöner Topf, um Geld hineinzutun, und tat all sein Geld hinein. »Nun tripple-trapple ich«, sagte der Topf. »Wo trippel-trappelst du denn hin?« fragte der Pfarrer. »Zu dem armen Mann mit dem Geld«, sagte der Topf und trippel-trappelte davon.

Der arme Mann nahm das Geld heraus und stellte den Topf wieder auf das Wandbrett. »Nun tripple-trapple ich«, sagte der Topf. »Wohin?« fragte die Frau. »Zum Pfarrer«, sagte der Topf und trippel-trappelte davon.

Als er in den Pfarrhof kam, verwandelte er sich in ein Scheffelmaß; da wollte der Pfarrer Korn hineinmahlen. Als er voll Korn war, sagte er: »Nun tripple-trapple ich.« – »Wohin?« fragte der Pfarrer. »Zu dem armen Mann mit dem Korn«, sagte der Scheffel und trippel-trappelte davon.

Der arme Mann nahm das Korn heraus, und da verwandelte er sich wieder in einen Topf und wurde auf das Wandbrett gestellt. »Nun tripple-trapple ich«, sagte der Topf nach einer Weile. »Wo trippel-trappelst du denn hin?« fragte die Frau. »Zum Pfarrer«, sagte der Topf.

Aber diesmal wollte der Pfarrer den Topf zum Narren halten, und der Topf den Pfarrer. Der Pfarrer tat, als wolle er wieder Korn hineinmahlen, aber er wollte ihn mit Mist füllen. Wie er sich nun bückte und den Mist hineinschaufeln wollte, machte der Topf sich groß, so daß der Pfarrer kopfüber in ihn hineinfiel. »Nun tripple-trapple ich«, sagte der Topf. »Wohin?« fragte der Pfarrer. »In die Hölle«, sagte der Topf.

21. Die Mühle auf dem Meeresgrund

Es waren einmal zwei Brüder, die wohnten nah beieinander; der eine hieß Lars und war reich, aber der andre war arm und hieß Hans. Der reiche Bruder war noch dazu furchtbar geizig, und das ist eine Sache, die nicht so selten bei derlei Leuten vorkommt. So geschah es einmal kurz vor dem Julfest, daß der arme Bruder zu ihm kam und bat, ob er ihm nicht ein klein wenig Eßwaren geben könne als Beisteuer zum Julabendessen, er habe so wenig daheim und so viele Kinder.

»Da stehst du nun und hast immer eine Jammerwirtschaft«, sagte er, »ich kann dich wohl nicht loswerden, also da hast du ein für allemal eine Speckseite, und damit kannst du bis zur Hölle fahren.« – »Ja, danke vielmals, das will ich tun«, sagte Hans, denn er war immer vertrauensselig, und er nahm den Speck auf den Rücken und ging. Aber statt heimzugehen, zog er in die entgegengesetzte Richtung, um zu fragen, wo die Hölle sei. Er ging lange, aber endlich kam er zu einem alten Mann, der stand und grub an einem Hügel. »Wo willst du denn hin?« fragte der Mann, »daß du zu dieser Tageszeit diesen Weg gehst?« Es war nämlich Abend geworden.

»Ja«, sagte er, »mein Bruder hat gesagt, ich solle mit dieser Speckseite zur Hölle wandern; aber ich weiß nicht, wo das ist, und werde wohl meine liebe Not haben, es zu finden.«

»Nicht doch«, sagte der Mann, »der Weg dahin ist nicht gar so schwer zu finden, sei nur so gut und gehe in das Loch hinunter, das ich hier grabe; es ist tiefer, als du glaubst, und gehe so lange weiter, bis dir etwas begegnet.«

Da packte der arme Mann den Speck gut ein und drückte ihn fest an sich und machte sich selbst so klein, wie er konnte, denn er meinte ja, der Platz sei knapp, aber es war Platz in Menge, so daß noch mehrere den gleichen Weg hätten hinuntergehen können. Endlich kam er vor ein erschreckliches Feuer, das war mitten auf dem Boden angezündet, und es war eine Hitze, daß man hätte einen Ochsen braten können. Da erblickte er so viele kleine Teufel, daß es erstaunlich war zuzusehen, und die liefen um das Feuer und sprangen zu ihm hin und wollten sehen, was er in seinem Sack hätte.

»Da habe ich eine halbe Speckseite«, sagte er, »mein Bruder hat sie mir gegeben und gesagt, ich sollte damit zur Hölle gehen; jetzt weiß ich aber nicht, ob ihr das kaufen wollt, denn hier ist doch offenbar die Hölle.«

Das träfe sich gut, sagten sie, denn Speck sei gerade die Fleischsorte, die sie brauchen könnten, Teufel und Schweine hätten ja seit Christi Zeiten zusammengewohnt; und sie boten ihm eine Art Kaffeemühle als Entgelt.

»Aber, was soll ich denn damit?« sagte er, »ich habe ja keine Bohne zu mahlen.« – »Wenn du keine hast, so brauchst du bloß daran zu denken, welche zu mahlen«, sagten sie, »dann hast du sie sofort; aber du brauchst nicht notwendig Kaffeebohnen zu mahlen, denn auf so einer Mühle kannst du alles mahlen, was du dir nur wünschst, und so lange du es wünschst, mahlt sie dir alles gleich schnell, und wenn du denkst, du hast genug und willst sie zur Ruhe bringen, so brauchst du ihr nur drei Worte zu sagen« – er wisperte ihm etwas ins Ohr – »dann steht sie augenblicklich still.«

»Habt schönen Dank, ich will mir's wohl merken«, sagte er und zog mit seiner Mühle aus der Hölle ab.

Als er zu seiner Frau heimkam, war es spät in der Nacht,

und sie war zornig und zankte sehr: »Wo, zum Teufel, hast du nur gesteckt, du Faselhans? Jetzt ist es über Mitternacht hinaus, und wir hätten doch ein paar Brocken in den Leib bekommen sollen am hochheiligen Julabend. Du weißt doch, daß wir nicht das geringste im Haus haben, und ich habe in alle Ewigkeit gewartet und hatte immer Angst, dir sei ein Unglück zugestoßen.«

»Aber, liebe Frau, sei doch endlich still!« sagte er, »ich will dir sagen, ich war wirklich beim Teufel, und da bekam ich hier die Mühle, die ich auf den Tisch gestellt habe; das ist eine, die wir brauchen können, und wir wollen sie gleich probieren.«

»Das wäre ja recht schön«, sagte sie, »aber das Wichtigste ist nicht da, wir haben nämlich keine Bohnen im Haus.«

»Ja, die Bohnen soll sie selbst liefern, das gehört zum Vertrag«, sagte er.

»Dann ist es was anderes, wenn du sie dazu bringen könntest, wäre es herrlich, da könnten wir eine Schale Kaffee zum Julfest bekommen. Aber wir hätten eigentlich einen Bissen Brot und ein wenig Licht nötiger, sonst müßten wir im Dunkeln sitzen an so einem hochheiligen Abend.«

Das konnte die Mühle auch mahlen, und er sagte: »Mahle Licht!« Gleich kamen Lichter. Sie zündeten sie an, und er brachte die Mühle dazu, Brot zu mahlen, zuerst Schwarzbrot, das ging höchst flink, ein Laib purzelte nach dem andern so eilig heraus, daß er schon nach einer kurzen Weile sagen konnte: »Jetzt haben wir Brot auf lang hinaus.« Dann mahlten sie feines Brot zum Julfest und sie hatten bald Überfluß an Brot.

»Hast du noch andere Sachen nötig?« sagte er, »sag es jetzt gleich, da doch die Mühle einmal im Gang ist.«

Da fehlte freilich vielerlei, denn sie hatten, wie gesagt, gar nichts, das Haus war so arm, wie es nur sein konnte. Also mahlten sie Küchenzeug und Hausgeräte, Töpfe und Pfannen und Krüge und Kannen, dazu auch feinere Sachen von Silber und Gold. Sie mahlten auch Silberlöffel und Becher, Messer und Gabeln, alles aus purem Silber.

»Ich meine, jetzt sollten wir aufhören!« rief da die Frau, »wir haben ja schon so viel, daß wir ein Fest damit herrichten könnten.«

»Das wollen wir aber auch«, sagte er, und als die Mühle noch einmal ordentlich ihres Amtes gewaltet hatte, sagte er das ausgemachte Wort, und da stand sie still.

Nun lief sich der Mann fast die Beine ab im ganzen Dorf herum und lud ein: ob sie nicht so gut sein wollten und am dritten Jultag und Abend zu ihm und seiner Frau zu Besuch zu kommen. Er lief das ganze Kirchspiel ab, und alle wunderten sich; er hätte ja kaum das Salz zur Suppe, meinten sie, und dachten, er sei verrückt geworden. Er ging auch zu seinem Bruder und dankte ihm für letztesmal und lud ihn ein, ob er nicht zum Julessen kommen wollte am dritten Jultag und auch seine Frau mitbringen. Die zwei paßten gut zusammen, denn sie war auch so eine geizige Seele, aber immerhin glaubte sie nicht, daß es der Mühe wert sei, dahin zu gehen. So dachten noch mehr Leute, und die blieben zu Hause; aber es waren auch manche, die kamen, und die standen starr, als hätten sie Mund und Nase verloren, als sie die Herrlichkeit und den Überfluß an allen Ecken und Enden gewahr wurden.

Im Lauf des Nachmittags, als Lars vor die Tür ging, um zu sehen, wie die Wetteraussichten stünden, da fiel ihm auf, daß in seines Bruders Haus so viele ab und zu gingen. Das ging ihm in seinem dicken Kopf herum, und da ging er hin und erzählte seiner Frau, was er gesehen hatte. Das konnte sie nicht begreifen, daß er so viele Gäste hatte, und sie beschlossen, auf einen Sprung hinüberzugehen, denn die Frau war so schrecklich neugierig.

Wie sie also hineinkamen, rissen sie auch die Augen weit auf, denn nirgends im ganzen Dorf gab es einen so reichen Haushalt. Sie wurden gleich zu Tisch gebeten, aber als sie fertig waren, sprach Lars mit seinem Bruder draußen im Gang und fragte, was das bedeuten solle. »Du armer notiger Teufel! Hast du das gestohlen oder geliehen? Sag mir nur mit einem Wort, wo du das her hast.«

»Ja, gern«, sagte Hans. »Erinnerst du dich, als du mir den Speck fürs Julfest gabst, daß du gesagt hast, daß ich damit zur Hölle gehen solltest? Das habe ich ganz buchstäblich getan, und die nahmen den Speck und gaben mir eine Mühle als Entgelt, die kann alles mahlen, was man nur verlangen kann, und liefert selbst alles, was man nur braucht.«

»Das ist eine schöne Lüge, die du mir da erzählst«, sagte der Bruder, »aber zeig mir die Mühle einmal, ich will sie dir abkaufen!«

Da zeigte er sie ihm. »Was willst du dafür haben?«

»Ja, die ist teuer, das kannst du dir denken«, sagte Hans, »die kostet dreihundert Taler; ich wollte sie eigentlich nicht verkaufen, aber weil du mein Bruder bist, so sollst du sie haben.«

Das sei aber viel Geld, ob er sie nicht billiger haben könnte? Nein, da sei gar nichts zu wollen, nicht einen Schilling billiger sei sie feil; auch wolle er sie selbst noch ein halbes Jahr behalten und sich noch weiter mahlen lassen, was er nötig hätte. Damit mußte der reiche Mann sich zufrieden geben, wenn es ihn auch bitterschwer ankam, so viel Geld zu bezahlen; aber er konnte noch viel weniger ruhig zusehen, daß sein Bruder die Mühle hatte, denn er hatte Angst, daß der andere ebenso reich werden möchte wie er selbst.

Also geschah es nicht vor Herbst, daß Lars die Mühle eingehändigt bekam und nach Hause trug. Da überlegte er bei sich, daß seine Frau gut von morgens bis abends mit aufs Feld gehen könne zur Herbstzeit, statt daß sie wie sonst immer zu Haus bliebe, um das Essen zu kochen, und das wäre eine schöne Ersparnis; nun brauchte er nur mittags heimzurennen und die Mühle in Gang zu setzen, und die konnte ihnen im Handumdrehen das Mittagessen mahlen.

Am ersten Tag machten sie aus, sie wollten Grütze und Hering haben, es war so lange her, seit sie frischen Hering gegessen hatten. Kurz vor Mittag rannte der Mann heim. Er drehte die Mühle an und sagte: »Mühle, mahl mir Hering und Brei!« Sofort begann sie zu knarren und mahlte rasch Hering und Brei durcheinander. Er setzte ein Faß nach dem anderen darunter, aber es dauerte nur kurze Zeit, so waren alle voll, die er hatte. Nun ließ er sie die Bottiche voll mahlen, denn man konnte es ja für die Schweine verwenden, dachte er, und die Mühle mahlte weiter. Zuletzt waren auch alle seine Eimer voll, und nun dachte er, sie hätten für einige Zeit genug und wollte die Mühle zum Stehen bringen. Aber sie wollte nicht stehenbleiben, und sein Bruder hatte ihn das Wort nicht gelehrt, das man dabei sagen mußte. »Man kann sie ja festhalten, sie ist ja nicht groß«, dachte er, aber das konnte er nicht, und als er sich daran müde geplagt hatte, hatte sie so viel gemahlen, daß er bis an den Hosenbund in Hering und Brei stand.

Der Frau auf dem Feld draußen kam es merkwürdig lang vor, daß er nicht zum Essen rief, und sie ging den Abhang hinauf, um zu sehen, ob er nicht außen stehe und winke. Da kam er aus dem Hof gerannt und rief den Leuten zu, sie sollten doch endlich machen, daß sie heimkämen, und ihm helfen, die Mühle zu halten. Aber als sie heimkamen, hatte sie das ganze Wohnhaus vollgemahlen. Da barst eine Tür, und so wälzte es sich hinaus in den Garten wie eine wahre Flut, so daß ein riesiger Brei draußen entstand.

Da wurde es ihm etwas unbehaglich, aber dann fiel ihm ein, daß es das beste sei, nach seinem Bruder zu schicken. Er kam, aber er wollte die Mühle unter keiner anderen Bedingung zum Stillstand bringen, als daß er sie wiederbekäme. Während sie standen und darüber verhandelten, mahlte die Mühle weiter, daß fast der ganze Hof voll war. Nun mußte er sich entschließen, sein Eigentum zu retten und die Mühle fahrenzulassen. Sie wurde also zur Ruhe gebracht, und der

Bruder nahm sie mit sich. Aber jetzt mußten sie sich müde schaffen, um den Hof und das Wohnhaus wieder zu säubern.

Lars und seine Leute hatten den ganzen Herbst über zu tun, um all den Hering und Brei wegzuschaffen, und das war keine behagliche Arbeit, denn es fing bald an zu stinken. Aber das schlimmste war, daß der Herbst darüber versäumt wurde, so daß er seine Ernte nicht unter Dach bekam, und das war ein unermeßlicher Verlust für ihn. Im Winter darauf litt sein Vieh Hunger und starb ihm, ein Stück ums andre, kurz und gut, das Ende war, daß er aus einem reichen ein armer Mann wurde.

Aber der andere Bruder vermehrte seinen Hausstand und wurde ein wohlhabender Mann. Da wollte er nicht mehr in dem kleinen Haus bleiben; und er mahlte sich einen richtigen Staatshof oben auf einer Anhöhe am Meer, und der war gedeckt mit purem Gold statt des Daches. Da wohnte er, und alle Leute, die auf dem Meer vorbeifuhren, konnten sich danach richten, so glänzte es; und alle, die nahe vorbeikamen, gingen hinein, um den Hof zu sehen.

Eines Tages kam da ein norwegischer Schiffskapitän zu ihm zu Besuch, er segelte mit Salzfrachten und fragte ihn, wie er so reich geworden sei. Ja, er sei nicht gerade so reich, aber er habe eine Mühle, die könne alles mahlen, was er sich wünsche. So eine Mühle zu haben, sei schon etwas wert, meinte der Schiffer; wenn sie nur auch Salz mahlen könnte. »Das kann sie natürlich auch«, sagte Hans und setzte sie in Gang, daß der Schiffer sehen sollte, wie sie feines Salz und grobes Salz ganz nach seinem Belieben mahlen konnte. Da bekam er ein großes Gelüsten danach und wollte sie absolut kaufen. »Die könnte mir von ungeheurem Nutzen sein und mir große Seereisen hin und zurück ersparen, denn es ist weit bis zu den Salzklippen.« Er konnte sie bekommen, wenn er tausend Taler dafür zahlte, und dieser Handel wurde ohne langes Hin und Her abgeschlossen.

Der Schiffer nahm die Mühle mit, aber es erging ihm wie

dem reichen Mann, er dachte überhaupt nicht daran, sich sagen zu lassen, wie er sie wieder zur Ruhe bringen sollte, wenn er sie einmal in Gang gesetzt hatte.

Als er aufs Meer hinauskam, beschloß er, die Mühle in Betrieb zu setzen, und sie mahlte zuerst grobes Salz und dann feines Salz, als er genug vom groben hatte. Aber als er so lang gemahlen hatte, daß nur noch eine Planke über Wasser war, wollte er die Mühle abstellen. Er packte sie mit beiden Händen und wollte sie festhalten, aber er brachte es nicht fertig, denn sie tat, als ob sie ihn nicht verstehen könnte, und lief genau so rasch weiter.

Da rief er eiligst die ganze Schiffsmannschaft zusammen, aber auch die konnte sie mit all ihrer Kraft nicht festhalten. Da fingen sie an von dem Salz auszuwerfen, aber sie konnten nicht so schnell auswerfen, wie die Mühle mahlte, und das Ende vom Lied war, daß das Schiff zu schwer ward und auf den Grund sank.

Die Mühle sank mit und wurde nicht abgestellt, so daß sie noch heutigentages läuft, und das kann man auch daran sehen: Wieviel Wasser auch ins Meer läuft, so bleibt doch das Meer immer gleich salzig.

22. Hans mit den goldenen Haaren

Es war einmal ein Fischer, der lebte von seinem Fischerhandwerk. Eines Tages war er draußen beim Fischen und geriet in ein böses Wetter. Da kam ein Meermann zu ihm und fragte ihn, ob er gern heim wolle. Ja, das wolle er wohl, sagte er, aber es sehe nicht danach aus, denn das Wetter war schlimm, und er war in seinem kleinen Boot allein. – Nun, sagte der Meermann, wenn er ihm das Jüngste in seinem Hause geben wolle, wenn er heimkomme, so könne er gutes Wetter und Fischerglück haben; und das Jüngste wolle er erst in zwölf Jahren haben. Der Mann sagte, ja, das wolle er ihm gern überlassen, denn er dachte sich, an dieser Bedingung ließe sich noch manches ändern.

Da wurde das Wetter wieder schön, und der Mann fing so viele Fische, daß es ganz unerhört war; dann fuhr er in eine Handelsstadt und verkaufte sie und fuhr wieder aus, um zu fischen. Und er kam noch mehrmals in die Handelsstadt zurück und verkaufte seine Fische und nahm viel Geld dafür ein.

Als er zuerst zum Fischen ausgefahren war, war seine Frau schwanger gewesen; aber sie hatte im Kindbett einen großen Kummer: ihr Mann kam nicht mit den anderen Fischern heim, und sie glaubte, er sei tot. Die anderen Fischer fuhren wieder hinaus, als das Wetter wieder gut war, und da trafen sie ihn, wie er im Boot stand und Fische einheimste, so viel er nur konnte. Da sagten sie zu ihm: »Ach Gott! Da bist du! Deine Frau ist ins Kindbett gekommen und macht sich große Sorgen um dich; sie glaubt, du seist ertrunken!« – »Ja, sie soll sich keine Sorgen machen«, sagte der Mann, »ich komme jetzt bald wieder heim zu ihr.« Geld hatte er, Fische hatte er auch und sonst alles Mögliche, was er in der Stadt gekauft hatte, und so kam er heim. Aber er sagte nichts davon, daß das Kind irgendwohin sollte.

Er hatte beständig Glück beim Fischen und verdiente viel Geld. Mit der Zeit kaufte er sich einen kleinen Hof und hielt sich zwei Pferde.

Der Bub, der während seiner Abwesenheit auf die Welt gekommen war, wuchs auf und wurde groß. Er hieß Hans, und als er groß genug war, um den Pflug zu führen, tat er es; aber sooft der Vater mit dem Knaben allein ging, mußte er weinen. Als der Bursch bald zwölf Jahre alt war, wollte er einmal von seinem Vater wissen, warum er weine. Der Vater sagte, es helfe doch nichts, wenn er es länger verschweige: er sei in bösem Wetter draußen gewesen und habe einem Meermann das Jüngste versprechen müssen, was in seinem Hause sei, wenn er heimkomme. Aber der Meermann wolle ihn erst haben, wenn er zwölf Jahre alt sei.

Der Tag, an dem sie den Knaben hergeben mußten, kam näher, und er mußte es seiner Frau sagen. Sie war ganz untröstlich; sie hätten nur das eine Kind, und das sollten sie verlieren, und noch dazu auf diese Art! Aber Hans sagte: »Ich habe gar nichts dagegen; wenn er mich haben will, wird er mir wohl nichts zuleide tun.« Als er am Fortgehen war, meinte seine Mutter, er solle doch seine guten Kleider anziehen; aber Hans sagte: »Nein, wenn er mich haben will, so soll er mich auch nähren und kleiden.«

Der Vater fuhr mit ihm aufs Meer hinaus an die bestimmte Stelle, wo ihn der Meermann in Empfang nehmen sollte. Der Meermann kam auch und nahm den Knaben mit, und der Vater fuhr wieder heim; und er hatte fortan immer Glück und Erfolg beim Fischen.

Als Hans nun hinunter zu dem Meermann kam, hatte er keine andere Aufgabe, als ein Pferd und einen Löwen zu hüten; er sollte ihnen Feuer vor die Nase und Hafer hintenhin legen. Der Meermann trieb seine Ziegen jeden Tag in den Wald, und mittlerweile war Hans allein und mußte, wie gesagt, die Tiere hüten. Da sagte das Pferd zu ihm: »So mußt du es nicht machen; du mußt das Feuer hintenhin und den Hafer vor unsere Nasen legen.« – »Was! Kannst du reden!« rief Hans dem Pferd zu. «Ja«, sagt das Pferd, »das habe ich schon viele Jahre gekonnt; aber wenn du uns treu sein willst, kannst du uns und dich befreien.« – »Ja, das will ich schon«, sagte Hans. Da sagte das Pferd: »Geh in die große Stube; da stehen drei Flaschen auf dem Tisch, und da hängt ein großes Schwert an der Wand. Trink zuerst aus der einen Flasche, dann aus der anderen und schließlich aus der dritten! Dann sieh zu, ob du das Schwert heben kannst. Es liegt auch ein Kamm auf dem Tisch, damit mußt du deine Haare kämmen.«

Hans tat, wie das Pferd gesagt hatte; er ging in die Stube und erblickte die Flaschen; auf der ersten stand: »Trinkst du von dieser Flasche, so wirst du stark!« Da trank er einen guten Schluck daraus; nun konnte er das Schwert an der

Wand ein wenig von der Stelle rücken. Dann nahm er die andere Flasche; darauf stand: »Wer aus mir trinkt, wird stärker!« Als er daraus getrunken hatte, konnte er das Schwert von seinem Platz an der Wand herabheben. Darauf nahm er die dritte Flasche; darauf stand: »Trinkst du aus mir, so wirst du unermeßlich stark!« Als er daraus getrunken hatte, ging er hin und versuchte sich an dem Schwert; und nun konnte er es mit Leichtigkeit schwingen. Dann nahm er den Kamm und kämmte sich damit die Haare; da bekam er Haar so lang, daß es ihm bis auf die Fersen ging und glänzte wie Gold.

Dann ging er hinunter und sagte dem Pferd, er habe nach seinem Auftrag getan, und nun könne er das Schwert schwingen. Da sagte das Pferd: »Nun mußt du alle Eßwaren zusammenpacken und Gold und Silber, so viel wir mitnehmen können, und dann mußt du den Kittel anziehen, der dort an der Wand hängt, und das Schwert umgürten.« Hans tat so, setzte sich auf das Pferd, machte den Löwen los und ritt davon, und der Löwe lief hinterdrein.

Am Abend kam der Meermann mit seinen Ziegen heim; da war Hans fort und das Pferd und der Löwe auch. Nun wurde der Meermann so wütend, wie er nur sein konnte, und wollte ihnen nachlaufen. Da sagte das Pferd zu Hans: »Drehe dich um und schau zurück!« – »Es kommt mir vor, als ob es ganz schwarz und grau hinter uns würde«, sagte Hans. »Ja, das ist der Meermann, der hinter uns dreinkommt«, sagte das Pferd, »reiß ein Haar aus meinem Schwanz und eines aus meiner Mähne und sag, daß hinter uns ein so großer Wald wachsen soll, daß der Meermann nicht durchkommen kann und heimgehen und sich Axt und Säge holen muß, um sich durchzuhauen.« Da kam der Meermann an den Wald; und wenn er nicht schon zuvor wütend gewesen wäre, so wäre er es jetzt geworden; denn er mußte wieder umkehren und sich Axt und Säge holen, um sich einen Weg durchzuhauen.

Nun hatten sie einen langen Vorsprung; aber auf einmal

sagte das Pferd: »Dreh dich um und schau zurück!« – »Ja«, sagte Hans, »nun kommt es mir wieder vor, als ob es hinter uns schwarz und grau würde, noch viel schlimmer als das erste Mal.« – »Reiß ein Haar aus meinem Schwanz und eines aus meiner Mähne!« sagte das Pferd, »und sag, es soll ein solches Meer hinter uns werden, daß der Meermann nicht durchkann, ehe er nicht mit seinen Geißen kommt, daß sie es austrinken.«

Als der Meermann an den See kam, wurde er noch viel wütender, rannte heim und brachte seine Geißen mit, damit sie ihn austränken. Nun hatten sie wieder einen langen Vorsprung. Dann sagte das Pferd: »Schau einmal zurück, ob du etwas siehst?« – »Ja«, sagte Hans, »nun kommt es mir vor, als ob hinter uns oben in der Luft ein Feuer brennte.« – »Ja«, sagte das Pferd, »jetzt ist der Meermann erst recht wütend; jetzt ist er so wütend, daß man Funken aus seinen Augen schlagen kann. Reiß ein Haar aus meinem Schwanz und eines aus meiner Mähne und sag, daß hinter uns ein solches Feuer brennen soll, daß der Meermann nicht darüber kommen kann, wenn er nicht heimgeht und seine Stahlstange holt, um darüber zu springen.«

Also mußte der Meermann wieder umkehren und seine Stahlstange holen, und die hätte er fast nicht gefunden; er suchte in allen Winkeln und in allen Ecken und Enden; schließlich kam er zu seiner alten Mutter, die saß in einer Ecke. »Was hast du denn, mein Söhnchen?« fragte sie, »warum bist du denn gar so böse?« Denn er fuhr überall herum und teilte Püffe und Hiebe aus. Ja, sagte er, das sei auch kein Wunder: der Bursche, den er habe aufziehen lassen, habe ihm sein ganzes Hab und Gut gestohlen; und wenn er ihm auch nachlaufe, so könne er doch nie zu ihm gelangen; das erste Mal habe er ihm einen Wald vor die Nase hingepflanzt, das zweite Mal einen See, und diesmal ein Feuer, und da könne er nicht hinüberkommen, wenn er nicht die Stahlstange finde, um hinüberzuspringen.

»Ach Gott, mein Söhnchen!« sagte da die Alte. »Soll ich denn nicht mitgehen? Ich glaube, ich springe leichter als du?« Da nahm er sie auf den Buckel und schleppte sie mit. Wie sie an das Feuer kamen, setzte er die Stange mitten hinein, damit die Alte sich daran halten und hinüberspringen könne; und sie sprang zu und sprang mitten ins Feuer; da saß sie und schrie: »Ach Gott, mein Söhnchen, komm doch und hilf mir aus dem Feuer!« Er sprang zu ihr ins Feuer, und da saßen sie beide und verbrannten.

Da sagte das Pferd: »Nun sind wir den Meermann los, denn jetzt sitzt er im Feuer und verbrennt. Kannst du uns jetzt etwas zu essen geben? Denn wir haben Hunger, und was du essen kannst, das können wir auch essen.« Als sie nun gegessen hatten, sagte das Pferd: »Hier, bei diesem Wald, da ist ein Königsschloß, da kannst du hingehen und in Dienst treten; aber jeden Abend mußt du hier herauskommen und uns etwas zu essen bringen.«

Hans ging in das Schloß, und da wurde er als Stallbursche angenommen. Er mußte die Pferde waschen, striegeln und putzen, und der Stallmeister war sehr zufrieden mit ihm.

Wie er sein Abendbrot bekam, ging er damit hinaus in den Wald zu dem Pferde, und das fragte ihn: »Nun, wie ist dir's gegangen, Hans?« – »Ich bin im Stall«, sagte Hans, »und ich habe es ganz ungeheuer gut.« – »Das taugt nichts«, sagte das Pferd, »da kannst du nicht bleiben; morgen, wenn du die Pferde gewaschen hast, mußt du sie mit Mist beschmieren.« Und so tat Hans; als er am nächsten Morgen die Pferde gewaschen und gestriegelt hatte, nahm er Mist und beschmierte sie wieder. Da kam der Stallmeister und sah es; darüber wurde er zornig, nahm eine Peitsche und prügelte Hans ganz erschrecklich.

Als der Koch auf dem Schloß das sah, dauerte ihn der Bursche, und er sagte: »Das ist doch sündhaft, den kleinen Buben so unbarmherzig zu schlagen.« – »Nein«, sagte der Stallmeister, er habe sich auch danach aufgeführt: zuerst die

Pferde gestriegelt und dann wieder mit Mist beschmiert. »Gib mir den Burschen!« sagte der Koch, »ich kann so einen Kleinen gut brauchen.«

Also kam Hans in die Küche; da hatte er es noch besser; er bekam Reste und Brocken von Fleisch und Brot, und noch dazu sein Vesperbrot; das konnte er alles dem Pferd hinausbringen. Am Abend ging er hinaus in den Wald und erzählte ihm, wie es ihm gegangen war; er sei nun in der Küche, und da habe er es sehr gut. Aber das Pferd sagte: »Das taugt auch nichts; da kannst du auch nicht bleiben; morgen, wenn du aufgewaschen und gespült hast, mußt du die Schüsseln wieder schmutzig machen, damit du davongejagt wirst.« – »Aber da bekomme ich so viel Prügel«, sagte Hans. »Darum darfst du dich nicht kümmern«, sagte das Pferd, »du wirst schon noch entschädigt werden für deine Prügel.«

Hans tat, wie das Pferd gesagt hatte. Am nächsten Tag, als er gespült hatte, machte er das Geschirr wieder schmutzig. Wie der Koch das sah, kam er in Wut und packte den Schürhaken und prügelte den Jungen gehörig durch. Hans schrie und jammerte. Da kam der Gärtner dazu und hörte das. »Aber, wie kannst du den armen Kerl so schlagen!« rief er. »Ach, er ist so böse«, sagte der Koch, »erst spült er das Geschirr und dann macht er es wieder schmutzig.« – »Gib mir den kleinen Burschen hinunter in den Garten!« sagte der Gärtner, »ich könnte ihn gut brauchen.«

Also kam Hans in den Garten zum Gärtner, und am Abend, als er sein Abendbrot bekommen hatte, lief er hinaus in den Wald zu dem Pferd. »Nun, wo bist du jetzt, Hans?« fragte das Pferd. »Nun bin ich im Garten, und da habe ich es sehr gut«, sagte Hans. »Ja, du mußt sehen, daß du auch dort bleibst«, sagte das Pferd. Und Hans war froh, denn er hatte keine Lust, noch einmal auf diese Weise den Dienst zu wechseln.

Nun blieb Hans auch bei dem Gärtner und hatte es recht gut und ging jeden Abend hinaus zu dem Pferd. Der König hatte drei Töchter, und es war Sitte, daß der Gärtner an jedem Samstag für jede von ihnen einen Blumenstrauß binden mußte.

Am ersten Samstag, als Hans da war, bat er, ob er nicht auch einen davon binden dürfte. Aber der Gärtner wollte es nicht wagen; er hatte Angst, Hans könne es nicht richtig machen, und er hatte nicht mehr Blumen, als er gerade brauchte. Aber Hans bat so lange, bis er schließlich doch durfte, und nun band er ein Sträußchen, das war viel schöner als irgendeines, das der Gärtner je gebunden hatte.

Nun mußten sie die Sträußchen hinauftragen, denn Hans wollte das seine persönlich abliefern, oben an einer Tür, wo die Prinzessinnen zu einer bestimmten Stunde herauskamen und die Blumen in Empfang nahmen. Hier sah Hans die Prinzessinnen das erste Mal, und er paßte auf, welcher von ihnen er am liebsten seinen Strauß geben wollte, und da war es die jüngste von ihnen. Hans hatte eine alte, schmutzige Kappe auf und sein prächtiges Haar darunter gestopft, und diese Kappe nahm er niemals ab.

Als er an die Tür kam, wo die Prinzessinnen und vornehmen Herren standen, sagte man ihm, er solle seine Kappe abnehmen. »Ich bin grindig«, sagte Hans, und von der Zeit an hieß man ihn nur Grindhans. Wenn die königliche Familie herunter in den Garten kam und spazierenging, so machten sie sich oft den Spaß, zu Hans zu sagen: »Nimm deine Kappe ab!« denn dann sagte er immer: »Ich bin grindig.«

Er gab also der jüngsten Prinzessin seinen Blumenstrauß, und sie gab ihm Goldstücke als Trinkgeld. Die zeigte er dem Gärtner und sagte, es sei doch komisch, daß sie ihm Rechenpfennige gegeben hätte. Da nahm ihm der Gärtner die Goldstücke ab und gab ihm Kupfermünzen dafür, denn die kannte er.

Als es nun wieder Samstag war, wollte der Gärtner haben, daß Hans alle drei Blumensträuße binden sollte. Aber Hans wollte nur den einen binden, und den gab er der jüngsten

Prinzessin. Sie sagten wieder zu ihm, er solle seine Kappe abnehmen, und er sagte wieder nein, er sei grindig. Auch Goldstücke bekam er wieder als Trinkgeld und der Gärtner gab ihm wieder Kupfermünzen dafür. Die Zeit verging, und indessen fingen die Leute an, die Prinzessin mit Grindhans aufzuziehen, und sie mußte zu jeder Stunde seinen Namen hören.

Nun traf es sich, daß ein Krieg ausbrach, und das ganze Land wurde von dem feindlichen Heer belagert. Alle, die nicht mit in den Krieg gezogen waren, wollten auch ausrükken, und jeder bekam ein Pferd. Auch Grindhans bat um ein Pferd; aber es war keines mehr da außer einer alten Mähre, die nur noch auf drei Beinen gehen und stehen konnte. Die bekam Hans. Also ritt er auf dem Dreibeinigen davon (so hießen die Leute das Pferd), und alles lachte und grinste hinter ihm drein.

Er kam abseits von den anderen in den Wald, wo das Pferd und der Löwe sich aufhielten und wo er sein Schwert und seinen Kittel hatte. Da versteckte er seine alte, lumpige Jacke und die alte Kappe, band den Dreibeinigen an einen Baum und setzte sich auf das Pferd des Meermannes; seine goldenen Haare hingen ihm über den Rücken herab, das Schwert hatte er an seiner Seite, und der Löwe wandelte hinter ihm drein, und so ritt er gegen den Kampfplatz und machte in geringer Entfernung halt und sah, wie die Sache stand.

Der Feind war so stark, daß er nahe daran war, die Oberhand zu behalten. Da sagte das Pferd zu Hans: »Blas in den Handgriff deines Schwertes!« Und da kamen so viele Soldaten zu Fuß und zu Roß, daß man den Boden nicht mehr sehen konnte. Hans hieb und schlug mit seinem Schwert, der Löwe biß und kratzte, und so töteten sie eine Menge Feinde.

Als der Feind nun besiegt war, sagte das Pferd zu Hans: »Nun blas in das andere Ende deines Schwertes!« Da waren sie verschwunden, alle die Soldaten. Nun gab es einen Waffenstillstand bis zum nächsten Tag – da sollte der Kampf weitergehen.

Der König rief seinen Leuten zu, sie sollten ihm den bringen, der die Schlacht gewonnen hätte. Aber Hans ritt wieder in den Wald, und man wurde seiner nicht habhaft. Wie er in den Wald kam, sattelte er das Pferd ab, versteckte sein Gewand und sein Schwert und stopfte sein schönes Haar unter seine Kappe, setzte sich auf den alten Dreibeinigen und ritt wieder ins Schloß. Er war der erste, der heimkam, und konnte erzählen, wie es gegangen sei: es sei einer gekommen mit vielen, vielen Soldaten und habe den Feind geschlagen.

Am anderen Tag ging es gerade so. Hans kam und wollte auch ein Pferd haben und hinausreiten und zusehen. Ja, sagte der König, da er nun doch einmal sein Schwiegersohn werden wolle, so könne er nicht anders, als ihm ein Pferd geben. Das war nämlich der Spaß, den sie immer mit der jüngsten Prinzessin trieben, sie sagten, sie solle den Grindhans heiraten.

Also bekam er wieder den alten Dreibeinigen, ritt hinaus in den Wald und band ihn an einen Baum, kleidete sich um und bestieg sein eigenes Pferd; das Schwert an der Seite, das goldene Haar über den Rücken und den Löwen hinterdrein, so ritt er hin und hielt beim Heer des Königs und sah zu, wie die Feinde des Königs Soldaten erschlugen.

Da sagte das Pferd zu ihm: »Blas in den Griff deines Schwertes!« Da kamen so viele Soldaten zu Fuß und zu Pferd, daß man es gar nicht zählen konnte. Hans hieb und schlug, und der Löwe biß und kratzte so viele, daß sie den Feind besiegten wie gestern. Da sagte das Pferd: »Blas in das andere Ende deines Schwertes!« Da verschwanden sie wieder bis auf den letzten Mann. Der König und seine Leute merkten wohl, daß ihnen derselbe wieder geholfen hatte, und sie ritten ihm nach; aber keiner konnte ihn einholen, bevor er wieder im Wald war. Der König verstand nicht, wo die Leute hergekommen sein könnten, denn er hatte kein anderes Volk gebeten, ihm beizustehen.

Hans sattelte sein Pferd wieder ab, versteckte sein Gewand und sein Schwert, stopfte sein Haar unter die Kappe, zog seine alten Lumpen wieder an und ritt auf dem Dreibeinigen nach Hause. Er kam am ersten nach Hause, und alle drängten sich um ihn, um zu hören, wie es gegangen sei. Hans berichtete, es seien wieder fremde Truppen gekommen und hätten ihnen geholfen und den Feind besiegt. Nun gab es einen Waffenstillstand bis zum dritten Tag, dann sollte der Kampf weitergehen.

Als die anderen fortritten, wollte Hans auch mit und zusehen. Der König sagte dasselbe wie das letzte Mal: Hans solle ein Pferd bekommen, da er doch sein Schwiegersohn werden wolle. Es war nur noch der Dreibeinige da, und den bekam er.

Er ritt in den Wald hinaus, zog seinen alten Kittel aus und den Kriegsmantel an, setzte sich auf sein eigenes Pferd, das Schwert an der Seite, das goldene Haar über den Rücken und den Löwen hinterdrein, so hielt er bei dem Heere und sah zu. An diesem Tag war der König selbst mit in der Schlacht, denn der Krieg sollte beendet werden. Da hätten sie fast den König gefangengenommen. Da sagte das Pferd: »Blas in deinen Schwertgriff!« Gleich kamen da so viele Soldaten zu Fuß und zu Roß, daß man den Boden nicht mehr sehen konnte. Hans ritt auf den Feind zu, hieb und schlug, und der Löwe biß und riß in Stücke, was ihm in die Nähe kam. Das ging so lange, bis keiner von den Feinden mehr übrig war; sie waren alle gefallen. Da sagte das Pferd: »Blas in das andere Ende deines Schwertes!« Da waren die Soldaten alle verschwunden bis auf den letzten Mann.

Der König ließ Alarm blasen, sie sollten ihn einkreisen, wer es auch sei; denn es war der gleiche, der nun schon zum dritten Mal erschienen war. Und sie schlossen einen so dichten Ring um Hans, daß er keinen Ausweg sah. Doch meinte er neben dem König eine kleine Lücke zu erspähen; da wollte er ausbrechen; aber der König hieb so kräftig nach ihm, daß er ihn am Bein verwundete. Doch ritt Hans rasch in den Wald, sattelte das Pferd ab, verbarg sein Schwert, zog seine alten Kleider an, stopfte sein Haar unter die Kappe, stieg wieder auf den Dreibeinigen und kam als erster ins Schloß zurück.

Wie er heimkam, stand die jüngste Prinzessin unter der Tür und fragte, wie es ihrem Vater gegangen sei; denn sie wußte wohl, daß es schlimm stehen mußte, weil er selbst in die Schlacht gezogen war. Hans berichtete, daß derselbe, der schon zweimal gekommen sei, auch heute dagewesen sei und die Feinde bis auf den letzten Mann vernichtet habe; aber niemand wisse, wer er sei. Hansens Bein blutete, und er klagte darüber; ob sie nichts habe, das man darumbinden könnte? Der alte Dreibeinige sei mit ihm im Wald angerannt, sagte er. Die Prinzessin hatte ein seidenes Taschentuch in der Hand, in dem ihr Name stand; das gab sie ihm, um sein Bein zu verbinden. Dann kamen die anderen aus dem Krieg zurück, der König auch. Und jetzt war der Krieg aus.

Der König wußte nun durchaus nicht, wo er den suchen sollte, der ihm geholfen hatte, denn er wollte doch wissen, wer es war. Da ließ er im Land und in anderen Reichen ausrufen, wer am Bein verwundet sei, solle seine Tochter und das halbe Reich haben, und nach seinem Tod das ganze, wenn er in dem Aufzug erscheinen könne, in dem der Unbekannte gekommen war.

Da kam hoch und niedrig aus seinem Land und aus den fremden Ländern. Manche verwundeten sich am einen Bein, andere am anderen; sie dachten, es könne vielleicht stimmen, und sie bekämen die Prinzessin und das ganze Reich und könnten König werden.

Nun hatten sich alle gezeigt; aber keiner konnte die Wunde aufweisen, die von des Königs Hand herrührte. Nun wußte man niemand mehr außer Grindhans, der hatte ja auch zugesehen und war auf dem Dreibeinigen geritten. Also hieß man auch ihn sich zeigen; Hans sagte zwar, das habe doch keinen Sinn; er habe ja nur gehalten und zugesehen auf dem alten Dreibeinigen. Aber er mußte sich doch zeigen.

Als er hinauf ins Schloß kam, sagten die Leute zu ihm: »Hans, nimm deine Kappe ab!« – »Ich bin grindig!« sagte Hans. Er ging weiter und kam näher zum König. »Nimm deine Kappe ab, Hans!« sagten die Leute, »du sollst mit dem König reden!« – »Ich bin grindig«, sagte Hans.

Die Prinzessinnen waren in dem gleichen Saal, wo er sich zeigen sollte; die beiden älteren pufften einander in die Seiten und lachten die Jüngste aus: hier käme Grindhans, der sei es gewiß gewesen, der den Feind besiegt hätte, und nun könne er seine Prinzessin bekommen.

Der König begrüßte Hans und sagte, hier komme sein Schwiegersohn; er sei ja auch mit im Krieg gewesen und solle sich nun auch sehen lassen. Ein paar Leute standen dabei und halfen ihm sein Bein vorzeigen. Ja, sagte er, er habe wohl ein schlimmes Bein, der alte Dreibeinige sei mit ihm im Wald an einen Baumstamm angerannt. Der König wollte die Wunde sehen, und als sie sie bloßlegen wollten, war das Taschentuch der Prinzessin darum gewickelt. Hatte man sie vorher noch nicht genug mit Grindhans aufgezogen, so geschah das jetzt gründlich und jeder hatte etwas zu lachen.

Als der König das Bein sah, merkte er, daß es die gleiche Wunde war, die er gemacht hatte. Da gab er Hansens Kappe einen Puff, daß sie bis an die Tür fortrollte, und das goldene Haar wallte über seinen Rücken herab. Da sagte der König: »Du bist auch nicht der, für den wir dich gehalten haben!«

Nun wurde sein Bein richtig verbunden, daß es wieder heilen konnte, und der König sagte, er solle doch in demselben Aufzug kommen, in dem er im Krieg gewesen war. Denn er sah, daß er sein Befreier gewesen war; und er könne sich von seinen Töchtern aussuchen, welche er wolle. Hans bat sich eine kleine Frist aus, er wolle ein wenig in den Wald gehen, er sei gleich wieder da.

Nun ging er hinaus in den Wald und warf seine alten Lumpen weg, denn die brauchte er nun nicht mehr. Und dann ging er zu dem Pferd und erzählte ihm, wie alles zugegangen sei. Das sagte ja, es wisse es schon. Dann fragte er das Pferd, welche von den Königstöchtern er nehmen solle? »Die jüngste mußt du nehmen«, sagte das Pferd, »sie ist deinetwegen ausgelacht worden; die mußt du nehmen.«

Darauf zog er sein Gewand an und setzte sich auf das Pferd. Das Schwert an der Seite, das Goldhaar über den Rücken hinunter und den Löwen hinterdrein, so kam er ins Schloß. Und nun konnte jeder sehen, daß er es war, der das Heldenstück im Krieg vollbracht hatte. Alle gingen ihm entgegen, und der König fragte, welche von seinen Töchtern er nun haben wolle. Hans antwortete, wie das Pferd ihn geheißen hatte, er wolle die Jüngste haben; sie habe sich seinetwegen so lang auslachen lassen, daß sie ihm nun die Liebste sei. Die Hochzeit wurde festgesetzt, und Hans wurde König.

Das Pferd und der Löwe wurden in den Stall geführt, und Hans kam jeden Tag zu dem Pferd und unterhielt sich mit ihm, und es bekam dasselbe Essen wie Hans. Am Hochzeitstag war Hans auch unten bei dem Pferd, da sagte es: »Nun habe ich dich von dem Meermann erlöst und dir dazu verholfen, daß du König geworden bist. Willst du mich nun auch erlösen?« Ja freilich, sagte Hans, wenn er irgend könne. »Nun mußt du mir den Kopf abhauen und ans Schwanzende ansetzen und den Schwanz abhauen und ihn da ansetzen, wo der Kopf war!« – »Das kann ich nicht«, sagte Hans, »du bist so gut zu mir gewesen, daß ich dir das nicht antun kann.« – »Wenn du das nicht tust«, sagte das Pferd, »sollst du wieder so unglücklich werden, wie du warst, als der Meermann hinter uns her war.«

Da mußte Hans es tun. Kaum war es geschehen, so verwandelte sich das Pferd in den schönsten Prinzen, den man sich denken kann. Er ging mit Hans ins Schloß hinauf und zum König, und der König erkannte ihn gleich, er war nämlich ein Erbprinz seines Reiches. Der König erschrak sehr, denn nun hatte er das Reich Hans gegeben. »Das macht nichts«, sagte der Prinz, »denn wäre Hans nicht gewesen, so wäre ich nie erlöst worden. Und wenn ich nicht gewesen wäre, so wäre Hans nicht König geworden; also gönne ich Hans gern das Reich.«

Also blieb der Prinz sein Freund und treuer Berater. Der Löwe war ein Löwe und blieb ein Löwe, der mit ihnen in den Krieg zog; und er überwand alle, mit denen er kämpfte. Seit der Zeit traute sich niemand mehr, mit ihnen Krieg zu führen, denn des Schwertes wegen waren sie in einen erschrecklichen Ruf gekommen, und sie lebten ihr Leben lang in Ruhe und Frieden.

23. Der Schelm von Mols

Es waren einmal ein Bursche und ein Mädchen, die heirateten wie so viele andere und zogen auf die Halbinsel Mols und kauften sich einen Hof. Es dauerte aber nicht lange, so guckten ihn die Schildbürger (denn in Dänemark wohnen die Schildbürger auf Mols) schief an, denn er wirtschaftete besser auf seinem Hof als die anderen und erntete viel mehr als sie; er konnte seine Äcker mit nur zwei Pferden pflügen, während die anderen für die gleiche Arbeit sechs bis acht Pferde vor den Pflug spannen mußten.

Da versammelten sie sich eines Tages und berieten, wie sie ihn vertreiben könnten. Sie kamen überein, daß sie seinen Ofen abreißen wollten, denn dann könne er kein Brot mehr backen, meinten sie, und dann müsse er ja fortziehen. »Denn du läßt ihn ja nicht in deinem Ofen backen und du nicht in deinem und auch du nicht in deinem«, und so fuhren sie fort, bis sie alle einig waren.

Nun hatte der Mann aber ein Mädchen, das auch von Mols war; sie hielt große Stücke auf ihren Brotherrn und wollte nicht mitmachen, wenn man ihm einen Schaden antun wollte, obwohl sie sonst mit den Schildbürgern zusammenkam. Darum geht sie nach Hause und erzählt ihm alles. Er aber macht sich nichts daraus, seinethalben dürften sie gern den Ofen abreißen, wenn es ihnen Spaß machte; er würde schon Rat wissen.

Die Schildbürger taten, wie sie verabredet hatten, und rissen in der Nacht seinen Ofen ab. Als er am Morgen sieht, was geschehen ist, schlägt er den Ofenlehm in Stücke und packt alles in ein paar große Säcke. Er wirft sie auf den Wagen, spannt vor und fährt nach Aarhus. Unterwegs geht er in ein Haus, in dem Nüsse zum Verkauf angeboten sind, und kauft zwei Scheffel, und die beiden Scheffel Walnüsse legt er oben in die Säcke. In Aarhus fährt er zu einem Kaufmann und fragt ihn, ob er Walnüsse kaufen wolle.

Das wollte er, als sie aber um den Preis handelten, wollte der Bauer so viel dafür haben, daß der Kaufmann ihm das nicht geben wollte. Da fragt ihn der Bauer, ob die Säcke eine kurze Zeit bei ihm stehen dürften, dann könne er in die Stadt gehen und sehen, ob er sie anderswo besser verkaufen könne.

Das gestattete ihm der Kaufmann, aber dann müsse seine Frau darauf aufpassen, denn er habe so viel zu tun und müsse auf so manches andere aufpassen, daß er nicht selber dafür einzustehen wage. Darauf bringen sie die Walnüsse in ihre Kammer, und sie schiebt den Riegel vor die Tür.

Der Bauer geht in die Stadt und sieht, wo er etwas zu essen bekommen kann, und läßt sich gut Zeit dabei, aber er fragt keinen, ob er seine Walnüsse kaufen will. Dann geht er wieder zu dem Kaufmann und fragt ihn, ob er seinen Sinn nicht geändert habe und die Walnüsse für den Preis kaufen wolle, den der Bauer verlangte.

Nein, er wollte nicht mehr geben, als er geboten habe, sagt er.

Dann solle er sie sich doch einmal richtig ansehen, sagt der Bauer, denn es seien ganz vorzügliche Nüsse. Sie gehen in die Kammer, er öffnet die Säcke und wühlt in ihnen herum. »Sind das nicht gute Nüsse!« sagt er und wühlt immer weiter in den Säcken herum, denn er weiß ja genau, wie weit die Nüsse reichen, und schließlich kommt er mit dem Arm so tief nach unten, daß er den Ofenlehm erreicht. Da wird er fuchsteufelswild und sagt, die Frau habe seine Nüsse gestohlen und statt dessen zerschlagenen Ofenlehm in seine Säcke gesteckt. Sie aber leugnet und sagt, sie habe die Säcke nicht angerührt. Das half aber nichts, der Bauer blieb bei seiner Behauptung und wenn sie ihm keine zweihundert Taler gäben, würde er sofort die Polizei holen und sie einsperren lassen. Sie aber leugnete weiter und sagte, daß sie die Säcke überhaupt nicht angerührt habe, aber der Bauer tat, als ob er gehen wollte, und griff schon nach der Tür.

Da sagt die Frau zu ihrem Mann: »Wir sollten ihm lieber das Geld geben, als daß wir diesen Spektakel noch länger anhören, obwohl ich an dem unschuldig bin, wessen er mich beschuldigt.«

Er bekommt seine zweihundert Taler, spannt vor und fährt nach Hause. Wie er zu Hause ankommt, ist es schon Abend, und da gucken die anderen Schildbürger bei ihm herein, um zu hören, wie es ihm mit seinem Ofenlehm in Aarhus ergangen sei.

Da sagt er: »Ihr hattet euch gedacht, daß ihr mir gestern abend einen großen Schabernack gespielt hättet, als ihr meinen Ofen abrisset, aber der Schaden war gar nicht so groß, wenn man bedenkt, was eine Tonne zerschlagener Ofenlehm in Aarhus kostet.«

Was er denn koste, fragten sie, viel könne das nicht sein.

»Er kostet hundert Taler die Tonne«, sagte er.

»Ha, der kann gut lügen«, sagten sie, »er will nur haben, daß wir anderen auch unsere Öfen abreißen.«

»Wenn ihr mir nicht glauben wollt, dann könnt ihr ja das Geld sehen, das ich dafür bekommen habe«, sagte er und zeigte es ihnen.

Da stürzten sie alle nach Hause und schlugen ihre Öfen entzwei, aber sie begnügen sich nicht mit ein paar Tonnen jeder, sie nehmen so viel mit, wie sie auf ihre Wagen laden können. Dann fahren sie nach Aarhus und fahren dort die Straßen auf und ab und schreien: »Wer kauft zerbrochenen Ofenlehm, hundert Taler die Tonne!«

Da war natürlich keiner, der ihren Ofenlehm kaufen wollte; die Leute lachten die närrischen Schildbürger aus, und sie mußten mit ihrem Ofenlehm wieder nach Hause fahren.

Zu Hause angekommen, werden sie einig, daß sie die Pferde des Mannes erschlagen wollen, denn dann könne er nicht mehr fahren und nicht mehr pflügen, und dann könne er nicht bleiben, meinten sie.

Nun, das Mädchen läuft wieder nach Hause und erzählt es ihm. Er mache sich nichts daraus, sagte er, er werde schon Rat wissen.

Und in der Nacht gehen sie hin und erschlagen alle seine Pferde, und wie er aufsteht, liegen sie da und sind tot. Was soll er tun? Er zieht ihnen die Haut ab und schafft sich ein paar andere alte Gäule – woher er sie bekam, weiß ich nicht, denn bei den Schildbürgern konnte er sie nicht kaufen – und dann fährt er mit den Pferdehäuten nach Aarhus. Dort fährt er zu einem Kaufmann. Der Kaufmann war gerade nicht da, aber ein anderer Bursche war drinnen bei der Frau. Wie sie merkt, daß da jemand kommt, steckt sie den Burschen in eine große Truhe, die in der Kammer steht, und das sieht der Bauer ja. Er bleibt sitzen und wartet, bis der Kaufmann nach Hause kommt, und fragt ihn, ob er ein paar Pferdehäute kaufen will. Aber er verlangte einen so ungeheuren Preis dafür, daß sie nicht einig werden konnten. Da sagt er zu dem Kaufmann: »Da steht eine alte Truhe, willst du sie mir für die Häute geben, sind sie dein.«

Das wollte der andere gern.

Aber da schrie die Frau auf, die Truhe wolle sie nicht hergeben, darin könne man so gut altes Leinen verwahren.

»Ach, pfeif darauf«, sagt der Kaufmann, »wir kaufen eine andere.«

Sie tragen die Truhe hinaus und laden sie auf den Wagen des Bauern, und er macht sich auf den Heimweg damit. Als sie vor die Stadt kommen, betrachtet er sich den alten Kasten und sagt: »Was soll ich nun damit anstellen? Ich glaube, ich nehme meine Axt und schlage ihn in Stücke.« Er nimmt die Axt – die hatte er im Wagen – und schlägt ein Brett aus dem Deckel. Da entdeckt er den Burschen in der Truhe und sagt: »Was bist denn du für einer?«

»Du Schalk! Du hast mich gesehen, und darum hast du die Truhe gekauft«, sagt er.

Da tut der Bauer, als ob er wieder in die Stadt zurückfahren will. Er sagt Hü! Hot! und schwenkt den Wagen, um mit der Truhe und dem armen Teufel, der darin sitzt, zum Kaufmann zurückzufahren. Der Bursche aber fleht ihn an, daß er ihn befreien möge.

»Nein«, sagt er, »nur, wenn du mir vierhundert Taler gibst.«

Die wolle er gern geben, wenn er ihn nur loslassen wolle, und er bekommt sie.

Am Abend gucken die anderen Schildbürger bei ihm herein, um zu hören, was für einen Handel er mit seinen Pferdehäuten gemacht habe.

»Ha, ihr meint, ihr hättet mir gestern abend einen richtigen Schabernack gespielt, als ihr mir meine Pferde erschlugt; aber der Schaden war nicht so groß, wenn man bedenkt, was Pferdehäute in Aarhus kosten.«

»Na, und was kosten sie?« fragten sie.

Sie kosten zweihundert Taler das Stück, sagte er.

»Der kann aber lügen«, sagen sie, »jetzt willst du nur haben, daß wir unsere Pferde erschlagen, wie wir unsere Öfen abgerissen haben; aber nein, du brauchst dir nicht einzubilden, daß du uns zum Narren halten kannst.«

»Wenn ihr mir nicht glauben wollt«, sagt er, »dann könnt

ihr hier die zweihundert Taler sehen, die ich für meinen zerbrochenen Ofenlehm bekam, und hier könnt ihr die vierhundert Taler sehen, die ich für meine Pferdehäute bekam.«

Wie konnten sie anders? Sie liefen nach Haus und erschlugen ihre Pferde, sie ließen nur die leben, die sie zum Fahren brauchten, und dann fuhren sie nach Aarhus. Dort fuhren sie die Straßen auf und ab: »Wer will alte Pferdehäute kaufen? Zweihundert Taler das Stück!«

Die Stadtleute sagten ja überall, wo sie hinkamen: »Ach, die dummen Schildbürger, heute sind sie schon wieder da.« Das höchste, was man ihnen bot, waren vier bis fünf Taler für das Stück, und ob sie sie verkauften oder nicht, das weiß ich nicht. Auf jeden Fall kamen sie wieder nach Hause.

Jetzt waren sie einig, daß sie ihn totschlagen wollten, weil er sie so genarrt hatte. Sie wußten, daß er abends immer in ein Wäldchen ging, das er hatte, um auf die Diebe aufzupassen; sie wußten, dort würden sie ihn sicher jeden Abend treffen, und dort wollten sie ihn erschlagen.

Das Mädchen geht ja schnell nach Hause und erzählt ihm alles. Da sagt er zu seiner alten Urgroßmutter, ob sie an diesem Abend nicht an seiner Statt in das Wäldchen gehen wolle, denn er fühle sich nicht ganz wohl; aber sie solle seine Kleider anziehen, denn wenn dort ein paar Diebe wären, würden sie keinen Respekt vor ihr haben, wenn sie in ihren eigenen Kleidern käme. Sie geht auch wirklich in das Wäldchen, und die Schildbürger kommen und schlagen sie tot; sie wußten ja nichts anderes, als daß es der Bauer sei. Er aber konnte sich denken, zu welcher Zeit sie etwa in das Wäldchen kommen würden, und als sie ihre Sache verrichtet hatten, ging er dorthin und brachte die Alte nach Hause.

Am anderen Morgen lädt er sie auf einen Wagen und fährt mit ihr nach Aarhus. Unterwegs kauft er irgendwo zwei Fuder Äpfel. Wie er in Aarhus auf den Markt kommt, setzt er die tote Urgroßmutter mit den schönsten Äpfeln oben auf den Wagen und gibt ihr so einen schönen roten Apfel in die Hand. Da kommt ein Herr vorbei und fragt sie, was die Äpfel kosten. Sie antwortet nicht. Er fragt sie noch einmal, aber sie gibt ihm keine Antwort, und da gibt er ihr eine solche Ohrfeige, daß sie mausetot auf die Straße kollert.

Da springt der Bauer vom Wagen und ergreift ihn am Kragen: Was ihm einfiele, seine Urgroßmutter zu erschlagen! Er müsse ihm sofort zur Polizei folgen!

Nein, ach nein, er solle ihn laufen lassen, sagte der Herr, er wolle ihm hundert Reichstaler geben.

»Nein, das genügt nicht«, sagte der Bauer, »aber wenn du mir fünfhundert Taler gibst, dann zeige ich dich nicht an.«

Der andere meinte, das wäre viel Geld, aber er wollte es ihm doch lieber geben, als daß er bei der Behörde angezeigt werde.

Als der Bauer dann das viele Geld bekommen hatte, verkaufte er schnell seine Äpfel und fuhr nach Hause. Wo er die Urgroßmutter ließ, weiß ich nicht.

Zu Hause angekommen, wollen die Schildbürger ja wissen, was für einen Handel er mit der alten Urgroßmutter gemacht habe.

»Ha, ihr dachtet ja, ihr hättet mir einen schönen Schabernack gespielt, als ihr gestern abend meine Urgroßmutter statt meiner erschlugt; wenn man aber bedenkt, was alte Weibsbilder in Aarhus kosten, dann ist der Schaden nicht so groß.«

Was die schon kosten könnten, sagen sie.

»Sie kosten fünfhundert Taler das Stück«, erwiderte er.

»Das ist eine alte Lüge«, sagen sie, »du willst nur haben, daß wir unsere alten Weiber erschlagen wie du uns dazu bekommen hast, unsere Pferde totzuschlagen und unsere Öfen abzureißen. Du brauchst dir nicht einzubilden, daß du uns zum Narren halten kannst, jetzt sind wir ein bißchen klüger geworden.«

»Wenn ihr mir nicht glauben wollt«, sagt er, »so könnt ihr

ja hier die zweihundert Taler sehen, die ich für meinen zerbrochenen Ofenlehm bekam, und hier könnt ihr die vierhundert Taler sehen, die ich für meine Pferdehäute bekam, und da könnt ihr hier die fünfhundert Taler sehen, die ich für meine alte Urgroßmutter bekommen habe«, und dabei legt er das ganze Geld auf den Tisch.

Was haben sie nichts Eiligeres zu tun? Sie gingen alle nach Hause und schlugen ihre alten Weiber tot und fuhren mit ihnen nach Aarhus. Dort fuhren sie die Straßen auf und ab und schrieen: »Wer will alte Weiber kaufen, fünfhundert Taler das Stück!«

Nanu, meinten die Leute in der Stadt, jetzt sind die Schildbürger wohl ganz verrückt geworden; und zuletzt mußten sie sehen, daß sie schleunigst aus der Stadt kamen, sonst hätte man sie eingesperrt.

Zu Hause angekommen, beschließen sie, daß sie ihn ins Meer werfen wollen, denn jetzt sollte es um sein Leben geschehen sein. Sie finden einen großen Sack, in den sie ihn hineinstecken wollen, und begeben sich zu dem Bauern.

Es waren ihrer so viele, daß er das Nutzlose eines Widerstandes einsehen konnte, und so steckten sie ihn in den Sack. Unterwegs, wie sie ihn so tragen, kommen sie an einer Kirche vorbei. Da fällt ihnen ein, daß sie erst noch da hineingehen und ein Gebet beten wollen, und lassen den Sack draußen am Wege liegen.

Da liegt er nun und sagt: »Ich will ja gar nicht in den Himmel, ich will ja gar nicht in den Himmel!« Da kommt ein alter Mann vorbei, der ein paar Kühe vor sich hertreibt, und hört, was der Mann im Sacke sagt. »Da möchte ich aber gern hin«, sagt er.

»Dann brauchst du nur den Sack zu öffnen, in dem ich bin«, sagt der Bauer, »und hineinzukriechen, dann treibe ich schon dein Vieh nach Hause.«

Kurz und gut, er öffnet den Sack, und sie wechseln die Plätze. Der Bauer sagt zu ihm: »Wenn jetzt ein paar Leute kommen, und mit dir weitergehen, dann sollst du, gleichgültig was sie auch sagen mögen, nur sagen: »Ich will ja gar nicht in den Himmel!«

Das versprach er, und dann bindet der Bauer den Sack zu und geht mit dem Vieh davon. Wie die Schildbürger nun aus der Kirche kommen, liegt der Alte ja da und sagt: »Ich will ja gar nicht in den Himmel!« Seine Stimme war auf einmal so rostig geworden.

»Hast du aber eine rostige Stimme bekommen, während wir da drinnen waren«, sagen sie; er aber sagt immer nur dasselbe, und sie schleppen ihn weiter. Wie sie nun an den Strand kommen, sind sie so geizig, daß sie es nicht übers Herz bringen, den Sack mit ihm zu ersäufen; sie öffnen ihn und schwingen ihn so weit hinaus, wie sie können, ohne ihn eines Blickes zu würdigen. Jetzt waren sie froh, daß sie ihn los waren, und begeben sich noch so vergnügt auf den Heimweg. Der Alte war und blieb da draußen.

Wie sie aber in die Nähe des Dorfes kommen, begegnen sie dem Bauern, den sie ertränkt hatten, und er schwingt seine Peitsche und ruft: »Hüt, hüt, hau! Hier komme ich mit all meinem Vieh!«

»Was? Bist du immer noch da?« rufen sie.

»Ja«, sagte er, »und man sollte euch strafen, daß ihr mich nicht weiter hinausgeworfen habt. Da weideten so große und fette Tiere, aber ich konnte sie nicht erreichen. Jetzt habt ihr mir so viel zuleide getan, könnt ihr mir nun auch einen Gefallen tun?«

Was das sein sollte?

»Wollt ihr mich nicht noch etwas weiter hinauswerfen, damit ich mir auch etwas von dem großen Vieh mit an Land nehmen kann?«

Nein, das wollten sie selber haben, sagten sie. Und sie laufen alle an den Strand hinab und werfen sich gegenseitig ins Wasser, so weit sie können, und der letzte watete hinaus; als er nicht mehr waten konnte, sprang er so weit er konnte.

Und sie blieben alle da draußen, alle ohne Ausnahme, und kamen nie je ans Land mit auch nur einem einzigen Stück Vieh.

Der Bauer aber, der sie so genarrt hatte, herrschte allein auf Mols, und alle Leute, die man heute auf Mols findet, stammen von ihm ab, und seit dieser Zeit gibt es nur ehrliche Leute auf Mols.

24. Peter Rothut

Es war einmal eine Prinzessin drüben in England, die war so schön, daß es ihresgleichen nicht mehr gab, und das ließ sie wirklich in die Zeitung setzen, aber sie war zugleich so stolz, daß sie sich kaum selbst kannte. Unzählige freiten um sie, aber alle bekamen ein Nein zu hören. Der König hier in Dänemark hatte einen Sohn, der sich selbst auch für einen stattlichen Kerl hielt, und dem kam es denn in den Sinn, auszuziehen und um die Prinzessin anzuhalten. Also fuhr ein Schiff aus und ein großes Gefolge mit ihm.

Als er in London ankam, ging er ins Schloß und trug seine Absicht dem König vor. Der König hatte nichts dagegen, aber die Prinzessin sollte ihren freien Willen haben, sagte er, und so wurde sie hereingerufen; aber als der Prinz ihr seinen Antrag machte, warf sie den Kopf zurück und sagte, daß sie nicht mehr von ihm wissen wolle als von ihres Vaters Schuhbürste oder Wichsschachtel. Damit konnte er abziehen.

Nun nahm er sich vor, daß er ihr als Entgelt für diese Antwort einen Streich spielen wolle. Da ging er zum Schiff hinunter und ließ seine Sachen ans Land tragen und in einem Gemach unterbringen, das er gemietet hatte, und dann ließ er alle seine Leute heimsegeln und seinem Vater ausrichten, daß er fürs erste nicht käme.

Darauf sagte er zu seinem Diener, er solle in die Stadt gehen und den ärgsten Vagabunden ausfindig machen, der vorhanden sei, und mit ihm die Kleider tauschen. Der Diener ging die Straßen auf und ab und sah manche arme Teufel, aber er sollte ja den elendesten aussuchen.

Da hörte er ein Gespräch unten in einem Keller und ging hinunter. Dort war einer, den man Peter Rothut hieß, und der war der verlumpteste von allen, die er bisher gesehen hatte. Der Diener fragte ihn, ob er die Kleider mit ihm tauschen wolle? Peter Rothut wurde wild und wütend, weil er glaubte, der andere wolle ihn zum Narren halten. Aber es war ihm voller Ernst, und so wurde der Tausch vollzogen. Peter hatte einen erschrecklich großen, breitrandigen Hut, den kannte man in der ganzen Stadt; diesen bekam der Diener auch. Nun kam er zurück zum Prinzen mit dieser Gewandung, und die Sache machte sich ausgezeichnet.

Inzwischen war der Prinz bei einem Goldschmied gewesen, um einen Goldrocken, eine goldene Spindel und eine goldene Garnwinde zu bestellen, und als das fertig war, zog er Peter Rothuts Kleider an und ging mit dem goldenen Rocken in des Königs Garten. Da setzte er sich und spann direkt vor den Fenstern der Prinzessin.

Als sie aufwachte und den Peter Rothut dasitzen und an einem Goldrocken spinnen sah, schickte sie sofort eines von ihren Mädchen zu ihm hinunter; einen schönen Gruß von der Prinzessin und ob sie ihm nicht den Rocken abkaufen könnte. Doch, das könne sie wohl, aber er wolle selbst mit ihr reden. Dazu hatte sie zwar keine große Lust, aber sie hatte noch nie etwas so Schönes gesehen wie den Rocken, und das Verlangen danach war so stark, daß sie sich entschloß, zu Peter hinunterzugehen. Da fragte sie ihn, was er dafür haben wolle. Nichts, als daß er die Nacht über in ihrer Kammer sitzen dürfe.

Die Prinzessin wurde halbwegs zornig und drehte sich auf dem Absatz herum mit den Worten: »Nein, pfui, so ein Schwein sollte in meiner Kammer sitzen!« Das ließ sich also nicht machen; aber auf andere Weise könne sie den

Rocken nicht bekommen, sagte er, und er sei für Geld nicht feil. Die Prinzessin schaute nach dem Rocken, und das Verlangen wurde je länger, je stärker, so daß sie zuletzt ohne den Rocken nicht mehr hätte leben können; da redete sie mit ihren Hofdamen darüber, ob sie dächten, man könne es einrichten. Die meinten, daß es nicht gar so schlimm sei, wenn er versprechen wolle, auf dem angewiesenen Platz sitzenzubleiben, und wenn sie die Nacht über als Wache in dem Gemach blieben.

Also erhielt sie den Rocken, und als es Abend wurde, kam Peter Rothut und setzte sich auf einen Stuhl an einen kleinen Tisch. Da blieb er die ganze Nacht sitzen und rührte sich nicht von der Stelle. Am Morgen mußte er weggehen, und da ging er hinunter und nahm seine goldene Haspel.

Die Prinzessin schlief lang in den Tag hinein, und als sie aufstand, sah sie Peter Rothut unten im Garten sitzen und das Garn haspeln, das er gestern gesponnen hatte. Als die Prinzessin die Haspel zu Gesicht bekam, schickte sie eines von ihren Mädchen hinunter, einen schönen Gruß und ob sie ihm die Haspel nicht abkaufen könnte. Ja, das könne die Prinzessin wohl, aber er wolle selbst mit ihr reden. Da kam sie zu ihm hinunter, denn sie hatte großes Verlangen nach der Haspel, und sie paßte auch zum Rocken, wie ihr schien. »Was kostet sie?« fragte sie ihn. Sie sollte nicht mehr kosten, als daß er über Nacht an ihrem Bett sitzen dürfe. »Nein, pfui, Peter Rothut neben meinem Bett zu haben!« rief sie, »das geht niemals an!« Aber auf andere Art konnte sie die Haspel nicht bekommen.

Da ging sie hinein zu ihren Hofdamen und fragte, ob sie nicht meinten, man könne ihn neben dem Bett sitzen lassen, wenn sie alle zwölf dabeisäßen und man drei, vier Lichter auf den Tisch stelle, denn es war ihr so sehr darum zu tun, die Haspel zu bekommen. Sie sagten, wenn sie den Tisch mit fünf Lichtern darauf dicht neben das Bett hinstellten und sie sich um den Tisch dicht an das Bett hinpostierten, so meinten sie, es könne angehen. Sie bekam also die Haspel, und als es Abend wurde, kam Peter Rothut und setzte sich auf einen Stuhl neben ihr Bett, sobald sie darin lag. Aber die Prinzessin kam in dieser Nacht nicht viel zum Schlafen, weil Peter Rothut dasaß und sie die ganze Nacht anschaute.

Als es Tag wurde, mußte er wieder gehen, und da ging er heim und nahm die goldene Garnwinde, denn jetzt mußte er das Garn winden, das er am vorigen Tag gehaspelt hatte.

Die Prinzessin schlief etwas lange, aber als sie aufstand und ans Fenster kam, saß da Peter Rothut und wand Garn mit größtem Eifer. Gleich verliebte sie sich in die Garnwinde, denn eine ebenso schöne hatte sie noch nie gesehen, und wenn sie die bekam, so hätte sie die Geräte alle zusammen gehabt. Da schickte sie eine ihrer Damen hinunter, einen schönen Gruß von der Prinzessin, und ob sie nicht die Garnwinde kaufen könnte? Ja, das könne sie freilich, aber er wolle selbst mit ihr reden. So mußte sie zum dritten Male zu Peter hinunter. Was die Garnwinde kosten solle, fragte sie. Sonst nichts als daß er heut nach im Bett der Prinzessin liegen dürfe. Nein, pfui, den Peter Rothut im Bett liegen zu haben, das könnte niemals sein, das sei ganz unmöglich, und sie wurde zornig.

Aber die Garnwinde war auf anderem Wege nicht zu bekommen, und so beratschlagte sie sich mit ihren Hofdamen darüber. Die meinten, wenn sie zwölf Stühle vor das Bett stellten und auf jedem Stuhl eine von ihnen mit einem Licht in der Hand säße, so könne das noch angehen, denn sie wußten ja, was die Prinzessin wünschte.

Die Prinzessin bekam die Garnwinde, und als es Abend wurde und sie zu Bett gegangen war, kam Peter Rothut. Sie legte sich, so nah sie konnte, an die Wand hinüber, und er erhielt den Befehl, sich so eng er könne ans Fußende zu legen. Da fing er an, sich auszuziehen; ein Stück warf er dahin, das andere dorthin, und seinen großen roten Hut warf er vor die Tür. Dann ging er ins Bett und gleich darauf fing er zu sägen an, daß es nur so dröhnte.

Nun hatten die Hofdamen schon zwei Nächte Wache gehalten, und sie fielen in Schlaf, die eine um die andere; die Lichter sanken ihnen aus den Händen und gingen aus, und zuletzt brannte nur noch ein einziges Licht, alle die anderen Damen schliefen. Da sagte die Prinzessin, sie fände, er schliefe so unerhört fest, daß man ruhig das Licht auslöschen könne, wenn die Hofdamen nur bereit seien zu kommen, wenn sie riefe. Aber es wurde nicht nach den Damen gerufen, und sie schliefen alle zusammen sehr lang in den Morgen hinein, so daß der König hinaufkam, um nach seiner Tochter zu sehen, aber als er die Tür aufmachen wollte, konnte er nicht wegen Peters Hut, den mußte er erst wegschieben.

Der König erkannte den Hut sogleich und wurde erschrecklich böse. Peter Rothut mußte auf und in die Kleider und hinaus so schnell wie möglich, und dann kam die Tochter daran, sie wurde des Landes verwiesen und mußte noch desselbigen Tages fort. Sie mußte sich darein schicken und sehen, daß sie fortkam. Etwas Geld bekam sie mit, aber das war viel zu wenig, da sie doch für sich selbst sorgen mußte und das Reisen auf eigene Hand nicht gewöhnt war.

Als sie fortfuhr, saß Peter Rothut hinten auf, und als sie an ein Wirtshaus kam, um da über Nacht zu bleiben, wollte Peter Rothut auch dableiben. Sie richtete sich aufs feinste ein, aber Peter Rothut so einfach wie möglich. Am nächsten Tag fuhr sie weiter und so ging das mehrere Tage, aber Peter sorgte immer dafür, daß er gleich weit kam wie sie.

Mit der Zeit nahm das Geld der Prinzessin ein Ende, so daß sie zu Fuß gehen mußte. Peter nahm ein paar gute Vesperbrote mit, und als die Prinzessin aufbrach, ging er auch. Er ging an ihr vorbei und sagte guten Tag, aber sie gab keine Antwort und wollte nicht auf die Seite sehen, wo er war.

Da kamen sie abends an ein Wirtshaus, und sie bekam die feinsten Zimmer, aber Peter mußte sich mit viel Geringerem begnügen.

Am nächsten Tag ging er wieder an ihr vorbei, und als er guten Tag sagte, da konnte sie sich endlich nach ihm umsehen und für den Gruß danken. Da fragte er sie, ob sie nicht ein Vesperbrot wolle. Ja, das könne sie gut brauchen, ihr Geld gehe schnell zur Neige; sie könne bald nicht mehr ein Nachtlager bezahlen. Da sagte Peter, er wolle für sie bezahlen. Sie kamen in ein Wirtshaus, und am nächsten Morgen gingen sie zusammen von da weg. Da sagte er, er könne nicht weiter mehr für sie bezahlen, denn sein Geld gehe auch zu Ende.

Nun kamen sie an ein Wasser und mußten hinüber, und da bezahlte Peter für sie beide. Als sie drüben waren, war es Abend, und sie mußten wieder nach einem Nachtquartier suchen. Sie konnte nicht bezahlen, und er konnte auch nicht mehr, sagte er, so daß sie ganz übel dran waren und ihnen nichts anderes übrig blieb, als in einem Bett zu schlafen. Da sagte sie, das träfe sich ja, sie hätten ja zuvor schon einmal in einem Bett gelegen.

Jetzt waren sie in dem Land, wo der Prinz her war, und da kamen sie an einen Wald, der war dicht beim Königsschloß. Nun mußte sie ja Gott danken für Peter Rothut, denn sie hatte ja niemand anderes, an den sie sich halten konnte; und sie fanden eine winzige Hütte im Wald, wo sie blieben. Da sagte er: »Was sollen wir jetzt anfangen? Wir haben keinen Schilling mehr.« Sie wußte keinen Rat. »Da bleibt uns nichts anderes übrig«, sagte er, »als daß wir herumziehen und betteln, denn stehlen können wir doch nicht.«

So machten sie aus, daß sie in der Hütte sich ein- oder zweimal am Tag treffen wollten. Sie richtete ein paar Säckchen her für Mehl und Grütze und Brotbrocken, und so trennten sie sich, und jedes ging seiner Wege für diesen Tag.

Er ging natürlich heim in sein Schloß und holte sich einen

großen Beutel voll Geld in die Tasche, aber sie ging herum und sammelte Brocken, wie die Leute sie ihr gaben, und am Abend trafen sie sich wieder. Er fragte sie, was für einen Fang sie gemacht habe, und sie zeigte ihre Sachen her, ein paar Stücke Brot, ein wenig Mehl und Grütze und ein paar Stückchen Fleisch. »Ach«, sagte er, »dabei kommt nichts heraus, wenn du betteln gehst, nein, schau nur, was ich habe.« Er zog einen großen Beutel aus der Tasche mit viel Geld darin, das hätte er sich den Tag über gesammelt, sagte er. »Aber wir sollten uns eher für einen Dienst sorgen.«

Ja, das sollten sie wohl.

»Aber was kannst du arbeiten?« fragte er.

Am liebsten würde sie eine Stelle als Nähmädchen haben.

Das wisse er nicht, ob sie gerade das werden könne, aber er wisse ihr einen Dienst als Spülmädchen. Es sollte nämlich am folgenden Tag große Tafel bei Hofe gehalten werden, weil der Prinz heimgekommen war und Hochzeit machen wollte, nach dem, was die Leute sagten.

Dann machte er sie glauben, daß er auch auf dem Schloß eine Stelle gefunden habe und dort Holz hacken solle, und daß das mit dem Dienst sich gut so träfe. »Aber könntest du es nicht einrichten, daß du mir um die Mittagszeit einen Topf voll Suppe zuträgst von dem, was sie auf der Tafel übrig lassen?«

»Ja, aber wie soll ich das anfangen«, sagte sie, »und ihn dir zutragen, ohne daß man es merkt?«

»Du kannst ja unter deinem Kleid dir einen Strick um den Leib binden und den Topf daranhängen.«

Sie war auch der Meinung, daß das sich machen ließe, und bekam Bescheid, welchen Weg sie gehen sollte, um ihn zu finden.

Am Morgen kam sie hinauf ins Schloß und fing ihre Arbeit an. Sie gaben ihr ein paar alte Kessel zu scheuern, und sie scheuerte sich fast die Haut ab. Aber der Prinz hatte im voraus dem Koch Bescheid gegeben, daß zu einer bestimmten

Stunde ein Mädchen kommen würde, und daß sie ihr tüchtig Arbeit geben könnten, aber sie dürfe nicht belästigt und nicht gestoßen oder geschlagen oder unsanft angerührt werden.

Als die Herrschaft zu Mittag gegessen hatte, fragte das Küchenmädchen um Erlaubnis, ein wenig in die Stadt zu gehen, und füllte sich einen kleinen Henkeltopf mit Suppe und Fleisch, den band sie unter ihre Röcke und machte sich auf den Weg zu Peter Rothut. Sie mußte an mehreren Türen vorbei, wo Türhüter standen, und die luden sie ein, hineinzukommen und einen Tanz mitzumachen, denn heut dürfe in den Saal kommen und tanzen, wer da wolle. Aber sie entschuldigte sich, sie habe keine Zeit. Endlich erblickte sie das Tor, wo sie Weisung hatte hineinzugehen, aber da kam einer und nahm sie mit sich und schleppte sie in den Saal hinein, wo das Gelage war. Gleich kam der Prinz und holte sie zum Tanz, und sie mußte sich's gefallen lassen, wie sie ging und stand; aber sie kannte ihn nicht, denn er hatte seine Königskleider an.

Die Musik fing an, und der Prinz trat zu einem gehörigen Tanz mit ihr an, daß die Klöße und Brocken nur so über den Fußboden kugelten. Man fragte gleich, woher das käme, weil noch andere Leute auch mittanzten. Aber sie gab sofort zu, daß sie daran schuld sei. Sie hätte einen Schatz, der auf dem Schloß im Dienst sei, und zu dem hätte sie hinübergehen wollen mit einem kleinen Topf Suppe.

Da fragte der König, welchen Weg sie hätte gehen sollen. Er hätte gesagt, sagte sie, sie solle zu der Tür hinein, die auf der rechten Seite des Schloßportals liegt.

Da fragte der König wiederum, ob sie den Mann kennen würde, wenn sie ihn sähe. Freilich würde sie ihn kennen, sie seien ja viele Meilen weit zusammen gereist. »Dann such ihn heraus«, sagte der König, »denn hier sind alle Leute darin, die auf dem Schloß bedienstet sind.« Nein, da sei er nicht, sagte sie. Aber der König sprach noch weiter mit ihr und inzwischen stahl sich der Prinz hinaus und zog seine alten Kleider an, die er anhatte, als er mit ihr zusammen war, und ging außen am Fenster vorbei, an dem sie stand. Da deutete sie hinaus nach ihm und sagte: »Da geht er, da ist gerade mein Schatz!« Da kam er zu ihnen hinein, und kaum der König selbst konnte ihn erkennen, so wie er jetzt aussah. Da sagte er: »Glaubst du nicht, es wäre dir besser gegangen, wenn du den Königssohn aus Dänemark genommen hättest, den du so ausgelacht hast?«

»Ach, sprich nicht davon«, sagte sie, »ich habe schon genug Sorgen, so wie es mir jetzt geht.«

»Ja, aber wenn er dich jetzt noch haben wollte, glaubst du, daß er dir gut genug wäre?«

»Das wäre freilich schön«, sagte sie, »aber die Gelegenheit wird mir nicht mehr kommen!«

»Es könnte doch sein«, sagte er, »wenn du mir geloben willst, daß der Hochmut nicht wieder Macht über dich bekommen soll.«

Da erzählte er denn seinem Vater und den Gästen, das sei die Prinzessin, um deren willen er nach England gereist sei; daß er aber solchen Schabernack mit ihr getrieben habe, weil sie gar so stolz war, als er das erstemal zu ihr kam, und ihn nicht einmal ansehen wollte. Aber jetzt glaube er doch, daß sie sich geändert habe, und deshalb sei die Zeit jetzt gekommen, daß sie erfahren dürfe, wer er sei, und wieder aus ihrer Niedrigkeit erhoben werde. Da wurden ihr Kleider gebracht, und er legte Peter Rothuts Kleider ab, und es wurde gleich Hochzeit gehalten.

Da er Erbprinz im Reich war, wurde er nach seines Vaters Tod König, und sie wurde wie billig Königin von Dänemark. Aber ihre Eltern hegten immer einen Groll, weil er sie so gedemütigt hatte.

25. *Das Schwein*

Es war einmal eine Frau, die hatte drei Töchter, und die sollten eines Tages Flachs schwingen. Wie sie draußen waren, kam die Mutter, um nach der Arbeit zu sehen. Da kam ein Schwein in den Garten gerannt und fraß von dem Kohl. Die Frau sagte zu ihrer ältesten Tochter, sie solle hingehen und es fortjagen, und die Tochter lief mit der Flachsschwinge in der Hand auf das Schwein zu.

Als sie aber in die Nähe kam, rief dieses: »Kraul mich, kraul mich!« — »Ja, ich will dich schon kraulen, daß es dir Angst wird!« sagte das Mädchen und rannte dem Schwein nach, und das lief eiligst in den Wald; aber da kam ein so dichter Nebel, daß das Mädchen sich verirrte, und da ging das Schwein hinter ein Gesträuch und kam als Mensch wieder hervor und sagte zu dem Mädchen, es solle mit ihm gehen; sie würde es gut und nichts anderes zu arbeiten haben, als für sie beide das Essen zu besorgen, im übrigen könne sie tun, was sie wolle. Das Mädchen konnte den Heimweg nicht mehr finden, denn sie war ganz in der Irre, und da ging sie mit dem Schwein.

Am nächsten Tag war die Mutter mit den zwei anderen Töchtern beim Backen; da sahen sie wieder ein Schwein draußen im Garten, und die Mutter sagte zu der zweiten Tochter, sie solle schnell gehen und es aus dem Garten jagen. Sie rannte mit dem Schürhaken in der Hand hinaus, das Schwein rannte auch und sie hinterdrein in den Wald, und da kam auf einmal ein so dichter Nebel, daß sie sich verirrte, und auf einmal sah sie das Schwein nicht mehr, aber es stand ein Mann vor ihr, der sagte zu ihr wie zu ihrer Schwester, sie solle mit ihm heimgehen, sie brauche nichts zu arbeiten und dürfe all sein Silber und Gold sehen; nur in eine Kammer dürfe sie nicht hinein.

Am dritten Tag war die Mutter mit der jüngsten Tochter beim Flachshecheln, und da sahen sie wieder ein Schwein im Garten. Die Tochter wollte hinausgehen und es verjagen, aber die Mutter wollte es nicht erlauben, weil sie fürchtete, sie würde auch nicht wiederkommen wie die beiden anderen. »Nein«, sagte die Tochter, »ich will schon achtgeben«, und sie rannte dem Schwein nach. »Kraul mich, kraul mich!« rief es. »Ja, ich will dich schon kraulen«, schrie sie und schlug auf das Tier ein. »Ja, du kannst mich kraulen«, sagte das Schwein und rannte dem Wald zu und sie hinterdrein. Aber da kam wieder ein dichter Nebel, so daß sie den Weg nicht mehr fand, und das Schwein verwandelte sich in einen Menschen und sagte zu ihr, sie solle mit ihm heimgehen und seine Frau werden. Sie brauche nur für das Essen zu sorgen für sie beide, und nur in zwei Kammern dürfe sie nicht hinein – das waren eben die Kammern, wo er ihre beiden Schwestern hielt; aber das konnte sie ja nicht wissen.

Den Heimweg konnte sie nicht mehr finden, und da folgte sie ihm eben. Sie hatte es auch gut bei ihm, und es war so viel Gold und Silber da, daß es ganz unheimlich war. Aber trotzdem war sie nicht glücklich, denn sie wußte, daß ihre Mutter Sehnsucht nach ihr hatte; aber wie sie jemals wieder heimkommen sollte, das konnte sie sich nicht denken.

Der Mann war den ganzen Tag fort und sie war allein zu Hause, und da schaute sie eines Tages durch das Schlüsselloch in die Kammern, die sie nicht betreten durfte, und da sah sie, daß ihre Schwestern drinnen waren. Sie rief ihnen zu, und sie beredeten sich durch die Schlüssellöcher, wie sie wieder zusammenkommen und den Weg nach Hause finden könnten. Die eine Schwester wußte, daß der Schlüssel zu den Kammern auf einem Sims beim Herd lag, und das Mädchen holte ihn gleich, und nun konnte sie ja bei ihnen aus- und eingehen, wie es ihr paßte. Da überlegte sie sich, wie sie wohl den Mann anführen könnte, daß sie wieder heim zu ihren Eltern kämen, die sicher in großer Sorge um sie schwebten und nicht wissen konnten, wo sie geblieben waren.

Als der Mann am Abend heimkam, beklagte er sich über

die schlimme Kälte. »Ja, wir können es wohl aushalten«, sagte sie, »aber was meinst du, wie es meinen armen Eltern bei dieser strengen Kälte geht: sie haben nur harte Kieselsteine zu brennen, und die sind heute so gut wie gestern und morgen so gut wie heute.«

Da sagte er, er habe ja nichts dagegen, wenn man ihnen Brennmaterial zukommen lasse; er wolle diesen Abend noch ausgehen, und sie solle Kohlen in einen Sack tun und ihn zubinden, er wolle sie dann selbst den Eltern bringen. Sie dankte ihm dafür und war sehr zufrieden. Dann nahm sie einen Sack und tat zuunterst Silber und Gold und dann ihre eine Schwester hinein und Kohlen darüber, damit er nichts merken sollte, und sagte zu ihrer Schwester: »Wenn er nun mit dir unterwegs ist, wird er wohl in den Sack schauen, aber dann mußt du sagen: ich seh dich schon, ich seh dich schon! Dann glaubt er, ich sei es, die ihm aufpaßt.«

Der Mann kam und holte den Sack, und das Mädchen sagte, er dürfe ihn nicht aufmachen, sie werde ihm nachschauen und aufpassen, daß er ihn auch wirklich zu ihren Eltern trage. Er ging mit dem Sack fort; aber als er ein Stück gegangen war, sagte er:

»Der Weg ist weit
Und die Last ist schwer,
Wenn ich nur wüßt, was im Sack drinnen wär?«

Aber da rief die Schwester im Sack: »Ich seh dich wohl, ich seh dich wohl!« Da bekam der Mann Angst, denn er glaubte, seine Frau könne ihn sehen, und er sagte:

»Verflucht deiner hellen Augen Strahl!
Du kannst ja sehn über Berg und tiefes Tal!«

Und er ging eiligst in ihr Elternhaus und schmiß den Sack zur Tür herein und sagte, da hätten sie etwas zum Heizen. Die Eltern machten sogleich den Sack auf und freuten sich sehr: nun hatten sie ja ihre älteste Tochter wieder.

Der Mann kam heim und war müde und ging nicht in die Kammern wie sonst. Und am nächsten Tag sagte seine Frau wieder zu ihm, es sei so furchtbar kalt, und sie fürchte, ihre Eltern hätten die Kohlen schon verbrannt, ob er nicht am Abend wieder einen Sack hintragen wolle? Ja, sagte er, sie solle ihn nur herrichten. Da tat sie wie das letztemal Silber und Gold zuunterst und darauf die andere Schwester und darüber Kohlen. Und sie sagte dieser Schwester dasselbe wie der anderen. Dann kam der Mann und schleppte den Sack davon, und es ging wie das letztemal. Als er ein gutes Stück gegangen war, sagte er:

»Der Weg ist weit
Und die Last ist schwer,
Wenn ich nur wüßt, was im Sack drinnen wär?«

Aber da rief die Schwester im Sack: »Ich seh dich wohl, ich seh dich wohl!« Der Mann meinte wieder, seine Frau passe ihm auf, und sagte:

»Verflucht deiner hellen Augen Strahl!
Du kannst ja sehn über Berg und tiefes Tal!«

Und er ging eiligst zu ihren Eltern und schmiß den Sack klobig zur Tür herein. Wie er heimkam, wollte er in die Kammern schauen, aber da sagte seine Frau, das sei doch heute abend nicht mehr nötig, das Essen sei fertig, und nun solle er doch endlich kommen. Also ging er auch diesen Abend nicht in die Kammern.

Am nächsten Tag war er nicht zu Hause und konnte auch nicht in seinen Kammern nachsehen, und als er heimkam, sagte seine Frau wieder zu ihm, ihre Eltern stürben gewiß eines elenden Todes bei dieser Kälte, und ob sie nicht doch noch einen Sack Kohlen bekommen könnten. »Ja, ja«, sagte der Mann, einen wolle er ihnen noch schenken. »Aber alle guten Dinge sind drei«, und mehr bekämen sie nicht. Es sei schon recht, sagte sie, wenn er ihnen nur noch den einen schenken wolle, so werde sie nie mehr weiteres von ihm verlangen. »Aber mir ist nicht recht wohl heute«, sagte sie, »und wenn ich vielleicht den Sack nicht zugebunden habe, so bin ich ins Bett gegangen, und du bist so gut und bindest ihn selber zu.« Ja, ja, sagte der Mann.

Wie nun der Mann fort war, nahm sie zuallererst einen großen Armvoll Stroh, band ein großes Handtuch darum und legte es ins Bett. Dann tat sie erst Gold und Silber in einen Sack, kroch selber hinein und deckte sich so gut als möglich mit Kohlen zu. Als der Mann kam und sah, daß der Sack nicht zugebunden war und die Kohlenschaufel noch daneben stand, war es ihm ganz klar, daß seine Frau ins Bett gegangen war. Also band er den Sack zu und ging damit fort. Als er ein Stück weit gekommen war, sagte er:

»Der Weg ist weit
Und die Last ist schwer,
Wenn ich nur wüßt, was im Sack drinnen wär?«

Aber da rief die Frau im Sack: »Ich seh dich wohl, ich seh dich wohl!« – »O weh!« sagte der Mann,

»Verflucht deiner hellen Augen Strahl!
Du kannst ja sehn über Berg und tiefes Tal!«

Und er lief eiligst mit dem Sack zu ihren Eltern, schmiß ihn zur Tür hinein und brummte, da hätten sie ihn, aber mehr bekämen sie nicht. Sie bedankten sich sehr und waren sehr froh, denn nun hatten sie ja alle ihre drei Töchter wieder. Er hatte sie geholt und auch wiedergebracht und wußte nicht einmal etwas davon.

Als er nun heimkam, nahm er sich endlich die Zeit, in die Kammern zu schauen – und die waren leer. Da lief er ans Bett und wollte nach seiner Frau sehen; er schrie sie an und schüttelte sie, aber er hatte ja nur das Strohbündel in der Hand. Und da merkte er, daß er angeführt war, und da wurde er so böse, daß er in lauter Kieselsteine zersprang, wie sie uns jetzt die Füße ritzen.

26. *Die drei guten Ratschläge*

Es lebte einmal weiter im Norden ein Mann, der hatte nur einen einzigen Sohn, der sollte einmal alles erben, was er besaß. Vor seinem Tod ließ er seinen Sohn vor sich kommen und gab ihm drei Ratschläge. Wenn er sie befolgen würde, solle es ihm gut gehen. Zum ersten: wenn er seine Freunde besuchen wolle, so solle er es nicht zu oft tun; zum zweiten: wenn er etwas verkaufen wolle, solle er nicht zuviel dafür verlangen; und zum dritten: wenn er heiraten wolle, solle er sich die Braut nicht von weit her holen. Damit starb der Alte.

Der Sohn blieb nun einige Zeit allein auf dem Hof; aber schließlich wurde es ihm zu trübselig, und da er in einem anderen Dorfe Verwandte hatte, so fuhr er dorthin zu Gast. Er wurde sehr freundlich aufgenommen; sie freuten sich so über seinen Besuch, daß sie nicht wußten, was sie ihm zuliebe tun sollten. Sie traktierten ihn aufs allerbeste, und am Abend, als er heimfuhr, baten sie ihn, ja recht bald wiederzukommen, je eher, je lieber.

Am nächsten Tag fuhr er wieder zu Gast zu ihnen. Sie nahmen ihn sehr gut auf, aber doch nicht so gut wie das letztemal. Sie traktierten ihn auch gut, aber als er wegfuhr, hießen sie ihn wiederkommen, wann es ihm passe. Aber es lag ihnen doch nicht so viel daran, daß er so bald wiederkommen sollte, und kaum war er fort, so sagte der Herr des Hauses, es sei wohl das beste, wenn sie selbst nun irgendwohin zu Gast führen, dann träfe er niemand zu Hause, wenn er morgen kommen sollte. Das taten die Leute auch, und als er zum drittenmal kam, war niemand zu Hause. Da mußte er den ganzen Tag bei der Dienerschaft bleiben und bekam von ihnen Essen, und als er abends heimfuhr, erhielt er, wie es in der Gegend Brauch war, ein Stück trockenes Brot und drei gesalzene Heringe. Das nahm er mit nach Hause und die drei Heringe hängte er auf seinem Speicher auf. So oft er sie sah, wollte er daran erinnert sein, daß er den Rat seines Vaters nicht befolgt hatte. Dann fiel es ihm ein, daß er einen Hengst verkaufen wollte, und er fuhr damit zum Markt. Unterwegs begegnete er einem Mann, der fragte, was er mit dem Hengst wolle; er wolle zum Markt und ihn verkaufen. Der Mann sagte, er wolle ihm hundert Taler dafür geben. Nein, sagte der Mann, darauf gehe er nicht ein, er wolle erst hören, was auf dem Markt für Preise geboten würden.

Kurze Zeit darauf traf er einen anderen Mann, der bot ihm zweihundert Taler; aber nein, er wollte warten, bis er auf den Markt käme; und schließlich traf er noch einen Mann, der bot ihm hundert Taler; aber darauf wollte er erst recht nicht eingehen.

Schließlich kam er auf den Markt; aber er wartete den ganzen Tag, und es kam auch nicht einer und bot etwas für seinen Hengst, und am Abend mußte er wieder auf ihm heimreiten, ohne ihn verkauft zu haben. Und als er am nächsten Morgen in den Stall ging, um nach dem Tier zu sehen und es zu füttern, da lag es da und war tot.

Da zog er ihm das Fell ab und hängte es auf seinen Speicher neben die drei gesalzenen Heringe. Das war nun der zweite Rat seines Vaters, den er nicht befolgt hatte.

Nach einiger Zeit, im Winter, kam er auf den Gedanken, zu freien. Er ging hinüber zu seinen Dreschknechten und fragte sie, ob sie ihm nicht jemand wüßten. Jawohl, einer von ihnen kannte ein Mädchen, sie war die Tochter eines Wirtes in einer weit entfernten Gegend. Das leuchtete ihm ein, und er ritt hin und stellte sich an, als ob er um Kälber handeln wollte.

Er schaute sich den ganzen Viehbestand an, aber der war nicht nach Wunsch, und schließlich kam er auch ins Haus. Da saßen drei Töchter am Tisch, und als sie sich eine Weile unterhalten hatten, fragte er, ob noch eine von ihnen zu haben wäre? Ja, die jüngste war noch frei, die beiden anderen waren versprochen. Sie gefiel ihm, und es wurde ausgemacht, daß er sie heiraten sollte, und er ritt wieder heim und ging hin und her und besuchte sie, und sie war immer sanft und froh und machte ein großes Wesens mit ihm.

Einmal aber geschah es, daß im Wirtshaus ein Tanz sein sollte. Sie hatte ihm sagen lassen, er solle doch ja kommen. Aber er konnte es nicht einrichten, er hatte andere Geschäfte. Sie ließ ihm noch einmal sagen, er solle doch kommen, sonst würde sie an dem ganzen Fest keine Freude haben.

An dem Tag, wo der Tanz stattfinden sollte, ging der Mann hinüber auf die Tenne; da hatte er unter den Dreschern auch einen Bettler. Den bat er, mit ihm die Kleider zu tauschen und ihm seinen Stock und den Bettelsack zu leihen; aber der Bettler wurde böse und gab zur Antwort, er solle Gott danken, daß er kein wirklicher Bettler sei, und solle ihn nicht zum Narren halten. Aber als der Mann ihm erklärte, es sei sein voller Ernst, er wolle wirklich Stock und Bettelsack für einen Tag haben, sobald er heimkomme am Abend, solle der Bettler das Seine wieder haben, da erreichte er schließlich doch, was er wollte.

In den Bettlerkleidern ging er in das Wirtshaus, wo seine Liebste wohnte und wo das Tanzfest sein sollte; das war am Nachmittag. Er setzte sich in der Wirtsstube an einen Tisch und verlangte einen Schnaps und ein Glas Bier, und dann blieb er sitzen und trank in aller Gemütlichkeit. Aber da kam die jüngste Tochter herein und war sehr ungehalten, daß ein Bettler am Tisch saß. Ihr Vater wollte sie zur Ruhe weisen und sagte, solange der Mann seine Zeche bezahle, könne man ihn doch nicht hinausjagen.

Als es nun dunkel geworden war und die Gäste anfingen zu kommen, fragte der Bettler, ob er nicht da über Nacht bleiben könne? Da wurde die Tochter noch böser, aber der Wirt sagte, sie hätten kürzlich gebacken und der Ofen sei noch ein bißchen warm; man würde ihm Decken hinlegen und da könne er übernachten. So wurde es auch gehalten, und der Bettler lag hinter dem Backofen und konnte hören, was für ein derbes Mundwerk seine Liebste hatte.

Gegen Morgen kam sie in die Kammer, wo er lag, zog ihr Hemd aus und ein frisches an und rief zur Tür hinaus nach dem Knecht, er solle kommen, sie gehe jetzt ins Bett. Er kam auch und legte sich zu ihr.

Der Bettler schlich inzwischen aus seinem Winkel heraus, nahm das Hemd, das sie ausgezogen hatte, und steckte es in seinen Bettelsack. Am nächsten Morgen bezahlte er seine Schuldigkeit, ging heim und hängte das Hemd auf seinen Speicher neben die drei Heringe und das Pferdefell, ließ anspannen und fuhr zu seiner Liebsten.

Als er kam, fand sie vor lauter Freude kein Ende und sagte, sie habe an dem Fest gar keine Freude gehabt, weil er nicht dagewesen war; sie habe so sehr Sehnsucht nach ihm gehabt. Ehe er heimfuhr, lud er sie, ihren Vater, ihre Mutter und ihre Schwestern zu sich ein. Sie wollten gern kommen, und es dauerte nicht lange, so kamen sie angefahren.

Er nahm sie freundlich auf, traktierte sie aufs allerbeste, und zuerst gingen sie in den Stall und sahen das Vieh an, und dann schloß er ihnen all seine Kisten und Kasten auf und schließlich gingen sie auf den Speicher, um die Kornvorräte zu sehen. Auf der Treppe sagte die Mutter zu ihrer Tochter: »Eia, eia, Tochter, was kommst du in ein reiches Haus!« Und die Tochter sagte: »Eia, ja, Mutter!« Auf dem Speicher lag ein Kornhaufen größer als der andere, und sie bewunderten alles. Schließlich fiel der Blick des Wirts – der schaute in jeden Winkel – auch auf die drei Heringe und das Pferdefell und das Hemd, die am Giebelbalken hingen. »Aber was ist denn das da?« fragte er. »Das will ich Euch sagen«, sagte der Hausherr, und er erzählte ihnen die Ratschläge seines Vaters, und wie er zu den Heringen und dem Pferdefell gekommen war. »Aber was hat es mit dem Hemd für eine Bewandtnis?« fragte der Wirt. »Erinnert Ihr Euch an den Abend, wo Tanz bei Euch war; da kam doch ein Bettler, den Ihr hinter dem Ofen übernachten ließet?«

Ja, er erinnerte sich noch gut. »Ja, der Bettler war ich« –

und nun erzählte der Hausherr, was er gesehen und gehört hatte und wie er zu dem Hemd gekommen war, und zum Schluß sagte er, das Mädchen könne dahin gehen, von wo sie gekommen sei, er wolle sie nicht haben.

Es dauerte nun eine Weile, da fragte der Mann wieder seinen Knecht, ob er ihm nicht eine Frau wüßte. Ja, hier in der Nähe auf einem Hof sei eine, die ihm vielleicht zusage.

Der Mann fuhr hin und stellte sich an, als ob er Kälber kaufen wollte; aber sie kamen zu keinem Handel, und er wurde ins Haus geführt und trank ein Glas Bier, und da saßen drei Mädchen am Tisch. Als sie sich eine Weile unterhalten hatten, fragte er, ob eine von den Mädchen noch zu haben sei. – Ja, die jüngste sei noch zu haben, die beiden älteren seien schon verlobt. Sie wurden bald einig, und sie gefiel ihm gut, nur war sie ein wenig bedächtig. Es dauerte nicht lange, so hielten sie auf dem Hof ihres Vaters Hochzeit.

Als er zur Hochzeit fuhr, hatte er seinen Leuten anbefohlen, wie sie sich verhalten sollten. Am Abend bei der Heimfahrt kamen sie durch ein kleines Wäldchen. Da rief der Mann auf einmal: »Halt, spring ab und schneide mir ein paar Zweige ab, aber schnell!« Der Knecht sprang mit Windeseile ab und ritschratsch, eins, zwei, drei, da hatte er auch schon einen Armvoll Zweige, eins, zwei, drei, so war er auch schon wieder auf dem Wagen und fuhr weiter. Da rief der Mann wieder: »Halt!« Da mußte der Knecht noch einmal Reiser abschneiden; das ging so schnell wie der Blitz. »Aber was willst du denn mit all den Stöcken?« fragte die junge Frau ganz erschrocken. Der Mann fluchte und sagte: »Ich will, daß bei mir im Haus alles blitzschnell geht!«

Als sie zu Hause vorfuhren, kamen die Dienstboten von allen Seiten angerannt. Der Mann sprang vom Wagen, und die Pferde wurden ausgespannt, noch ehe die junge Frau sich hatte umdrehen und ihre Sachen zusammensuchen können, um selbst auszusteigen; so rasch ging das alles.

Ihr Mann war freundlich gegen sie, und als ungefähr acht

Tage vorbei waren, fragte er sie, ob sie nicht Lust habe, ihre Eltern zu besuchen. Ja, sie habe sehr Sehnsucht nach den Eltern, sagte sie. – »Also zieh dich an, ich lasse anspannen«, sagte der Mann, und einen Augenblick darauf hielt der Wagen vor der Tür, und der Mann rief: »Bist du fertig?« – »Nein, ich habe mich ja kaum erst ausgezogen!« – »Ja, dann geht es diesmal nicht; spannt wieder aus!« – und gleich war der Wagen wieder ausgespannt.

Acht Tage darauf fragte er wieder, ob sie nicht heim wolle. Sie sagte ja; aber es ging wieder ebenso: sie wurde nicht zur Zeit fertig, und es ging nicht, obgleich sie weinte und sich beklagte. Da kam eine alte Frau und fragte, ob sie denn nicht mit ihrem Mann ausfahren wolle? Ja freilich wolle sie, sagte die Frau, aber sie könne nie zur Zeit fertig werden. »Wenn du meinen Rat hören willst«, sagte sie, »so will ich dir sagen, wie du fertig werden kannst.« Das wollte die Frau gern wissen. »Du mußt alle deine Kleider in Ordnung übereinanderlegen, damit du gleich nehmen kannst, was du brauchst; und wenn du nicht alles anziehen kannst, so mußt du das übrige in die Hand nehmen und erst im Wagen anlegen.«

Als wieder acht Tage vergangen waren, fragte der Mann wieder, ob sie nicht Lust habe, ihr altes Heim wieder aufzusuchen. Ja, sie habe große Sehnsucht danach. »Zieh dich rasch an, ich lasse anspannen.« Es dauerte nur einen Augenblick, da stand der Wagen schon vor der Tür. »Bist du fertig?« rief der Mann. »Ja«, rief sie und rannte die Treppe hinunter mit all ihren Kleidern über dem Arm, sprang auf den Wagen und zog erst da das letzte an, während sie schon fuhren. Da war der Mann zufrieden.

Ihre Eltern nahmen sie sehr gut auf, da waren auch die anderen Schwiegersöhne zu Besuch, und der Schwiegervater wollte die Mitgift verteilen. Die Männer saßen im Wohnzimmer, während die Frauen im guten Zimmer plauderten. Das Geld war in drei Teile geteilt und lag auf dem Tisch. Da schlug einer der Schwiegersöhne vor, daß das ganze Geld derjenigen Frau gehören solle, die am raschesten zur Stelle wäre. Das gefiel den anderen sehr gut, und nun rief er zuerst seiner Frau, sie solle schnell kommen. »Du kannst wohl warten, das hat doch Zeit!« war die Antwort. Dem anderen Mann ging es nicht besser: seine Frau meinte auch, es eile nicht. Da rief der dritte: »Komm rasch, Frauchen!« – gleich kam sie gerannt und sagte: »Hier bin ich, was soll ich?« – »Ach, du sollst nur das Geld da nehmen«, sagte der Mann und strich ihr alle drei Geldberge in ihre Schürze.

Er fuhr wieder heim mit seiner Frau und war sehr freundlich gegen sie; und sie lebten viele Jahre glücklich zusammen. Nun hatte sie ja gelernt, rasch zu sein, und seither brauchten sich die Dienstboten nicht mehr so zu beeilen.

27. Klein-Mette

Es war einmal ein kleines Mädchen, das ging und hütete die Schafe und hieß Mette. Da kam es dem englischen Prinzen in den Sinn, daß er ausziehen und sich eine Frau suchen wollte, und er kam bei Mette vorbei, wie sie am Wegrand saß und die Schafe hütete. Da grüßte er sie und sagte: »Guten Tag, Klein-Mette, wie geht es dir?«

»Es geht mir gut, ich trage Lumpen über Lumpen, bis ich den Königssohn von England heirate, dann trage ich Gold über Gold.« – »Das wird nie sein, kleine Mette!«

»Doch, das wird wohl sein.«

Da zog der Prinz weiter auf Freiersfüßen, und er bekam auch keinen Korb, aber es wurde ausgemacht, daß die Braut ihn zuerst besuchen sollte, um zu sehen, wo sie hin heirate. Als nun die fremde Prinzessin kam, führte ihr Weg sie auch an klein Mette vorbei, die die Schafe hütete, und sie grüßte und sagte: »Wie geht es dem Prinzen in England?«

»Es geht ihm gut, aber er hat einen Stein in seiner Schwelle, und der kann alles erzählen, was man getan hat.«

Da wanderte die Braut weiter. Als sie zu dem Prinzen kam und auf den Stein trat, sagte er:

»Sie lügt, sie lügt,
Hat ein Kind schon gekriegt!«

Als der Prinz das hörte, wollte er nichts mehr mit ihr zu tun haben, denn er wollte nur eine reine Jungfrau haben, und die Prinzessin mußte wieder dahin gehen, wo sie hergekommen war.

Der Prinz begab sich wieder auf die Brautfahrt, und sein Weg führte ihn wieder an klein Mette vorbei. Er grüßte sie und sagte:

»Guten Tag, Klein-Mette! Wie geht es dir heute, kleine Mette?«

»Es geht mir gut, ich trage Lumpen über Lumpen, bis ich den Königssohn von England heirate, dann trage ich Gold über Gold!«

»Das wird nie sein, Klein-Mette!«

»Doch, das wird wohl sein!«

Dann zog er weiter und die Werbung glückte ihm abermals, die fremde Prinzessin wollte ihn gern heiraten, und es wurde ausgemacht, daß sie ihn besuchen sollte, das stellte er immer als Bedingung.

Als sie nun zu dem Prinzen reiste, kam sie auch an klein Mette vorbei. Da fragte sie nach dem Prinzen von England, und Mette gab zur Antwort: »Es geht ihm gut, aber er hat einen Stein in seiner Schwelle, der kann alles erzählen, was man getan hat!«

Als sie nun bei dem Prinzen eintrat und auf den Stein trat, sagte dieser:

»Sie lügt, sie lügt,
Hat zwei Kinder gekriegt!«

Das war schlimm, und er wollte natürlich nichts mehr von ihr wissen. Sie konnte wieder dahin zurückkehren, wo sie hergekommen war, denn der Prinz hatte sich fest vorgenommen, nur eine reine Jungfrau zu heiraten.

Da mußte er sich abermals auf die Brautfahrt begeben, und sein Weg führte ihn wie gewöhnlich an klein Mette vorbei. Er grüßte sie und sagte: »Wie geht es dir, Klein-Mette?«

»Es geht mir gut, ich trage Lumpen über Lumpen, bis ich den Königssohn von England heirate, dann trage ich Gold über Gold!«

»Das wird nie sein, Klein-Mette!«

»Doch, das wird wohl sein!«

Damit zog der Prinz seines Weges und kam zu der Prinzessin, um die er freien wollte. Die Werbung ging nach Wunsch, sie sagte ja, und es wurde ausgemacht, sie sollte ihn besuchen, und mit diesem Trost zog er wieder heim.

Als nun die neue Braut ihn besuchen wollte, führte ihr Weg an klein Mette vorbei, und sie fragte nach dem Prinzen von England.

»Ja, es geht ihm gut, aber er hat einen Stein in seiner Schwelle, der kann alles erzählen, was man getan hat!«

Die Prinzessin reiste weiter, und als sie auf den Stein trat, sagte er:

»Sie lügt, sie lügt,
Hat drei Kinder gekriegt!«

Das wurde je länger, je ärger, und die Prinzessin wurde augenblicklich wieder heimgeschickt.

Da mußte er noch einmal auf die Freite ziehen, denn er wollte durchaus eine Frau haben. Auf dem Wege kam er an klein Mette vorbei, die die Schafe hütete.

»Guten Tag, Klein-Mette, wie geht es dir?«

»Es geht mir gut, ich trage Lumpen über Lumpen, bis ich den Königssohn von England heirate, dann trage ich Gold über Gold.«

»Das wird nie sein, Klein-Mette!«

»Doch, das wird wohl sein!«

Er zog weiter und kam zu der vierten Prinzessin; da brachte er seine Werbung vor und erhielt den Bescheid, die Sache werde sich schon machen lassen. Es wurde ausgemacht, daß sie ihn einmal besuchen sollte, und dann reiste er wieder ab.

Als die Prinzessin zu ihm reiste, fragte sie, wie es denn den anderen drei Prinzessinen mit dem Prinzen ergangen sei, und sie hatte keine Lust, die vierte zu sein. Als sie an klein Mette vorbeikam, fragte sie zuerst, wie es dem englischen Königssohn ginge.

»Ja, es geht ihm gut, aber er hat einen Stein in seiner Schwelle, der kann alles erzählen, was man getan hat!«

Da fragte sie Mette, ob sie nicht an ihrer Stelle zum Prinzen reisen wolle, sie könnten ja die Kleider wechseln, und sie wolle solange die Schafe hüten.

Mette war gern bereit und wurde nun als Prinzessin gekleidet und kam so zu dem Prinzen. Als sie den Stein betrat, sagte er:

»Schöne Jungfrau fein,
Wahrhaft keusch und rein!«

»Nun, da kommt ja endlich die rechte!« dachte er, »habe ich doch wirklich ein reines Mädchen gefunden.« Und damit er nicht getäuscht werden und sie später auch sicher wiedererkennen könnte, flocht er ihr einen Ring ins Haar und ließ sie vorläufig wieder heimreisen; sie sollte erst zur Hochzeit wiederkommen.

Als klein Mette wieder beim Prinzen entlassen war, tauschten sie wieder die Kleider, und die Prinzessin reiste heim zu den Ihrigen und war sehr froh, daß sie so gut davongekommen war, denn bei ihr stimmte da auch etwas nicht.

Als die Zeit kam, daß der Prinz zu seiner Braut reisen und Hochzeit halten sollte, kam er wie gewöhnlich an klein Mette vorbei. Er grüßte sie und sagte:

»Wie geht es dir, Klein-Mette?«

»Mir geht es gut, ich trage Lumpen über Lumpen, bis ich den Königssohn von England heirate, dann trage ich Gold über Gold!«

Wie der Königssohn so dastand und sie anschaute, fiel ihm auf, daß etwas in ihrem Haar glitzerte, und als er neugierig wurde und nachsah, was es sei, fand er seinen Goldring, den er ihr selbst eingeflochten hatte. Also war sie an Stelle der anderen bei ihm gewesen, und da er nun wußte, daß sie eine reine Jungfrau sei, und weil er so oft schon betrogen worden war, beschloß er, sie auf der Stelle mit heimzunehmen und sie zu seiner Frau zu machen. Die Schafe mochte dann hüten, wer wollte.

Sie hielten Hochzeit, und so ist es zugegangen, daß klein Mette doch den Königssohn von England bekam und Gold über Gold tragen konnte.

28. *Trillevip*

Ein Mädchen auf Fünen war eines Sonntags in der Kirche gewesen und ging auf dem Heimweg durch einen Wald, der zu einem großen Herrenhof gehörte. Sie ging in Gedanken und zählte auf zwanzig; aber wie sie sich umschaute, sah sie den Sohn vom Herrenhofe mit der Büchse dicht hinter sich hergehn, und sie wurde rot, weil sie überzeugt war, daß er ihr Selbstgespräch gehört hatte. Er fragte sie auch gleich, was es bedeuten solle, daß sie so vor sich hinzähle; und in ihrer Verlegenheit antwortete sie ins Blaue hinein und sagte: »Ich habe mir nur ausgerechnet, wieviel Spindeln Garn ich jeden Abend spinnen kann.«

Er kam heim und erzählte seiner Mutter, mit was für einem Mädchen er im Wald gesprochen hätte; sie könne zwanzig Spindeln Garn in einem Abend spinnen; das sei eine andere als ihre Mädchen. Die Frau hatte nichts Eiligeres zu tun, als nach dem Mädchen zu schicken und ihr das Blaue vom Himmel herunter zu versprechen, wenn sie als Spinnmädchen zu ihr kommen wolle. Und das Mädchen sagte gleich zu, denn sie dachte nicht, daß die Frau jene verflogenen Worte kannte.

Sie trat den Dienst an, und am Abend kam die Frau mit Garnrollen an für zwanzig Spindeln Garn. »Denn ich habe gehört, daß du so viele spinnen kannst.« Das Mädchen spann und spann, so viel sie nur konnte, und es wurde spät, es ging auf Mitternacht, und sie war weder halb noch ganz fertig. Das arme Mädchen! Sie spann und weinte und kam doch zu keinem Ende.

Um Mitternacht kam auf einmal ein kleiner Knirps mit einer roten Mütze und sagte: »Warum sitzest du denn und weinst? Kann ich dir helfen?« – »Ja, das ist so und so«, sagte sie, »alles das hätte ich heute abend spinnen sollen, und ich bin noch nicht einmal halb fertig; wenn du mir helfen könntest, so wäre ich sehr froh.« – »Damit hat es keine Not«, sagte der Kleine, »wenn du fürs erste meine Liebste werden willst und später meine Frau.« Und in ihrer Not gab das Mädchen das Versprechen mit angstvollen Gedanken an die Zukunft. Und eins, zwei, drei, war die ganze Arbeit getan. Aber von da an half ihr der Kleine jeden Abend bei ihrer Arbeit.

Die Frau konnte sie so gut leiden, daß sie gar nicht mehr als Magd gehalten war; sie sollte wegen ihrer Tüchtigkeit den Sohn zum Mann bekommen. Das war schlimm, denn sie hatte sich ja dem kleinen Knirps versprochen, und das wagte sie nicht zu sagen.

Die Hochzeit wurde vorbereitet, aber je näher der bestimmte Tag kam, um so trauriger wurde das Mädchen, so daß der Knirps merken mußte, daß etwas nicht in Ordnung war. Sie erzählte ihm, wie die Geschichte stand, und er brummte ein wenig. Dann aber sagte er ihr, wenn sie seinen Namen raten könne, so wolle er sie freigeben. Sie dürfe dreimal raten und habe drei Tage Bedenkzeit. Sie wollte es probieren, obgleich sie durchaus nicht wußte, wie sie es anstellen sollte.

Da traf es sich aber zum Glück, daß der Jäger vom Hof, der jeden Tag nach Wild für die Hochzeit jagen mußte, am Abend spät an einen nahen Hügel kam, und da sah er ganz unheimlich viel Lichter innen in dem Hügel, und das kleine Bergvolk tanzte. Das Knirpschen war ganz besonders übermütig und sprang umher und sang:

»Ich spinn und hasple fleißig,
Eine schöne Jungfrau weiß ich,
Trillevip heiß ich!«

Inzwischen vertraute das Spinnmädchen einer anderen Magd ihr heimliches Verlöbnis an und die Verlegenheit, in der sie wegen des Bergmännchens war; und die andere Magd hatte eben gehört, wie der Jäger von seinem Erlebnis an jenem Abend erzählt hatte, und sie berichtete die ganze Geschichte von Anfang bis zu Ende wörtlich der Spinnerin.

Wie nun das Bergmännchen kam und sie raten sollte, wollte sie sich von vornherein nichts anmerken lassen und riet das erstemal »Peter« und das andere Mal »Paul«, und der Kleine tanzte und glänzte vor Vergnügen wie ein neues Geldstück. Aber das Vergnügen sollte nicht lang dauern, denn als sie zum drittenmal raten sollte, sagte sie: »Trillevip bist du genannt.« Und da war's vorbei mit des Knirpschens Freierei. Bekommen konnte er sie nun nicht mehr, aber er wollte ihr doch noch einmal helfen, und er wußte wohl, daß sie es recht nötig haben würde. Denn der junge Herr hatte sie ja gewollt, weil sie so gut spinnen konnte, und er würde in helle Wut geraten und sie verstoßen, wenn er hinter den wahren Sachverhalt käme. Deshalb sagte der Bergmann im Weggehen zu ihr: »An deinem Hochzeitstag werden drei alte Weiber in die Stube treten, wenn ihr beim Mahle sitzt. Die erste mußt du Mutter nennen und die zweite Großmutter und die dritte Urgroßmutter, und wenn sie auch noch so greulich aussehen und dein Mann noch so ungehalten ist, so mußt du sie doch bewirten, so gut du nur kannst.«

Und es kam, wie er gesagt hatte; sie tat, wie er ihr geraten hatte, obgleich sie durchaus nicht einsah, zu was das gut sein sollte. Die erste, die kam, war ein greuliches altes Weib mit zwei großen roten Augen, die ihr weit über die Wangen herunterhingen. Und als der junge Mann sie fragte, wie das gekommen sei, daß ihre Augen so rot seien, sagte sie: »Das kommt davon, daß ich nächtelang aufgesessen bin und gesponnen habe.«

Als diese gegangen war, kam die zweite, und das war auch ein häßliches altes Weib; sie hatte einen Mund bis fast zu den Ohren. »Von was kommt es denn, daß Ihr so einen großen Mund habt?« fragte der junge Ehemann. »Ja, das kommt davon, weil ich so oft meinen Finger lecken mußte, wenn ich spann, denn sonst wäre der Faden nicht glatt geworden; und ich habe so viele Jahre gesponnen, Tag und Nacht, daß es ein Wunder ist, daß mein Mund nicht noch größer wurde.«

Schließlich kam die allergreulichste von den dreien; sie humpelte auf zwei Stöcken daher und konnte weder stehen noch gehen, so schwach waren ihre Beine. »Was fehlt Euch denn, Mütterchen?« sagte der Mann, »weil Ihr gar so mühsam daherschleicht?« – »Ja, ich bin so schwach geworden vom Treten, ich spinne nun seit Menschengedenken, und ich möchte nicht wünschen, daß jemand das eggen sollte, was ich gepflügt habe, und auch so elend werden sollte wie ich.«

Als auch diese ihres Weges gehumpelt war, sagte der junge Herr zu der Spinnerin, die nun seine Frau war: »Du sollst von jetzt an nie mehr spinnen; denn ich möchte um keinen Preis, daß du so aussiehst wie deine Mutter oder deine Großmutter oder deine Urgroßmutter.« Nun begriff sie, was das Bergmännchen bezweckt hatte, und war froh, daß sie seinen Weisungen so pünktlich gefolgt war.

29. *Ein Augenblick im Himmel*

Es waren einmal zwei junge Leute, die waren wirkliche Herzensfreunde, und die hatten einander versprochen, daß, wo sie auch und wie weit sie auch auseinander seien, der eine zu des anderen Hochzeit kommen müsse. Aber der eine starb und Jahre vergingen, ehe der andere Hochzeit machte. Wie er nun am Hochzeitstisch neben seiner Braut saß und das Mahl schon fast zu Ende war, sah der Bräutigam seinen verstorbenen Freund in die Stube treten. Aber von den anderen konnte ihn niemand sehen.

Der Bräutigam stand auf, ging ihm entgegen und führte ihn beiseite. Der Freund sagte: »Ich komme nun zu deiner Hochzeit, wie ich es dir versprochen habe.« Der Bräutigam fragte: »Wie geht es dir da, wo du bist?« Der Freund antwortete: »Es geht mir so gut, daß ich es gar nicht sagen kann; du kannst ja einen Augenblick mit mir kommen und selbst sehen.« – »Ja«, sagte der Bräutigam, »aber nun muß ich gleich mit meiner Braut tanzen.« – »Das hat auch noch ein bißchen Zeit«, sagte der Freund, »komm nur mit!« Also gingen sie miteinander in den Himmel. Da war alles so schön, wie es keine Zunge sagen kann.

Der Freund ging zu dem Bräutigam und sagte: »Beeil dich, deine Braut wartet mit Schmerzen auf dich.« Aber er sagte: »Ach, ich bin ja erst einen Augenblick hier.« Und der Freund trat wieder zu ihm und sagte: »Beeil dich, sie warten alle schmerzlich auf dich.« Aber er antwortete abermals: »Ach, ich bin ja erst einen Augenblick hier.« Und der Freund trat zum drittenmal zu dem Bräutigam und sagte: »Nun mußt du gehen!«

Und er kam wieder hinunter auf die Erde ins Hochzeitshaus; aber das kam ihm ganz verändert vor. Er sah kein festliches Getriebe mehr und hörte keine Musik. Es wurde ihm ganz wunderlich zumute, und er fragte eine Frau: »Ist denn heute nicht Hochzeit hier im Hause?« – »Hochzeit!«

sagte die Frau, »nein, Hochzeit war im Hause seit langen, langen Jahren nicht mehr. Meine Gode hat mir erzählt, als ich ein kleines Mädchen war, daß vor hundert Jahren hier einmal eine Hochzeit war; aber auf einmal ist der Bräutigam verschwunden, gerade, als er mit der Braut tanzen wollte, und ist nicht wiedergekommen.«

Da merkte er, daß er hundert Jahre lang im Himmel gewesen war und daß alle seine Freunde auf Erden tot und dahin seien, und er betete zu Gott, er möge ihn wieder dahin kommen lassen, wo er gewesen war. Und Gott erhörte seine Bitte.

30. Der Prinz ohne Angst

Es war einmal ein König, der hatte zwei Söhne. Der eine war ein tollkühner, wilder Bursche, der andere war still und ordentlich, nett und sittsam in seinem ganzen Wesen. Der König strafte den fahrigen Sohn oft, aber davon wurde er nicht besser. Da versuchte er es im guten und glaubte, daß das helfen könnte; manchmal drohte er dem Sohn, daß er, wenn er so weitermache, zuletzt unglücklich werde und es mit der Angst zu tun bekomme, worauf der Sohn den Vater fragte, was Angst sei. Das konnte er ihm nicht richtig erklären, aber Angst könne man auf vielerlei Weise bekommen. Weil der Vater das dem Sohn nicht so recht erklären konnte, bat dieser den Vater, ob er nicht in die Welt ziehen und die Angst finden dürfe. Dem widersetzte sich aber der Vater und sagte, er werde nur noch viel schlimmer werden, wenn er nicht mehr unter seiner Aufsicht sei; der Sohn aber bat ihn unaufhörlich, bis er endlich die Erlaubnis zur Reise bekam. Der Vater rüstete ihn mit einem schönen Pferd, Sattel und dem Geld, das er für die Reise benötigte, aus, und dann begleiteten ihn der Vater, der Bruder und viele Ritter und Minister ein Stück des Weges und gaben ihm das Geleite.

Sie ritten an einem kleinen Fluß oder Fjord entlang. Aber da langweilte ihn das Gefolge, denn er wollte gern auf die andere Seite des Fjordes und fragte, wie weit es denn noch bis zur Fähre sei, die sie übersetzen sollte. Der König antwortete, daß es wohl noch eine gute halbe Meile dauern könne. Worauf der Prinz antwortete, daß er nicht mehr mit ihnen reiten wolle, Abschied nahm und mit seinem Pferd in den Fjord setzte, den er schwimmend durchqueren wollte. Er schwamm auch glücklich mit seinem Pferd bis zur Mitte des Fjords, da aber war die Strömung zu stark und er verlor sein Pferd. Weil er aber selber ein guter Schwimmer war, hatte er Glück und erreichte das gegenüberliegende Ufer. Dann zog er seinen Hut, grüßte das Gefolge und sagte Lebewohl!

Nun sah er nichts als einen großen, dichten, wilden Wald vor sich. Er marschiert tapfer hindurch und gelangt an eine Bauernhütte. Er geht hinein und findet einen alten Mann und eine alte Frau, die sehr arm sind. Er bittet sie um ein Obdach, daß er seine Kleider trocknen und seine Reise besser fortsetzen könne. Aber die beiden armseligen Alten hatte nicht mehr, als was sie selber brauchten, nur ein Holzstühlchen, ein schmales Bett und nichts, womit sie ihm hätten helfen können.

»Ist denn hier in der Nähe kein Hof oder ein Haus, das ihr mir zeigen könntet? Hier müssen doch Leute wohnen!« Sie erwiderten, daß nichts dergleichen in der Nähe zu finden sei, außer einem alten Schloß hoch oben im Walde, in dem zwei große Riesen wohnten, die tagsüber stets im Kriege seien und jede Nacht nach Hause kämen. Sie hätten zwei Schwestern, die ihnen das Haus besorgten. Da bat er sie, ihm den Weg zum Schloß zu zeigen. Der alte Mann aber antwortete, das könne ihm nicht viel helfen, denn es sei den Schwestern verboten, jemand durch das Schloßtor einzulassen, wenn die Brüder nicht zu Hause seien. Und wenn sie auch noch so sehr den Mut hätten, ihn dennoch hineinkommen zu lassen, so werde er unglücklich werden und es mit der Angst zu tun bekommen.

»Dann mußt du, alter Mann, mich unbedingt dorthin führen, denn gerade um das kennenzulernen bin ich in die Welt ausgezogen.«

Da begleitet ihn der Mann ein Stück des Weges und zeigt ihm das Schloß.

Er nähert sich freimütig dem Tor, das aber geschlossen und sicher verriegelt ist. Er läutet die Glocke, und da kommt die eine der Schwestern, um zu sehen, wer an der Pforte stehe. Da steht ein armer, nasser und verkommener Prinz und bittet sie um ein Obdach, damit er seine Kleider trocknen und seine Reise fortsetzen kann. – »Warte ein Weilchen, dann komme ich gleich zurück und gebe dir Bescheid.« Und sie läuft zu ihrer Schwester und spricht mit ihr: »Ach, liebe Schwester, da draußen vor dem Tor steht so ein schöner, junger Prinz, der erzählt, daß er im Fjord gewesen ist und sein Pferd verloren hat, und er ist ganz naß; er bittet um ein Obdach und daß er seine Kleider trocknen dürfe. Was fangen wir nun an? Wir müssen ihn hereinkommen lassen; wir können ihn ja verstecken, während wir ihn pflegen. Wir können ihm unten im Keller ein Bett machen, und dort kann er die Nacht über bleiben.«

Der Prinz wird eingelassen und erhält eine Erfrischung, und sie trocknen seine Kleider und pflegen ihn. Aber dann wird es langsam Abend, und da muß der arme Schlucker in den Keller steigen, wo er nach den jämmerlichen Erlebnissen, denen er ausgesetzt war, ruhig einschläft, aber mit der Angst hat er es noch nicht zu tun gehabt.

Inzwischen wird es Nacht, und die beiden Brüder kommen aus dem Kriege nach Hause. Tag für Tag müssen sie mit hundert Mann kämpfen; abends sind sie alle erschlagen, aber am nächsten Morgen stehen sie alle wieder in Waffen da. Die Schwestern öffnen das Tor, sie reiten in das Schloß, steigen ab, nehmen die Sättel von den Pferden, füttern die

Pferde und versorgen sie für die Nacht. Dann gehen sie ins Schloß, um zu Abend zu essen, was die Schwestern für sie zubereitet haben.

Die Riesen konnten aber am Tor schon merken, daß es geöffnet gewesen war und daß ein Gast ins Haus gekommen sein mußte. Da wurden die Schwestern ins Verhör genommen, wer an der Pforte gewesen sei, denn sie fürchteten, daß Spione sie überrumpeln wollten. Die Schwestern aber behaupteten, es sei keiner gekommen, denn sie wagten es ihrer eigenen Haut zuliebe nicht, etwas an den Tag zu legen, aber auch, weil sie nur ungern den Prinzen verraten wollten. Die Riesen aber wurden aufgebracht und böse, zogen ihre Schwerter und drohten ihnen mit dem Tode, wenn sie nicht sagten, was geschehen war. Da erschraken sie und wurden bange, die armen Schwestern, und versprachen, alles zu gestehen, wenn sie ihnen nur eines versprechen wollten. Das Versprechen erhielten sie, aber dann müßten sie auch die Wahrheit sagen.

Da berichteten sie von A bis Z, wie es dem armen Prinzen ergangen war, wie er im Fjord gewesen und naß geworden sei, und wie er sein Pferd verloren habe, und wie sie sich seiner erbarmt und ihn hereingelassen hätten. Die Brüder mußten ihnen versprechen, sein Leben zu schonen und ihm kein Leid anzutun, denn er sei ein wackerer Jüngling.

»Wo habt ihr ihn denn?« fragten sie.

Im Keller hätten sie ihm ein Bett gemacht, dort sei er. Es sei eine Schande, sagten die Brüder, daß sie einem Prinzen eine so schlechte Lagerstatt gegeben hätten.

»Aber das getrauten wir uns nicht, denn wir wissen ja, daß wir einen schweren Stand mit euch haben, wenn ihr böse werdet.«

Da versprachen sie, sein Leben zu schonen, und baten die Schwestern, ihnen zu zeigen, wo er sei, damit sie mit ihm sprechen konnten.

Da nahm die eine Schwester ein Licht und leuchtete ihnen

bis zur Kellertür; sie öffneten die Kellertür und riefen hinab:

»Du, kleiner Kobold da unten, komm einmal herauf. Wir wollen mit dir sprechen!«

Der Prinz aber ruft aus dem Keller zurück: »Hallo, kommt ihr doch zu mir herunter. Ihr habt genau so weit zu gehen wie ich.«

»Du scheinst ja ein netter Kerl zu sein«, rufen sie hinunter, »aber nimm dich in acht; wir schlagen jeden Tag hundert Mann tot, und dir können wir auch, wenn es sein soll, ein bißchen Angst beibringen!«

»Da bin ich aber froh! Darum bin ich ja gerade in die Welt ausgezogen und wenn ihr mir ein bißchen Angst beibringen könnt, dann brauche ich nicht mehr weiterzureisen.« Und er sprang tapfer aus dem Bett und ging zu den Riesen hinauf.

Sie luden ihn freundlich ein, mit ihnen zu Abend zu essen, und während des Essens fragte der Prinz sie, warum sie jeden Tag hundert Mann erschlügen; da müßten sie doch eine Masse Menschen ins Verderben bringen. Sie entgegneten ihm, sie schlügen nur immer die gleichen hundert Mann tot; abends seien sie tot, und morgens seien sie wieder zur Stelle. Das wunderte ihn nun sehr, und er fragte, ob er ihnen nicht eine Bitte stellen und sie am nächsten Morgen zu ihrem Kampfplatz begleiten dürfe, um zu sehen, wie wunderlich es dort zugehe. – »Ich versichere euch, daß ich genau so gut meinen Mann stehe wie irgendein anderer.«

»Das kannst du nicht, denn wir haben schon unsere liebe Not mit ihnen. Und außerdem wirst du es mit der Angst zu tun kriegen.«

»Dann erweist ihr mir einen Dienst, denn ich bin just ausgezogen, um es mit der Angst zu tun zu bekommen, und wenn ich das hier erleben kann, kann ich frohen Herzens wieder zu meinen Eltern nach Hause gehen.«

Seine inständige Bitte wurde schließlich erhört und sein Wunsch erfüllt. Aber er sollte nicht mehr im Keller liegen, und sie wiesen ihm einen schönen Saal und ein prachtvolles Bett an.

Dann schläft er ruhig bis zum Morgengrauen. Da hört er einen großen Tumult unten im Hof, er springt aus dem Bett und blickt aus dem Fenster in den Hof; da waren die Riesen schon dabei, ihre Pferde zu satteln und sich in den Kampf zu begeben. Er zieht schnell sein Unterzeug an und läuft in den Hof hinab, so schnell er nur kann.

»Du lieber Gott, ihr hattet mir doch gestern abend versprochen, daß ich mit in den Kampf ziehen darf!«

»Ach nein, du kleiner Zwerg. Bleib du lieber bei unseren Schwestern, das paßt besser zu dir als Krieg!«

»Nein, nein, überhaupt nicht! Und wenn ihr mich nicht mitnehmt, gehe ich einfach mit, wie ich hier stehe.«

»Nun ja, es sei denn. Geh du nur in den Stall, da wird man dir ein flinkes Pferd geben, und einen Harnisch und alles, was dazu gehört, sollst du auch haben.« Und dann wurde der Prinz ausgerüstet und begleitete die Riesen.

Sie ritten eine Weile und näherten sich der Walstatt. Da standen die hundert Mann in Reih und Glied. Sie hielten die Pferde an und tranken einen Pokal Wein, und dann zogen sie gegen den Feind. Sie erschlugen sie alle ohne Unterschied, und unser kleiner Prinz stand seinen Mann so gut wie die anderen.

Als der Kampf beendet und alle erschlagen waren, genossen sie eine kleine Erfrischung, und dann sollte der Heimweg angetreten werden. Der Prinz aber bittet sie inständig, daß er die Nacht über auf dem Schlachtfeld bleiben darf, denn er möchte gern das seltsame Schauspiel sehen, wenn alle diese Toten wieder lebendig würden. Aber das wollten sie ihm nicht gestatten. – »Es wäre ein Jammer, wenn so ein schöner junger Mann wie du hier elend umkommen sollte, denn wenn alle hundert Mann auf einmal aufstehen, dann kannst du unmöglich gegen sie ankommen.«

Er fuhr aber fort, sie mit Bitten zu bestürmen, bis sie endlich nachgaben, ihm etwas zu essen und zu trinken für die Nacht daließen, ihn Gott befahlen und gingen. Er nimmt dem Pferd Sattel und Zaum ab und läßt es im Walde weiden. Dann macht er sich an die Arbeit und legt die Toten zusammen, immer zehn bis zwölf Stück in einer Schicht quer über die anderen, bis er sie alle aufgestapelt hat. Es ist beinahe Mitternacht, ehe er damit fertig ist, und dann legt er sich quer auf die oberste Schicht, indem er im stillen sagt: Da müßte der Teufel in euch stecken, wenn ihr aufstehen solltet, ohne daß ich es merke.

So liegt er mit gezogenem Säbel auf der Lauer, bis es etwa Mitternacht wird, bereit, ihnen zu begegnen, und wartet nur darauf, daß sie sich rühren sollten.

Da steigt ein uraltes Weib aus einem kleinen Brunnen und hat eine Büchse mit einer Art Salbe in der Hand. Damit bestreicht sie die Toten, und einer erhebt sich nach dem anderen; der Prinz aber war genau so geschwinde bei der Hand, und säbelte sie nieder, ehe sie kaum aufgestanden waren.

Da merkt das alte Weib auf einmal, daß da einer ist, der alle genau so schnell niedersäbelt, wie sie aufstehen, und wird bange und will davonlaufen. Der Prinz aber ist schnell hinter der Alten her und schafft es, daß er ihr den Kopf abschlägt, indem sie gerade den Brunnen erreicht; der Körper verschwindet im Brunnen, aber der Kopf bleibt am Brunnenrand liegen. Dann nimmt der Prinz die Büchse und geht zu den Leichen hinüber, indem er sich sagt: »Mal sehen, ob ich mich auf die gleiche Kunst verstehe.« Und er beschmierte einen Toten mit der Salbe; sofort stand er auf, als ob das alte Weib ihn eingeschmiert hätte; aber im gleichen Augenblick wurde er niedergesäbelt.

Da sah sich der Prinz nach seinem Pferd um, führte es an eine Quelle und gab ihm zu trinken, und dann spazierte er so lange herum, bis der Morgen anbrach und die Riesen herbeigeritten kamen und riefen: »Hallo, du kleiner Zwerg, wo bist du?«

Da ruft er zurück: »Hallo, hier bin ich!«

»Wie ist es dir in der Nacht ergangen?«

»Ach, hier ist es heiter und lustig zugegangen, und ich will euch alles erzählen, was ich erlebt habe«, und er erzählte von dem alten Weib und ihrer Salbenbüchse, und zeigte ihnen, wie er die Toten gelegt hatte. Sie wunderten sich sehr über das Vorgefallene und baten ihn, ob er ihnen nicht die Kunst zeigen wolle, Tote lebendig zu machen.

»Doch, hier in der Büchse des alten Weibes steckt die ganze Kunst«, und er bestrich einen Toten. Dieser erhob sich sofort, aber er wurde gleich niedergesäbelt. Da freuten sich die Riesen, denn sie hatten viele Jahre gekämpft. Der Prinz erwiderte darob: »Das hättet ihr schon längst tun können, dann wäret ihr euren Krieg losgeworden.«

Sie ritten nach Hause und holten Spaten und Schaufeln und gruben ein großes Grab, in dem sie alle Toten begruben. Das dauerte fast den ganzen Tag, und als sie mit ihrer Arbeit fertig waren, ritten sie nach Hause. Die Schwestern hatten ein gutes Mahl bereitet, an dem sie sich bis zum späten Abend erquickten.

Am folgenden Tage baten sie alle Nachbarn zu einem großen Gelage; es waren viele Klöster in der Gegend; alle wurden zu einem Fest geboten, das anläßlich des gewonnenen Sieges gefeiert werden sollte. Das Fest dauerte zwei Tage und alle vergnügten sich aufs beste.

Als das Fest vorbei war, wollte der Prinz seine Reise fortsetzen, um die Angst zu finden. Sie baten ihn aber mit vielen Worten, daß er bei ihnen bleiben möge, sie wollten ihm das Schloß und alles, was dazu gehörte, geben, wenn er nur dableiben wollte; sie wollten ihm auch die von den Schwestern geben, die er haben wollte. Er dankte ihnen für ihr Angebot, aber es sei ihm nicht möglich. Er habe den heiligen Eid geschworen, daß er weder ruhen noch rasten wolle, bis er die Angst gefunden habe, und sobald er sie gefunden habe, wolle er zurückkehren und ihr Angebot annehmen. Da schenkten sie ihm ein gutes Pferd mit Sattel und Zaum und Harnisch und der vollen Ausrüstung und gaben ihm das Geld, dessen er für die Reise bedurfte. Und dann wünschten sie ihm viel Glück auf die Reise.

Er ritt lange, ohne daß etwas geschah, das zu erzählen wäre. Es war gegen die Weihnachtszeit, und da trifft er einen ganzen königlichen Hofstaat. Er fragt die ersten, denen er begegnet, was das für ein großartiges königliches Gefolge sei? Man antwortete ihm, daß der König mit seinem ganzen Hofe von dem Schlosse, in dem er wohnte, in ein anderes Schloß umziehen müsse, weil auf dem alten Schloß ein solcher Spuk herrsche, daß sich kein Mensch dort aufhalten könne. Da fragte er, ob er nicht eine Nacht auf dem Schlosse bleiben dürfe, um die Ursache dessen zu erfahren, daß sich dort kein Mensch aufhalten könne. Man erwiderte ihm, daß er diese Erlaubnis kaum erhalten werde, da müsse er die Majestät selber fragen. Er fragte, wo die Majestät denn sei? Sie fahre in einem vierspännigen, vergoldeten Wagen hinter ihnen her; er könne ja einmal mit ihm reden.

Er reitet weiter, bis er zu dem vergoldeten Wagen mit den vier weißen Pferden davor kommt. Dort macht er sein Kompliment vor der Majestät, und die Majestät hält an und fragt ihn, was Gutes er wolle?

Ob Majestät nicht so freundlich sein und ihn in der Nacht auf dem Schlosse schlafen lassen wolle?

»Das wäre ein Jammer, wenn so ein junger, wackerer Mensch elend umkommen sollte, jedenfalls eines ist sicher: Du wirst es mit der Angst zu tun bekommen.«

»Da bitte ich die Majestät noch inniger, denn gerade darum bin ich in die Welt gezogen, und wenn ich das bekommen kann, bin ich glücklich.«

»Wenn du gut auf dich aufpaßt, dann darfst du.«

Dann bittet er den König, ihm zu gestatten, daß ihm zwei Männer Gefolgschaft leisten, um ihn zu unterhalten und um Holz für das Feuer im Kamin zu holen.

»Gestatten Sie«, sagt der König, »wer sind Sie und woher kommen Sie?«

Da erzählt er, daß er ein Königssohn sei, der aus diesem und jenem Lande komme, man hat mir aber nicht genau erzählt, welches Land es war.

»Nun bereue ich, daß ich dir mein Jawort gegeben habe. Ich gönne dir aber keinen von meinen eigenen Leuten, denn ich will keinen von ihnen verlieren, da ich weiß, daß keiner lebend davonkommen wird.«

Das war dem Prinzen gleichgültig.

»Aber«, sagt der König, »auf dem Hofe sitzen zwei Gefangene auf Lebenszeit, die magst du gebrauchen, so viel du Lust hast, denn wenn sie ihr Leben behalten, dann schenke ich es ihnen; wenn sie aber ihr Leben verlieren, so müssen sie ja dennoch sterben.«

Dann gab der König ihm die Schlüssel zu den Gemächern des Schlosses und die Schlüssel zu den Gefangenen und gebot einem Diener, ihn zu begleiten und ihm die Gemächer zu zeigen. Er dankte dem König und begab sich auf das Schloß.

Als er alle Gemächer gesehen hatte, zeigte ihm der Diener, wo sich die Gefangenen aufhielten. Er sagte zu ihnen: »Wenn ihr mir diese Nacht treu dienen wollt, schenke ich euch morgen früh das Leben.«

Da wurden sie froh, dankten ihm und versprachen ihm Treue. Dann nahm er sie mit in den Schloßsaal und bat sie, in den Hof zu gehen und Holz heraufzuholen, damit sie ein Feuer im Kamin machen könnten. Dann erhielten sie eine Erquickung, und dann ging der Tag zur Neige, ohne daß etwas geschah. Die Zeit wurde ihm lang, er fand ein paar Bücher und fing an zu lesen. Inzwischen drohte das Feuer im Ofen auszugehen, und er bat seine Diener, mehr Holz zu holen.

Das war gegen Mitternacht, und die Gefangenen kamen nicht zurück, während er oben im Saale sitzt und darauf wartet, daß es zwölf Uhr werden sollte. Da schreit einer oben im Kaminrohr: Ich falle! ich falle! ich falle! Er ruft: »Ja, zum Teufel, so fall doch!«

Da rollen ein großer Schenkel und ein gestiefeltes Bein aus dem Schornstein auf den Boden. Er nimmt das Licht, geht näher heran und dreht und wendet die Glieder ein paarmal mit ein paar Fußtritten, indem er denkt: Das kann ein nettes Teufelsspiel werden!

Er setzt sich wieder an den Tisch, stellt das Licht auf den Tisch, trinkt ein Glas Wein und fällt über das Geschehene in Gedanken. Da schreit es wieder von oben: Ich falle! ich falle! ich falle! – »Ja, zum Teufel, so fall doch!«

Im selben Augenblick kommen noch ein Schenkel und ein gestiefeltes Bein herab. Er ergreift die Kerze, betrachtet genau das Herabgefallene, dreht und wendet es, aber er bemerkt kein Lebenszeichen.

Er setzt sich wieder an den Tisch und trinkt noch ein Glas Wein und überlegt sich, was das alles bedeuten soll oder zu was es führen könne. Da ruft es zum dritten Mal: Ich falle! ich falle! ich falle!

»Ja, zum Teufel, so fall doch! Aber komm lieber auf einmal und nicht in so kleinen Portionen!«

Da kam der übrige Teil einer großen, korpulenten Mannsperson, verbindet sich mit den Schenkeln und Beinen und steht fix und fertig vor ihm. Er fragt den Prinzen, was er hier zu suchen habe?

»Das geht dich nichts an! Ich aber frage dich: Was hast du hier zu suchen?«

»Das will ich dir gern sagen. Ich war früher einmal König hier und habe drei Kästen voller Geld hinterlassen, die nicht ans Tageslicht gekommen sind. In der einen Kiste sind die Steuern von Kindern armer Leute, von der Geburt bis zu ihrem zwölften Lebensjahre; das sind unrechtmäßige Steuern. Auch in der zweiten Kiste sind unrechtmäßige Steuern; die dritte Kiste enthält rechtmäßige Steuern. Sie stehen in einem Keller unter dem Schlosse, den bisher niemand entdeckt hat.

Wenn du die drei Kisten wegschaffst, dann bekomme ich Frieden und Ruhe und werde mich nie wieder zeigen. Folge mir, dann werde ich dir die drei Kisten zeigen.«

Er nahm eine Kerze in die Hand und folgte dem Gespenst durch zwei lange Gänge unter dem Schlosse. Das Gespenst hatte einen Schlüssel, mit dem es eine eisenbeschlagene Tür aufschloß; es ging hinein und zeigte ihm die zwei unrechtmäßigen Kisten und bezeichnete ihm auch die rechtmäßige Kiste. – »Diese darfst du gebrauchen und du kannst damit tun, was dir gefällt, aber die beiden anderen mußt du ungeschmälert an die Ärmsten und Notleidendsten des Landes verteilen.«

Als das getan war, gingen sie hinaus und schlossen die Tür. Er bittet den Prinzen, ihm mit dem Licht vorauszugehen. Dieser aber bedankt sich und sagt: »Nein, bitte schön, nehmt selbst das Licht und geht voraus.«

Der andere gehorcht, und sie kommen in den Saal, wo er die Kerze auf den Boden stellt und in einem gewaltigen Feuer und Dampf auf demselben Wege verschwindet, auf dem er gekommen war.

Der Prinz setzt das Licht auf den Tisch, genießt ein Glas Wein und fällt über das Geschehene in tiefe Gedanken. Da fallen ihm auf einmal die beiden Gefangenen ein, die nicht wieder zurückgekommen waren. Er ergreift die Kerze, begibt sich auf den Gang und nimmt die Salbenbüchse mit, die ihn vor allem Spuk behütet. Da liegen die beiden Gefangenen im Gange und sind tot, jeder mit einem Bund Holz im Arm. Er bestreicht sie mit der Salbe aus seiner Büchse, und sie erheben sich. – »Was zum Teufel liegt ihr Hunde hier herum?«

»Verzeihung, hoher Herr, wir fielen in einen tiefen Schlaf, und es war uns nicht möglich, daraus zu erwachen.«

»Das stimmt. Und hättet ihr keine Hilfe bekommen, wäret ihr nie wieder erwacht. Jetzt aber macht Feuer im Kamin und laßt uns etwas zu essen bekommen!«

Dann vertrieb er sich den Rest der Nacht mit den Gefangenen, bis der Tag anbrach und ein Lakai in den Schloßhof fuhr, als der Prinz sich gerade mit den Gefangenen den Hof besah. Der Lakai brachte Grüße von der Majestät und ließ fragen, wie es ihnen ginge.

Er sagte, daß es ihnen gut ginge. Er möge die Majestät grüßen und bestellen, daß er ihm wichtige Dinge zu berichten habe. Der Lakai erwiderte, daß der König sofort auf dem Schlosse eintreffen werde.

Es dauerte auch nicht lange, da fuhr der König in den Hof, wo er sich sogleich an den Prinzen wandte und ihn fragte, wie es ihm ergangen sei.

Der König mußte ihm in das Schloß folgen, um sich mit eigenen Augen über alles, was sich ereignet hatte, zu überzeugen. Er erzählt dem König alle Ereignisse mit dem Gespenst der Reihe nach und bittet ihn, ihm zu folgen, um den Schatz zu besichtigen. Diesen Keller hatte der König noch nie gesehen oder betreten. Sie öffnen, gehen hinein und betrachten den Schatz; aber er bittet den König, die beiden Kisten an die Ärmsten und Notleidendsten des Landes zu verteilen; das habe er dem Gespenst versprochen, und dann werde es nie wieder spuken. Die dritte Kiste könne der König als sein Eigentum betrachten und darüber nach Belieben verfügen.

Der König war sehr erfreut und befliß sich, das Geld unter die Ärmsten und Notleidendsten des Landes zu verteilen. Dann veranstaltete er ein großes Fest, das drei Tage dauerte, gab seine Gefangenen frei, schenkte ihnen das Leben und bot dem Prinzen das halbe Königreich und eine seiner drei Töchter an. Der Prinz dankte dem König herzlich, aber er hatte immer noch nicht die Angst gefunden und bat daher, weiterreisen zu dürfen, da er hoffe, ihr bald zu begegnen, und dann werde er dankend auf das Angebot zurückkommen.

Dann nahm er Abschied, und der König gab ihm Kutscher,

Diener, eine Kutsche und all das Geld mit auf den Weg, das er für die Reise benötigte. Er verabschiedete sich vom ganzen Hofe und setzte seine Reise fort, bis er in eine große Stadt kam. Dort waren alle Leute schwarz gekleidet. Er fragte nach einem Gasthof, der ihm auch angewiesen wird, und wie er dort ankommt, sind auch hier alle schwarz gekleidet, und die Fenster sind mit schwarzen Tüchern verhängt; so ist es in der ganzen Stadt.

Er fragt den Gastwirt, warum die ganze Stadt in so tiefer Trauer sei? Dieser fragt zurück, ob er denn fremd im Lande sei?

»Ja.«

»Dann wißt Ihr nicht, was hier passiert ist. Schon seit Jahren trägt sich das hier zu, daß ein Drache vom Jüngsten bis zum Ältesten ein Kind fordert, ohne Ausnahme, ob hoch oder niedrig; und nun trifft es sich, daß der Tochter des Königs dieses jammervolle Schicksal widerfährt.«

»Gott bewahre!« sagt der Prinz, »ist denn unter den Männern und Rittern des Königs keiner so tapfer, daß er sein Leben für die Königstochter wagt?«

Sie befürchteten, daß dem so sei, sagte der Gastwirt. Schon viele hätten ihr Leben gewagt, aber alle seien jämmerlich ums Leben gekommen. Der König habe aber einen Kutscher, der Sören hieße, und er habe verstehen lassen, daß er sein Leben wagen und männlich den Drachen töten wolle.

»Laßt mich nun«, sagte der Prinz, »Zeit und Stunde wissen, wann die Prinzessin so elend ums Leben kommen soll.«

»Morgen früh zwischen neun und zehn Uhr.«

Dann ließ sich der Prinz Speise und Trank geben und ging ruhig zu Bett.

Am frühen Morgen bittet er Kutscher und Diener, die Pferde zu striegeln und die Kutsche bereit zu halten. Als dies getan ist, begibt er sich zu dem Wirt, ißt sein Frühstück und plaudert mit dem Wirt über alles, was sich jetzt zutragen soll.

Da kommt die Leibgarde des Königs am Wirtshof vorbei. »Jetzt«, sagt der Wirt, »ist es an der Zeit, jetzt kommt die Prinzessin.«

Da bittet er den Wirt, das Tor aufzuschließen, und den Kutscher, vorzufahren und im Tor zu halten, bis die Prinzessin kommt, und dann sofort hinter der Prinzessin an die Stelle zu fahren, an der sich der Drache zeigen werde.

Die Prinzessin kommt, und sogleich befiehlt er dem Kutscher, hinter ihr herzufahren. Sie fahren aus der Stadt hinaus und kommen an einen hohen Berg, auf dem die Prinzessin dem Drachen übergeben werden soll. Alle steigen aus ihren Wagen, um die Prinzessin auf den Berg zu begleiten. Der Prinz steigt ebenfalls aus und folgt mit. Sobald die Prinzessin den Gipfel des Berges erreicht hat, bildet die Garde einen Kreis um sie. Schon hört man von weitem den Drachen mit solchem Lärm und Getöse in der Luft, daß es gräßlich anzuhören ist. Da befiehlt der König allen, der Prinzessin den Rücken zuzukehren, um die greuliche Tat nicht mit ansehen zu müssen.

Da tritt der Prinz an die Prinzessin heran und fragt: »Gnädigste Prinzessin! Sollen Sie wirklich dieses jämmerliche Schicksal erleiden?«

»Ja, leider«, erwidert sie.

»Ist denn keiner am Hofe Ihres Vaters, der Mut genug hätte, Sie vor diesem grauenhaften Drachen zu retten?«

Nein, es sei denn der Hofkutscher ihres Vaters, Kutscher Sören: er habe etwas darüber verlauten lassen, aber jetzt könne sie ihn nicht sehen.

Da sagt der Prinz zu der Prinzessin: »Gnädigste Prinzessin! Nehmen Sie diese Salbenbüchse und bestreichen Sie damit fleißig Ihre Brust; machen Sie sich nichts daraus, daß Sie Ihre Kleider beschmutzen. Dann hat der Drache keine Gewalt über Sie und kann Ihnen nicht das geringste Leid antun.«

Indessen kam der Drache heran, um gierig die Prinzessin

in einem Bissen zu verschlingen, aber er wich zurück und vermochte es nicht, sich der Prinzessin zu nähern. Da ging der Prinz mutig auf den Drachen zu und stieß ihm den Säbel bis zum Heft in die Brust. Der Drache stieß ein grauenvolles Gebrüll aus und gab den Geist auf.

Er hatte neun Köpfe. Der Prinz nahm sein Jagdmesser und schnitt alle neun Zungen heraus. Dann ging er zu der Prinzessin und erhielt seine Salbenbüchse zurück. Sie zog einen Ring vom Finger, in dem die Namen ihres Vaters und ihrer Mutter standen, und setzte ihn dem Prinzen an den Finger, und sie gab ihm ein schwarzes, goldbesticktes Seidentuch, in dem ebenfalls die Namen ihres Vaters und ihrer Mutter standen. In dieses Tuch band er die Drachenzungen und gab der Prinzessin sein Logis und seinen Stand zu wissen. Auch bat er sie, ihm heimlich mitzuteilen, ob der Kutscher Sören darauf bestünde, sie zu heiraten, weil er sie gerettet habe. Denn der König hatte versprochen, daß der, der den Drachen töten und seine Tochter befreien könne, sie zur Ehe und nach seinem Tode das Königreich erhalten solle.

Als nun alles still geworden war und man das Gebrüll des Drachen nicht mehr hören konnte, trat der Prinz unbemerkt in den Kreis zurück, und der Kutscher Sören, der der erste war, der sich nach der Prinzessin umdrehte, sah, daß der Drache in seinem Blute schwamm.

»Gut«, dachte der Kutscher Sören, »jetzt ist es an der Zeit.« Er hatte eine kleine Axt mit, trat damit kühn auf den Platz und hieb die neun Köpfe ab, hält sie in die Höhe und ruft: »Hier ist der Sieger!«

Da beglückwünschen ihn alle, der Kutscher Sören wird neben die Prinzessin in die Kutsche gesetzt und ein anderer Kutscher muß sie fahren. In der Kutsche sagt er zu der Prinzessin, daß er ihr das Leben nehmen werde, wenn sie nicht zuließe, daß er der Sieger sei. Da gab sie zu, daß er ihr Retter und der Sieger sei.

Der Kutscher Sören wurde in großen Ehren auf das Schloß geführt, man zog ihm Prinzenkleider an und gab ihm eine prinzliche Ausrüstung; ein großes Gastmahl wurde vorbereitet, bei dem die Verlobung, wie das früher Sitte war, feierlich erklärt werden sollte.

Da sagt die Prinzessin zum König, daß sich in der Stadt ein sehr honetter Prinz aufhalte, und daß sie es wünsche, daß er ihrer Verlobung beiwohne. Nun hatte sie das den Prinzen vorher schon heimlich wissen lassen, so daß er fertig angekleidet und bereit war, dem Boten zu folgen. Sie schickte einen Diener zu dem Prinzen und bat ihn, unverzüglich zu kommen. Er folgte dem Diener auf dem Fuße und erreichte den Brautsaal, wo er sehr honett empfangen wurde, wie das einem Prinzen gebührt. Da er nun ein fremder Prinz war, war der König so galant, ihm einen Platz am oberen Ende der Tafel anzuweisen. Über der Tafel hingen die neun Köpfe des Drachen. Es wurde viel über diesen Drachen gesprochen und diskutiert, und über das Wunder, daß er so viele Jahre dagewesen sei und daß sie ihn nun los seien.

Da fragt der Prinz die Majestät, ob es erlaubt sei zu fragen, warum diese neun Köpfe über dem Tische hingen? Der König antwortete: »Das geschieht zur Erinnerung und stellt einen Zierat dafür dar, daß meine Tochter vor dem greulichen Ungeheuer gerettet wurde.«

»Das muß ein männlicher Ritter gewesen sein, der deine Tochter hat erlösen können.«

»Ach nein«, sagte der König, »es ist einer meiner einfachsten Männer, mein Kutscher, der hier sitzt.«

»Es fällt mir auf«, sagte der Prinz, »daß in den Köpfen keine Zungen sind.«

»Was?« sagte der König, »dann laßt uns die Köpfe einmal ansehen.« – Und da zeigte es sich, daß die Zungen fort waren.

»Dann muß«, sagte der Prinz, »derjenige, der die Zungen hat, der rechte Befreier sein.«

Da fing der Kutscher Sören an zu toben, der König bat ihn aber sofort zu schweigen, und der Prinz zieht sein Tuch hervor und zeigt die neun Zungen, das Halstuch und den Ring am Finger, die der König beide wiedererkannte. Als zugleich auch die Prinzessin ihr Geständnis machte, da jubelten alle dem rechten Sieger zu, und der elende Kutscher Sören wurde sofort hinaus und in Verwahrung gebracht.

Der König hielt sein Versprechen und schenkte dem Sieger die Hand seiner Tochter und versprach ihm Land und Reich nach seinem Tode. Dann wurde die Hochzeit festgesetzt, und sie dauerte mehrere Tage, ich weiß nicht, wie viele.

Als die Hochzeit mit allem Drum und Dran vorbei war, fragte der König den Prinzen, welche Strafe er dem Kutscher Sören geben wolle. Der Prinz antwortete: »Es kommt mir nicht zu, ihn zu strafen, das beruht allein auf der Majestät.«

Der König befahl, daß man ihn in ein innen mit Stacheln versehenes Faß stecken und zwei wilde Pferde vorspannen sollte, die mit ihm über Stock und Stein liefen.

Nach einer Zeit fragte der Prinz die Majestät, ob er nach Hause fahren und seine Eltern besuchen dürfe, was der König unter der Bedingung gestattete, daß er nicht lange fortbliebe. Die Prinzessin wollte ihn aber absolut begleiten. Auf alle Fälle wurden sie gut ausgerüstet und erhielten ein prächtiges Gefolge. Sie fuhren eine Zeitlang, ohne daß sie Bemerkenswertes erlebten, bis sie in einen schönen Wald kamen, wo sich ein schöner Platz befand, an dem es der Prinzessin gefiel, den Wagen halten zu lassen und etwas spazierenzugehen.

Dort gingen die beiden eine Weile herum, dann gefiel es ihnen, sich im Grünen niederzulassen, und während sie so dasaßen, schlief der Prinz ein und legte seinen Kopf an ihre Brust. Da träumte er, daß der Drache käme und die Prinzessin nehmen wolle, und er sprang entsetzt auf und griff so fest nach ihr, daß er sie beinahe erstickt hätte. Dabei rief er aber so laut, daß er davon erwachte, zu sich kam und sagte: »Nun bin ich viele Meilen in der Welt umhergezogen, um es mit der Angst zu tun zu kriegen, ohne sie zu finden. Mir träumte, der Drache wollte dich verschlingen, und jetzt kann ich der Wahrheit getreu sagen, daß mir nie so angst und bange war. Jetzt fahren wir nach Hause.«

Er meinte nämlich, er könne ebensogut seinen Eltern einen Boten schicken, damit sie wüßten, wo er sei, denn er war ja nicht ausgezogen, um seine Eltern zu besuchen, sondern um der Angst willen, und diese hatte er nun erlebt. Da wollte er nicht mehr reisen, und er blieb bei seiner Gemahlin, und der König gab ihm das Königreich, und dort lebt er heute noch in Freuden.

31. Der ungehobelte Bauer

Es waren einmal zwei Herren, die waren Brüder; der eine war verheiratet und hatte Kinder, aber der andere war ein alter Junggeselle. Der wohnte hier in Jütland, aber der verheiratete Bruder wohnte auf Seeland zwischen Kalundborg und Holbaek.

Mit der Zeit wurde es dem Junggesellen zu beschwerlich, eigene Wirtschaft zu führen und Dienstboten für Haus und Feld zu halten, und als ihm sein Bruder anbot, er solle auf seine alten Tage zu ihm ziehen, nahm er es gern an, verkaufte seinen Hof und machte alles zu Geld, außer einem Paar Pferde und einem Wagen, die er mitnahm, um auch für die Zukunft seine Behaglichkeit zu haben. Auch hatte er einen treuen Knecht, der hatte ihm viele Jahre gedient und sollte ihn auch begleiten. Sie ließen sich nach Kalundborg übersetzen und fuhren nun weiter ins Land hinein.

Alles ging gut, solange sie auf der Landstraße waren, der Weg war leicht zu finden, aber als sie abbiegen wollten, wußte der Mann nicht recht, nach welcher Richtung, denn er hatte zwar seinen Bruder etliche Male besucht, aber in fremdem Land findet man sich doch nicht so leicht zurecht. Da lag ein hübscher kleiner Hof an einem schmalen Weg, wo sie fuhren, und da sagte der Herr zu seinem Knecht: »Ach, Peter, lauf doch einmal hin und frag, ob das der rechte Weg ist, ich bin nicht ganz sicher!«

Der Knecht lief hin, und als er in den Hof kam, stand da ein alter, dürrer Bauer und klopfte Torf für den Misthaufen.

»Guten Tag, Vater!« sagte Peter.

»Hä?« sagte der andere.

»Guten Tag, Vater!« sagte Peter lauter, denn er dachte, der Mann sei schwerhörig. Aber er gab keine Antwort.

»Könnt Ihr mir nicht sagen, ob das der rechte Weg zum Herrenhof ist?«

Er mußte es noch einmal wiederholen und noch lauter sprechen.

»Der Teufel hol mich! Ihr könnt fahren, wohin ihr wollt, das geht mich nichts an.«

»Mit dem ist nicht gut Kirschen essen«, dachte sich Peter und kehrte wieder zu seinem Herrn zurück.

»Sind wir auf dem rechten Weg?«

»Ich weiß nicht«, sagte Peter ganz kurz und bündig.

»Was ist denn los, Peter?«

»Einen solchen Flegel habe ich mein Lebtag noch nicht getroffen!« sagte Peter und erzählte, wie es ihm ergangen war.

»Ich glaube wohl, daß wir auf dem rechten Weg sind, wir wollen ruhig zufahren.«

Also fuhren sie weiter, und es dauerte nicht sonderlich lang, bis sie zu dem Haus des Bruders kamen. Als sie hineingetreten waren, sagte der Junggeselle: »Aber prächtige Bauern habt ihr hierzulande!«

»Ja freilich!«

»Das sind ganz besonders famose Leute!«

»Du lobst sie doch ein wenig sehr!« sagte der Bruder darauf. »Vielleicht bist du doch nicht ganz im Ernst; wen hast du denn getroffen?«

»Ach, solch einen alten Rüpel in einem hübschen Hof hier am Weg.«

»Ja, der ist freilich unvergleichlich«, sagte der Bruder, der sich gleich dachte, wer gemeint sein mußte, »er kann einem keinen Tropfen Wasser aus seiner Quelle gönnen, und wenn man am Verdursten wäre.«

Peter stand dabei und sagte: »Ich weiß nicht, ob das wirklich so schlimm ist.«

»Doch, gewiß ist es so.«

»Dann will ich doch sehen, wie ich mich für heute nacht bei ihm einquartiere.«

»Nein, das bringst du gewiß nicht fertig«, sagte der Seeländer ganz überzeugt, »ich will dir fünfzig Taler geben, wenn du das kannst.«

Die Wette wurde ausgemacht und der Kutscher beauftragt, mit hinzugehen, um zu sehen, ob alles redlich zuginge. Also ritten sie gegen Abend hinunter.

»Guten Abend, Vater!« sagte Peter zu dem Mann, der immer noch im Hof stand und Torf klopfte. – »Hä?« – »Können wir wohl heute nacht hier unterkommen?«

»Nein, der Teufel hol mich! das könnt ihr nicht!« sagte der Mann in heller Wut auf einmal. – »Danke schön, Ihr seid sehr freundlich«, sagte Peter. »Also wollen wir die Pferde hineinführen«, und ohne weitere Umstände ging er auf die Stalltür los. Aber der Bauer kam hinter ihm her und wollte nach dem Schloß fassen. – »Ach, danke, das ist wirklich nicht nötig, wir können schon selbst aufmachen«, sagte Peter und schob den verdutzten Alten beiseite.

Drinnen standen zwei schöne Braunen, die machte der Knecht los, und sie liefen aus dem Hof hinaus, und der Bauer konnte sie wieder einfangen, wenn er Lust hatte. Der Kutscher hielt unterdessen ihre Pferde, und sie stellten sie ein und banden sie so fest an, daß der Flegel sie nicht so leicht losmachen konnte. Der kannte sich nicht mehr vor Wut. Aber Peter tat, als ob nichts gewesen wäre, und sagte:

»Ja, ich kann mir schon denken, Ihr werdet unsere Pferde recht gut füttern!« – »Nein, der Teufel hol mich, das tu ich nicht!« schrie der Bauer und wollte das Scheunentor zuhalten. Aber Peter schob ihn beiseite und sagte: »Das ist doch wirklich nicht nötig, das können wir uns schon selber holen!« Und damit ging er in den Futterspeicher und fand so wunderschönes Heu, daß arme Leute es fast hätten essen können.

Der Bauer ging mit hinein und stellte sich breit vor das Heu und streckte die Arme aus, als wollte er ihn zurückhalten. Aber Peter sagte: »Nein, danke, wir brauchen nicht so viel, ein kleiner Armvoll ist genug.« Und damit nahm er, soviel er brauchte, und ging damit zu seinen Pferden. Aber der Mann schlich sich hinaus in den Hof und klopfte wieder Torf.

Als Peter aus dem Stall kam, ging er ans Fenster und stellte sich davor und erspähte die Bäuerin, das war eine hübsche, nette und brave Frau. Wie er nun so am Fenster vorbeiging, machte er die Stimme des Mannes nach und rief: »Frau, tisch doch den beiden Fremden auf, was das Haus vermag!« Das tat sie gern, denn sie war durchaus nicht geizig, und richtete sogleich ein Abendessen her.

Die beiden Fremden liefen außen auf und ab, bis der Mann hineinging, denn sie hatten Angst, er möchte in den Stall gehen und ihre Pferde hinausjagen. Dann schlichen sie hinter ihm drein ins Haus, und als nun die Frau anfing, die guten Sachen vor ihnen auf den Tisch zu stellen, da wurde der Mann noch viel wütender und setzte sich in den Ofenwinkel. Die beiden Knechte aber taten, als wären sie zu Haus, und ließen es sich gehörig schmecken. Da sagte Peter: »Kommt doch her und eßt mit!« Aber der Bauer sagte grimmig: »Nein, der Teufel hol mich, mit solchen Kerlen setze ich mich nicht an den Tisch!« Und er ließ sich einen Knochen geben, um daran zu nagen, damit ihm die Zeit nicht lang würde und es aussähe, als ob er wirklich äße.

Inzwischen ließen sich's die andern richtig wohl sein, und

als sie fertig waren, sagte Peter zu der Bäuerin: »Das kannst du nun ruhig auf dem Tisch stehenlassen bis morgen zu unserm Frühstück, und jetzt gehen wir wohl am besten zur Ruhe!« Die Frau gehorchte und wies sie in eine Kammer, wo ein gutes Bett gerichtet war. Der Kutscher legte sich auch hinein, aber der Knecht sagte: »Ich bin weit gereist und steif geworden, da will ich am liebsten auf der Bank schlafen.« Der Bauer und die Bäuerin gingen nun auch ins Bett, aber als sie eine Weile drin waren, sagte der Mann zu ihr, er sei so hungrig. »Ja, warum hast du denn nicht mit den Fremden gegessen?« sagte sie.

»Wie hätte ich denn mit den verfluchten Fremden essen können, ein solches Räuberpack, das sich ja alles selber nimmt!«

»Ja, dann kannst du ja aufstehen und dir etwas holen von dem Essen, das noch auf dem Tisch steht!« sagte die Frau.

Er stand auf und schlich sich hin an den Tisch, wo er anfing, sich mit den Fingern aus der Schüssel zu bedienen. Nun war aber Peter so vorsichtig gewesen, seine Reitpeitsche mit hineinzunehmen, und sie lag neben ihm. Da stand er auf und langte dem Mann damit eine tüchtige über die Finger. »Kst, kst!« sagte er und tat, als ob er auf die Katze Jagd machte. »Da haben die Leute nun vergessen, die Katze hinauszusperren, und es wäre doch Sünd und Schand, wenn sie über das gute Essen käme.«

Der Mann bekam solche Angst, daß er ohne weiteres davonlief und wieder ins Bett kroch. Da lag er eine Weile. »Ich habe solchen Hunger.« – »Ja, was sollen wir denn machen?« sagte die Frau, »das war doch komisch, daß du dich am Abend nicht satt gegessen hast!« – »Soviel ist sicher, ich halte es nicht mehr aus!« – »Da muß ich wohl aufstehen und dir ein paar Pfannkuchen machen?« – Über diesen Vorschlag war er sehr froh und begleitete sie hinaus, damit der fremde Kerl sie nicht erschrecken sollte.

Als sie nun drei Kuchen in der glühenden Asche hatte,

kam Peter dazu und sagte: »Ihr steht früh auf!« – »Ja, Leute in unserem Alter könnten nicht bis in den Tag schlafen«, gab er zur Antwort. – »Ja, ich bin auch überwacht und noch recht müde von der Reise«, sagte er, »und nun wollen wir zusammen aufbleiben und uns unterhalten. Ich könnte es ebenso gut haben wie Ihr, denn mein Vater hatte einen großen Hof; aber ich hatte drei Schwestern, und die heirateten drei Hofbesitzer, der eine wohnte da (dabei machte Peter mit dem Peitschenstiel eine Zeichnung in die Asche, daß der eine Kuchen kaputtging), und der andere wohnte hier (da ging es dem zweiten Pfannkuchen auch schlecht) und der dritte hier (damit warf er auch den dritten auseinander), und jeder bekam einen Hof; aber wenn ich auch nur so viel von meinem Väterlichen bekommen hätte, als hier in der Asche ist . . .« (nun rührte er mit dem Peitschenstiel in der Asche herum, daß alle drei Pfannkuchen vollends den Rest erhielten).

Da rief der Bauer: »Wann geht ihr Satanskerle denn endlich einmal fort?« – »Wir nehmen niemals Abschied, bevor nicht eine Krähe sich aufs Dach setzt«, und damit ging Peter hinein; die anderen blieben draußen. Bald darauf kam die Bäuerin und sagte, nun säße eine Krähe auf dem Hausdach.

»Das verfluchte Vieh!« schrie Peter und lief hinaus. Nach einer Weile kam er wieder und sagte: »Nun habe ich sie fortgejagt. Ich habe ein gehöriges Stück Holz nach ihr geworfen, und da fiel sie herunter.« – »Da hast du wohl kein sonderliches Unglück angerichtet«, sagte die Bäuerin darauf.

Davon wisse er nichts, wie hätte das auch zugehen sollen, gab er zur Antwort. Sie lief hinaus und sah nach dem Bauern, denn er hatte die Krähe vorstellen wollen und war aufs Dach geklettert. Aber nun lag er auf der Erde und war tot.

Die Frau klagte und weinte, aber Peter war flink und half ihr, ihn aufzubetten, und ehe er fortging, sagte er, er wolle gern wiederkommen und ihr bei allem helfen, wenn es ihr recht sei. Darauf zogen Peter und der Kutscher wieder heim, und der Herr mußte mit seinen fünfzig Talern herausrücken.

Aber das war nicht alles; Peter wurde ein ständiger Gast bei der Witwe nach der Beerdigung, und weil sie eine so nette Frau war, machte er ihr seinen Antrag und bekam ihr Ja, da er ihr ja so sehr behilflich gewesen war. So wurde er ein stattlicher Gutsbesitzer und war gefällig und freundlich gegen jedermann und gastfrei gegen jeden, den der Weg zu seinem Haus führte.

32. Der Gang in die Mühle

Es war einmal eine Frau, die hatte einen großen Sohn, aber er war nicht recht bei Verstand, und sie konnte ihn nirgends hinschicken mit einem Auftrag, denn er konnte sich nie merken, was man ihm gesagt hatte.

Eines Tages wollte sie gerne zwei Scheffel Buchweizen aus der Mühle haben und dachte, das könne er doch wenigstens besorgen, und sagte zu ihm: »Kannst du mir aus der Mühle zwei Scheffel Buchweizen holen?« – »Ja, freilich«, sagte er. »Aber vergiß es nicht!« sagte sie. Nein, er wolle es nicht vergessen, sagte er, denn er gab immer pünktlich Antwort. »Du solltest es unterwegs immer vor dich hinsagen!« Also ging er hin und sprach immer vor sich hin: »Zwei Scheffel. Zwei Scheffel. Zwei Scheffel.« Aber schließlich sprach er so laut, daß jeder es hören konnte.

Da kam er an einem Mann vorbei, der Korn säte. Als der hörte, was der Bursche sagte, ärgerte er sich, denn er hatte sieben Tonnen gesät, und nun schien ihm der Bursche vorauszusagen, daß er nur zwei Scheffel ernten würde. »Du Lausekerl, ich will dir helfen!« und damit gab er ihm etliche Hiebe. »Untersteh dich, so zu sagen!« »Ja, was soll ich denn sonst sagen?« – »Du sollst sagen: Gott, gib hundertfach!« Das war ihm recht, und er ging seiner Wege und sagte in einem fort: »Gott, gib hundertfach! Gott, gib hundertfach!«

Da kam er an einem Gehöft vorbei, wo man eben Jagd auf die Ratten machte. Als ihn da die Leute so rufen hörten, wurden sie ganz wütend, weil er ihnen das Hundertfache wünschte, und so bekam er wieder einen Buckel voll Schläge. »Halt dein Maul, du Lausekerl, mit solchem Gerede!« sagten sie, als sie ihn losließen. »Ach ja, ich will schon«, sagte der Bursche und flennte jämmerlich, »aber, was soll ich denn sagen?« – »Du sollst sagen: Weg mit dem Teufelszeug!« – Dazu war er wohl bereit und ging weiter und rief, wie er gehört hatte: »Weg mit dem Teufelszeug! Weg mit dem Teufelszeug!«

Da kam er bald darauf an einem Leichenzug vorbei. Als die Leute hörten, was der Bursche rief und was er da über den Toten sagte, wurden sie so zornig, daß sie ihn am Schlafittchen packten und gehörig versohlten. »So darfst du nicht sagen, du Lump!« schrien sie und zogen ihm noch ein paar tüchtige über. Da fragte er ganz jämmerlich, was er denn eigentlich sagen sollte? »So trägt man einen Toten zu Grab!« sagten sie ihm. Dazu war er bereit und ging wieder seines Weges weiter, aber nun rief er: »So trägt man einen Toten zu Grab! So trägt man einen Toten zu Grab!«

Da begegnete er einem, der ging auch rasch seines Weges und hatte einen Windhund mit sich, den er verkaufen wollte. Als er hörte, was der Bursche da rief, ärgerte er sich, denn er meinte, er wolle ihn verspotten. Und er packte den Burschen und gab ihm eine Tracht Prügel. »Was brauchst du Lumpenkerl das zu rufen! Nun sollst du es nur noch einmal probieren!« – »Aber, was soll ich denn sonst sagen?« fragte er. »Du mußt sagen: So führt man einen Hund zum Markt!« gab er zur Antwort. Das wollte er gern sagen und ging weiter und rief, was er nun gelernt hatte: »So führt man einen Hund zum Markt! So führt man einen Hund zum Markt!«

Da kam er an einen Hof, wo man eben die Tochter auf den Wagen hob. Sie war als Hochzeiterin gekleidet und fuhr zur Trauung in die Kirche. Als die Leute hörten, was der Bursche rief, meinten sie, er schelte die Braut einen Hund, und sie packten ihn und prügelten ihn fürchterlich und gaben ihm zu verstehen, daß er nur nicht probieren solle, seinen Ruf zu wiederholen. »Ja, was soll ich denn sonst sagen?« jammerte der arme Bursche, der nun schon ganz mürbgeschlagen war. – »Du sollst sagen: Hier ist Freude im Hause!« sagten die Leute. Dazu war er bereit und ging seines Weges und rief, so schön er konnte – es war doch ein jämmerliches Geflenne – »Hier ist Freude im Hause! Hier ist Freude im Hause!«

Schließlich kam er an einen Hof, der stand in hellen Flammen, und es standen viele Leute herum und versuchten zu löschen. Als sie hörten, was der Bursche rief, wurden sie auch zornig. »So darfst du nicht sagen!« brüllten sie. »Du elender Hund! Willst du sagen, daß hier Freude im Hause ist? Bei dem schrecklichen Unglück, das passiert ist!« Und sie wurden seiner habhaft, denn einer solchen Menge konnte er nicht entkommen, auch wenn er gewollt hätte, und so bekam er noch die schlimmste Tracht von allen Prügeln, die ihm bisher geblüht hatten. »Aber, was soll ich denn sagen?« jammerte der Bursche. – »Du sollst sagen: Gott, still Wetter und Wind!« Das ließ er sich gesagt sein und ging seiner Wege und rief den Spruch.

Schließlich kam er an die Mühle. Da stand der Müller und rückte an den Flügeln, denn die Mühle wollte nicht gehen, weil es windstill war, und darüber war der Müller sehr ärgerlich, weil er viel zu mahlen hatte. Deshalb fuhr er auf den Burschen los, als er ihn rufen hörte: »Mußt du elender Kerl auch noch kommen und so rufen!« Und auch hier setzte es wieder einige hintenüber. Aber der Bursche war nun so verprügelt und erschrocken, daß er gleich zu weinen anfing, und das wurde so heftig, daß er rein vergaß, was er zuletzt gesagt hatte, und was er besorgen sollte, das hatte er schon längst vergessen.

Der Müller konnte nichts aus ihm herausbekommen, obgleich er ihn kreuz und quer ausfragte. Schließlich kam er darauf zu sagen: »Wer hat denn gesagt, du solltest rufen: Gott, still Wetter und Wind?« Das wußte er noch; es seien die Leute gewesen auf dem Hof, der in Flammen stand. »Sie haben mich geschlagen und gesagt, ich sollte nicht so rufen.« »Wie solltest du denn nicht rufen?« Nun fiel ihm auch das wieder ein. »Ich sollte nicht sagen: Hier ist Freude im Haus.« »Wer hat denn gesagt, du solltest das rufen?« Das wußte er auch noch: »Das haben mich die Leute in dem Hof geheißen, wo man eine Frau auf den Wagen hob, denn sie haben mich geschlagen und gesagt, ich dürfe nicht so rufen.«

»Was hast du denn da gesagt?« forschte der Müller weiter.

»Ich sagte in einem fort: So führt man einen Hund zum Markt.« – »Und wer hat dich denn das gelehrt?« – »Das hat einer getan, der führte einen Hund«, sagte der Bursche, »er hat mich auch geschlagen und gesagt, ich solle nicht so rufen.« »Was hast du denn da gesagt?« – »Ich sagte immerzu: So trägt man die Toten zu Grab«, sagte der Bursche; er konnte nun antworten wie geölt, nachdem der Müller am richtigen Ende zu fragen angefangen hatte.

»Wer hat dich denn geheißen, so zu rufen?« – »Das waren die Leute in einem Haus am Weg, da trug man eben einen toten Mann hinaus, und sie haben mich geschlagen und gesagt, ich dürfe nicht so rufen.« – »Na, was hast du denn da gerufen?« – »Ich habe immerzu gerufen: Weg mit dem Teufelszeug!« – »Und wer hat dich denn geheißen, so zu rufen?« »Das waren die Leute in einem Hof, die Ratten totschlugen«, sagte der Bursche, »sie haben mich geschlagen und gesagt, ich solle nicht so rufen.« – »Was hast du denn da gesagt?« – »Wart ein wenig, jetzt fällt es mir ein, da ging ich meines Weges und sagte: Gott, gib hundertfach, und das ärgerte sie.« »Aber nun laß mich wissen, wer hat dich denn das gelehrt?«

»Das war ein Mann, der sagte, ich solle so rufen; er ging auf dem Feld neben der Straße und säte und ärgerte sich, als ich kam und schlug mich und sagte, ich dürfte nicht so rufen.« – »Aber, was hast du denn da gerufen?« sagte der Müller.

»Da habe ich gesagt: Zwei Scheffel! Zwei Scheffel! Halt, zwei Scheffel Buchweizen sollte ich holen!«

Nun bekam der Bursche seine zwei Scheffel Buchweizen, und damit ist die Geschichte aus.

33. Das Rad kleiden

Ein König und eine Königin hatten lange keine Kinder; als sie dann endlich einen Sohn bekamen, waren sie so bange, daß wer weiß was für Unheil über seinem Haupte schweben sollte, daß sie das Schicksal, das ihm auf seiner Lebensbahn folgen sollte, prophezeien ließen. Das Orakel lautete unheimlich schlecht: »Er wird das Rad kleiden!«

Je holder der Sohn heranwuchs, um so größer wurde die Sorge der Eltern; als der Junge aber 15 Jahre alt geworden war, wollte er unbedingt die Ursache ihres Kummers wissen. Da erzählten sie ihm, was der alte Völve geweissagt hatte. Da wollte er in die weite Welt reisen. – »Das Schicksal erreicht mich dennoch, ob ich draußen oder zu Hause bin«, sagte er, »aber als unbefahrenes Schoßkind will ich nicht sterben.«

Das tat den Eltern weh und leid, aber er erhielt dennoch die Erlaubnis zur Reise, und so fuhr er denn in einem schönen Wagen mit schönen Pferden davor und allem Zubehör davon.

Da saß er denn in seinem Wagen und überlegte sich, was er sich vornehmen sollte, und da ihm nichts einfiel, lebte er von dem, was er hatte, bis er den letzten Pfennig und sogar Pferd und Wagen mit verbraucht hatte. – »Jetzt muß ich etwas tun«, dachte er, »aber die Zeit wird mich schon lehren, was es sein soll.«

Da trifft er einen Maurermeister und deutet diesem an, daß er ein Maurergeselle ist und Lust habe, bei ihm zu arbeiten. Der Meister dingt ihn für den nächsten Tag und will ihm vierundzwanzig Schillinge außer der Kost als Tageslohn geben. Abends tauscht der Prinz seine Kleider gegen eine Bluse und andere Sachen um, in denen er am nächsten Morgen auf dem Bauplatz erscheint.

Man gab ihm ein Stück Arbeit, und das ging ihm besser von der Hand, als er geglaubt hatte, denn er war ja kein dummer Prinz. Der Meister sagt zu ihm: »Das hast du früher schon gemacht«, und der Prinz antwortete:

»Das ist aber schon lange her.«

Abends kehrte er irgendwo ein, wo er Wein bekommen konnte, und kaufte sich für die vierundzwanzig Schillinge eine Flasche Wein. Damit verbrachte er den Abend, aber der Wein war nicht so gut, wie er ihn gewöhnt war. Während er so dasaß und langsam seinen Wein trank, kam ein gut aussehender Mann herein; er bestellte einen Wein, der sowohl teuer als auch gut war. Da sonst niemand in der Wirtsstube saß, kamen sie ins Gespräch miteinander, aber der Prinz erzählte dem Manne nur, daß er ein Maurergeselle sei.

»Das bin ich auch einmal gewesen«, sagte der Mann, »und das war so gut, daß es mir nie an Geld fehlte.« Dann schwiegen sie eine Weile.

»Du willst wohl weiter im Maurerhandwerk bleiben?« fragte der Mann.

»Das habe ich noch nicht ganz entschieden«, erwiderte der Prinz.

Dem Mann gefiel der junge Geselle sehr gut, und er fragte ihn, ob er in seine Dienste treten wolle: »Hundert Reichstaler bekommst du im Jahre. Du sollst nur ›treu und schweigsam‹ sein, ansonsten bist du dein eigener Herr.«

Der Prinz nahm den Dienst an und begleitete den Mann in

sein Haus. Dort waren drei schöne Töchter, die die Kinder eines ungeheuer reichen Vaters zu sein schienen, aber sie waren nicht einmal stolz. Im Schrank hingen Kleider in allen Farben, und der Mann fragte Hans, wie er sich nannte, ob er nicht für sich einige darunter aussuchen wolle, denn seine seien denn doch zu schlecht.

»Ich nehme das grüne«, sagte Hans.

»Hier ist eine Schublade voll Geld, wovon du mit Bedacht nehmen darfst, wenn du etwas brauchst, und sonst kannst du dich hier wie zu Hause fühlen«, sagte der Mann.

Hans dachte: »Das ist aber ein gefährlich reicher Mann. Woher er wohl das ganze Vermögen hat?«

Als der Mann Hans eine Zeitlang sich selbst überlassen hatte, rief er ihn eines Abends zu sich hinein und fragte ihn: »Erinnerst du dich noch an das, worüber wir sprachen, als wir uns zum erstenmal sahen?«

»Ja«, sagte Hans.

»Kannst du schweigsam und treu sein?«

»Das will ich meinen.«

»Gut, so höre! Was ich an jenem Abend sagte, bedeutet etwas. Ich habe die Schatzkammer des Königs gemauert und sie so eingerichtet, daß ich mir auf heimlichem Wege holen kann, was ich brauche. Dreimal im Jahre holen mein Diener und ich, so viel wie wir tragen können, und heute abend ist es so weit. Bist du bereit?«

»Ja«, sagte Hans, und dann gingen sie. Sie erreichten die Schatzkammer. An diesem Abend ging der Mann selbst hinein, denn der neue Diener sollte die Sache nur erst lernen. Mit schweren Geldbeuteln kamen sie heimlich nach Hause, und das war das erstemal.

Beim zweiten Mal sollte Hans in die Schatzkammer hineingehen und die Beutel füllen. Er machte seine Sache gut, vergaß aber nur, den Haufen wieder schön abzurunden. Sie gingen mit den Beuteln nach Hause, und unterwegs berichtete Hans, was er vergessen hatte. Der Mann meinte, daß sei schlimm, glaubte aber nicht, daß der König diese Seite des Haufens bemerken werde, da sie quer vor dem Eingang lag.

Eines Tages kamen der König und sein Narr in die Schatzkammer, sicher weil sie etwas brauchten. Sie nahmen das Nötige und besahen sich den Haufen rundum. An der einen Seite bemerkten sie das Loch. Da erschrak der König, und der Narr wunderte sich.

»Hier kommen sicher Diebe«, sagte der König, »wie können wir die entdecken? Gib mir einen guten Rat, Narr!«

»Tja, ich weiß keinen anderen Rat, als daß wir erst einmal ein Feuer im Gewölbe anzünden und dann draußen nachsehen, ob wir den heimlichen Eingang entdecken können.« Das wurde sofort ins Werk gesetzt, und als sie draußen ein paarmal um die Schatzkammer herumgegangen waren, entdeckten sie einen Spalt, aus dem der Rauch herausdrang.

»Was nun?« fragte der König.

»Jetzt verschaffen wir uns ein Faß und füllen es mit dikkem Pech; das setzen wir innen genau an die Stelle, an der der Rauch ausdringt, dann muß der Dieb in die Tonne fallen und schön darin stecken bleiben, bis wir kommen.« Wie gesagt, so getan, und dann gingen sie. Als Hans und sein Herr in ihrem nächtlichen Tun wieder zu der Schatzkammer kamen, wollte der Herr selber die Sache von der Hand bekommen, das war aber eine schlimme Geschichte für ihn, denn als er durch das Loch gekommen war, fiel er in die Tonne.

»Jetzt sitze ich im Pech«, sagte er, »und wenn du nicht tust, wie ich sage, obwohl das schlechte Bedingungen für mich sind, dann kostet es auch dich den Hals.«

Hans versprach zu gehorchen, und dann sagte sein Herr, er solle ihm den Kopf abschlagen, dafür sorgen, daß dieser begraben werde, und den Körper lassen, wo er sei, wozu die Verhältnisse ihn übrigens zwängen. – »Und sonst mußt du gut für meine Töchter sorgen, und sage ihnen nichts von meinem Mißgeschick, wenn du nicht dazu gezwungen wirst.« Das versprach Hans und tat, wie ihm geheißen war.

Als der König und der Narr in die Schatzkammer kamen und den kopflosen Mann sahen, wußte der König nicht, was er sagen sollte, und fragte wieder seinen Narren um Rat.

»Tja«, sagte der Narr, »es müssen ihrer zwei um diesen Anschlag sein, und der Klügste ist noch da. Mein Rat ist der, daß wir die Leiche mit Pfeifen und Trommeln durch die Stadt führen, dann wird sich zeigen, wohin der Körper gehört, so daß wir vielleicht den Handlanger entdecken können.«

Dieser Rat gefiel dem König, und bald fuhr der Karren, von einem Haufen Neugieriger umringt, durch die Stadt.

Hans war in der Stadt, aber wie er merkt, wozu das führen soll, eilt er nach Hause und bereitet sich auf das vor, was da kommen muß. Schließlich kommt der Zug auch an dem Fenster der drei Schwestern vorbei, und sie heben, als sie die Leiche ihres vermißten Vaters erkennen, ein Klagegeschrei an, das alle hören können. Er beschwichtigt sie und schneidet sich mit Willen in den Finger. Das ist kaum geschehen, als auch schon der Narr des Königs eintritt und fragt, warum man hier beim Anblick des toten Körpers so jammert.

»Das war doch nicht deswegen«, sagt Hans, »aber ich war gerade dabei, etwas Leder zuzuschneiden, und da fuhr mir das Messer in die Hand, als ich dem Aufzug da draußen zusehen wollte, und da wurden meine Schwestern bange, denn sie können überhaupt nichts vertragen.«

»Aha, mein Lieber, jetzt habe ich dich«, dachte der Narr, »so leicht entschlüpfst du mir nicht!«

Dann ging er wieder, aber vor der Haustür machte er sich zu schaffen. Hans mußte nachsehen, was das war. Da stand ein großes Kreuz an die Tür geschrieben.

»Nein«, dachte er, »so leicht fängt man keine Ratten«, nahm ein Stück Kreide und lief durch die Straßen – und überall malte er ein Kreuz an die Türen. Dann lief er zurück zu den Schwestern seines früheren Herrn und mußte nun mit der ganzen Geschichte herausrücken, so daß jetzt erst recht Grund zu jammern war.

Alldieweil gehen der König und der Narr durch die Straßen, um den Handlanger des Diebs zu finden.

»Kann der König sehen, hier ist es!« sagt der Narr.

»Nein, hier ist es!« erwidert der König.

»Nein, hier!« hieß es von allen Seiten. Da mußten der König und der Narr mit einer langen Nase nach Hause gehen.

Nun war für den König wieder guter Rat teuer, denn er meinte, vergehen zu müssen, wenn er den Schelm nicht erwischte. Der Narr mußte ihm wieder mit seinem Rat helfen und sagte: »Jetzt nehmen wir den Körper und hängen ihn an den Galgen. Es sollte mich wundern, wenn der Handlanger nicht versuchen wollte, den Körper herunterzuholen und zusammen mit dem Kopf zu begraben. Wir setzen natürlich eine starke Wache an den Galgen, und dann werden wir ja sehen, was geschieht.«

Es wurde bekanntgemacht, daß der verwegene Dieb, der die Schatzkammer des Königs bestohlen hatte, kopflos erhängt werden sollte, da man den Kopf nicht finden konnte.

»Aha«, dachte Hans, »wie komme ich an den Köder heran, ohne den Haken zu berühren?«

Er ging zu einem Schneider und erwarb sich drei Priestertalare und eine Bischofstracht sowie die Kopfbedeckungen, die dazu paßten. Dann kaufte er einen Einspännerwagen und ein gezäumtes Pferd, und dann fehlte nur noch eines: ein Scheffel Kalk. Als es dunkel geworden war, spannte er das Pferd vor den Wagen und gab sich beim Aufladen der Kleider und des Kalkes gut Zeit. Dann sagte er den Töchtern, wohin er fahren wollte und womit sie ihm behilflich sein könnten, wenn er zurückkäme.

Als er annehmen konnte, daß alle Leute in der Stadt zu Bett gegangen waren, fuhr er ganz langsam auf den Galgen zu. Als er in die Nähe kam, sah er, daß dort ein Hauptmann und drei Soldaten auf ihrem Posten waren. Nun sorgte er dafür, daß er in den Graben fuhr, aber so, daß es ungefährlich war und nicht weiter von der Wache entfernt, als daß sie ihn hören konnte. Indem er in den Graben fährt, tut er, als ob er geschlafen habe, und springt entsetzt mit vielen Klagerufen auf: »Ach, ich armer Mann! Daß man sich doch nie auf den schlimmen Gaul verlassen kann! Und dann die dumme Schläfrigkeit, die mich immer überfällt! Jetzt ist sicher kein Mensch da, der mir armem Mann helfen könnte, ach nein, da ist sicher keiner!«

Er versuchte den Wagen aus dem Graben herauszuziehen, aber das war unmöglich, und dann fing er wieder an zu jammern. Da fragt ein Soldat der Wache den Hauptmann, ob er dem Mann da drüben nicht helfen dürfe, und der Hauptmann konnte vor lauter Lachen kaum »Ja« dazu sagen. Der Soldat läuft zu Hans hinüber und hilft ihm mit dem Wagen, und Hans weiß kaum, wie er ihm für seine Hilfe danken soll. Er bindet das Pferd an und geht mit dem Soldaten zu der Wache hinüber, redet mit ihr und dankt ihr so lange er es für gut hält und sagt dann zuletzt: »Auf den Schrecken muß ich mir einen Tropfen genehmigen«, und dann tat er, als ob er tränke.

»Ich hab' nur selten einen Branntwein bei mir, aber da ich nun einmal einen guten Tropfen habe, sollt ihr für den Dienst, den ihr mir geleistet habt, auch einmal trinken. Hier!« und dann tranken sie, was in der Flasche war; viel war es nicht, aber weniger hätte auch seine Wirkung nicht verfehlt, denn es war ein Schlafmittel. Das konnte man schnell sehen, denn sie fielen alle wie tot um und schnarchten wie die Eulen.

Und während sie in tiefem Schlaf lagen, war Hans nicht müßig, sondern zog den Soldaten die Priestertalare und dem Hauptmann die Bischofstracht mitsamt den dazugehörigen Hauben an. Die Leiche nahm er vom Galgen herunter und band sie auf das Pferd. Dann bestrich er sich auf der einen Seite und das Pferd auf der anderen Seite mit Kalk, und dann ritt er an das Tor der Stadt. Am Tor hatte die Polizei von jedem, der in die Stadt kam, Zoll abzufordern. Auf jeder Seite des Tores wohnte ein Polizist. Als die beiden den

Mann angeritten kommen sahen wie ein Verrückter, schrien sie ihn an, daß er halten solle, aber nein, er ritt nur noch stärker zu. Da machten sich beide fertig, um ihn bis zum nächsten Tor zu verfolgen.

»Den fangen wir schon«, sagte der eine, »denn er war weiß und hatte ein schwarzes Pferd.«

»Nein, er war schwarz und hatte ein weißes Pferd!« sagte der andere. Darüber gerieten sie in einen solchen Streit, daß sie ihn zuletzt mit den Fäusten entscheiden mußten, alldieweil Hans die Leiche begrub und sich wieder in Ordnung brachte.

Als die Soldaten erwachten, ach, was für ein Geschrei gab es da, und der Hauptmann rief: »Hat dieser Satan uns jetzt auch noch angeführt! Nun gehen wir sofort zum König und zeigen uns, wie wir sind, und bekennen unsere Erbärmlichkeit, vielleicht verschaffen wir uns damit seine Gnade, sonst haben wir nichts mehr zu erwarten!«

In ihren vornehmen Gewändern begaben sie sich auf den Königshof. Alle Türen wurden ihnen geöffnet, und als sie vor dem König standen, wunderte dieser sich ob ihrer großen Demut, und sein Staunen stieg noch mehr, als sie alle in ihrem Geschwätz stammelten und um Gnade baten. Sie erzählten ihm, wer sie waren und wie sich alles von Anfang bis zum Ende zugetragen hatte, worüber der König so erzürnte, daß er sie alle gehängt haben wollte; doch besann er sich so sehr, daß er seinen Narren herbeirief, der auch sogleich erschien.

»Deucht dir, daß du diese kennest?« fragte der König.

»Ja, dein Hauptmann und deine Soldaten sind zwar in Priester- und Bischofstracht, aber doch nur zu Kriegern gemacht«, entgegnete der Narr.

»Haben sie nicht alle den Tod verdient?« fragte der König.

»Nein«, sagte der Narr, »wenn der Schelm uns zwei kluge Männer dreimal hat narren können, dann muß man diesen verzeihen, daß sie nur einmal von ihm zum Narren gehalten wurden.«

»Du hast recht«, erwiderte der König und begnadigte die vier Mann für dieses Mal.

»Aber ich habe keine Ruhe, bis ich diesen Gauner in meiner Gewalt habe! Was machen wir jetzt?«

»Jetzt gibst du ein Gastmahl für alle erwachsenen Männer der Stadt, und den Festsaal bestreust du mit lauter Münzen. Keiner außer dem, den wir erwischen wollen, wird es wagen, sich zu bücken, um sie aufzulesen, aber so sicher wie ich dein Narr bin, so wird er es tun. Das ist mein Rat.«

Der König war damit einverstanden, und alles wurde angeordnet, wie der Narr es bestimmt hatte. Das würde helfen, glaubten sie!

Unter den Gästen befand sich auch unser guter Hans, und als er die Münzen erblickte, ging ihm ja gleich ein Licht auf, was das bedeuten sollte; aber er wußte Rat, ging in eine abgelegene Kammer und bestrich seine Schuhsohlen mit einem klebrigen Pflanzensaft; das, schien ihm, war der eine Rat gegen den anderen. Dann ging er in den Saal und trippelte so lange herum, bis er Geldsohlen hatte; mit diesen ging er auf die Straße und machte arme Leute froh. Dann fing er von vorne an und fuhr so lange fort, bis die meisten Münzen in der ihm richtig dünkenden Weise an ihren Mann gebracht waren.

Noch hatten die Späher des Königs nicht entdeckt, daß sich einer gebückt hatte, und dennoch war das Geld weg. Sie hatten nach den Köpfen gesehen und nicht nach den Füßen; es gibt auch andere, die das tun! Als die Späher dem König erzählten, was sie beobachtet hatten, und als er sah, daß es stimmte, war er der Verzweiflung nahe, denn jetzt wußte er überhaupt nicht mehr, was er tun sollte, und der Schelm sollte doch, koste es, was es wolle, entdeckt werden.

Da mußte der Narr wieder einspringen. – »Tja, jetzt ist der schlimmste Rat beinahe der beste«, sagte er, »ich weiß nur nicht, ob der König meinem Rat folgen will, da er gewissermaßen schlimm ist.«

»Doch, doch.«

»Dann sollst du alle Gäste bitten, hier im Festsaal zu schlafen. Wir schließen dann alle Türen, daß keiner hinauskommen kann. Deine Tochter läßt du in der Kammer neben dem Saale schlafen und verkündest, daß jeder, der Lust habe, in der Nacht bei ihr schlafen darf. Wenn sich der Kerl dadurch nicht narren läßt und trotz allem zu ihr hineingeht, dann weiß ich nicht, was da helfen kann.«

»Nun ja, wir haben alles andere versucht, dann können wir das auch noch probieren«, sagte der König.

Ohoo! Die Gäste blieben, darunter auch Hans, das könnt ihr mir glauben! Er grübelte ein wenig über die Erlaubnis des Königs nach und ging dann in die Schlafkammer der Prinzessin, weckte sie und fragte sie, ob sie gehört habe, was ihr Vater den Gästen erlaubt habe.

»Ja, das kannst du mir glauben!« antwortete sie.

»Mich dünkt, das ist schlecht an seiner eigenen Tochter gehandelt, aber ich will die Prinzessin behandeln, als ob sie meine eigene Schwester wäre, obwohl ich mich der Erlaubnis des Königs bedienen will.«

Er legte sich in seinen Kleidern auf das Bett, aber so dicht an der Kante, daß er die Prinzessin überhaupt nicht berührte. Als er merkt, wie der Schlaf ihn überwältigen will, fühlt er gleichzeitig, daß ihm einer etwas auf die Stirn schmiert. Da wird er hellwach, steht auf und geht in den Saal, um festzustellen, ob auf seiner Stirn ein Zeichen sei. Wahrhaftig, und es geht nicht ab.

Da geht er zurück in die Kammer der Prinzessin und stellt fest, daß sie schläft. Er sucht in der Kammer herum, bis er den Schmiertopf findet, geht damit in den Saal hinaus und schmiert davon jedem Gast zweimal etwas auf die Stirn; dann schleicht er sich wieder in die Kammer, setzt den Topf dahin, woher er ihn genommen hat, und legt sich still wieder ins Bett. In der Nacht erwacht die Prinzessin, und als sie den Fremden schlafend auf der Bettkante neben sich bemerkt, gibt sie ihm noch einmal etwas von der Schmiere auf die Stirn und begibt sich wieder zur Ruhe.

Vor Tagesgrauen waren alle Gäste, auch Hans, wieder auf den Beinen und fertig angezogen. Der König und der Narr hatten in aller Frühe schon die Prinzessin besucht und sie gefragt: »Hat einer bei dir geschlafen?«

»Ja, einer zweimal.«

»Hast du auch den Schmiertopf wie verabredet gebraucht?«

»Auch zweimal.«

Der Narr lachte, und der König dachte: »Jetzt haben wir ihn!«

Als die Gäste gehen wollten, standen der König und der Narr jeder an einer Seite der Tür und geleiteten die Gäste hinaus, wie man Schafe zählt. Der erste, den der König erblickte, hatte das Zeichen. – »Hier ist der Schelm!« rief der König, »stehenbleiben alle!«

»Nein, hier ist er!« sagte der Narr.

»Rede nicht, hier ist das Zeichen!« sagte der König erbost.

»Hier ist aber auch ein Zeichen!« sagte der Narr.

Da mußten sie genauer nachsehen, und da hatte ja der erste wie der letzte ein solches Zeichen auf der Stirn. Das war der beste und schlimmste Streich. Der Narr wußte keinen Rat mehr, und der König hatte keine Geduld mehr, länger auf die Aufklärung zu warten.

»Was sagst du jetzt«, sagte der König zu seinem Narr.

»Ich sage, daß ich dir nur den schlechtesten Rat geben kann, den ich weiß, und das ist: Frage die Gäste alle über einen Kamm, wer dir alle diese Schwierigkeiten gemacht hat, und wenn der Schelm nicht bekennen will, dann will ich dir in dieser Sache keinen Rat mehr geben, denn dann kann der beste Rat nichts mehr nützen.«

Alle Gäste waren stehengeblieben, als der König »Stehenbleiben!« gerufen hatte. Sie guckten sich gegenseitig an, entdeckten die Zeichen auf ihrer Stirn und wußten nicht, zu was das führen sollte.

Schließlich fängt der König an, ihnen das meiste unserer Geschichte zu erzählen, und schließt mit der Frage: »Ist denn keiner in dieser Versammlung, der freiwillig seine Schuld bekennen will? Denn alle anderen Mittel haben bisher nichts geholfen!«

Da trat Hans vor und sagte: »Ich bin's, der das getan hat, und jetzt, denke ich, ist es an der Zeit, daß ich das Rad kleiden soll.«

»Wieso meinst du das?« fragte der König.

Da erzählte Hans seine ganze Geschichte, und zuletzt sagte der König: »Du sollst auch dazu kommen, das Rad zu kleiden, wenn du willst, denn meine Tochter heißt ›Dasrad‹ und sie darfst du zur Frau haben!«

Er bekam sie, und jedes Jahr fuhren sie zu seinen Eltern, die jetzt auf den Gedanken gekommen waren, daß man sich auch seinen eigenen Kindern gegenüber dumm benehmen kann.

34. Das schwatzhafte Mädchen

Es war einmal ein Hausierer, der reiste nach Ribe in Handelsgeschäften. Er übernachtete in einem Dorf, und da kam er mit der Tochter vom Haus ins Gespräch und fing mit ihr zu tändeln an.

Und am Morgen, als er abreisen wollte, sagte er zu ihr, er wolle sie zur Frau nehmen, wenn er zurückkehre, falls sie es verschweigen könne.

»Ja freilich kann ich das verschweigen«, sagte sie.

Als er abgereist war, mußte sie das Frühstück richten. Da stand der Aschentrog voll Asche neben dem Herd, und dicht dabei stand das Mehlfaß. Da griff sie fehl und nahm eine Handvoll Asche. In dem Augenblick kam ihre Mutter und sagte: »Was hast du denn, warum stehst du da und machst dummes Zeug! Ich glaube gar, du nimmst Asche statt Mehl!«

— »Ja so!« sagte sie, »ich war in Gedanken!« — »Das müssen aber saubere Gedanken sein«, sagte die Mutter. — »Es ist, weil der Krämer, der hier war, gesagt hat, er wolle mich heiraten, wenn er wiederkäme, falls ich darüber schweigen könnte.« — »Ja freilich können wir das verschweigen, das können wir gewiß«, meinte darauf die Mutter.

Als das Mädchen die Grütze fertig hatte, ging sie in die Stube, wo die Breischüssel mit dem Boden nach oben stand, und da wandte sie sie um. Da kam die Frau mit der Grütze, und weil sie gewohnt war, daß die Schüssel immer umgekehrt stand, so drehte sie sie nochmals und fing an, die Grütze über den Boden der Schüssel zu schütten. Aber man hatte den Mann zum Frühstück gerufen, und in dem Augenblick kam er herein und sah alles. Da sagte er: »Was machst du denn für dummes Zeug hier?« — »Ja so«, sagte die Frau, »ich war in Gedanken.« — »Das müssen aber hochwichtige Gedanken gewesen sein«, sagte er. — »Ja, es war wegen des Krämers«, sagte sie, »der hier übernachtet hat, er hat zu unserer kleinen Mette gesagt, er wolle sie heiraten, wenn er wiederkäme, falls sie es verschweigen könne.« — »Da können wir das ja verschweigen, wird sind ja Manns genug dazu«, sagte er.

Wie sie mit ihrem Frühstück fertig waren, da wollte der Mann aufs Feld, um zu pflügen. Er machte sich auf den Weg und kam zum Pflug, der am Ackerrand stand. Da war auch sein Nachbar zum Pflügen draußen. Nun wollte der Mann die Ochsen hinten an den Pflug spannen, und da kam sein Nachbar und fragte: »Warum machst du denn so dummes Zeug?« — »Ja so, ich war in Gedanken und habe mich dumm angestellt.« — »Das müssen kuriose Gedanken sein. Was sind denn das für wichtige Sachen, an die du denkst?« — »Letzte Nacht hat ein Krämer da übernachtet, der hat zu unsrer kleinen Mette gesagt, er wolle sie heiraten, wenn er wiederkäme, falls sie es verschweigen könnte.« — »Das könnt ihr ja ruhig verschweigen, dazu seid ihr Manns genug«, sagte der Nachbar.

Aber die Sache wurde nicht verschwiegen, sondern machte überall die Runde. Als der Krämer auf der Rückreise wiederkam, erkundigte er sich drei, vier Meilen, ehe er in den Ort kam, und die Leute wünschten ihm Glück von allen Seiten.

Darüber ärgerte er sich sehr, und als er in das Dorf kam, kehrte er nicht bei diesem Mann ein, sondern bei seinem Nachbar und blieb da über Nacht. Der Mann hatte ebenfalls eine Tochter, und er verliebte sich in sie; und da winkte ihm eine viel größere Mitgift, denn der Mann war reicher als der andere; und so blieb es dabei, die beiden sollten einander heiraten, und sie wurden aufgeboten und die Hochzeit festgesetzt.

Nun waren die Leute, bei denen er auf der Hinreise übernachtet hatte, zur Hochzeit eingeladen, aber sie wollten nicht einmal hin, so ärgerlich waren sie. Aber als der Hochzeitstag kam und der Hochzeitszug in die Kirche wollte, da bat Mette, ob sie nicht mit ihnen in die Kirche gehen und auch ihre Gabe auf den Teller legen dürfe. Dazu bekam sie auch die Erlaubnis. Als sie zum Opfern am Altar gewesen war und wieder zurückkam, da drehte sie sich nach dem Bräutigam um und sagte: »Ich hab doch noch gute Zuversicht zu dir!«

Als die Brautleute am Abend im Bett waren, wurde die Braut neugierig und wollte wissen, was das Mädchen ihm in der Kirche zugeflüstert hatte. »Ach, die arme Plaudertasche!« sagte er. »Sie sagte, sie hätte immer noch gute Zuversicht zu mir, mir scheint aber, die Zuversicht sollte vorbei sein.« Darauf sagte sie: »Ja, die ist ihrer Lebtag eine Plaudertasche gewesen, nicht das geringste hat sie verschweigen können und immer alles gesagt, was sie wußte. Nein, da habe ich anders schweigen können, drei Kinder hab ich gehabt und sie alle drei hier unter dem großen Baum begraben; und ich habe es nie einem Menschen gesagt, außer dir.« Da sprang er von ihr weg aus dem Bett und sagte, er wolle sie nicht zu eigen haben, wenn sie solche Abenteuer hinter sich hätte. »Ich will doch die andere nehmen«, sagte er, »kann sie das Gute nicht verschweigen, so kann sie das Schlechte noch viel weniger verschweigen.«

Als es Tag war, zeigte er es der Obrigkeit an, und da bekam sie ihre verdiente Strafe. Aber ihm wurde freigestellt, zu heiraten, wen er wolle, und da nahm er die erste Liebste.

35. Der Hund und der Hahn

Der Hund und der Hahn gingen eines Tages im Hof. Der Hahn war munter, schlug mit den Flügeln und krähte aus vollem Hals. Der Hund ließ den Schwanz hängen und ging in sorgenvollen Gedanken. Er ärgerte sich über die Lustigkeit des Hahnes und sagte endlich: »Ich kann nicht verstehen, wie du so wohlgemut sein kannst!« – »Warum denn nicht?« fragte der Hahn. »Siehst du denn nicht«, sagte der Hund, »daß unser Herr nun schon ein paar Tage mit sorgenvollem Gesicht umhergeht? Ich meine doch, wir sollten an seiner Sorge Anteil nehmen!« – »Worüber sorgt er sich denn?« fragte der Hahn. »Über seine Frau«, sagte der Hund, »sie ist so böse, daß er kein gutes Wort von ihr bekommt; er mag tun und sagen, was er will, sie ist nicht zufrieden; so eine kann einen Mann unter den Boden bringen!«

»Mich brächte das nicht unter den Boden«, antwortete der Hahn, »ich habe siebzig Frauen; und wenn ich immer den Kopf hängenlassen müßte, wenn irgend etwas nicht recht ist, sollte der Teufel Hahn sein, ich nicht. Nein, ich nehme sie von einer andern Seite: wenn meine Frauen widerspenstig sind und nicht hören wollen, so kriegen sie Prügel; und wenn sie sich in die Haare kommen, so bringe ich sie wieder auseinander. Auf diese Art werde ich mit meinen siebzig Frauen prächtig fertig, und wenn der Herr mit seiner einen nicht fertig wird, ist er ein ganz trauriger Kerl!« Und damit stolzierte der Hahn davon und war guten Mutes.

Aber der Herr, der das ganze Gespräch mit angehört hatte,

ging hinein zu seiner Frau, und da sie wieder böse Worte gab, gab er ihr eine gehörige Tracht Prügel, und seit der Zeit war sie so zahm und fügsam wie nie zuvor.

36. Die erste Eule

Als der liebe Gott und Sankt Peter auf der Erde wanderten – was sie ja öfters taten –, kamen sie einmal zu einem Schmied und waren müde und hungrig. Der Schmied war unverheiratet und hatte nur einen Schmiedegesellen und eine alte Mutter, die ihm das Haus führte und sehr alt und hinfällig war.

Der liebe Gott und Sankt Peter wollten sich ausruhen und etwas zu essen haben, und das verhutzelte, schwache Stümpfchen setzte ihnen das Essen auf den Tisch, was ihr viel Mühe machte.

Da sagte der liebe Gott zu ihr, ob sie Lust habe, neu geschaffen und jung und verjüngt zu werden.

»Ja«, sagte sie, Lust habe sie schon, aber das ließe sich ja nicht machen.

Doch, das ließe sich machen, sagte der liebe Gott, wenn sie ihm nur in die Schmiede folgen wollte. Dort fragte er den Schmied, ob er ein wenig schmieden dürfe. Ja, wenn es nicht zu lange dauerte. Nein, es würde nicht lange dauern, sagte der liebe Gott, und dann nahm er das alte Weiblein und dann, hops, auf die Esse mit ihr. Sankt Peter tritt den Blasebalg und der liebe Gott dreht und wendet sie ein paarmal über dem Feuer, damit sie schön warm wird. Dann nimmt er sie vom Feuer und legt sie auf den Amboß, und dann sagt er zu Sankt Peter, jetzt solle er den großen Vorschlaghammer nehmen und tüchtig zuschlagen. Der liebe Gott gebrauchte den Fausthammer, und als sie etwas gearbeitet hatten, wurde das Weiblein zu lauter Staub und Kohle. Er hält sie noch einmal über das Feuer und begießt sie ein paarmal mit Wasser, alldieweil Sankt Peter den Blasebalg tritt, und sorgt dafür, daß sie richtig glühend heiß wird. Dann kommt sie wieder auf den Amboß und wird noch mehr mit dem Vorschlaghammer bearbeitet, denn Sankt Peter schlug ordentlich zu.

»Was dünkt dich, wie das hier aussieht?« sagt der liebe Gott. – Naja, ihn dünkte eher, daß es nach nichts aussehe.

»Dann muß sie noch einmal übers Feuer.« Sankt Peter bläst, und sie machen ein ordentliches Feuer, mindestens so groß wie vorher.

Als sie richtig glühend geworden war, sagte der Herr zu Sankt Peter, jetzt müsse er einen kleineren Hammer nehmen und etwas besonnen zuschlagen. Ab und zu drehen sie sie herum.

»Sachte, sachte!« sagt der liebe Gott und schlägt selbst vorsichtig und sachte mit dem Fausthammer hier und da.

»Was dünkt dich, wie das hier jetzt aussieht?«

»Tja, mich dünkt, daß es bald so aussieht, als ob mal wieder ein Mensch daraus werden könnte.«

Der liebe Gott fährt fort, zu drehen und behutsam herumzuhämmern, und Sankt Peter macht es genau so. Da wird die schönste Jungfrau daraus, und sie konnte stehen und gehen und reden.

»Na, Mütterchen«, sagt der liebe Gott, »jetzt ist sie neu geschaffen und genau wieder, wie sie in ihren jungen Jahren war, und das soll sie zur Belohnung dafür haben, daß sie uns so schön aufgewartet hat.«

Das konnte sie sehen und merken und dankte ihnen viele Male. Damit waren sie fertig und gingen.

Was hatte der Schmiedegeselle zu tun? Er hatte eine alte Mutter, und nach ihr schickte er einen Boten, denn sie wohnte nicht so weit entfernt, sie möge doch einmal zu ihm in die Schmiede kommen. Kaum war sie in die Schmiede eingetreten, als er sie auch schon packt und ins Feuer wirft, und der Schmied und sein Geselle helfen sich gegenseitig, so gut sie können. Sie fachen das Feuer an, drehen und wenden sie über dem Feuer und wärmen sie gut auf, und dann auf den Amboß mit ihr. Sie packen beide einen großen Hammer und bearbeiteten sie durch und durch, und dann wieder ins Feuer mit ihr. Auf diese Weise erhitzen sie sie und schlagen an ihr herum, dreimal. Aber sie wird nicht fertig, und es wird Abend. Da müssen sie für heute aufhören. Sie hatten aber auch mit solchem Eifer mit ihren allergrößten Hämmern auf sie losgeschlagen, daß sie furchtbar müde geworden waren.

Am anderen Morgen fangen sie sehr früh an; sie werfen mehr Kohlen ins Feuer und dann die Alte wieder auf die Esse. Da sie nun allen Ernstes ausgeglüht ist, und da sie wie üblich tüchtig drauflos gearbeitet haben, sagt der Schmied schließlich zu seinem Gesellen:

»Was dünkt dich, kann daraus werden?«

»Tja, mich dünkt sogar, daß Hoffnung ist und daß etwas daraus werden kann«, sagt der Geselle, »es fängt an, sich zu rühren und zu wirken, aber ich weiß nicht recht, wem es gleicht.«

»Wir müssen sie noch einmal ins Feuer stecken und noch mehr erhitzen, sonst, glaube ich, werden wir nie fertig mit ihr.« – Dann machen sie wieder ein großes Feuer, bringen sie noch einmal auf den Amboß und hämmern auf sie los.

Nach einer Zeit konnten sie sehen, daß eine Wendung eintrat und ein lebendiges Geschöpf daraus wurde. Als es fertig war, war es eine Eule, die zur Schmiede hinausflog, und das war die erste Eule, die es auf der Welt gab.

37. Die Pfarrersfrau

Es war einmal ein sehr armes Mädchen, die hatte das Glück, sich sehr gut zu verheiraten, denn sie bekam einen Pfarrer, der in einer fetten Pfründe saß. Er war ein guter Mann und hatte sie sehr gern, und sie hatte ihn auch gern und war recht zufrieden. Nur eine Sorge hatte sie Tag und Nacht, und das war eine große Furcht, Kinder zu bekommen. Es gibt andere Frauen, die sich Sorgen machen, wenn sie keine Kinder bekommen, aber sie fürchtete sich immerfort davor, daß sie Kinder bekommen könnte.

Da ging sie eines Tages zu einer weisen Frau, das war eine böse Hexe dort im Dorf, und fragte sie, ob sie ihr keinen Rat wüßte, damit sie keine Kinder bekäme. Ja, das ließe sich schon machen, sagte die weise Frau und gab der Pfarrersfrau sieben Steine – denn so viele Kinder hätte sie bekommen sollen, sagte die Frau – und die Steine sollte die Pfarrerin nur in den Brunnen werfen, dann würde sie schon von Kindern verschont bleiben.

Die Pfarrerin nahm die Steine, bezahlte die weise Frau gut für ihre Ungelegenheiten und dankte ihr auch, und die Steine warf sie in den Brunnen, und nun war es ihr ganz leicht ums Herz bei dem Gedanken, daß sie sich nun nicht mehr vor der Sache zu fürchten brauche.

Nach einiger Zeit ging der Pfarrer am Abend bei hellem Mondschein mit seiner Frau spazieren, und ihr Weg führte über den Kirchhof. Wie sie so gingen, merkte der Pfarrer auf einmal, daß seine Frau keinen Schatten hatte. Seinen eigenen Schatten konnte er sehen, der begleitete ihn überall; sie aber hatte keinen Schatten. Da kam eine große Angst über den Pfarrer, und er fragte sie, wie es komme, daß sie keinen Schatten habe, das habe doch jedes Menschenkind. Sie müsse eine schwere Sünde begangen haben, meinte er, weil ihr Schatten von ihr gewichen wäre, und die Sünde müsse sie ihm beichten.

Inzwischen waren sie nach Hause in den Pfarrhof gekommen und der Pfarrer drang immerfort in die Frau, sie müsse die schwere Sünde bekennen, die ihren Schatten von ihr gejagt habe; aber sie bestand darauf und beschwor schließlich, daß sie wissentlich keine schwere Sünde begangen habe. Da wurde der Pfarrer böse und zornig und schlug mit der Hand auf den steinernen Tisch und sagte zu ihr: »Für dich gibt es ebensowenig Gnade mehr, als es möglich ist, daß aus diesem

Tisch eine rote Rose wächst.« Und er verstieß sie und sagte, sie müsse gleich sein Haus verlassen und dürfe niemals ihren Fuß mehr über die Schwelle setzen.

Die Pfarrerin zog nun wieder alle ihre alten Kleider an, in denen sie zu ihm gekommen war, und wanderte hinaus in die Welt, um die Gnade zu finden, die sie verwirkt hatte. Der Pfarrer erlaubte fortan seinen Leuten nicht mehr, jemand im Pfarrhof aufzunehmen, wer es auch sein möge, denn er fürchtete, seine Frau möchte wiederkommen.

Die Pfarrerin wanderte nun lange Zeit herum und suchte Rat, wie sie die schwere Sünde wiedergutmachen könnte. Aber es konnte ihr niemand helfen. Schließlich kam sie aber doch zu einem Pfarrer, und als der alles, was sie zu sagen hatte, vernommen und sich wohl überlegt hatte, sagte er, er könne ihr doch vielleicht helfen; aber es würde ihr ein schwerer Strauß bevorstehen, sagte er, ob sie sich den zu bestehen getraue? Ja, sie wolle alles wagen, um Frieden und Vergebung für die schwere Sünde zu finden, die sie drücke.

Da nahm er sie mit in die Kirche und hieß sie am Altar niedersitzen. Hier solle sie die Nacht über sitzenbleiben, sagte er. Und er gab ihr ein Buch in die Hand und verbot ihr, es aus der Hand zu geben, ehe er selbst am anderen Morgen käme und es ihr abverlange; und sie müsse gut darauf acht haben, denn es würde allerlei Leute kommen, die ihm sehr ähnlich sehen würden, und es von ihr verlangen.

Damit ging der Pfarrer, und sie blieb allein in der Kirche zurück. Die Nacht kam, und sie saß allein mit dem Buch in der Hand am Altar. Da kam zuerst ein wunderlicher Kerl, der sagte nichts, aber er spuckte sie dreimal an.

Dann kamen sieben Kinder, eines nach dem anderen, zuerst fünf Buben und dann zwei Mädchen. Das waren die ungeborenen Kinder, die sie hätte haben sollen. Sie rechneten ihr vor, wie tüchtige Leute sie hätten werden sollen und wie glücklich sie gewesen wären, wenn sie sie hätte zur Welt kommen lassen, und sie spien sie an, eins nach dem anderen.

Dann kam einer, der sah dem Pfarrer sehr ähnlich, und verlangte ihr das Buch ab, und er kam so nahe zu ihr, daß er sie fast anrührte, aber das Buch bekam er doch nicht.

Dann kamen noch mehr Leute, daß es der Frau ganz schwindlig wurde; aber sie saß ganz still und hielt das Buch fest, und so saß sie noch, als der richtige Pfarrer am Morgen kam und ihr das Buch abverlangte. Da war sie noch so verwirrt, daß er nur mit Not und Mühe das Buch von ihr bekommen konnte. Dann nahm er sie bei der Hand und führte sie aus der Kirche und sagte, nun sei sie erlöst. Aber sie habe nur noch diesen Tag zu leben und solle nun heimgehen zu ihrem Mann.

Die Pfarrerin machte sich da gleich auf den Weg; sie ging den ganzen Tag, und am Abend in der Dämmerung kam sie in ihre alte Heimat. Da bat sie um Unterkunft. Die Leute kannten sie nicht mehr; aber sie schlugen ihr ihre Bitte doch ab, denn es war ihnen streng verboten, jemand aufzunehmen, wer es auch sein mochte. Aber sie bat so lange und so inbrünstig, daß sie sich doch schließlich hinter den Ofen legen durfte, bis es Tag wurde; aber dann sollte sie sich so schnell wie möglich davonmachen.

Am Morgen, als der Pfarrer aufstand, sah er, daß aus dem steinernen Tisch, wo er damals hingeschlagen hatte, eine schöne rote Rose erblüht war. Da kam ein großer Schrecken über ihn und er merkte, daß seine Frau wiedergekommen sein mußte. Er ging gleich hinaus zu seinen Leuten und fragte sie, ob sie jemand über Nacht beherbergt hätten. Sie sagten alle nein, aber er ging und suchte draußen und drinnen, und schließlich kam er auch an den Ofen, und da sah er seine Frau liegen; aber sie war tot und kalt.

Da wurde ihm ganz wunderlich zumute, und er ging gleich hinein und zog sein Gewand aus und gab es den Leuten draußen und befahl, sie sollten es sogleich verbrennen. Aber die fanden, es sei Sünd' und Schad', ein so gutes Gewand zu verbrennen, und verbrannten statt dessen ein altes.

Am Morgen darauf fand man den Pfarrer in seinem Bett; er war ganz von Sinnen und Verstand gekommen und starb kurz darauf.

38. Das schwarze Pferd

Es war einmal ein Mann, der hatte einen Hof, zwei Gäule und drei Söhne. Davon waren die beiden zwei kräftige Kerle, der dritte hieß Kristian und war ein armer Dummkopf, den man nur dazu brauchen konnte, die Schafe im Walde zu hüten. Der Mann hatte eine Wiese, auf der er viele Fuder Heu erntete; sie lag aber so weit weg, daß er das Heu erst hereinholen konnte, wenn der Frost einsetzte, und dann schoberten sie es.

Da bemerkten sie, daß ihnen jede Nacht ein Fuder Heu gestohlen wurde. Da sagte der Mann zu seinem ältesten Sohn, daß er hinausgehen und nachsehen solle, wer ihnen das Heu stehle. Er sagte »Ja« und ging hinaus, um aufzupassen. In der Nacht kam ein grimmig großes, graues Ungeheuer – er wußte nicht, ob er es mit einem Tier oder einem Menschen vergleichen sollte. Er erschrak und lief davon, so daß es so viel Heu nehmen konnte, wie es wollte.

Als sie am anderen Morgen nach dem Heu sahen, war wieder ein Fuder weg.

»Du bist mir gerade der Rechte«, sagte der Vater, »um aufzupassen.«

Da erzählte er, wie sehr er sich erschreckt hatte und daß er das nicht noch einmal erleben wollte. Der zweite Sohn verulkte ihn; wie schrecklich es sei, daß er sich so bange machen ließe; er werde schon besser aufpassen.

Als es aber Nacht geworden war, erging es ihm genau so; auch er sah ein Ungeheuer, das entsetzlich anzusehen war, so als ob Feuer oben aus ihm herauskäme. Auch er läuft davon und läßt es so viel Heu nehmen, wie es will. Als der Vater am anderen Morgen nachsieht, ist es dasselbe: es war wieder ein Fuder Heu weg.

Am Abend kommt Kristian nach Hause und fragt, ob er nicht auf das Heu aufpassen darf.

»Sicher, sicher, du bist ja wie dafür geschaffen!« erwiderten der Vater und die Brüder, »es wäre schön, wenn du wenigstens auf die Schafe aufpassen könntest!«

Aber Kristian bat weiter; sie könnten es ihm doch leicht erlauben. Na ja, so ließen sie ihn denn gehen.

Er geht auf die Wiese und bohrt sich dort in eine Heudieme und legt sich schlafen. Dann kam dasselbe Ungeheuer wie an den vorhergehenden Abenden, ein Bergmann, und nahm einen Armvoll Heu, und da war es ein ganzes Fuder. Nun traf es sich an dem Abend so, daß er das Heu dort nahm, wo der Junge lag und schlief, und er trug das Heu mitsamt Kristian in den Berg hinein.

Kristian hatte nichts gemerkt, ehe der Bergmann das Heu verteilte. Er hatte drei Pferde, ein weißes, ein rotes und ein schwarzes; das schwarze konnte sprechen, und zu diesem kommt Kristian in die Krippe.

Da wollte Kristian aufstehen, denn er war ausgeschlafen. Da sagte das schwarze Pferd: »Du kannst froh sein, daß du mich getroffen hast.«

»Was ist denn das? Wo bin ich?«

»Du bist im Berge beim Bergmann«, sagte das schwarze Pferd. »Er nahm dich in einem Armvoll Heu mit. Jetzt mußt du aufpassen, wenn der Bergmann mit seinen Ziegen in den Wald geht.«

Kristian paßte auf, und da gab ihm das Pferd folgenden Bescheid: »Wenn du in die große Stube gehst, stehen dort drei Flaschen auf dem Tisch. Du sollst von allen dreien trinken und probieren, ob du das große Schwert heben kannst, das an der Wand hängt.«

»Ja«, sagt Kristian, geht in die Stube und besieht sich die Flaschen und was darauf geschrieben steht. Er trinkt aus der ersten, auf der geschrieben steht: »Trinkst du aus dieser Flasche, dann wirst du stark.« Er trinkt aus der zweiten, auf der geschrieben steht: »Trinkst du aus dieser Flasche, dann wirst du noch stärker.« Da versucht er, ob er das Schwert heben kann, aber er kann es noch nicht. Da trinkt er aus der dritten Flasche, auf der geschrieben steht: »Trinkst du aus dieser Flasche, dann wirst du unendlich stark.« Da nimmt er das Schwert von der Wand herab und kann es schwingen, wie er will.

Dann geht er zu dem schwarzen Pferd zurück und sagt ihm, was er ausgerichtet hat.

»Gut«, sagt das schwarze Pferd, »jetzt mußt du dich, wenn der Bergmann nach Hause kommt, gut bei uns verstecken, bis er in seine Kammer gegangen ist.«

Kristian versteckt sich, bis der Bergmann in die Kammer gegangen ist. Dann sagt das schwarze Pferd zu ihm:

»Jetzt gehst du in die Stube und holst das Schwert und dann machst du ein großes Gepolter an der Kammertür des Bergmannes; dann wird er den Kopf zur Tür herausstrecken, und dann siehst du zu, daß du ihm den Kopf abschlägst.«

Das tat Kristian: er schlug einen mächtigen Lärm an der Kammertür.

»Wer wagt es, mich in meinem Hause zu stören?« sagt der Bergmann, und dann kommt er und guckt hinter der Tür hervor; aber Kristian war auf dem Posten und schlug ihm den Kopf ab, daß er weit fortrollte.

Als das getan war, wollte Kristian sich ein wenig im Berge umsehen, was es da wohl gäbe. Da fand er drei Trachten, eine weiße, eine rote und eine schwarze, und Sattelzeug für die Pferde war auch dabei. Da sagt das schwarze Pferd: »Jetzt darfst du uns aber nicht vergessen, Kristian; Gold und Silber ist genug im Berge, aber davon können wir nicht leben.«

Da mußte Kristian nach Hause gehen und Futter holen. Er war da zwei bis drei Tage weg gewesen, so daß keiner da gewesen war, die Schafe zu hüten, und die Brüder hatten sie hüten müssen. Als Kristian kam, empfingen sie ihn denn auch danach: Wo er so lange gewesen sei, er wäre schon drei bis vier Tage weg gewesen! Und dann lasen sie ihm die Episteln: »Du schlechtes, verschlafenes Biest! Hast du die ganze Zeit geschlafen?« Und sein alter Vater holte weit aus und wichste Kristian das Leder. Kristian rieb sich das Fell, heulte und weinte: er wolle von jetzt aber immer gut auf die Schafe aufpassen.

Sie gaben ihm etwas zu essen und gaben ihm auch etwas mit, und die Mutter steckte ihm heimlich noch etwas zu, und dann trieb er die Schafe in den Wald. Kaum aber waren die Schafe draußen im Walde, so ging er in den Berg hinein zu seinem Pferde und ließ die Schafe laufen. Er hatte dem schwarzen Pferd Futter mitgebracht, und auch die anderen Pferde fütterte er.

Er kam nicht eher nach Hause, als bis er kein Futter mehr hatte und hungrig geworden war. Sie schimpften ihn aus und banden ihn. Sie konnten nicht begreifen, wo im Walde er gewesen sei, denn sie hatten ihn nicht finden können. Aber die Schafe hatten sie gefunden; sie waren ins Korn gegangen, wie es ihnen paßte. Die Brüder hielten ihn fest, und der Vater schlug ihn. Kristian weinte und klagte. Er war zwar so stark, daß er sie alle hätte über einen Haufen werfen können, aber er ließ es zu, daß sie ihn schlugen. Dann versprach er nochmals, gut auf die Schafe aufzupassen.

Er bekam etwas zu essen und durfte auch etwas mitnehmen: und er nahm, was er zusammenraffen konnte, und sobald er die Schafe in den Wald gebracht hatte, begab er sich in den Berg und pflegte sein Pferd. So verging die Zeit für Kristian: er kam nur nach Hause, wenn er hungrig war, und dann bekam er Hiebe und etwas zu essen. Sie konnten aber nie begreifen, wo er blieb, denn er war nirgends zu finden.

Der König des Königreiches, in dem sie wohnten, hatte nur eine Tochter, und da ließ er den Befehl über das ganze Königreich ergehen, daß er seine Tochter auf einen Glasberg setzen wolle, und derjenige, der dort hinaufreiten und dreimal das Schwert über ihrem Kopfe schwingen könne, die Prinzessin und das Königreich haben sollte.

Das erzählt Kristian dem schwarzen Pferde und auch, an welchem Tag es sein sollte. Da sagt das schwarze Pferd: »Dann mußt du die weiße Tracht anziehen und das weiße Pferd satteln, das Schwert an der Seite, sollst du reiten.«

Seine beiden Brüder und alle jungen Burschen des Landes beschlugen ihre Pferde und stiegen auf.

An dem Morgen, an dem sie reiten sollten, war Kristian zu Hause. Er fragt, ob er nicht mitkommen und zusehen darf.

»Das würde dir so passen. Und wer soll die Schafe hüten? Du bleibst zu Hause, und wenn du die Schafe nicht hütest, dann gibt es Hiebe.«

Kristian trieb die Schafe in den Wald und bekam seine Verpflegung mit. Seine beiden Brüder ritten jeder sein Pferd, und der Vater wollte sich ansehen, wie seine Söhne reiten konnten.

Kristian beeilte sich, daß er in den Wald und in den Berg zu seinen Pferden kommen konnte. Dann sattelt er das weiße Pferd und zieht die weiße Tracht an, gürtet das Schwert um und reitet davon. Er ritt, viele andere ritten, ja, das ganze Königreich ritt, und es war ein solcher Staat, daß man ihn kaum beschreiben kann.

Kristian ritt ein großes Stück den Berg hinauf, aber keiner von den anderen konnte zwei Schritt hinaufkommen, ob sie ihre Pferde noch so gut beschlagen hatten.

Als Kristians Vater eine Weile dort gestanden und zugesehen hatte, wollte er nach Hause gehen und nicht länger zusehen. Kristian wollte auch nach Hause zurück, holt seinen Vater unterwegs ein und sagt: »Warte einmal, alter Mann, und halte mein Pferd, während ich absteige!« Er wolle ihm ein Trinkgeld dafür geben.

Das hört der Alte und will sich gern einen Groschen verdienen. Er hält das Pferd, während Kristian abgestiegen ist. Kristian aber steigt wieder auf, nimmt die Reitpeitsche und verdrischt den Alten nach Kräften. Der Alte ruft und schreit, daß er sich das nicht gefallen lassen will, aber Kristian hört nicht auf, solange er ihm folgen kann.

Der Alte geht nach Hause, um nach Kristian und den Schafen zu sehen, und Kristian reitet in den Berg. Wie der Alte in den Wald kommt, sind da zwar die Schafe, aber kein Kristian. Der Alte treibt die Schafe nach Hause und ist voller Wut; er schimpft die Frau aus, und sie muß dafür büßen, daß Kristian nicht zu finden ist.

Abends kommt Kristian nach Hause und es ergeht ihm schlecht, weil sie selber die Schafe hatten heimtreiben müssen. Die Brüder halten ihn und der Vater verdrischt ihn, weil er nicht auf die Schafe aufpassen will. Kristian weinte und klagte und versprach, daß er von jetzt ab gut auf die Schafe aufpassen werde.

Am zweiten Tage war es das gleiche und sie wollten alle wieder dahin. Das Reitturnier dauerte drei Tage. Die Brüder sattelten ihre Pferde und ritten davon. Der Alte wollte auch mit, um zuzusehen. Auch Kristian bat darum, aber das ließ sich nicht machen, daß so ein Dummrian zuguckte.

Kristian trieb die Schafe vor sich her, und als sie in den Wald gekommen waren, ging er in den Berg. Er sattelte das rote Pferd, zog die rote Tracht an und umgürtete sich mit dem Schwerte. Er ritt etwas an die Seite, um zuzusehen, aber da war keiner, der auch nur zwei Schritte den Glasberg hinaufkam. Dann ritt Kristian ungefähr halbwegs hinauf und wieder hinab, und dann wollte er heimkehren.

Er holt wieder seinen Vater ein, der nach Hause gehen wollte, weil er sehen konnte, daß seine beiden Söhne nicht hinaufreiten konnten, und da hatte er keinen Grund mehr, länger zu bleiben. Kristian sagt zu ihm: »Warte einmal, alter Mann, und halte mein Pferd, während ich absteige!«

Der Alte schielte etwas zur Seite und dachte: »Ob das

derselbe ist, dem ich gestern das Pferd hielt? Der war auf einem weißen, dieser sitzt auf einem roten Pferd«, und dachte, daß es nicht derselbe sein könne. Er sollte auch ein Trinkgeld haben, wenn er das Pferd hielte. Kristian steigt ab und wieder auf. Dann nimmt er die Reitpeitsche und verdrischt den Alten. Er schreit und sagt: Nein, er wollte nichts mehr von diesem Trinkgeld haben! Aber Kristian fuhr fort, ihn zu schlagen, bis er nicht mehr konnte.

Der Alte ging nach Hause, um nach Kristian und den Schafen zu sehen. Die Schafe waren im Korn, aber Kristian war nicht zu finden. Er trieb die Schafe heim und hatte die größte Lust, die Frau zu schlagen, denn es nagte an ihm, daß sie mit Kristian hielt. Dieser war indessen in den Berg geritten und erzählte dem schwarzen Pferd, wie es ihm ergangen war.

Am Abend ging Kristian nach Hause, um etwas zu essen zu bekommen. Hatten sie ihn früher geschlagen, so war das nichts gegen die Hiebe, die er an diesem Abend bekam, denn die Schafe hatten von dem Getreide gefressen. Kristian weinte und klagte und versprach, von jetzt ab besser auf die Schafe aufzupassen.

Am dritten Morgen ereignete sich das gleiche: die beiden Söhne wollten sehen, ob da überhaupt einer war, der endlich auf den Berg hinaufkäme. Der Alte wollte sich das auch ansehen, denn heute sollte ja die Entscheidung fallen. Kristian wäre auch gern mitgegangen, aber nein, er mußte mit den Schafen in den Wald gehen.

Sobald er den Wald erreicht hatte, ging er in den Berg zu seinem Pferd. Heute zieht er die schwarze Tracht an, sattelt das schwarze Pferd und gürtet sich das Schwert um. Inzwischen hatte er sich auch im Berge umgesehen und dort einen goldenen Apfel aufgestöbert. Den steckt er in die Tasche.

Dann reitet Kristian. Er wartet eine ganze Weile, um den anderen zuzusehen, wie sie reiten können. Dann reitet er den Berg hinauf bis zur Prinzessin, schwingt das Schwert dreimal über sie und wirft ihr den goldenen Apfel in den Schoß. Der König ruft, sie sollen den umringen, der gewonnen hatte. Sie schlugen auch gleich alle einen Kreis um ihn, aber dicht beim König war da eine kleine Öffnung, und durch diese schlüpfte er hindurch. Wie er aber am König vorbeireitet, schlägt dieser mit dem Schwert nach ihm und schlägt einen Zipfel seiner Tracht ab.

Kristian reitet schnell davon und erreicht bald den Vater. Er wollte nach Hause gehen, um nach Kristian und den Schafen zu sehen. Da sagt Kristian: »Warte einmal, alter Mann, und halte mein Pferd, während ich absteige!« Er wolle ihm auch ein Trinkgeld geben.

Der Alte schaut ihn tückisch an, denn er wußte ja, was für ein Trinkgeld er die beiden anderen Tage erhalten hatte, und dazu hatte er keine Lust. Aber da sieht er, daß dieser hier auf einem schwarzen Pferde sitzt, und nimmt an, daß es nicht derselbe ist. Er hält auch das Pferd, während Kristian absteigt und wieder hinaufkommt. Und dann nimmt er wiederum seine Reitpeitsche und traktiert den Alten nach Kräften. Er rief und schrie und bedankte sich, er wolle kein Trinkgeld haben, aber das konnte ihm wenig helfen. Endlich ritt Kristian davon und in den Berg.

Der Alte ging nach Hause, um nach Kristian und den Schafen zu sehen. Kristian war überhaupt nicht zu finden, aber die Schafe fand er wieder im Kornfeld. Er trieb sie nach Hause und schalt die Frau wieder aus; immer hielt er ihr Kristian, den verdammten Bengel, vor.

An diesem Abend kam Kristian nicht nach Hause, sondern blieb im Berge. Am folgenden Tage aber mußte er nach Hause gehen, wenn er etwas zu essen haben wollte. Sie schimpften ihn wegen aller Schandtaten aus, die ihnen einfielen: Hiebe sollte er haben statt Futter. Er weinte und klagte, daß er von jetzt ab so schön wie noch nie auf die Schafe aufpassen wolle. Schließlich bekam er auch etwas zu essen und Vorrat mit. Seine Mutter steckte ihm noch etwas extra zu, damit er in den Wald kommen konnte. Das erste, was er tat, war, daß er in den Berg hineinging, um seine Pferde zu pflegen. Aus den Schafen machte er sich nichts, die ließ er ins Kornfeld gehen, wie sie wollten.

Kristian bleibt drei oder vier Tage weg, ohne nach Hause zu kommen. Er kommt überhaupt nur nach Hause, wenn der Hunger ihn treibt. Jedes Mal bekommt er Schläge so wohlfeil wie trockenes Brot, und jedes Mal verspricht er, daß er von jetzt ab besser auf die Schafe aufpassen will. Sie wollen von ihm wissen, wo er die ganze Zeit steckt, denn im Walde konnten sie ihn nicht finden, weder oben noch unten. Irgendwo müsse er da schlafen. Darüber gab er ihnen aber keinen Bescheid, er kam nur, um zu essen, und dann ging er wieder.

Da erließ der König den Befehl, daß der, der eine Tracht habe, an der ein Zipfel fehle, wie er ihn habe, der solle seine Tochter und das halbe Königreich bekommen, so lange der König lebte, und nach seinem Tode das ganze. Alle, die bei dem Ritt dabei gewesen waren und es sich leisten konnten, ließen sich eine schwarze Tracht machen und schnitten einen Zipfel ab. Und dann kamen sie, die, die geritten waren, und die, die nur zugesehen hatten, aber keiner war unter ihnen, dessen Tracht zu dem Zipfel paßte. Als alle dagewesen waren und keiner mehr fehlte außer Kristian, da wußten sie ja nicht, ob er auch dagewesen wäre, denn die Schafe hatte er ja nicht gehütet. Der König sagte ja, er müsse kommen; wenn alle aus dem ganzen Königreich dagewesen seien, so müsse er mit dabei sein.

Der Alte kommt nach Hause und sagt zu Kristian, daß er morgen auf das Schloß gehen müsse.

»Ach, was kann das schon nützen, daß wir den Tölpel dahin schicken!«

Sie könnten sich doch denken, daß er nicht dabei gewesen sei, er habe ja nicht einmal Kleider, die er anziehen könne, also müsse er einige von seinen Brüdern leihen. Aber Kristian sagte nein, er wolle in seinen eigenen, alten Lumpen gehen.

Sein Vater begleitete ihn und wollte ihn auf das Schloß bringen. Als sie gerade vor dem Walde sind, sagt Kristian, daß er hineingehen wolle, er habe dort etwas zu besorgen, sein Vater könne ruhig schon vorausgehen.

Kristian läuft durch den Wald in den Berg und zieht seine schwarze Tracht an, setzt sich auf das schwarze Pferd und gürtet sich das Schwert um. Wie er unterwegs den Vater erreicht, sagt er: »Guten Tag, Vater.« Der Alte guckt ihn an und weiß nicht, wer er ist. Der feine Herr aber reitet auf das Schloß, und sobald der König ihn erblickt, erkennt er ihn wieder. Den goldenen Apfel hatte keiner der Prinzessin aus der Hand nehmen können, bis er kam; er konnte es. Da herrschte große Freude und Jubel auf dem Schloß, daß derjenige gekommen war, der den Preis gewonnen hatte.

Der Alte kommt schließlich auch auf das Schloß und hört, daß der, dem der Zipfel zu der Tracht paßt, gekommen ist.

»Na ja«, sagt er, »dann kann ich ja wieder nach Hause gehen und Kristian sagen, daß er nicht zu kommen braucht.«

Er ging, aber Kristian traf er nicht unterwegs. Nein, Kristian war und blieb fort, Tag und Nacht, und sie konnten nicht begreifen, wo er geblieben war – er konnte doch nicht ewig schlafen!

Kristian blieb auf dem Schlosse und ging gekleidet wie ein Prinz; man behandelte ihn auch wie einen Prinzen, denn er sollte ja die Prinzessin haben.

Eines Tages sagt Kristian zu der Prinzessin, sie möge ihn doch einmal zu seinen Eltern begleiten. Das wollte sie gern. Da geht er in den Wald und nimmt seine alten Lumpen mit; jetzt wollten sie sich einen Spaß machen. Sie gehen zusammen in das Elternhaus hinein, und dort wußten sie, daß sie die Prinzessin und er derjenige war, der die Prinzessin haben sollte, und sie warteten ihnen mit dem Besten auf, was sie hatten.

Sie mußten sich setzen, aber dann geht der Prinz hinaus und läßt die Prinzessin allein sitzen. Kaum ist Kristian draußen, da zieht er auch schon schnell die alten Lumpen an, und dann geht er wieder hinein. Kaum ist er drinnen, sagt seine Mutter: »Ach, du lieber Gott, wo kommst du denn her?«

Es paßte ihr gar nicht, daß er gerade jetzt kam. Kristian sagt nichts, sondern setzt sich auf die Bank neben die Prinzessin. Seine Mutter jagt ihn fort: »Weg mit dir, du kannst dich doch nicht so einfach neben unseren Gast setzen!«

»Ach doch«, sagt die Prinzessin, ihr mache das nichts aus. Wer er denn sei? – Ja, er wäre ja ihr Sohn, aber so ein richtig armer Tölpel; er sollte eigentlich die Schafe hüten, aber er liefe immer fort und sei Tage und Nächte fort. Sie wüßten nicht, wo er stecke, und jetzt sei er zerlumpt, schmutzig und verlaust, das könne sie ja sehen.

Während die Mutter mit ihm spricht und ihn zurechtweist, rückt Kristian immer näher an die Prinzessin heran, die sogar sehr freundlich zu ihm ist. Schließlich packt die Mutter ihn und will ihn von der Prinzessin fortziehen, denn er solle nicht dasitzen und der Prinzessin freundliche Stöße geben. Wie sie ihn aber fortziehen will, wirft er den Tisch um, so daß das ganze Geschirr auf den Boden fällt; es war aber nur Steingut. Nachdem er den Tisch umgestoßen hat, erhebt Kristian sich, und die Mutter gibt ihm, wie er zur Türe hinausgeht, zwei Ohrfeigen.

Er zieht schleunigst seine alten Lumpen aus und die feinen Kleider wieder an. Dann geht er wieder hinein, und da seine Mutter gerade dabei ist, die Scherben aufzusammeln, sagt der Prinz, wie es denn hier aussehe? Die Alte beklagt sich und sagt, sie habe einen Sohn, einen richtigen Tölpel, er sei gerade dagewesen und habe den Tisch umgestoßen. Sie habe aber sonst zwei tüchtige Söhne, nur dieser sei so ein dummer Tölpel. Da sagt Kristian zu seiner Mutter: »Kannst du mich denn nicht erkennen?«

Nein, sie konnte ihn nicht erkennen. Da gestand er ihr und der Prinzessin, daß er Kristian sei und daß er die Prinzessin haben solle. Da mußten sie ja etwas mehr aus ihm machen, jetzt konnten sie ihn nicht mehr Tölpel nennen; Schläge bekam er auch nicht mehr, und die Schafe brauchte er nicht mehr zu hüten.

Dann verließen der Prinz und die Prinzessin das elterliche Haus. Er wollte ihr gern den Wald und den Berg und alles, was er dort hatte, zeigen. Sie gehen hinein und kommen zu dem schwarzen Pferd.

Da sagt das Pferd, er solle sein Schwert ziehen, auf den Berg steigen, das Schwert dreimal über seinem Kopfe schwingen und sagen: »Sonne, Mond und Sterne, kehrt um!«

Kristian tat so, und kaum hatte er die Worte gesagt, da verwandelte sich der Berg in das prächtigste Schloß, das man je gesehen hatte, und Kristian stand oben auf dem Turm. Es dauerte lange, ehe er mit eigener Hilfe wieder hinabkam. Aber da dauerte es auch sieben Wochen, ehe er alle fand, die sich im Schlosse befanden, so viele Zimmer hatte es. Endlich fand er auch das schwarze Pferd, das zu einem wunderschönen Prinzen geworden und der Königssohn des Schlosses war.

Da wollten sie den König holen und ihm das Schloß im Walde zeigen. Als er kam, konnte er es sofort wiedererkennen, denn es war das Schloß seines Vaters. Das Schloß und sein Bruder waren verwünscht worden, denn sie hatten eine böse Stiefmutter gehabt, die eine Hexe war und den Bruder und das Schloß verzaubert hatte.

Jetzt hatte Kristian ein Schloß, in dem er wohnte, und der König konnte sein eigenes behalten. Und so lebt Kristian in großer Herrlichkeit in seinem Schloß und ist wegen seines Schwertes ein so männlicher König, daß niemand es wagt, mit ihm Krieg zu führen. Der Königssohn aber, der das schwarze Pferd war, wohnt bei ihm und ist sein Ratgeber, so lange er lebt.

39. Mann und Frau

Es war einmal ein Mann, der zog mit einem Wagen voll Eier und mit einer Koppel Pferde in der Welt herum. Die Eier gab er in den Häusern her, wo die Frau den Mann regierte; die Pferde wollte er da abgeben, wo der Mann Herr im Hause war. Bis jetzt war er mit lauter Eiern ausgekommen. Aber endlich kam er in ein Haus, wo es ihm vorkam, als ob der Mann das Regiment führte; und er beschloß, die Nacht über dazubleiben.

Am anderen Morgen wollte er weiter. Er dankte für das Nachtlager und die gute Bewirtung und ließ dem Mann die Wahl zwischen zwei von den Pferden, einem Braunen und einem Rappen. »Ja, ich nehme den Braunen«, sagte der Mann. – »Nein, da wärst du ja ein Narr«, rief die Frau, »der Rappe ist ja viel besser.« – »Nun ja«, sagte der Mann, »wenn du es sagst, Frauchen, so will ich den Rappen nehmen.« – Da nahm der Fremde ein Ei vom Wagen und gab es ihm und zog ab. Und nun konnten sie dem Braunen und dem Rappen sehnsüchtig nachschauen.

40. Die große Lüge

Ich lag einmal auf dem Boden in meines Vaters Haus und starrte in die Luft. Da entdeckte ich ein kleines Land, das hing da oben an vier weißen Henkeln und war voll von Fischpuddingen. Ich hätte immer gern einmal einen Fischpudding gehabt, und da kam auch schon einer zu mir herunter und lief so lange herum, bis er durch eine Radnabe kroch und als ein kleiner Junge herauskam. Ich taufte ihn und nannte ihn Jeppe, und da ich ihn getauft hatte, war ich Pfarrer.

Da wollte er nicht mehr bei mir bleiben, sondern zurück in das winzige Land. Er kam auch wieder dahin, und zwar an den Hof des Königs, und wollte Jäger sein. Der König sagte: »Nein«, denn er hatte schon einen Schützen, aber Jeppe sagte: »Doch.« Da antwortete der König; nun habe er zwei Jäger, und derjenige, der ihm morgen ein Stück Wild nach Hause brächte, sollte seine Tochter haben.

Der andere war ein alter Schütze; als er das hörte, stand er vor dem Morgengrauen auf, lud seine Büchse, steckte seine Wegzehrung in die Tasche und ging in den Wald. Jeppe blieb bis zum hellen Morgen liegen. Die Königstochter wollte am liebsten Jeppe haben, der ein junger, flinker Bursche war. Sie ging zu ihm hinein und sagte: »Jep, Jep, steh auf! Hast du vergessen, was mein Vater gestern abend sagte?«

»Ja, ja, das hat Zeit!«

Dann stand er auf, aß sein Morgenbrot, lud seine Büchse, steckte seine Wegzehrung in die Tasche und ging in den Wald.

Dort trifft er den alten Schützen, der noch nicht einmal so viel wie eine Fliege gefangen hatte. Er fragte Jep, ob er ihm nicht zeigen könne, wo etwas Wild sei. Da zeigte ihm Jep einen Pfad, wo weder ein Stück Wild war noch je kommen würde, so lange die Welt besteht. Jep ging ein Stück weiter und fand einen Bienenschwarm. Den nahm er mit. Er geht wieder ein Stück weiter und entdeckt eine Wildgans. Die schießt er. Wie er sich bückt, um sie aufzuheben, fällt er über eine Wildente mit 50 jungen Entlein. Später schoß er noch Wildgänse, Schwäne, Hasen, Füchse, Rehe und alles Mögliche, bis er einen ganzen Wagen voll hatte.

Nun wußte er nicht, wie er das alles nach Hause schaffen sollte. Da wollte er zu einem Waldbauern gehen und von ihm Gaul und Wagen leihen, um alles nach Hause zu fahren. Er ist aber noch nicht weit gekommen, da laufen ihm vier Räder entgegen; die wollten ins Moor, um Moosbeeren zu pflücken. Er fragt sie, ob sie nicht sein Wild nach Hause fahren wollten. – Doch, sie könnten ein anderes Mal Moosbeeren pflücken.

Er geht ein Stück weiter, da fand er vier Wagenbretter,

die aufeinander losschlugen, und das fünfte hatte seine liebe Not, die Streitenden zu scheiden. Er fragte sie, ob sie sein Wild nach Hause fahren wollten. – Doch, sie könnten sich ein anderes Mal balgen.

Er kommt ein Stück weiter des Weges, da sitzen vier Wagenstöcke im Wirtshaus und trinken. Er fragt sie, ob sie ihm sein Wild nach Hause fahren wollen. – Doch, sie könnten ein anderes Mal trinken.

Wieder ein Stück weiter kommen Waage und Stert angelaufen und sind durchgegangen. Auch sie fragt er, ob sie ihm sein Wild nach Hause fahren wollen. – Doch, sie könnten ein anderes Mal durchgehen.

Jetzt konnte er sich einen Wagen zusammenstellen; es fehlte nur eine Kleinigkeit, und die konnte er sicher im Walde bekommen. Er lud alles auf, aber jetzt fehlten ihm die Pferde zum Vorspannen. Da zog er ein paar Wurzeln aus der Erde und fing ein paar Krähen damit. Dann drehte er ein paar Schnüre aus den Wurzeln und spannte die Krähen vor den Wagen. Aber sie konnten ihn nicht ziehen. Da legte er sie auf den Wagen, spannte sich selber vor und zog den Wagen.

Als er zu Hause ankam, war der andere Schütze auch schon da; aber er hatte nicht einmal eine Biene gefangen. Da wurde der König böse, und als gerade das Küchenmädchen hereinkam und Holz haben wollte, und weil der König so böse war, spaltete er das Brennholz mit seiner Nase.

Da wollte der König sein Wort nicht halten, weil der alte Schütze nichts ausgerichtet hatte. Aber Jep sagte, er meinte, ein Mann, ein Wort, der König werde wohl halten, was er versprochen habe. Der König erwidert, er solle nicht sagen können, daß er ein schlechter Mensch sei, der nicht halte, was er verspreche, und darum müsse Jep jetzt mit seiner Tochter spazierengehen, und wenn er sie dazu bringen könne zu sagen: »Das ist erstunken und erlogen«, dann solle er sie haben und sein Wort gelten. Er hatte aber seiner Tochter streng verboten, diese Worte zu sagen.

Da gingen sie im Garten spazieren. Sie sagte: »Schöne große Kohlköpfe, die mein Vater da hat.«

»Pü, die sind doch nicht groß! Da sind die Kohlköpfe meines Vaters ganz anders groß. Da kannst du zehn berittene Knechte auf ihren Pferden übereinanderstellen und sie können immer noch nicht oben an den Kohl heran. Das nenne ich große Kohlköpfe!« Sie fand trotzdem, daß die Kohlköpfe ihres Vaters groß waren.

»Aber das ist ja gar nichts im Vergleich mit dem Kohl meines Vaters; der ist so groß, daß der König mit seiner ganzen Kriegsmacht unter einem einzigen Blatt Schutz suchen konnte. Da passierte es einmal, daß ein Reiter seinen Degen zog und ein Loch in das Blatt stach, und da ertranken sie alle, Mann und Maus, außer mir.«

»Kann möglich sein«, antwortete sie.

Sie gingen weiter in den Garten hinein und kamen zu den Bienenstöcken. – »Schöne, große Bienen, die mein Vater da hat!«

»Pü, die sind doch nicht groß! Die Bienen meines Vaters waren viel größer, die waren so groß wie eure Gänse hier.«

»Wie kamen sie dann in den Bienenstock hinein?«

»Das mußten sie selber wissen.« Sie antwortete: »Kann möglich sein.«

Sie gingen weiter und kamen zu den Gänsen und ihren Jungen.

»Schöne, große Gänse, die mein Vater da hat.« sagte sie.

»Die sind doch nicht groß! Die Gänse meines Vaters waren viel größer. Wenn wir einen Eierkuchen von einem Ei backen wollten, mußten wir alle die Äxte und Hämmer gebrauchen, die wir hatten, um es zu zerschlagen, und wenn das Ei zerschlagen war, brauchten wir alle die Kriegsschiffe, die es gab, um das Ei hineinzutun, sonst wäre das ganze Land von Eierkuchen überschwemmt worden.«

»Kann möglich sein«, antwortete sie.

Dann gefiel es ihnen nicht länger im Garten und sie gingen hinaus.

»Eine schöne, große Scheune, die mein Vater da hat.«

»Pü! Die ist doch nicht groß! Die Scheune meines Vaters war viel größer. Wenn der Dachdecker ganz oben saß und ihm seine Nadel herunterfiel, dann konnte eine Elster ihr Nest bauen und dreimal ihre Jungen ausbrüten, ehe sie zur Erde fiel, und dabei konnte die Nadel überall unbehindert fallen.«

»Kann möglich sein.«

Sie gingen weiter.

»Ein schöner, langer Stall, den mein Vater da hat.«

»Pü! Der ist doch nicht lang! Der Stall meines Vaters war viel länger. Der war so lang, daß eine Kuh, die an der einen Seite ein Kalb bekommen hatte, schon wieder trächtig war und ein neues Kalb bekommen hatte, ehe der Knecht etwas Heu für das erste Kalb von der anderen Seite des Stalls geholt hatte.«

»Kann möglich sein.«

Sie sagt: »Viele schöne Kühe, die mein Vater da hat!«

»Das sind doch nicht viele! Mein Vater hatte viel mehr Kühe. Wir hatten ein Tal, in dem wir melkten, und das wir das Lange Tal nannten, und wir hatten eine alte graue Mähre, die wir Langkrabbe nannten; sie und ein paar andere Mähren und junge Pferde stampften den Käse. Dann banden wir den Gänsen Lab an die Füße und ließen sie durch die Milch schwimmen, damit sie gerinne. Wir banden den Gänsen den Hintern zu, damit sie ihren Dreck nicht in die Milch machten. Eines Tages, als die alte, graue Mähre mit den anderen Mähren und Pferden den Käse stampfen sollte, blieb sie im Käse weg, und ein anderes Mal, als ich für meine Mutter in Sundby etwas besorgen sollte, gab sie mir ein Stück Käsebrot in der Tasche mit. Unterwegs wurde ich hungrig. Als ich das Stück Käsebrot essen wollte, finde ich die Langkrabbe mit elf anderen im Käse. Ich war stark damals und konnte viel tragen, und meine Tasche war groß, so daß das alles hineinging.«

»Kann möglich sein«, sagte sie.

»Da brauchte ich nicht zu gehen. Ich setzte mich auf die Langkrabbe und ritt. Als ich ein Stück geritten war, brach ihr der Rücken durch. Ich hatte aber einen großen Haselstock zur Hand, und den jagte ich ihr durch den Hintern hinein und am Nacken wieder heraus. Da wollte ich weiterreiten, aber als ich ein Stück geritten war, ließ sie ihren Dünger fallen, und daraus wurde ein riesengroßer Haselwald voller Nüsse. Da stieg ich in die Büsche und pflückte mir Nüsse.

Als ich oben ankam, sah ich den lieben Gott und Sankt Peter; sie waren gerade dabei, Haferkörner zu wiegen, und die heilige Maria schied die Spreu von den Körnern. Zu ihnen stieg ich hinauf, und als ich eine Weile dort gewesen war, wollte ich wieder hinunter, aber da war der Wald weg. Da nahm ich etwas von der Spreu und flocht mir ein Seil daraus. Das konnte aber nicht bis zur Erde reichen. Da nahm ich ein Hühnerei und band es an das Seil. Das konnte auch nicht bis zur Erde reichen. Da wühlte ich in meinen Taschen herum, ob ich dort nichts hätte, und fand einen kleinen Schleifstein, und den spannte ich 373 Ellen lang; das half. Damit schleuderte ich mich zehn Ellen weit in den Hintern eines Fuchses, und da stand ein Gerstenstrohpfarrer und las die Hafermesse, und da gingen dein Vater und mein Vater zum Abendmahl.«

»Kann möglich sein.«

»Mein Vater hatte aber einen Silberpfennig für das Opfer, und dein Vater hatte keinen; da brach mein Vater seinen Silberpfennig durch und gab deinem Vater die Hälfte.«

»Kann möglich sein.«

»Mein Vater zog seinen Hut, als er opferte, aber das wollte dein Vater nicht.«

»Warum nicht? Selten hab' ich ihn so ungehobelt gekannt!«

»Das kam daher, daß mein Vater nicht schorfig war, aber das war deiner!«

»Das ist gestunken und gelogen!«

»Darauf hab' ich lange gewartet«, sagte er.

Und dann gingen sie zum König und erklärten ihm alles, und während er vor dem König stand und alles erzählte, saß ich in einem Mauseloch hinter der Tür und hörte zu.

Da sollte denn in aller Eile die Hochzeit gefeiert werden, und da wurde gescheuert und ein Lärm gemacht, daß es nicht zu ertragen war.

Da hatten sie auf einmal keinen Drillich und suchten danach hinter allen Türen, und da fanden sie mich in meinem Mauseloch, packten mich und steckten mich in die Kanone, und dann schossen sie mich hierhin, wo ich sitze und die große Lüge erzähle.

41. Der faule Lars

Es waren einmal ein Paar sehr arme Leute, die wohnten nicht weit von des Königs Schloß. Sie hatten nur einen Sohn, und mit dem war nicht viel Rares, denn er war so erschrecklich faul, daß unter seinen Füßen das Gras gemächlich Zeit hatte zu wachsen; wo man ihn sitzen hieß, konnte man gewiß sein, ihn wiederzufinden. Er hieß Lars, und deshalb wurde er niemals anders als der faule Lars genannt.

Seine Eltern waren jeden Tag auf Arbeit im Schloß oben. Die Mutter half in der Küche, und der Vater im Garten. Die ganze Zeit über blieb Lars daheim und faulenzte und wurde ein richtiger Faulpelz.

Da geschah es eines Mittags, daß seine Mutter nach Hause kam, um das Essen für sich und den Burschen zu richten. Sie wollte gerade den Topf übers Feuer hängen, aber da fehlte das Wasser im Haus. Einen Brunnen hatten sie nicht, sondern sie mußten das Wasser von einer Quelle drüben auf der anderen Seite des Schlosses holen.

Da sagte die Mutter: »Hör, du fauler Lars, spring schnell hinüber und hole ein bißchen Wasser von der Quelle, sonst bekommst du kein Mittagessen.«

»Ich gehe schon, Mutter«, sagte Lars; aber er blieb genau da sitzen, wo er saß. Da sagte sie es noch einmal, und er gab dieselbe Antwort, aber rührte sich durchaus nicht vom Fleck. Da wurde die Mutter zornig und griff nach dem Schürhaken, um dem faulen Lars eins überzuziehen, und jetzt mußte er sich doch erheben. Er nahm einen alten breitrandigen Hut und einen alten eisernen Kessel, dem die Füße abgeschlagen waren, und so zog er ab. Aber es ging nur langsam, denn es war sehr heiß an dem Tag, und alle Augenblicke drehte er den Kessel mit dem Boden nach oben und setzte sich eine Weile darauf.

Wie er nun am Schloß vorbeizog, traf es sich, daß die Königstochter, die junge, muntere Prinzessin, oben am Fenster saß, und als sie den faulen Lars erblickte, den sie gut kannte, und die Reise sah, die er mit seinem Kessel aufführte, da mußte sie sehr lachen und rief zu ihm hinunter: »Wo willst du hin, fauler Lars?« – »Zur Quelle, Wasser holen«, rief er.

»Beeil dich, fauler Lars, sonst läuft dein Kessel ohne Beine dir voraus!« rief sie wieder.

Nein, damit hätte es keine Gefahr, meinte Lars.

»Du brauchtest bald einen Buben, der dir hilft den Kessel tragen, du fauler Lars!« rief sie übermütig.

Da ärgerte sich Lars, daß sie ihn so zum Narren hatte, und sah zum Fenster hinauf. Aber ein so schönes Mädchen hatte er noch nie gesehen, und er war so verblüfft, daß er stehenblieb und mit offenem Munde zu ihr hinaufglotzte. Aber da lachte sie noch viel mehr über ihn und rief: »Mach deinen Mund zu, fauler Lars, dein Herz wird sonst kalt!« – Da nahm Lars die Beine unter den Arm und ruhte nicht, bis er zur Quelle kam.

Hier nahm er einen Strick, band ihn an die Henkel des Kessels und senkte ihn in den Brunnen. Der Kessel füllte sich auch mit Wasser, aber als er ihn wieder heraufzog, da war ein Frosch darin und der konnte reden. So etwas hatte Lars noch nicht gesehen. Er setzte den Kessel zu Boden und schaute verwundert den Frosch an. Der bat ihn gar schön, ob er nicht wieder in die Quelle hinunter dürfe. Doch der faule Lars sagte, daraus könne nichts werden, denn das sei ihm die doppelte Mühe. Aber der Frosch bat noch einmal gar fein und versprach dem Lars, daß ihm ein Wunsch erfüllt werden solle, wenn er ihn wieder hinunter ins Wasser ließe.

Der faule Lars dachte, das sei so übel nicht. Er nahm seinen alten breitrandigen Hut und warf ihn aufs Gras und sagte, er wolle soviel Wünsche erfüllt haben, als Grashalme unter dem Hut verborgen seien, denn er dachte, das kommt aufs gleiche heraus, wenn man sich schon einmal die Mühe macht.

So durfte also der Frosch wieder in den Brunnen und war froh darüber.

Aber der faule Lars setzte sich neben seinen Krug, den er wieder gefüllt hatte, um in guter Ruh darüber nachzudenken, was er sich wünschen solle. Natürlich, dachte er, wollte er sich zuallererst wünschen, sein Kessel solle Beine bekommen und laufen, so brauchte er ihn nicht zu tragen. Dann würde die Königstochter auch nicht mehr über den Krug lachen und sagen, er habe keine Füße, und könnte auch ihn selbst nicht mehr aufziehen, daß er noch einen Burschen brauche, um den Kessel zu tragen.

Kaum hatte er seinen Wunsch ausgesprochen, so hatte auch der Krug schon Füße und tat, als ob er davonlaufen wollte; aber Lars ließ sich Zeit, er wollte sich nämlich auf noch einen Wunsch besinnen. Es wollte ihm aber nicht glücken, und so trottelten er und der Kessel denn davon. Er hielt sich an dem Strick fest, den er an den Kessel gebunden hatte, so daß er sich zur Hälfte ziehen ließ, und da sein großer breitrandiger Hut ihm zu schwer und warm wurde, hängte er ihn wie einen Deckel über den Kessel, der auf diese Art wie ein rechtschaffener Kessel Füße und einen Deckel bekam.

Wie er so wieder vor die Fenster des Schlosses kam, da saß die junge Prinzessin immer noch da, und als sie den Aufzug mit dem Kessel und dem Hut sah, der da mit dem faulen Lars ankam, da mußte sie lachen und lachte auch so furchtbar, daß ihr fast schlecht geworden wäre.

»Jetzt läuft dein Kessel von selbst, fauler Lars, und den Hut brauchst du auch nicht zu tragen« rief sie, »jetzt solltest du nur noch einen Buben haben, der hinten schiebt!« –

»Du selbst sollst einen Buben haben«, fuhr es dem Lars heraus, ohne daß er groß darüber nachdachte, was er sagte, weil er diese Neckerei satt hatte. Da machte die Prinzessin das Fenster zu, denn jetzt wollte sie nicht mehr mit dem faulen Lars sprechen.

Lars kam also gut heim mit seinem Kessel und bekam auch sein Mittagessen; aber er machte sich kein Kopfzerbrechen über weitere Wünsche; er fand, daß er nichts nötig habe, und so blieb es beim alten.

So verging die Zeit wie sonst auch, aber als fast ein Jahr vorbei war, da ging es auf dem Schloß kurios zu, denn die Prinzessin bekam eine schwere Krankheit. Man rief die Ärzte, aber die schüttelten ihre Köpfe und schrieben Rezepte, einer immer länger als der andere; aber das half auch kein bißchen. Da nahm die Mutter der Prinzessin das Mädchen unter vier Augen vor und redete lange mit ihr, aber die Prinzessin weinte und beteuerte ihre Unschuld, und die Königin glaubte ihr auch.

Darauf verging einige Zeit, und dann war gar kein Zweifel mehr, denn da kam, wie man sagt, ein kleiner Junge barfüßig zur Prinzessin gelaufen. Der rechtschaffene alte König war nah daran, aus der Haut zu fahren, daß eine solche Schande über sein Haus kommen sollte, und es wurde auch nicht besser davon, daß die Prinzessin schlechterdings nichts von einem Vater des kleinen Prinzen wissen wollte.

Wohl oder übel verging noch eine weitere Zeit, bis der vaterlose Prinz drei Jahre alt war; aber da sagte der König, daß er jetzt die Schande nicht länger dulden wolle, jetzt solle es bekannt werden, wer des Kindes Vater sei, und wer es auch sein möge, den solle die Prinzessin zum Mann bekommen.

Der König ließ also über das ganze Reich kundtun, daß alle Männer, die in seinem Land seien, groß und klein, an einem bestimmten Tag vor seinem Schloß zusammenkommen sollten; dann würden sie die Stimme des unschuldigen Kindes vernehmen, das da selbst seinen Vater herausfinden solle.

Der Tag kam und ein großer Haufe Menschen, fein und grob, strömten zusammen; es war ganz schwarz vor Leuten um das Schloß herum.

Die Mutter des faulen Lars kam an diesem Tag ein wenig früher als gewöhnlich heim, um das Mittagessen zu richten, und sie fand Lars wie gewöhnlich auf der Türschwelle sitzend, wie er sich's im Sonnenschein wohl sein ließ.

»Ich sag's ja«, rief sie aus, »hat mir mein fauler Lars an so einem Tag nichts andres zu tun als hier sitzen und Maulaffen feilhalten!«

Lars dehnte sich erst noch und fragte, warum sie das sage; und da mußte sie ihm erzählen, was oben am Schloß vor sich ging. Da meinte Lars, er sei so gut wie jeder andre, und schlenderte auch hin.

Als oben im Schloß der König den faulen Lars daherkommen sah, dachte er, jetzt könne man gewiß anfangen, denn man konnte sichergehen, daß Lars der letzte war, obgleich er am nächsten wohnte. Der kleine Prinz bekam also einen goldenen Apfel in die Hand, und der, dem er den Apfel gab, sollte sein Vater sein.

Das Kind ging lange hin und her mit dem goldenen Apfel in der Hand zwischen den vielen Leuten, als ob es nicht wüßte, was damit anfangen; aber schließlich erblickte es Lars, der zuhinterst in der Menge stand mit beiden Händen in den Hosentaschen, und da ging es auf ihn zu und streckte ihm den Apfel entgegen.

Lars übereilte sich nicht, sondern zog gemächlich die eine Hand aus der Hosentasche und nahm den Apfel. Aber da entstand ein Lärm ohnegleichen, so mißgönnten alle, groß und klein, arm und reich, dem Lars das Glück, das ihm zugefallen war. »Ja, die haben immer Glück, die weder lesen noch schreiben können«, hieß es, und der arme Lars wäre fast niedergetrampelt worden aus purem Neid. Aber er hielt doch den Apfel gut fest und kam endlich vor den König und die Königin und alle Minister.

Als der König sah, daß es der faule Lars war, der den Apfel bekommen hatte, da fand er, daß die letzte Blamage noch ärger sei als die erste. Er nahm die Prinzessin, schob sie hin zu ihm und sagte, daß er niemals mehr etwas von ihnen in seinem Haus sehen wolle — wäre es ein schöner, feiner Mann gewesen, so hätte alles gut werden können, aber der faule Lars —!

Der König befahl also seinen Leuten, sie sollten Lars und die Prinzessin und das Kind nehmen und in einem Boot aufs Meer aussetzen, das östlich vom Schloß war, dann könnten sie ihren eigenen Kurs segeln und reisen, in welches Land sie wollten.

Des Königs Befehl wurde auch richtig ausgeführt, und Lars und die Prinzessin trieben, ohne zu wissen wohin, hinaus aufs wilde Meer. Der Abend kam, und die Prinzessin weinte herzhaft; aber Lars lag unten im Boot und konnte nur an sich selbst denken, denn es war das erstemal, daß er Wasser unter sich hatte, und es war ihm gar nicht um eine Seefahrt zu tun.

»Aber was sollen wir denn tun?« rief die Prinzessin. »Sag doch, Lars, was wir machen sollen!«

»Ja, was sollen wir wohl machen?« antwortete Lars, »ich weiß nicht, was wir machen sollen«, und so segelten sie weiter.

Nach einer Weile sagte die Prinzessin: »Aber so sag doch etwas, du fauler Lars, du liegst ja da und sagst kein Wort.«

»Ja, was soll ich denn sagen?« brummte Lars, »ich kann nichts sagen, als daß ich wollte, wir wären bald an Land!«

Kaum hatte er den Wunsch ausgesprochen, so lag eine schöne Insel mit Wäldern, Häusern, Menschen und Vieh vor ihnen.

Die Prinzessin war froh darüber, daß Lars endlich den Mund aufgemacht hatte, und jetzt, meinte sie, sei ja alles ganz einfach, da er so gut mit Wünschen umgehen könne. Jetzt brauchte sie ihm nur die Worte in den Mund zu legen, und er brauchte den Wunsch nur auszusprechen. Zuallererst mußte er wünschen, daß er ein richtiger Mensch würde und kein solches Faultier bliebe, wie er bisher gewesen war. Dann mußte er sich ein schönes Schloß wünschen, mit allem, was dazugehört. Kaum hatte er diese Wünsche ausgesprochen, so war es, als käme auf einmal ein neues Leben in Lars, und mitten auf der Insel stand ein schönes Schloß, das schimmerte wie helles Gold. Darauf mußte Lars sich prächtige Kleider wünschen, Wagen und Pferde, Soldaten und vieles andere, und das war auch gleich zur Hand. – Ja, die Prinzessin wußte schon, was sie wollte.

Am nächsten Morgen, als der alte König aufgestanden war, ging er wie gewöhnlich hin ans Fenster, um übers Meer hinaus zu sehen. Das hatte er immer gern getan. Da erblickte er die schöne Insel, die da östlich von seinem Königsschloß lag, mit dem Schloß, das schimmerte wie helles Gold. Aber ob er seinen alten Augen traute? Nein, er nahm seine Brille und schaute noch einmal hin.

Freilich, die Insel und das Schloß lagen immer noch da, und das ging weit über des alten Königs Verstand. Er rief seine Leute und fragte, ob sie jemals zuvor etwas davon gesehen hätten. Sie rissen auch die Augen auf und meinten, das habe der Teufel in eigener Person ausgedacht, um sie zu narren, denn früher sei da ebensowenig eine Insel gewesen als Rosen auf einem Misthaufen.

Um Gewißheit über das Ding zu bekommen, ließ der

König sein Schiff bereit machen und fuhr mit seinen Leuten hinüber auf die Insel. Wie er dort an Land stieg, stand da gleich vom Ufer bis ans Schloß hinauf eine ganze Reihe Soldaten, die präsentierten das Gewehr vor dem alten König, und das gefiel ihm nicht übel.

Als der König mit seinen Leuten endlich vor das Schloß kam, da trat ihm seine Tochter lächelnd entgegen. Sie fiel ihm zu Füßen und bat, er möge sie beide wieder in Gnaden aufnehmen, und sie wollten ihm auch gehorsame Kinder sein.

Der König war sehr verwundert, und seine Tochter mußte ihm berichten, wie das alles zugegangen war. Sie erzählte, wie sie gestraft worden sei, weil sie in ihrem Leichtsinn den faulen Lars verspottet hatte, ohne zu überlegen, daß vielleicht doch etwas mit ihm los sein könne; aber jetzt sei es ihr ganz recht, daß es so gekommen sei, denn jetzt wolle sie keinen andern mehr haben als Lars: er sei jetzt nicht mehr wie früher, denn es sei Leben in ihn gekommen.

Da kam Lars heraus, und in den schönen Kleidern sah er so stattlich aus wie irgendein Königssohn. Er bestätigte, was die Königstochter gesagt hatte, und bat ebenfalls den König um Gnade.

»Ende gut, alles gut«, sagte der König, »die Welt ist wunderlich eingerichtet, aber die einander bekommen sollen, die bekommen einander doch.«

Also war alles in Ordnung. Sie feierten Hochzeit viele Tage lang und lebten glücklich miteinander. Und als der alte König starb, wurde Lars König und regierte viele Jahre mit seiner Königin das Reich.

42. Eine lustige Geschichte

Es war einmal ein Pfarrer unten bei Tönder in alten Zeiten, der war schrecklich geizig und brachte es nie übers Herz, seinen Leuten etwas zu schenken. Da kam einmal während der Heumahd ein Bursche und trat bei ihm in Dienst. Er sollte der erste von den Mähern sein, und am Abend zog er also mit drei Burschen auf die Wiese. Kaum waren sie draußen, so sagte er zu den dreien: »Es ist nicht der Mühe wert, zu mähen, wir wollen jetzt essen und trinken, solang wir etwas haben, und nachher wollen wir uns legen und schlafen und es uns recht wohl sein lassen.« Sie taten, wie er sagte, und es gab einen großen Spaß, und als sie genug hatten, legten sie sich unter den Wagen und schliefen.

Am Morgen, als sie aufwachten, meinte er wieder, nun sei es nicht mehr der Mühe wert, mit der Arbeit anzufangen, er wolle die ganze Verantwortung übernehmen — und so aßen sie, was noch übrig war, und trieben Kurzweil bis zur Mittagszeit. Dann setzten sie sich auf den Wagen und fuhren heim; aber alle hatten Angst, was »Vater« wohl sagen würde, wenn sie heimkämen, ohne auch nur das geringste ausgerichtet zu haben; aber der Bursche sagte, sie brauchten sich nicht zu fürchten, er würde die Sache schon besorgen.

Unterwegs kamen sie an einer Stelle vorbei, wo eine große Menge Mistkäfer lagen; da sagte der Bursche, sie sollten halten, und sprang vom Wagen und sammelte den Eßkorb halb voll Mistkäfer. Schließlich kamen sie heim, und der Pfarrer lief ihnen entgegen, und da machten sie aus, daß der Bursche für sie alle sprechen sollte.

»Nun, wie steht es? Habt ihr die ganze Wiese gemäht?« sagte der Pfarrer. »Ja freilich«, sagte der biedere Knecht, »ich habe auch noch unterwegs etwas gefunden, darum wollte ich Vater gern bitten.« — »Hast du wirklich! Was ist es denn, mein Sohn?« — »Ja, Vater, ich habe einen Schwarm Bienen gefunden.« — »O, das ist gut, das sind gewiß die meinigen; heut ist mir ein Schwarm ausgeflogen.« — »Ja, aber ich wollte Vater gern bitten, daß ich den Schwarm behalten darf; Vater hat so viele, und ich bin ein armer Kerl und habe gar keine.« — »Nein, das geht auf keinen Fall, mein Sohn!« — »Ach, bitte, Vater könnte mir aber doch wirklich den einen

Schwarm schenken.« – »Nein, absolut nicht; wo sind sie, ich will sie sofort haben!« – »Nun«, sagte der Bursche, »wenn Vater sie haben will, sie sind im Eßkorb; aber weil Vater sie mir nicht schenken will – ich habe sie selber gefunden und bin ein armer Schlucker –, so will ich wünschen, daß alle Bienen sich in Mistkäfer verwandeln, und alles Gras, das wir heut nacht gemäht haben, wieder auf den Wurzeln steht!«

Der Pfarrer nahm den Korb und machte ihn auf; da waren wirklich Mistkäfer darin. Nun fürchtete er für sein Gras und schickte einen Buben, um nachzusehen, wie es mit der Wiese stände. Er rannte hinunter und sah weit draußen, daß der Wind die Gräser aufrichtete, wo sie die Nacht über gelegen hatten, und so rannte er eiligst heim und rief dem Pfarrer schon von weitem zu: »Vater, Vater! Das Gras ist bald alles wieder aufgestanden und in der einen Ecke ist es noch beim Aufstehen!«

43. »Ich weiß, was ich weiß!«

Es war einmal ein Mann, der hatte drei Töchter, die waren alle drei verheiratet, jede mit einem Troll. Eines Tages wollte der Mann sie besuchen, und seine Frau gab ihm etwas trockenes Brot mit auf den Weg.

Als er eine Weile gegangen war, wurde er müde und hungrig. Deshalb setze er sich an der östlichen Seite eines Hügels nieder und machte sich an sein trockenes Brot. Da tat sich der Hügel auf, und seine jüngste Tochter schaute heraus und sagte: »Aber Vater! Weshalb kommst du nicht herein zu mir?« – »Ja«, sagte er, »wenn ich gewußt hätte, daß du hier wohnst, und wenn ich einen Eingang gesehen hätte, so wäre ich schon hereingekommen.«

Gleich darauf kam der Troll nach Hause, und die Frau sagte, ihr Vater sei gekommen, und er möge doch ein wenig

Fleisch zur Suppe kaufen. »Das können wir bequemer haben«, sagte der Troll. Damit schlug er einen Nagel in die Wand und rannte seinen Kopf hinein, so daß ganze Stücke Fleisch herausrissen. Die packte der Troll gleich, und es gab für alle eine kräftige Suppe davon.

Darauf gab der Troll dem Alten einen Sack voll Geld, und damit machte er sich auf den Heimweg. Als er in die Nähe seines Dorfes kam, fiel ihm auf einmal ein, daß er eine trächtige Kuh habe. Da stellte er seinen Geldsack auf die Erde, rannte nach Hause, so schnell er nur konnte, und fragte seine Frau, ob die Kuh gekalbt hätte. »Aber wie kommst denn du dahergelaufen?« sagte die Frau, »nein, die Kuh hat noch nicht gekalbt.« – »Ja, dann mußt du mit mir gehen und mir einen Sack voll Geld heimtragen helfen«, sagte der Mann. »Einen Sack voll Geld heimtragen?« sagte die Frau. – »Freilich, einen Sack voll Geld heimtragen«, sagte der Mann, »ist das so verwunderlich?«

Obgleich die Frau ihm nicht so recht Glauben schenkte, so gab sie doch nach und ging mit. Aber als sie an Ort und Stelle kamen, war kein Geldsack mehr da: ein Dieb hatte ihn mitgenommen. Da wurde die Frau böse und fuhr auf den Mann los. »Ach was!« sagte er da, »zum Teufel mit dem Geld! Ich weiß, was ich weiß!« – »Was weißt du denn?« sagte die Frau.

»Ja, das weiß ich eben!« sagte der Mann.

Nach einiger Zeit wollte der Mann seine zweitälteste Tochter besuchen. Seine Frau gab ihm wieder etwas trockenes Brot mit, und als er müde und hungrig war, setzte er sich an den östlichen Abhang eines Hügels und fing an zu essen. Wie er gerade mittendrin war, kam seine zweite Tochter aus dem Hügel heraus und lud ihn ein, hineinzukommen, und das tat er gern.

Gleich darauf kam der Troll nach Hause; es war inzwischen dunkel geworden, und die Frau bat ihn, eine Kerze zu kaufen. »Ach, wir werden gleich Licht haben«, sagte der

Troll und steckte seine Finger ins Feuer; nun leuchteten die Finger und blieben doch ganz unversehrt.

Hier erhielt der Alte zwei Säcke voll Geld zum Geschenk und stapfte mit ihnen heimwärts. Aber als er fast zu Hause war, fiel ihm wieder seine trächtige Kuh ein. Da stellte er seine Geldsäcke auf die Erde, rannte nach Hause und fragte seine Frau, ob die Kuh noch nicht gekalbt hätte. »Was ist denn mit dir los?« sagte die Frau. »Du kommst ja dahergerannt, als ob es brennte! Du kannst ganz ruhig sein, die Kuh hat immer noch nicht gekalbt.«

Nun verlangte der Mann, die Frau solle ihm helfen, die zwei Geldsäcke heimzutragen. Sie traute seinen Worten zwar nicht recht, aber er redete so dringlich auf sie ein, daß sie schließlich nachgab und mitging. Aber als sie an Ort und Stelle kamen, war wiederum ein Dieb dagewesen und hatte die Geldsäcke mitgenommen. So war es kein Wunder, daß die Frau recht ungehalten wurde. Aber der Mann sagte nur: »Wenn du nur wüßtest, was ich weiß!«

Zum dritten Male wollte der Mann ausziehen, um seine älteste Tochter zu besuchen. Als er an einen Hügel kam, setzte er sich an den östlichen Abhang und verzehrte das trockene Brot, das ihm seine Frau mitgegeben hatte. Da kam seine Tochter heraus und nahm den Vater mit, und bald darauf kam der Troll. Sie wollten Fische essen, und die Frau hieß ihren Mann ausgehen und einkaufen. Aber er sagte, das könnten sie einfacher haben, sie solle ihm nur ihren Backtrog und den Schöpflöffel überlassen.

Der Troll und seine Frau setzten sich nun in den Trog und fuhren aufs Meer hinaus. Als sie ein Stück gefahren waren, sagte der Troll: »Sind meine Augen grün?« – »Nein, noch nicht«, sagte die Frau. Dann fuhren sie noch ein Stück weit; dann fragte der Troll wieder: »Sind meine Augen noch nicht grün?« – »Doch, jetzt sind sie grün«, sagte die Frau. Da sprang der Troll ins Wasser und schöpfte mit dem Löffel so viele Fische heraus, daß sie in dem Trog kaum

Platz hatten. Als sie zurückkamen, ließen sie sich's alle vortrefflich schmecken, und der Alte bekam drei Säcke voll Geld zum Mitnachhausenehmen.

Als er nun schon fast daheim war, fiel ihm wieder die Kuh ein. Er stellte die Geldsäcke auf die Erde; aber diesmal nahm er seine Holzschuhe und setzte sie obendrauf, denn auf diese Art, glaubte er, würden sie ihm nicht gestohlen werden. Dann rannte er heimwärts, um seine Frau zu fragen, ob die Kuh noch nicht gekalbt hätte. Aber während er zu Hause war, kam wiederum ein Dieb und nahm die Geldsäcke mit; aber die Holzschuhe ließ er stehen.

Wie nun der Mann seine Frau mitbrachte, um die Geldsäcke zu holen, und sie nur die Holzschuhe vorfanden, wurde sie wütend und fuhr auf ihn los. Aber er blieb ganz ruhig und sagte nur: »Zum Teufel mit dem Geld! Ich weiß, was ich weiß!« – »Was weißt du denn?« sagte die Frau, »das möchte ich gern wissen.« – »Ja, das wirst du dann schon sehen!« gab der Mann zur Antwort.

Eines Tages wollte die Frau eine Suppe kochen und sagte zu ihrem Mann: »Ach, geh in die Stadt und kauf ein Stück Suppenfleisch!« – »Das ist nicht nötig«, sagte er, »das können wir einfacher haben.« Und damit schlug er einen Nagel in die Wand und rannte mit dem Kopf dagegen, daß das Blut in Strömen floß, und er lag lange Zeit darauf krank.

Als er sich wieder erholt hatte, hatten sie eines Tages kein Licht, und die Frau hieß ihn gehen und eines kaufen. »Nein«, sagte er, »das ist durchaus nicht nötig«, und steckte seine Hand ins Feuer. Darauf mußte er wieder lange Zeit im Bett bleiben.

Als er wieder gesund war, wollte die Frau eines Tages Fische haben und hieß ihn gehen und welche kaufen. Aber er wollte seine Kunst wieder zeigen und hieß sie nur mit dem Backtrog und dem Schöpflöffel mitgehen. Sie setzten sich beide in den Trog und fuhren aufs Meer. Als sie ein Stück weit hinausgekommen waren, sagte der Mann: »Sind meine

Augen grün?« – »Nein«, sagte die Frau, »wieso sollten sie denn grün sein?« Als sie noch ein Stück weitergefahren waren, fragte der Mann wieder: »Sind meine Augen noch nicht grün?« – »Nein, was redest du denn für Zeug daher!« sagte die Frau, »wie sollten denn deine Augen grün sein?« Da sagte der Mann: »Ach, liebe Frau, kannst du nicht wenigstens sagen, daß meine Augen grün sind?« »Also«, sagte die Frau, »sie sind grün.«

Kaum hatte er das gehört, so sprang er mit dem Schöpflöffel ins Wasser, um die Fische herauszuschöpfen. Aber er blieb selbst bei ihnen drunten.

44. Terkild

Es war einmal ein armes Ehepaar, das hatte drei Söhne: Paul, Peter und Terkild. Paul und Peter waren tüchtige junge Männer, Terkild dagegen war ungemein faul. Immer saß er in der Ofenecke und tat nichts, während seine alten Eltern sich abrackern mußten, um für sich und ihn das Nötige zu schaffen. Seine Mutter redete ihm oft zu, daß er sich eine Arbeit suchen solle, aber sie redete lange vor tauben Ohren. Schließlich konnte er es nicht länger ertragen, Tag und Nacht dasselbe zu hören. Da sagte er zu seiner Mutter, sie solle ihm ein paar Butterbrote streichen, daß er eine Wegzehrung habe, und dann wolle er in die Welt hinausgehen und sich eine Arbeit suchen. Dazu war die Mutter gleich bereit.

Eines schönes Tages wanderte dann Terkild mit einem Beutel auf dem Rücken davon. Er kam in einen Wald, und da ein scharfer Wind wehte, legte er sich am Waldrand nieder und blieb dort liegen, bis er alle Butterbrote aufgegessen hatte. Da hatte er keine Lust mehr, brotlos in der Welt herumzulaufen, und ging darum wieder zu seinen Eltern nach Hause zurück. Seine Mutter weinte, als sie ihn sah, aber eine Zeitlang durfte er wieder müßig dasitzen, bis sie ihn eines Tages in heftigem Zorn verstehen ließ, daß jetzt sowohl ihre als auch die Geduld seines Vaters zu Ende sei und daß er jetzt Ernst aus der Sache machen und sich ein Stück Arbeit finden müsse.

Terkild bat um ein neues Butterbrotpaket. Das bekam er. Dann nahm er von Vater und Mutter Abschied und ging, um, wie er selber sagte, nicht eher wieder nach Hause zu kommen, bis er ein reicher und vornehmer Mann geworden sei.

Er kam zu dem gleichen Walde, in dem er das erste Mal verweilt hatte, legte sich abermals am Raine nieder und verzehrte alle Buttterbrote. Als der Beutel leer war, ging er in den Wald hinein; dort verirrte er sich aber bald und wußte weder aus noch ein. Während er so in mancherlei traurigen Gedanken umherging, sah er im Grase etwas Weißes liegen. Es war ein Tischtuch. Er breitete es vor sich aus und dachte bei sich: »Wenn ich jetzt nur so viel zu essen hätte, wie auf diesem Tuch sein kann!«

Kaum hatte er das gedacht, als auch schon das Essen dastand, die herrlichsten Gerichte, die man sich denken kann. Vom guten Essen gestärkt, wanderte er auf gut Glück weiter, konnte aber nicht den Ausgang des Waldes finden.

Gegen Abend traf er einen Krämer, der sich ebenfalls verirrt hatte. Sie begrüßten sich und wurden einig, miteinander zu gehen. Terkild erzählte des großen und breiten von seinen Widerwärtigkeiten, vergaß aber nicht hinzuzufügen, welch kostbaren Fund er in dem Tuche, das von selber eine Mahlzeit herbeischaffen könne, gemacht habe. Wegen des Letztgesagten schien der Krämer doch recht mißtrauisch zu sein, aber er bekam den Beweis schwarz auf weiß durch einen Versuch, den Terkild machte, in die Hand, und da juckte ihn die Nase, Terkild um das Tuch zu prellen. Der Krämer sagte darum zu Terkild: »Du könntest ganz gut meine Krämertasche etwas tragen, denn du bist den ganzen

Tag mit freien Händen gegangen, dann kann ich dein Tuch tragen.«

Terkild tat, wie ihn der Krämer gebeten hatte. Und dann ging es auf gut Glück weiter, der Krämer voran und Terkild hinterher; aber der Krämer sorgte dafür, daß sie so weit wie möglich in das Dickicht des Waldes kamen.

Als sie eine Weile gegangen waren, wurde Terkild hungrig und verlangte zu essen. Das schlug ihm der Krämer ab, es sei denn, daß er ihm das eine Auge ausstechen dürfe. Davon wollte Terkild natürlich nichts wissen, als sein Hunger aber immer größer wurde, mußte er zuletzt auf das Verlangen des Krämers eingehen und sich das eine Auge ausstechen lassen, um etwas zu essen zu bekommen. Und weiter ist zu erzählen, daß Terkild, ehe er wieder etwas zu essen bekam, auch das andere Auge lassen mußte.

Bald darauf stoßen sie am Ausgang des Waldes auf einen Kreuzweg. Da sagt der Krämer zu Terkild: »Jetzt haben wir den Ausgang des Waldes erreicht. Dicht in der Nähe liegt eine Stadt, wo wir sicher eine Nachtherberge bekommen können. Das beste ist aber, daß du, der du blind bist, hier an diesem Kreuzweg stehenbleibst, während ich in die Stadt gehe und das Logis für uns beide besorge. Ich komme in einer halben Stunde wieder und hole dich.« — Darauf ging Terkild ein, und der Krämer entfernte sich.

Das geschah aber gerade am Abend der Walpurgisnacht, und Terkild wußte, daß sich in dieser Nacht Löwe, Bär und Fuchs am Kreuzweg eines Waldes treffen, um einander die Neuigkeiten zu erzählen, die sie erfahren hatten. Deshalb wagte er es nicht, dort stehenzubleiben, wo er stand, sondern kletterte auf einen Baum. Kaum hatte er dort ein Plätzchen gefunden, als die drei Raubtiere auch schon unter seinem Baume Platz nahmen.

»Was Neues habt ihr erfahren?« fragte der Löwe.

»Ich«, nahm der Bär zuerst das Wort, »weiß, daß die Stadt, die hier am Walde liegt, unter großem Wassermangel leidet. Sie kann aber Wasser genug bekommen, wenn man nur den Wackerstein, der am Hügelabhang nördlich der Stadt liegt, ausgräbt.«

»Ich«, begann der Fuchs, »weiß, daß die Prinzessin des Landes verwünscht ist und als eine Marmorsäule in der Schloßkirche stehen muß. Aber sie wird wieder in eine Prinzessin verwandelt, sobald man die Säule mit der Salbe bestreicht, die in einem Schrein unter dem Boden des Kirchenchors versteckt ist.«

»Ich«, begann darauf der Löwe, »weiß, daß die Blätter des Baumes, unter dem wir sitzen, einem Blinden das Augenlicht wiedergeben, wenn er damit seine Augen einreibt. Aber«, fuhr er fort, während er grimmig dreinblickte, »derjenige, der es wagt, zu verraten, was hier gesagt worden ist, der soll in Stücke zerrissen werden, ehe das Jahr um ist!« – Dann trennten sich die Raubtiere.

Als Terkild, der alles mit angehört hatte, sicher war, daß sie fort waren, rieb er seine Augen mit den Blättern des Baumes, und es dauerte nicht lange, da konnte er wieder sehen. Dann ging er in die Stadt, die unter dem großen Wassermangel litt, kehrte im besten Wirtshaus ein und verlangte ein Glas Wasser. Das erhielt er, aber er mußte eine ganze Krone dafür bezahlen. Da sagt er zu dem Wirt: »Wie kommt es, daß das Wasser hier so teuer ist?«

»Das kommt daher, daß wir kein Wasser haben, sondern es für teures Geld kaufen müssen.«

»Ich könnte«, sagte Terkild, »der Stadt schon Wasser verschaffen, wenn ihr mich gut dafür bezahlen wollt.«

»Wir wollen dir geben, was es sein soll, wenn wir nur so viel Wasser bekommen, wie wir brauchen.«

Man schickte einen Boten an den Rat der Stadt, daß hier einer gekommen sei, der der Stadt Wasser verschaffen wolle, wenn man ihn nur gut dafür bezahlte. Da versprach der Rat Terkild eine ungeheure Masse Geld.

Er nahm acht Knechte der Stadt mit und ließ sie den

großen Wackerstein ausgraben, der am Hügelabhang nördlich der Stadt lag. Es war ein hartes Stück Arbeit, das mehrere Tage dauerte. Als es aber beendet war, da sprudelte das Wasser in reichen Mengen aus der Erde hervor, so daß die Stadt reichlich versorgt war. Terkild erhielt seinen Lohn und ein Abschiedsfest obendrein.

Er ging weiter und kam auf das Schloß des Königs. Hier gingen alle in schwarzen Trauerkleidern, sogar die Häuser waren mit schwarzen Tüchern bekleidet. Terkild fragte einen Diener, warum dem so sei, und erhielt die Antwort, daß die Tochter des Königs verzaubert sei und als eine Marmorsäule oben in der Kirche stehe. Viele hätten versucht, sie ins Leben zurückzurufen, aber das sei jedes Mal mißglückt.

Da sagte Terkild, daß er versprechen könne, dem König seine Tochter wieder lebendig zu machen, wenn er sie ihm zur Ehe und das halbe Königreich als Mitgift geben wolle. Das teilte man dem König mit, der zuerst sehr böse wurde und Terkild ins Gefängnis werfen wollte, dann aber wurde er milder gestimmt und ging zuletzt auf Terkilds Verlangen mit dem Vorbehalt ein, daß Terkild sein Leben verlieren müsse, wenn er die Prinzessin nicht wieder herbeischaffen könne.

Da ging Terkild in die Kirche und grub im Chor, bis er den Schrein mit der Salbe fand, und kaum hatte er die Säule mit der Salbe berührt, als diese zu einer Prinzessin so schön wurde, daß man ihre Schönheit nicht beschreiben kann. Der König, der allem beigewohnt hatte, erkannte sofort seine Tochter wieder und umarmte sie in großer Freude. Dann wurde in großer Pracht und Freude die Hochzeit gehalten; sie dauerte 14 Tage, und ich war mit dabei und habe weder früher noch später eine größere Pracht erlebt.

Jetzt war Terkild König über das halbe Reich und war von seinen Untertanen ob seiner Milde sehr geliebt. Mit seiner Frau lebte er gut zusammen. Er erzählte ihr von seinen alten Eltern, wie es ihnen ginge und wie sie wohnten. Da bekam sie Lust, sie zu besuchen, und sie vereinbarten den Tag, wann der Besuch stattfinden sollte.

Als der Tag kam, fuhren sie ab, und die Prinzessin sandte einen Boten an die alten Leute in dem armen Häuschen voraus, der ihnen sagen sollte, daß sie sie vor dem Abend noch besuchen und die Nacht über dort bleiben wolle. Die Alten waren, als der Bote kam, sehr bestürzt, besonders die Frau, sie wußten weder aus noch ein und verstanden sich überhaupt nicht darauf, wie man einer Prinzessin aufwarten solle.

Inzwischen war der Wagen in den Wald gekommen, in dem Terkild den Krämer getroffen hatte. Hier machten sie halt, und als sie wieder weiterfahren sollten, ging er, wie er mit seiner Frau verabredet hatte, einen kürzeren Weg durch den Wald. Er zog dazu die alten Kleider an, in denen er von Hause fortgegangen war.

An diesem Tage war gerade ein Jahr vergangen, daß er und der Krämer, der ihm die Augen ausgestochen und ihn um das Tischtuch geprellt hatte, miteinander gegangen waren. Daran mußte er denken, und er war froh über das Glück, das ihn jetzt umstrahlte, und er war froh über das, was damals geschehen war, und das, was nun war. Ohne daß er sich dessen bewußt wurde, war er unterdessen zu dem Kreuzweg gekommen, an dem er vor einem Jahr das Gespräch der Raubtiere belauscht hatte. Hier begegnete er dem Krämer. Sie grüßten einander, und Terkild sagte zu ihm: »Du bist mir ein netter Bursche, ein richtiger Schwindler und ein schlechter Mensch bist du in jeder Weise!«

»Ja, das weiß ich alles«, sagte der Krämer, »aber wie ist es zugegangen, daß du wieder sehen kannst, du warst ja blind, als wir uns trennten!«

»Das kannst du zu wissen bekommen, wenn du dich da oben in den Baum setzt«, sagte Terkild und erzählte dem Krämer umständlich, was er den Bären und den Fuchs hatte erzählen hören und wie genau das alles in Erfüllung gegangen war, was aber der Löwe gesagt hatte, das verschwieg er.

Da war die Neugier des Krämers geweckt, und als er sich von Terkild verabschiedet hatte, kletterte er auf den Baum. Es dauerte auch nicht lange, da kamen die Tiere. Der Löwe und der Bär waren sehr böse auf den Fuchs, weil er, wie sie meinten, aus der Schule geschwatzt und die Geheimnisse ausgeplaudert hatte, die sie beim letzten Zusammentreffen offenbart hatten. Darum sollte der Fuchs wegen seiner Schwatzhaftigkeit in Stücke gerissen werden, und der Löwe hatte schon dem Bären den Befehl gegeben, das Urteil zu vollstrecken, als der Fuchs im selben Augenblick den Krämer oben im Baume erblickt. Da sagt er: »Ich habe nichts verraten, aber da oben sitzt der Schuldige!«

Da sollte der Krämer in Stücke zerrissen werden. Der Bär holte ihn im Nu vom Baum herunter, und dann überfielen sie ihn alle drei und zerrissen ihn.

Unterdessen hatte der Wagen der Prinzessin sein Ziel erreicht. Die alten Leutchen wußten kaum, was sie tun sollten, sie waren ganz außer sich; aber die Prinzessin war so überaus freundlich und mild zu ihnen, daß es etwas half. Da wurde für sie gekocht und gebraten und in der großen Stube ein feines Bett gerichtet.

Abends klopfte es auf einmal an der Küchentür; Terkild war's. Die Mutter schloß auf, als sie aber sah, wer da draußen stand, schlug sie die Hände über dem Kopfe zusammen und sagte: »Ach du lieber Gott, bist du fauler Knecht wieder da!«

Terkild wollte gleich in die Stube gehen, wo die Prinzessin saß, aber dazu sagte seine Mutter: Nein, diese Schande wollte sie nicht erleben!

Er durfte sich an den Herd setzen und den Braten wenden, den die Prinzessin haben sollte. Das machte er aber sehr schlecht, denn er aß das Beste, wenn es keiner sah, und ließ nur die Knochen und das Verbrannte übrig. Als der Braten hineingetragen werden sollte und man sah, was Terkild angerichtet hatte, da gab es ein Geheul und ein Geschrei, und ganz besonders unzufrieden war die Mutter. Seine Brüder, die als Diener auftraten, waren so erbittert, daß sie ihn packten und in den Schweinestall warfen. Das sei ein Schlafzimmer, das gerade gut genug für ihn sei, meinten sie. Dann wurde der Braten, wie er nun einmal war, hineingetragen, und die Brüder brachten ihre Entschuldigungen, so gut es ging, vor. Sie hätten, sagten sie, einen blöden Bruder, der alles verdorben habe. Die Prinzessin, die genau Bescheid wußte, bat sie, sich nichts daraus zu machen.

Als es dann Schlafenszeit geworden war, leuchtete man ihr zu Bett, und da ist weiter nichts zu sagen, als daß sie alle in dieser Nacht gut schliefen, außer Terkild. Gegen Morgen aber kam einer seiner Diener, der in alles eingeweiht war, und öffnete ihm die Tür. Terkild zog seine königlichen Kleider an, und als seine Frau aufgestanden war, ging er zu ihr hinein, nahm sie bei der Hand und führte sie zu seinen Brüdern und Eltern. Er begrüßte sie freundlich und bat sie, nicht bange zu sein; er sei jetzt König über das halbe Reich und wolle sie mit auf sein Schloß nehmen und königlich für sie sorgen, so lange sie lebten.

Da herrschte eitel Freude in dem Häuschen. Noch vor Abend fuhr Terkild mit seiner ganzen frohen Familie auf das Schloß zurück, und dort wohnten sie noch viele Jahre, und damit ist die Geschichte von Terkild aus.

45. Die klugen Studenten

Es waren einmal drei junge Leute, die waren auf der hohen Schule, aber sie waren arm und da ging ihnen das Geld zu früh zu Ende und sie konnten auf gar keine Art aus eigenen Mitteln fertigstudieren. Sie baten schließlich ihre Lehrer, ob sie nicht auf den Pfarrhöfen und Herrenhöfen und Küstereien eine Zeitlang herumziehen dürften, um solche mitleidigen Seelen um Hilfe und Unterstützung anzugehen, damit sie fertigstudieren könnten. Es wurde ihnen auch erlaubt und sie zogen ihres Weges.

An einem der ersten Abende kamen sie an ein Wirtshaus und wollten Unterkunft haben. Der Wirt war freundlich und nahm sie gut auf, als er hörte, wie es mit ihnen stand, und sie blieben über Nacht da. Als sie nun am Abend noch plauderten, sagte der Wirt: »Wenn ihr schon so viel studiert habt, so habt ihr gewiß allerhand gelernt, was andere Leute nicht können?« – »Ja freilich«, sagten sie, es sei schon so.

»Da könntet ihr wohl heut abend meinen Söhnen das eine und das andere erzählen, das ist ihnen vielleicht von Nutzen.« Das wollten sie gerne, sagten sie. Der Wirt hatte drei Söhne und sie freuten sich sehr, daß sie den drei Studenten zuhören durften, und als der Morgen kam, wollten sie die drei kaum fortlassen. Sie sprachen mit ihrem Vater und baten ihn, die drei noch einen Tag länger zu behalten.

Als nun die Studenten zum Frühstück kamen, fingen sie davon an, sie wollten sich wieder auf den Weg machen und ihr Nachtlager bezahlen, aber viel hätten sie nicht im Beutel. Das verstand der Wirt recht gut, nach der Art zu urteilen, wie sie herumzogen. Er sagte nun, seine Söhne hätten solchen Gefallen an ihnen gefunden, daß sie sie gerne noch einen Tag behalten möchten. Das könnten sie nicht, sagten die Studenten, denn ihr Geld reiche nicht für so langen Aufenthalt in Wirtshäusern.

»Darum braucht ihr euch gar nicht zu sorgen«, sagte der Wirt, »wenn ich euch bleiben heiße, so könnt ihr euch doch denken, daß ich nichts von euch annehme.«

Also blieben die Studenten bis zum nächsten Tag und ließen sich's wohl sein, und die jungen Leute hatten großen Spaß mit ihnen. Als sie nun weiterziehen wollten, gab der Wirt jedem von ihnen fünf Dukaten; das war ihnen schon ein schöner Brocken, und weiter sagte er, er könne sie auf einen Herrenhof weisen – ich weiß nicht, wie weit er entfernt war –, da wohne ein junger Herr, er sei nicht verheiratet, habe aber große Lust, sich mit solchen studierten Leuten zu unterhalten. »Ja, den wollen wir schon besuchen«, sagten die Studenten und wanderten auf den Hof zu.

Eine Weile nach Mittag kamen sie dort an und gingen in die Küche, wo die Haushälterin vor dem Herd stand. Sie fragten, ob der Herr daheim sei. Sie sagte ja, aber er schlafe eben; wenn sie ein wenig Platz nehmen wollten, so werde sie mit ihm reden.

Als sie ein wenig gewartet hatten, ging sie hinein und erzählte dem Herrn, so und so, es seien drei junge Leute in der Küche. Er kam dann zu ihnen heraus und fragte, was sie seien, und was sie wollten. Sie sagten ihm die reine Wahrheit, sie seien drei Studenten und zögen herum und bäten um eine kleine Unterstützung, damit sie fertigstudieren könnten. Als der Herr das hörte, ließ er sie eintreten und lud sie zu einem Imbiß ein, die Haushälterin sollte etwas herrichten, und er wolle inzwischen bei ihnen bleiben und sich mit ihnen unterhalten. Und er ging hinaus und hieß die Haushälterin ein Schwein an den Spieß stecken, denn er wollte ein stattliches Abendessen geben, da er solche Gäste hatte.

Die Haushälterin hatte nun gehörig Arbeit, um die Mahlzeit herzurichten, und als sie drinnen war, um den Tisch zu decken und das und jenes in der Stube in Ordnung zu bringen, sollte das Küchenmädchen auf den Braten achtgeben. Aber das ging hinaus und holte Brennholz; und sie hatten einen großen Bullenbeißerhund, der lief in die Küche und fraß das halbe Schwein auf, während das Mädchen draußen war. Als die Haushälterin wiederkam, wurde sie furchtbar böse, und das Mädchen war ganz verzweifelt über das Unglück. Sie wagten es gar nicht, es dem Herrn zu sagen. Nun hatte sich ein kleiner fremder Hund schon einige Tage im Hof herumgetrieben und sie wußten nicht, wo er hingehörte, aber er war schön fett. Da kam das Küchenmädchen auf den Gedanken, man könne ihm die Haut abziehen und ihn an den

Spieß stecken und ihn statt des Schweines auf den Tisch bringen. Der Vorschlag leuchtete der Haushälterin ein und in einem Augenblick hatten sie dem Hund den Garaus gemacht.

Inzwischen unterhielt sich der Herr mit den drei Studenten. Er sagte: »Wenn ihr schon so viel studiert habt, so versteht ihr euch doch gewiß auch auf besondere Künste, auf Erscheinungen und solche geheimnisvolle Sachen?« – »Ja freilich«, sagten sie, »ein wenig schon, wir haben noch nicht viel von derartigen Sachen gehört, aber ein wenig verstehen wir uns doch darauf.« – »Ich sehe genau, was für eine Sorte Essen ich bekomme, ob es echt ist oder verfälscht«, sagte der eine. – »Und ich sehe an allem, was ich trinke, ob der Trank echt ist oder nicht«, sagte der zweite. Und schließlich sagte der dritte, er könne sehen, unter was für Leuten er sei, ob sie ehrlich geboren seien oder nicht.

Ja, das sei schon eine Wissenschaft, sagte der Herr.

Nun war das Essen fertig, und es war an der Zeit, sich zu Tisch zu setzen. Der Braten wurde aufgetragen, und er duftete ausgezeichnet und sah prächtig aus. Der Herr hieß sie, sich bedienen, aber der, der dem Essen ansah, ob es echt sei oder nicht, der wollte nicht den kleinsten Bissen essen. Die anderen sagten, es sei doch schade, daß er nicht essen wolle, aber er sagte nur, er wolle lieber ein Stück Butterbrot haben.

Als sie nun zu Tisch saßen, hieß der Herr seinen Diener in den Keller gehen und drei Flaschen Wein vom größten Faß holen, darin sei der beste Wein, den er besitze, sagte er. Der Diener kam auch mit den Flaschen und jedem wurde sein Glas vollgeschenkt. Aber der, der die Getränke kannte, der wollte den Wein nicht versuchen. Darüber wunderte sich der Herr sehr. Nun hatten sie doch seinen besten Wein vor sich, und er mußte denken, daß sein Essen und sein Wein nicht in Ordnung seien.

Schließlich mußten sie auf die Gesundheit des Herrn trinken – wahrscheinlich in Branntwein, ich weiß es aber nicht –

und sie sollten mit dem Wirt anstoßen. Aber der dritte Student, der merkte, unter was für Leuten er sei, wollte nicht mit anstoßen. Da war der Herr halb und halb gekränkt und dachte im stillen: »Wenn ihnen mein Essen und mein Getränk und ich selber nicht gut genug sind, so soll der Teufel solche Gäste sich zu Tische laden. Das ist doch zu wunderlich!«

Als die drei Studenten ins Bett wollten, wurde ihnen eine Kammer mit drei Betten zugewiesen. Aber der Herr war nun fürchterlich neugierig und wollte hören, was sie miteinander redeten, wenn sie unter sich wären; denn er dachte sich, sie würden wohl über das sprechen, was am Abend vorgefallen war, und er könne herausbringen, was an seinem Braten und an seinem Wein und an ihm selber nicht in Ordnung sei. Also schlich er bald nach ihnen auf den bloßen Strümpfen hin zur Kammertür.

Kaum war die Türe zu, so sagten die zwei anderen zum ersten: »Warum hast du denn nicht von dem schönen Braten gegessen, er schmeckte so gut!« Er habe keine Lust, Hundebraten zu essen, gab er zur Antwort. Das hörte der Herr.

Dann sagten die beiden andern zum zweiten: »Es war so schade, daß du nicht von dem guten Wein hast trinken wollen, es war ein starker Wein.« Nein, er habe keine Lust nach Wein, in dem Kinder ertrunken sind, gab er zur Antwort. Das hörte der Herr auch.

»Es war aber wirklich gar nicht recht von dir, daß du nicht aufs Wohl des Herrn trinken wolltest«, sagten die beiden anderen zum dritten. »Er war doch so freundlich gegen uns.« — »Ja, in einer Art hätte man schon denken können, es sei ein Unrecht«, sagte er, »aber es paßt sich nicht für unseren zukünftigen Stand, mit einem Bastard anzustoßen.«

Als der Herr das auch noch gehört hatte, hatte er genug. Er dachte, den beiden ersten Dingen könne er wohl auf die Spur kommen, aber der dritte Punkt, der war nicht so einfach.

Das erste, was er tat, das war, daß er hinunter in die

Küche ging und so lange im Guten und im Bösen auf die Mädchen einredete, bis sie endlich zugaben, einen Hundebraten auf den Tisch gebracht zu haben. Er hatte ihnen versprechen müssen, daß sie ohne Strafe ausgingen, wenn sie nur die Wahrheit sagten.

Dann ging er und hieß den Diener ein Licht anzünden und mit ihm in den Keller gehen, und da ging er auf das große Faß zu, zog den Spund heraus und fuhr mit einem Sucher bis auf den Grund. Ganz richtig, er fischte mit dem Sucher ein Kind herauf, ein nacktes Kind, das in dem Faß ertränkt war. Nun war er also sicher, daß die beiden ersten Teile stimmten, und nun war es ihm noch darum zu tun, auch in den dritten Spruch Licht zu bringen.

Seine Mutter lebte noch und wohnte auf einem anderen kleinen Hof einige Meilen entfernt. Aber er wollte die Sache bis zum folgenden Tag aufschieben, und in der Nacht überlegte er, wie er es schlau anfangen könnte, um das dritte Ding auch noch zu erfahren.

Am Morgen kamen die Studenten zum Frühstück und ließen es sich wohl sein. Da sagte der Herr zu ihnen, ob sie nicht Zeit hätten, noch einen Tag zu bleiben. Sie dankten sehr, sie hätten es ja wunderschön hier und wollten gern bleiben. Er wolle heut über Tag verreisen, sagte der Herr, aber am Abend komme er wieder zurück und da wolle er sie gerne noch treffen, sie sollten sich indessen die Zeit vertreiben so gut sie könnten.

Nun hatte der Herr eine Schwester, die war mit einem Pfarrer verheiratet, sie wohnten einige Meilen entfernt, und die wollte er erst besuchen. Er fuhr mit Kutsche und Diener nach dem Pfarrhof, und der Pfarrer und seine Frau kamen heraus und nahmen ihn mit aller Höflichkeit und Freundlichkeit auf. Er sagte, eigentlich wolle er gerne mit seiner Schwester unter vier Augen sprechen. Ja, das könne er ja leichtlich, sagten sie. Er trat ein und wurde mit Backwerk bewirtet, wie es sich gehört, und dann ging er mit seiner

Schwester in eine Kammer. »Willst du mir den Dienst erweisen«, sagte der Herr, »und mir deine Pferde und Wagen und Burschen und Diener leihen, an Stelle des meinigen? Aber das ist noch nicht alles, ich möchte auch gerne deine Kleider entleihen, hilf mir, sie anzulegen.«

»Was!« sagte sie, »was soll denn das bedeuten?«

Das wolle er ihr später schon zu wissen tun, sagte er. Da gab sie ihm auch die Kleider, und er zog sie an. Es traf sich sehr gut, daß er ein kleiner Mann war, da paßten ihm die Kleider recht gut. Zudem waren sich die beiden Geschwister gar nicht so unähnlich.

»Aber wo willst du denn hin?« fragte die Schwester.

Ja, er wolle zur Mutter, sagte er. Seine Leute und sein Wagen sollten hierbleiben, bis er zurück sei, und dann wolle er ihr auch richtig Bescheid sagen über die ganze Sache.

Also fuhren sie im Gefährt des Pfarrers davon, und als er in den Hof seiner Mutter einbog, da saß die Alte am Fenster. Sie sah gleich, daß es der Wagen der Tochter war, und lief hinaus, um sie in Empfang zu nehmen. Sie begrüßten sich, und die Alte faßte die Tochter unter den Arm, und sie taten einander sehr schön. Sie saßen und plauderten, während das Hausmädchen Wasser zum Tee heiß machte. Da sagte die Alte: »Nun, wie geht es dir?«

»Ach danke, so so«, sagte die Junge.

»Wie, ist dein Mann nicht gut gegen dich?«

»O doch, sehr«, sagte die Junge.

»Aber«, sagte die Mutter, »es ist etwas nicht in Ordnung mit dir, ich sehe doch, daß du nicht froh bist.«

Die Junge wollte nicht recht mit der Sprache heraus.

»Du mußt es mir sagen, ich sehe ja doch, daß etwas fehlt«, sagte die Mutter eindringlich.

»Ja, Mutter«, sagte die Tochter und druckste an der Antwort herum, »Ihr wißt doch, daß wir keine Kinder haben.«

»Ach was«, sagte die Alte, »du solltest es machen, wie ich es gemacht habe, Mads, der Viehpfleger, ist deines Bruders

Vater.« Da hatte denn der Herr die Perücke voll und war rasch mit dem Besuch fertig. Als er wieder in den Pfarrhof kam, tauschte er seine Kleider und seinen Wagen wieder ein und fuhr heim und wußte nun, was er hatte wissen wollen.

Nun standen die Studenten sehr hoch in seiner Achtung, denn sie hatten bewiesen, daß sie tüchtige Leute waren und daß an ihren Reden etwas dran war. Als sie nun am dritten Tage weiterziehen wollten, gab er jedem von ihnen zwanzig Dukaten als Reisepfennig und wies sie an Orte, wo sie gewißlich reichliche Unterstützung bekommen würden. Eine Zeitlang darauf wanderten sie wieder zurück an die hohe Schule, denn nun hatten sie so viel zusammengebracht, daß sie fertigstudieren konnten. Schließlich kamen sie von der Schule weg und in eine Pfarrei und wurden alle tüchtige und kluge Pfarrer.

46. Der Pfarrer und der König

Weit draußen im westlichen Jütland wohnte einmal ein Pfarrer, der sehr reich und wohlhabend war. Er baute sich eine große, schöne Scheune und ließ über das Tor folgende Worte setzen:

»Hier gibt es weder Kummer noch Sorge.«

Diese Inschrift konnte man von der Landstraße, die von Viborg nach Norden geht, lesen.

Eines Sommers machte der König eine Reise durch Jütland und kam auch an dieser Stelle vorbei. Als er die Inschrift las und hörte, wer dort wohnte, ließ er den Pfarrer zu sich rufen und sagte, daß er sich als Seelsorger mit derartigen Dingen nicht befassen, sondern nur an das Wohl seiner Gemeinde denken solle. Seine Majestät wolle ihm schon an etwas anderes zu denken geben. Er solle ihm bis heute in einem Jahr drei Fragen beantworten. Zu dieser Zeit werde der König wiederkommen.

Die erste Frage hieß, wie lange er brauche, um einmal um die Welt zu reisen.

Die zweite, wieviel er wert sei, wenn er verkauft würde.

Und die dritte, an was er denke, während er mit ihm spreche.

Dreiviertel Jahre dachte der Pfarrer Tag und Nacht nach, um eine Antwort auf diese Fragen zu finden, ohne daß er dazu imstande war. Doch grübelte er nutzlos weiter, bis nur noch 14 Tage fehlten, ehe die Zeit abgelaufen war. Er war nahe daran, aus der Haut zu fahren, und der Viehknecht sagte eines Tages zu ihm, er finde, der Pfarrer sei so melancholisch geworden und habe lange nicht mehr das heitere Gemüt wie früher, ob er ihm nicht helfen könne? Der Pfarrer aber sagte, es könne nichts nützen, daß er es ihm erzähle, denn er könne ihm doch nicht helfen. Der Viehknecht aber meinte, er könne ihm dennoch aus der Verlegenheit helfen, wenn er ihm für jede Frage 100 Reichstaler gebe, worauf der Pfarrer einging.

Der festgesetzte Tag brach an, der König erschien, und der Viehknecht, dem man das Ornat des Pfarrers angelegt hatte, empfing Seine Majestät im Hofe.

Der König fragte ihn, ob er über die drei Fragen nachgedacht habe, worauf er antwortete: »Ja, ein wenig.«

Ob er ihm dann sagen könne, wie lange er brauche, um um die Welt zu reisen. Er antwortete, wenn er der Sonne folgen könne, so brauche er nur 24 Stunden, sonst wisse er es nicht, und das wisse ein anderer auch nicht. Der König konnte ihm nicht anders als recht geben.

Dann fragte ihn der König, wieviel er wert sei, wenn man ihn verkaufe. Er antwortete, daß Jesus, der selber Herr und König sei, für dreißig Silberlinge verkauft wurde, und darum meine er, daß der König nicht mehr als neunundzwanzig Silberlinge kosten könne, da er ja doch etwas weniger wert sein müsse. Der König konnte nicht anders, als ihm auch hierin recht geben.

Zuletzt fragte ihn der König, an was er denke. »Du denkst, daß du mit dem Pfarrer sprichst, aber es ist bei meiner Seele nur sein Viehknecht.«

Der König war mit den Antworten auf seine Fragen vergnügt und zufrieden und fuhr wieder nach Hause.

47. Ludwig XVIII. und die Räuber

Friedrich und Ludwig waren gute Freunde; Friedrich war Korporal, Ludwig nur einfacher Soldat, und sie hatten als solche unserem eigenen König viele Jahre gedient. Dann aber bekamen sie Lust, in ein anderes Land, nach Frankreich, zu gehen. Aber erst tranken sie »Brüderschaft« und versprachen einander, sich auf »Leben und Tod« beizustehen.

Sie bekamen auch in der Hauptstadt einen Dienst, wie sie ihn sich gewünscht hatten, Friedrich weiterhin als Korporal und Ludwig als einfacher Soldat. Es dauerte aber nicht lange, da wurde Friedrich Leutnant und später Oberst; Ludwig aber war und blieb gemeiner Soldat.

»Das gefällt mir nicht«, dachte Ludwig, »daß ich nur immer ein ›gemeiner Soldat‹ bleibe, während Friedrich, der kein besserer Soldat ist als ich, so weit kommt. Wenn ich nur jedenfalls einmal Wache vor meinem ›Bruder‹ stehen könnte, dann könnte ich ihn vielleicht begrüßen und wie in alten Tagen ein Wörtchen mit ihm reden.«

Es bietet sich ihm auch wirklich die Gelegenheit, mit einem Kameraden zu tauschen, der vor dem Oberst Wache halten sollte. Morgens erwacht der Oberst und öffnet das Fenster, und da geht Ludwig mit seinem Gewehr auf der Schulter auf und ab.

»Guten Morgen, Bruder!« ruft Ludwig, »wie geht es dir?«

»Ich werde dich ›Bruder‹ sagen lehren«, antwortet der Oberst, ruft einen wachthabenden Offizier, läßt Ludwig ins Gefängnis werfen und ihm 15 Schlag Stockprügel geben.

Ludwig dachte: »Das ist mir eine nette Brüderschaft, ob er mich nicht erkannt hat?« und als sein Rücken geheilt war, versucht er es zum zweiten Mal, vor Friedrich, der inzwischen General geworden war, Schildwache zu stehen und mit ihm ins Wort zu kommen.

Er geht auf seinem Posten auf und ab, und wie der General erwacht und das Fenster öffnet, sagt Ludwig noch einmal:

»Guten Morgen, Bruder, kennst du mich nicht?«

»Sagst du immer noch ›Bruder‹? Ich werde dich lehren!« und, um kurz zu sein, Ludwig mußte viermal Spießruten laufen und wurde seines lieben »Bruders« wegen aus der Stadt verjagt. Sein Offizier aber war nett zu ihm und ließ ihn Säbel und Tornister behalten.

Da zieht er nun seine Straße und kommt in einen großen Wald, während es Abend wird; müde und hungrig ist er und weiß nicht, wohin er sich wenden soll, um ein Dach über dem Kopf zu finden. Da trifft er einen Mann. – »Wer bist du?« fragt er.

»Ich bin königlicher Jäger«, antwortet der Fremde, »aber ich habe mich im Walde verirrt und weiß nicht, in welcher Richtung ich gehen soll.«

»Dann sind wir beide gleich schlimm daran«, sagt Ludwig, »wir könnten ja zusammen gehen, vielleicht finden wir einen Ausweg.«

Während sie durch den Wald gehen, um einen Ausweg zu finden, schimmert zwischen den Bäumen ein Licht. Da dachten sie, sie hätten das schlimmste überstanden, und strebten auf das Licht zu. Es war aber der Zufluchtsort von zwölf Räubern, die ein Mädchen gestohlen hatten, das ihnen den Haushalt führte, Aber das wußten die beiden nicht. Sie klopfen an, und das Mädchen öffnet die Tür. – »Guten Abend«, sagen sie.

»Guten Abend«, erwidert sie, »wer seid ihr, und was wollt ihr?«

Sie berichten ihr, in welcher Lage sie sich befinden, und bitten um Obdach für die Nacht.

»Darum solltet ihr lieber nicht bitten«, sagt sie, »denn wenn ich den Mut hätte, lief ich weg. Ich bin entführt worden und muß hier für zwölf Räuber den Haushalt führen, und sie nehmen allen, die hierherkommen, das Leben.«

»Na, so schlimm wird es wohl nicht sein«, sagt Ludwig, »hast du etwas zu essen, denn das brauchen wir jetzt am allermeisten«, und setzte sich an den Tisch. Der Jäger setzte sich nicht weit von der Tür, um dem Ausgang so nahe wie möglich zu sein.

Sie bekamen etwas zu essen und Wein, und als Ludwig hörte, daß reichlich Wein da sei, ließ er das Mädchen einen großen Topf Wein auf das Feuer stellen und bat sie, mit dem Topf Wein, so glühend heiß wie nur möglich, hereinzukommen, wenn er es verlangte.

Nach einer Stunde kamen die ersten sechs Räuber nach Hause; die anderen – hatte ihnen das Mädchen gesagt – sollten erst später kommen. Sie stürmten in das Zimmer und fragten, wer die beiden seien.

»Brave Leute«, antwortete Ludwig, »die sich im Walde verirrt haben und etwas Essen und ein Nachtquartier brauchen.«

Die Räuber blickten sich gegenseitig an.

»Setzt euch nur an den Tisch, ihr Burschen«, fuhr Ludwig fort, »ich habe etwas Wein bestellt; ich habe gern Leute um mich und trinke nicht gern allein.«

Die Räuber setzten sich an den Tisch, und das Mädchen kam mit dem Wein.

»Trinkt nur, solange er warm ist!« Aber die Räuber fanden ihn zu warm.

»Dann fange ich an«, sagt Ludwig und führt den Topf an den Mund, schlägt aber im selben Nu den glühendheißen Wein den Räubern in die Augen, so daß sie weder hören noch sehen können, zieht seinen Säbel und mäht sie alle nieder. – »Hätten wir nur die anderen genau so weit!« sagte der Jäger.

Sie säuberten nun das Zimmer, warfen die Leichen in eine Ecke und setzten neuen Wein über das Feuer.

Nach geraumer Zeit kommt der alte Räuber, steckt den Kopf zur Tür herein und sagt: »Guten Abend.«

»Immer nur zur Tür herein«, sagt Ludwig.

Der Alte aber fragt, ob seine Söhne noch nicht nach Hause gekommen seien.

»Nein«, sagt das Mädchen, »die sind noch nicht gekommen.«

»Merkwürdig«, sagt der Alte, »wer ist der fremde Mann an der Tür?«

»Das ist mein Bruder«, erwidert Ludwig, »wenn er auch feiner aussieht als ich.«

Die fünf Söhne traten nun auch herein und setzten sich an den Tisch, der Alte hatte aber keine Ruhe und konnte nicht begreifen, wo die sechs anderen blieben, und er gab den fünf anderen einen Wink, daß er einen Augenblick hinausgehe.

»Ihr seht mir ziemlich verfroren aus«, sagt Ludwig, »ich habe aber Glühwein bestellt, da könnt ihr einen Tropfen mitbekommen.«

Dann rief er das Mädchen und bat sie, aufzutragen. Das geschieht, und der Wein brodelt noch im Topf. Das, meinten die Räuber, sei ihnen denn doch zu viel des Guten, Ludwig aber lachte sie aus und wollte ihnen zeigen, daß er gerade recht sei, nahm den Topf und tat, als ob er trinken wollte, schleuderte ihnen aber im selben Augenblick den Wein ins Gesicht und beförderte sie den gleichen Weg wie die anderen. Der Alte hörte draußen den Spektakel und kam hereingelaufen, aber der Jäger an der Tür gab ihm den Rest.

»Du hast ein gutes Werk getan«, sagt dieser zu Ludwig, »und wenn du willst, wie ich will, dann wollen wir Freunde sein.«

»Ich habe gerade einen Freund gehabt, aber er ist schuld daran, daß ich hier mit blutigem Rücken sitze, so kannst du verstehen, daß es mich im Augenblick nicht nach einem neuen Freund gelüstet. Wenn du mir aber den Rücken mit Wein waschen willst, dann bin ich dir dankbar.«

Das tat der Jäger gern, und während er ihn wusch, erzählte Ludwig ihm, was seiner Reise zugrunde lag. Dann gingen sie zur Ruhe und schliefen ungestört bis zum Morgen.

Während das Mädchen das Frühstück bereitete, wusch der Jäger noch einmal Ludwigs Rücken mit Wein. Dann zeigte das Mädchen ihnen den Keller, der voller Gold und Silber war. Ludwig füllte sich den Tornister, der Jäger aber wollte nichts davon haben, sondern bat das Mädchen, noch einige Tage im Hause zu bleiben, bis er dem König alles gemeldet habe.

Dann wusch er Ludwig noch einmal den schmerzenden Rücken mit Wein und versprach ihm, sein Freund und Bruder zu sein, und dann ging die Reise nach Paris. Der Jäger hatte nämlich Ludwig versprochen, seine Sache beim König so gut vorzutragen, daß alles wieder gut werden würde.

Als sie in die Nähe der Stadt kamen, so daß sie die Schilderhäuschen der Wache sehen konnten, sagte der Jäger: »Das beste ist, wir trennen uns jetzt, denn mit deinem schweren Tornister kannst du ja nicht so schnell gehen.«

»Wo finde ich dich denn wieder?«

Da bezeichnete er ihm ein Wirtshaus, das Ludwig gut kannte, und ging rasch zu. Als er die Schildwache erreichte, erkannte ihn diese sofort, denn er war der König in eigener Person. Sofort wollte man rufen: »Wache, ans Gewehr!«, aber das ließ der König nicht zu und sagte: »Wartet damit, bis der Mann da drüben mit dem Tornister auf dem Rücken kommt«, und dann erzählte er kurz dem Leutnant, was sich ereignet hatte.

Ludwig kommt mit seinem Tornister auf dem Rücken dahergeschlendert, und da wird die Wache herausgerufen.

»Jetzt greifen sie dich!« denkt er, aber statt dessen präsentieren sie das Gewehr vor ihm, und der Leutnant tritt auf ihn zu und sagt:

»Jetzt hast du aber einen Bruder bekommen, der etwas anders ist als der alte.«

Ludwig hoffte das beste und bat den Leutnant, die Hand in den Tornister zu stecken und sich eine Portion herauszuholen. Im Wirtshaus wird er freundlich empfangen, und er bittet den Wirt, den Tornister an die Wand zu hängen. Das hielt schwer, aber er bekam dafür auch gleich eine »Handvoll« aus dem Tornister.

Um ein Uhr kam der Jäger mit seiner Frau und seiner Tochter. »Sieh einer an, du kommst ja!« ruft Ludwig.

»Ja, denn ich halte immer, was ich versprochen habe!« entgegnete der Jäger. Als sie sich zu Tisch setzten, kamen Spielleute und spielten ihnen auf. Das war etwas, was unserem Ludwig gefiel.

Der Jäger bat nun Ludwig, er möge doch einmal auf das Schloß kommen und sehen, wie schön er mit seiner Familie wohne, dann könne er auch gleich den König zu sehen und von ihm die Erlaubnis bekommen, in der Stadt zu bleiben; aber das könne erst morgen sein.

Ludwig schlief gut in der Nacht, denn der Tornister hatte ihn müde gemacht, als er ihn aber am nächsten Morgen anziehen und den Wirt bezahlen wollte, war er weg. – »Hier sind wohl Diebe in der Nacht gewesen, jetzt habe ich nichts, womit ich dich bezahlen kann.«

Aber der Wirt machte sich nichts aus der Bezahlung.

Als er auf das Schloß kommt, steht der Jäger in der Tür. Ludwig geht auf ihn zu und beklagt sich, daß sein Tornister gestohlen worden ist.

»Das ist ja schlimm«, erwiderte der Jäger, »aber jetzt gehe ich zum König hinauf und frage ihn, ob du nicht Jäger an meiner Statt werden darfst, denn du hast mir doch das Leben gerettet.«

»Ach, so hoch geht es sicher nicht her«, meinte Ludwig, aber der Jäger ging dennoch. Etwas später wurde er zum König befohlen, der dort in seiner ganzen Herrlichkeit und von seinem ganzen Hof umgeben saß. Ludwig wurde vor den Thron geführt, neigte und verbeugte sich und machte seine Reverenzen so gut er sich darauf verstand, sah sich aber vergebens nach dem Jäger um.

»Bruder, jetzt will ich dir sagen, daß du die Stelle als Jäger nicht haben kannst, aber meine Tochter, die Prinzessin, darfst du haben und das Reich nach meinem Tode.« – Und damit warf er den Königsmantel ab und stand vor dem erstaunten Ludwig als Jäger da, sein Bruder aus dem Walde.

Jetzt wurden ein Fest und ein Gastmahl und große Veranstaltungen vorbereitet. Ludwig bekam ein Bad und eine Prinzentracht, und alle Offiziere wurden zur Hochzeit eingeladen. – »Sogar dein alter ›Bruder‹ soll eingeladen werden«, sagte der König, »und du darfst selbst seine Strafe bestimmen.«

Bei Tisch, wo der General, sein alter »Bruder« zugegen war, ohne daß er Ludwig wiedererkennen konnte, sagte dieser: »Ich hatte einmal einen ›Bruder‹, der hatte mir versprochen, mir alle Tage beizustehen, aber er ließ mir einmal, als er Oberst geworden war, 15 Stockprügel versetzen, weil ich ihn ›Bruder‹ nannte und nur ein einfacher Soldat war.«

Dem General wurde übel und er wollte gehen, aber Ludwig fuhr fort: »Und später ließ er mich aus dem gleichen Grunde viermal Spießruten laufen.«

»Laßt mich hinaus, oh!« sagt der General.

»Nein, du bleibst hier und hörst, was der Prinz zu sagen hat!« sagte der König, und da mußte er schon bleiben.

»Da er sich bei meiner Hochzeit eingefunden hat, verurteile ich ihn zu derselben Strafe, die er mir auferlegte, und dann soll er des Landes verwiesen werden.«

Später wurde Ludwig König, und als ich als Dragoner da war, lebte er noch. Man nannte ihn »Ludwig XVIII.«

48. Das gestohlene Schwein

Es wohnte einmal eine alte, ehrliche Frau in Selde; sie war arm und konnte sich nicht anders als durch Betteln die Mittel zum Leben verschaffen. Aber sie hatte einen Sohn, und das war ein begabter Kerl und flink im Lernen und im Stehlen. Wenn sie nun zu den Nachbarn kam, so hörte sie wenig gute Worte über den Buben. Die Leute sagten, ob er denn nicht so viel stehlen könne, daß sie nicht zu betteln brauche.

Wenn sie das hörte, wurde sie traurig, und schließlich wollte sie dem Gerede ein Ende machen. Da sagte sie zu ihrem Sohn: »Nun mußt du gehen und dir einen Dienst suchen, denn ich kann dich nicht länger daheim brauchen. Aber du mußt auf alle Fälle mit deinem Herrn ausmachen, daß er dich lesen lehrt, denn es ist immer gut, wenn man lesen kann.«

Da zog der Bursche südwärts und kam nach Aagesholm. Hier erkundigte er sich nach einem Dienst und fragte, ob man nicht einen Burschen brauchen könne. »Ja«, sagte der Mann, »kannst du die Schweine hüten?« Nein, damit wollte er nichts zu tun haben, er wolle nicht der niederste Knecht auf dem Hofe sein. »Ja, dann können wir dich nicht brauchen, mein Freund, dann kannst du gehen.«

Nun kam er ans Kloster Grinderslev und fragte auch da nach einem Dienst. Da hätte er Schafhirte werden sollen, aber auch dazu konnte er sich nicht bequemen.

Es war spät am Nachmittag, als er vom Kloster Grinderslev wegging, und es war schon dunkel, als er an den Eskjaer Wald kam. Nun bekam er Angst und traute sich nicht weiterzugehen, als der Weg nach Süden bog, und da stand er und weinte.

Da kamen zwei Leute aus dem Wald heraus und begegneten ihm. »Warum weinst du denn?« sagten sie. Er sagte, er habe Angst, denn er habe sich verirrt, und es sei schon so spät. Er sei ausgezogen, um sich einen Dienst zu suchen, und habe schon auf zwei Höfen angefragt, wo er wohl hätte bleiben können, als Schweinehirte und als Schafhirte, aber keiner von den Diensten habe ihm der Mühe wert geschienen, und deshalb sei er weitergegangen. Wenn er jetzt noch einmal dort wäre, so hätten ihn die Leute zu jedem Dienst bekommen können, und noch obendrein wollte er nichts verlangen. — »Ach, so schlimm ist es nicht«, sagten die Männer, »du kannst ja bei uns in Dienst treten.« — »Aber was soll ich bei euch tun?« — »Du sollst stehlen lernen, denn wir sind, offen gesagt, Räuber von Profession.«

»Das ist ja wunderschön«, sagte er, »das ist eine Arbeit, zu der ich mein Lebtag Lust gehabt habe. Aber meine Mutter hat gesagt, ich solle auch lesen lernen, das solle ich mir bei meinem Dienstherrn ausbedingen.« — »Das braucht uns nicht im Weg zu stehen«, sagten die Räuber, »wir wollen schon dafür sorgen, daß du lesen lernst.«

Also ging er mit den Räubern heim. Sie wohnten im Wald in einer Höhle unter der Erde und hatten eine alte Mutter, die ihnen haushielt. Sie war noch aus dem uralten Geschlecht der Menschen, die nur ein Auge mitten auf der Stirn und eine Brust unter dem Kinn hatten.

Den Sommer über blieb der Bursche bei ihnen und lernte eifrig sein Handwerk, aber im Winter, wenn Arbeit und Verdienst knapp waren, gaben sie ihn bei einem alten Bauern in Kost, der ihm das Lesen beibringen sollte. Da war er mehrere Winter lang, aber im Sommer war er draußen in der Räuberhöhle.

Als er erwachsen war, starb der alte Bauer, und er hatte eine junge Frau gehabt. Die gefiel dem Burschen gut, und er gefiel ihr auch, und da machte er ihr einen Antrag und bekam ihr Jawort. Sie hielten Hochzeit, und seine Lehrmeister waren auch beim Fest, vielleicht als Zeugen.

Als er nun auf diese Art ein begüterter Bauer geworden war, nahm er sich mit Eifer der Bauernarbeit an und paßte gehörig auf, daß alles richtig besorgt wurde, und ging niemals aus und pflegte mit niemand Verkehr. Das kam seiner Frau wunderlich vor, und sie äußerte sich auch darüber. »Du bist ja ein schreckliches Haustier«, sagte sie, »das mir immer daheim sitzen bleibt. Du solltest auch einmal hingehen und mit deinen Nachbarn reden.« »Ach, dabei kommt nichts heraus, besser ist es, wenn man zu Hause bleibt und auf sein Eigentum achtgibt«, sagte er darauf, und es wurde nicht weiter darüber gesprochen.

Aber auf einmal kam Befehl, daß sich alle Leute mit dem Zehnten in Skive einfinden sollten. Damit war er gar nicht zufrieden und sagte zu seiner Frau, er habe gar keine Lust, von Hause fortzugehen. »Ach, das macht doch nichts«, sagte sie, »du kannst den Knecht mitnehmen, die Magd und ich werden schon unterdessen zu Hause nach dem Rechten sehen.« – »Ja, das ist schon recht«, gab er zurück, »aber es werden Fremde zu dir kommen, wenn ich fort bin.« – »Ach, wie sollte denn das zugehen«, sagte sie, »du kommst zu keinem Menschen, und so kommt wohl auch niemand zu uns. Und wenn auch, so macht es doch nichts.« – »Doch, das kann gerade fatal genug sein, du mußt sie wohl aufnehmen und genau aufpassen, was sie sagen.«

An demselben Tag, an dem der Mann fortgegangen war, kamen auch zwei fremde Männer und besuchten sie. Sie kannte sie nicht weiter, aber sie sah doch, daß sie bei ihrer Hochzeit gewesen waren. Aber deshalb wußte sie doch nicht, wo sie herkamen. Sie bewirtete sie aufs beste, und sie erzählten das eine und das andere, aber nichts von dem, was sie sagten, schien ihr besonderer Aufmerksamkeit wert.

Als sie im Fortgehen waren, hatte sie kurz vorher die Schweine gefüttert, und sie standen da und fraßen aus einem Trog, der vor der Tür stand, denn damals hatte man die Schweine nicht wie jetzt im Koben, sondern sie liefen frei herum und suchten sich viel von ihrem Futter selbst. Wie sie nun die Fremden zur Tür begleitete und sie an den

Schweinen vorbeigingen, befühlten sie eines und sagten: »Das hier ist ein schönes Schwein, hier ist was zu holen.« Das Wort kam ihr wunderlich vor, denn sie hatten ja nichts von ihrem Schwein zu holen, und wenn es da etwas zu holen gab, so konnte sie es ja selbst tun. Aber so sehr nahm sie sich die Rede nicht zu Herzen.

Am Abend, als der Mann nach Hause kam, fragte er gleich, ob keine Fremden dagewesen wären. Ja, zwei Männer, die auch bei ihrer Hochzeit gewesen wären, hätten sie aufgesucht. »Was haben sie denn gesagt?« fragte er ganz neugierig. »Ach, sie haben nichts von Bedeutung gesagt. Doch, eben fällt mir ein, daß ich die Sau gefüttert hatte und sie vor der Tür stand und fraß. Da gingen gerade die Fremden vorbei und blieben stehen und befühlten die Sau und sagten: »Das ist eine schöne Sau, hier gibt es etwas zu holen.«

»O weh«, sagte der Mann, »da müssen wir die Sau sofort schlachten.« – »Ja, das können wir aber nicht vor morgen tun«, sagte die Frau. – »Nein, das muß sofort sein, du mußt den Kessel voll Wasser füllen und aufs Feuer stellen, und wir müssen alles noch heut abend besorgen.« Also richteten sie die Schlachterei ein, brachten die Sau um, sengten ihr die Borsten und wuschen sie und wollten sie aufhängen.

Da meinte die Frau, für heute solle man es genug sein lassen, man könne die Sau ja bis morgen hängenlassen. – »Nein, das geht unter keinen Umständen«, sagte der Mann, »wir müssen sie ausnehmen und verstecken, und zwar gut verstecken; aber wo sollen wir sie hintun?« – »Am besten legen wir sie in den Ofen, da ist sie nicht so leicht zu finden.« – »Das wäre nicht das dümmste«, sagte der Mann. Und sie nahmen die Sau gleich aus und versteckten sie im Ofen; dann gingen sie zur Ruhe.

Kurz darauf kamen die Diebe und merkten gleich, daß die Sau nicht da war. Da machten sie aus, der eine müsse in den Garten gehen und einen Armvoll Kraut mitnehmen, und der andere solle sich zuerst umsehen, wo die Sau sei, und sie mitnehmen. Dieser Räuber ging nun in den Stall und machte einige Kühe los. Die fingen draußen zu brüllen an und machten Lärm, und davon wachte der Mann auf und sagte zu seiner Frau: »Draußen beim Vieh ist etwas los. Ihr habt es wohl am Abend nicht richtig angebunden.« Aber die Frau wußte ganz genau, daß sie es selbst angebunden hatte: »Dann verstehe ich nicht, was da los sein mag.«

Der Mann ging aber doch hinaus, um zu sehen, wie das zuging. Als er zur Tür hinaustrat, stand der Dieb dahinter und schlüpfte hinein. Aber er konnte den Speck in der Eile nicht gleich finden. »Kalt war es da draußen«, sagte er pustend, und machte des Mannes Stimme nach, »es ist am besten, ich mache, daß ich ins Bett komme und wieder warm werde. Aber übrigens, wo haben wir denn die Sau am Abend versteckt?« – »In den Ofen haben wir sie gelegt; kannst du dich nicht mehr erinnern?« – »Ja freilich, da muß ich gleich hinausgehen und sehen, ob sie noch dort ist; ich bin voller Angst, sie könnte uns abhanden kommen.« Damit zog er ab, holte die Sau aus dem Backofen und rannte damit gegen den Wald. Freilich war sie nicht so leicht zu tragen, so daß er nicht sonderlich rasch vorwärts kam.

Bald darauf kam der Mann wieder ins Haus und zitterte auch vor Kälte und wollte eiligst ins Bett und sich wärmen. Da sagte die Frau: »Nun, war die Sau noch im Ofen?« – »Die Sau im Ofen? Das will ich doch hoffen; ich war draußen im Kuhstall und habe das Vieh wieder festgebunden; nach der Sau habe ich nicht gesehen.« – »Aber vor einem Augenblick, als du im Zimmer warst, hast du doch gesagt, du wolltest nach ihr sehen, und hast getan, als ob du nicht mehr wüßtest, wo wir sie versteckt hätten?« – »Ist einer dagewesen und hat nach der Sau gefragt?« – »Ja freilich, kannst du dich denn nicht mehr erinnern, daß ich dir sagte, sie läge draußen im Backofen?«

»Dann sind wir aber wahrhaftig zum Narren gehalten worden, das merke ich«, sagte der Mann und sprang wieder aus dem Bett, fuhr in höchster Eile in die Kleider und lief in den Garten, wo er einen Armvoll Kraut mitnahm; und dann rannte er querfeldein gegen den Wald zu, denn er wußte noch aus alten Zeiten, daß die Räuber, wenn sie Speck stahlen, auch gleich für Kraut sorgten.

Schließlich holte er den ein, der die Sau trug; der dachte nicht anders, als daß der mit dem Kraut sein Kamerad sei. »Hast du den Speck?« – »Ja, es ging großartig.« – »Dann wollen wir tauschen, denn du bist jetzt wohl müde, weil du die Sau so lange getragen hast, ich will damit voraus rennen.« So bekam er den Speck und wandte sich damit seitwärts. Einen Augenblick darauf machte er kehrt und lief ganz sachte heimwärts mit der Sau.

Inzwischen waren beide Diebe zu Hause angelangt, und jeder hatte einen Armvoll Kraut. »Was, hast du Kraut?« sagte der eine. »Ja, und ich sehe, du hast auch Kraut. Nun haben wir Kraut genug, aber viel zu wenig Speck.« Nun merkten sie, daß sie an der Nase herumgeführt worden waren. Der, welcher die Sau getragen hatte, rannte gleich wieder in der Richtung nach dem Hof zu davon, so rasch er konnte, und kam dem Mann noch zuvor, weil der mit seiner Last nicht schnell vom Fleck kommen konnte. Da setzte der Dieb sich auf den Misthaufen, wie wenn er seine Notdurft verrichtete, und wollte die Bäuerin vorstellen.

Wie nun der Mann pustend mit dem Speck angelaufen kam, sagte der auf dem Misthaufen: »Ach, das war gewiß ein schlimmer Weg, den du hinter dem Speck her gehabt hast, Männchen; lehn das Schwein nur gegen die Wand und geh hinein und hole dir einen Bissen Brot und einen Schluck zur Stärkung, ich bringe es dann hinein.«

Der Mann ging auch hinein und holte sich ein Stück Brot und wartete, daß die Frau kommen sollte; aber es kam keine Frau, denn der Dieb hatte sich wieder gegen den Wald zu verzogen; und da ging der Mann in die Schlafkammer. Da lag die Frau im Bett und schlief tief und fest. Nun merkte er wohl, daß er wieder der Genarrte war, und machte sich abermals auf, um nochmals sein Glück zu versuchen. Diesmal konnte es ihm aber nichts nützen, nochmals Kraut mitzunehmen, und er mußte sich ein anderes Mittel ausdenken.

Als er an die Räuberhöhle kam, waren die Diebe bereits daran, den Speck zu salzen. Nun wußte er zuerst nicht, wie er es anfangen sollte, die Diebe aus der Höhle zu jagen, denn hinaus mußten sie, wenn er seine Sau wiederbekommen wollte. Schließlich fiel ihm ein, daß ihre alte Mutter kürzlich gestorben war, und nun wollte er versuchen, sich für ihren Geist auszugeben, um ihnen Schrecken einzujagen. Er zog sich aus und ließ sich rückwärts ein Stück weit in den Höhleneingang hineingleiten. Als sie hörten, daß sich am Eingang etwas rührte, lief einer mit einem Licht hin, um zu sehen, was es sei.

Da fiel sein Blick auf dieses breite »Gesicht« mit einem Auge in der Mitte und wie mit einer Brust unter dem Kinn, und er erschrak ganz unsäglich.

»Ach!« schrie er, »da kommt unsere Mutter«, und er warf das Licht weg, und alle beide rannten durch eine Hintertür hinaus und eiligst in den Wald. Nun war der Bauer allein Herr im Haus und nahm den Speck und verschiedenes andere, was ihm gefiel, und wanderte geruhig heimwärts. Gegen Morgen kamen die Diebe in ihre Höhle und merkten nun, wie es sich mit dem Geist verhalten hatte. Seit der Zeit versuchten sie nie mehr, den Bauern zu bestehlen, denn sie hatten gesehen, daß er die Kunst auch verstand.

49. Hading und Regnilda

Als Hading vernahm, daß ein Riese die Regnilda, die Tochter des Haquin, Königs der Nitherer[1], sich zur Gemahlin ausbedungen hatte, so regte sich in ihm der Unwille über die unwürdige Abrede, und in tiefem Abscheu gegen die in Aussicht genommene Verbindung vereitelte er mit edlem Wagnis die Hochzeit; er ging nach Norwegen und erlegte den greulichen Freier des Königskindes im Kampfe. Ritterpflicht ging ihm weit über Stilliegen, und wo er das Wohlleben eines Königs hätte genießen können, war es ihm der größte Genuß, nicht nur sich, sondern auch andere gegen Unbill kämpfend zu schützen. Da er durch Wunden in großer Zahl entkräftet war, ließ die Jungfrau ihm, ihrem Wohltäter, heilende Pflege zuteil werden, ohne daß sie ihn kannte. Damit ihr nun nicht eine Zwischenzeit ein Wiedererkennen unmöglich mache, zeichnete sie sein Bein kenntlich durch einen in eine Wunde eingeschlossenen Ring. Als ihr später von ihrem Vater die Freiheit geschenkt wurde, sich einen Gatten zu wählen, musterte sie die zum Mahle versammelten jungen Männer durch sorgfältiges Betasten und suchte nach dem vor Zeiten geborgenen Zeichen. Alle verschmähte sie, aber den Hading wählte sie, als sie ihn an dem Merkmale des versteckten Ringes erkannte, und gab sich dem zur Gemahlin, der sie vor der Vermählung mit einem Riesen bewahrt hatte.

Während Hading bei ihr verweilte, ereignete sich ein wunderbarer, seltsamer Vorgang: Als er bei Tische saß, sah man, wie eine Frau, die Schierling trug, neben dem Herdfeuer ihr

[1] Bewohner von Nidaros (Trondheim)

Haupt aus dem Boden erhob und mit ausgebreitetem Kleidschoße fragte, wo in der Welt so frisches Gras zur Winterzeit ersprossen sei. Der König sprach den Wunsch aus, das zu erkunden; da umhüllte sie ihn mit ihrem Mantel und nahm zurückgleitend ihn mit sich unter die Erde; ich denke, weil die unterirdischen Götter es so bestimmten, daß er lebend an den Ort geführt werde, zu dem er im Tode fahren sollte.

Zuerst durchschritten sie ein mit Dampf erfülltes Halbdunkel, und einherschreitend auf einem durch lange Benutzung abgetretenen Steige, erblickten sie eine Anzahl vornehmer Männer in prächtigen purpurnen Gewändern; als sie an denen vorbei waren, betraten sie endlich die sonnigen Gefilde, welche die von der Frau gebrachten Gräser hervorbrachten.

Auf ihrem weiteren Wege trafen sie auf einen Fluß mit jähem Falle und bleigrauem Wasser, der Waffen verschiedener Art in seiner reißenden Strömung dahinwälzte und den man auf einer Brücke überschreiten konnte. Als sie über diese Brücke gegangen waren, sahen sie zwei Schlachtreihen miteinander kämpfen; als Hading die Frau fragte, was das solle, antwortete sie: »Das sind die, welche im Kampfe gefallen sind und nun beständig im Bilde ihre Todesart bekunden und mit dem jetzigen Schauspiele das Tun des vergangenen Lebens nachahmen.«

Als sie weiterschritten, fanden sie ihren Weg gesperrt mit einer Mauer, schwer zu besteigen; die Frau versuchte darüberzuspringen, jedoch vergebens, auch ihr kleiner, eingetrockneter Leib schaffte nichts; da riß sie einem Hahne, den sie mit heruntergebracht hatte, den Kopf ab und warf ihn über das Gehege der Mauer; sogleich wurde der Vogel wieder lebendig und bekundete durch helles Krähen, daß er den Atem wiederbekommen hatte.

50. *Amleth*

Als Gerwendill starb, setzte König Rorik dessen Söhne Horwendill und Fengo als Statthalter über Jütland. Horwendill war ein namhafter Wiking, und nachdem er drei Jahre unter tüchtigen Kriegstaten verbracht, widmete er die schönsten Siegszeichen und auserlesene Beute dem Rorik, um auf eine höhere Stufe in seiner Freundschaft zu steigen. Infolge des vertrauten Verhältnisses zu ihm erhielt er seine Tochter Geruth zur Frau, und von ihr bekam er einen Sohn, Amleth.

Aus Neid über ein so großes Glück beschloß Fengo, seinem Bruder eine Falle zu legen; so wenig ist ein tüchtiger Mann sogar vor seinen eigenen Blutsverwandten sicher. Sobald sich für den Mord eine Gelegenheit bot, sättigte er mit blutiger Hand die grause Begier seines Herzens. Auch nahm er das Weib seines ermordeten Bruders und fügte so Blutschande zum argen Mord. Denn wer sich einer Sünde ergibt, der stürzt bald haltlos in eine andere; die eine treibt immer zur zweiten.

Die grausige Tat verdeckte er mit kecker Schlauheit: er ersann eine Entschuldigung für das Verbrechen darin, daß er Wohlwollen heuchelte, und beschönigte den argen Mord durch das Vorgeben, daß er eine Verwandtenpflicht erfüllt habe. Denn die Geruth habe, obwohl sie so sanften Charakters sei, daß sie nie jemand auch nur durch die leiseste Verletzung gekränkt habe, doch den leidenschaftlichsten Haß ihres Gemahls fühlen müssen; um sie zu retten, habe er den Bruder getötet, weil er es für empörend gehalten habe, daß eine Frau, so sanft und ohne Leidenschaft, rücksichtslose Behandlung von seiten ihres Mannes erdulden müsse.

Die Ausrede verfehlte nicht ihren Zweck. Denn bei Hofe fehlt auch einer Lüge der Glaube nicht, wo ja Possenreißer bisweilen Einfluß erlangen, Verleumder Ehren. Und Fengo bedachte sich nicht, mit seinen von Mord befleckten Händen sträfliche Umarmungen zu suchen, indem er mit gleicher Bosheit zweimal die Schuld einer Sünde auf sich nahm.

Als Amleth das sah, nahm er den Anschein von Torheit an, um nicht durch vernünftiges Tun dem Oheime verdächtig zu werden; er dichtete sich also vollständigen Mangel an Verstand an, und in diesem Verhalten lag nicht nur ein Verbergen seiner Klugheit, sondern auch ein Schutz für sein Leben. Täglich verunreinigte er aufs unsauberste die Gemächer seiner Mutter, und auf dem Fußboden sich wälzend besudelte er sich mit dem ekelhaften Kote. Die verunstaltete Gesichtsfarbe, das mit Unrat beschmierte Antlitz brachte den Blödsinn in seiner lächerlichsten Form zur Anschauung; was er sprach, das stimmte zu hellem Wahnwitze, was er tat, das schmeckte nach vollständigem Blödsinne; kurz, man hätte ihn nicht für einen Menschen, sondern für ein spaßhaftes Gebilde einer Laune des Schicksals erklären mögen.

Bisweilen saß er am Herde, störte mit den Händen die Asche auf, schnitzte hölzerne Klammern und härtete sie am Feuer; ihre Enden bildete er zu Widerhaken aus, damit sie um so fester fassen und festhalten sollten. Auf die Frage, was er triebe, antwortete er, er richte scharfe Spieße her für die Rache seines Vaters. Diese Antwort erregte lauten Spott, weil alle über die leere, lächerliche Arbeit höhnten, aber diese Arbeit hat ihn später wirklich bei der Ausführung seines Vorhabens unterstützt.

Das bei der Arbeit bewiesene Geschick erregte ihm den ersten Verdacht der Verstellung bei den tiefer blickenden Zuschauern, denn gerade die sorgfältige Ausführung einer so kleinlichen Arbeit gab ein Bild von dem verborgenen Talente des Arbeiters; es war nicht recht glaublich, daß der blöde sei, dem die Hand für eine so geschickte Arbeit geschmeidig gewesen war. Schließlich pflegte er die Menge der vorn angebrannten Hölzchen höchst sorgfältig aufzubewahren.

Es fehlte nicht an Leuten, die behaupteten, er besitze guten Verstand, er verberge nur seine Klugheit hinter dem Scheine von Einfalt und hülle über den tiefen Sinn seines Innern eine schlau ersonnene Decke, seine listige Verschlagenheit könne nicht besser entlarvt werden, als wenn man ihm in einem Verstecke eine schöne Frau zuführe, die ihn zum Liebesgenusse verlocke; denn der natürliche Sinn sei so jäh zur Liebe, daß man ihn künstlich nicht zurückdrängen könne; auch sei dieser Trieb zu stark, als daß er sich durch Besinnung hemmen ließe. Wenn er demnach seinen Stumpfsinn nur erheuchele, so werde er die dargebotene Gelegenheit ergreifen und sofort dem starken Lustgefühle gehorchen.

Es wurden also Helfershelfer bestellt, die mit ihm in einen abgelegenen Teil des Waldes reiten und dort die Versuchung an ihn herantreten lassen sollten. Unter diesen war zufällig auch ein Milchbruder des Amleth, in dessen Herzen die Erinnerung an die gemeinsame Erziehung noch nicht erloschen war. Das Andenken an das engverbundene Leben in der Vergangenheit galt ihm mehr als der jetzt ihm gewordene Auftrag, und er begleitete den Amleth unter den bestellten Gefährten, nicht um ihm eine Falle zu stellen, sondern um ihn zu warnen; denn es war ihm ganz klar, daß es Amleth sehr schlimm ergehen würde, wenn er auch nur das kleinste Merkzeichen von Verstand verriet, namentlich aber, wenn er nachweislich sich dem Liebesgenusse hingab.

Auch dem Amleth war das nicht unbekannt. Als er das Pferd besteigen sollte, setzte er sich mit Fleiß so, daß er dem Nacken des Tieres seinen Rücken zuwendete und mit dem Gesichte nach dem Schwanze zugekehrt war. Den Schwanz begann er auch aufzuzäumen, als ob er mit diesem Körperteile den raschen Lauf des Rosses mäßigen wollte. Durch diese vorbedachte Schlauheit vereitelte er den Plan seines Oheims und machte den Anschlag zunichte. Es war ein Schauspiel zum Lachen, als das Roß ohne Zügel hinschoß, während der Reiter den Schwanz lenkte.

Als dem Amleth in dem Gebüsch ein Wolf in den Weg lief und die Begleiter ihm weismachen wollten, ein Füllen sei ihm begegnet, setzte er hinzu: leider wenige dieser Art dienten in der Herde des Fengo, indem er den Reichtum des Oheims mit einer maßvollen, aber feinen Verwünschung bedachte. Als sie sagten, er habe da ein kluges Wort gesprochen, da sagte er, auch er habe bewußt so geredet, damit es ja nicht aussehen sollte, als ginge er mit der Lüge um. Er wollte frei von aller Verstellung erscheinen, deshalb mischte er List und Offenherzigkeit so miteinander, daß seine Worte in gewissem Sinne Wahrheit enthielten, daß aber sein guter Verstand nicht durch ein Anzeichen der Wahrheit verraten wurde.

Als er am Strande vorbeikam, und seine Gefährten das gefundene Steuer eines gestrandeten Schiffes für ein großes Messer erklärten, da sagte er: »Mit dem kann man einen großen Schinken schneiden.« Damit deutete er auf das Meer, mit dessen gewaltiger Ausdehnung das große Steuerruder im Einklang stünde.

Als sie an den Dünen vorbeikamen und er den Sand als Grieskörner ansehen sollte, da antwortete er, es sei Gries, von den weißschäumenden Stürmen des Meeres gemahlen. Als seine Gefährten die Antwort (zum Spaße) lobten, sagte er, es sei auch eine kluge Antwort.

Damit er nun größeren Mut bekomme, der Sinneslust zu frönen, gingen die Gefährten absichtlich etwas voraus, und nun trat ihm das von seinem Oheime angestellte Weib wie zufällig an einem düsteren Orte in den Weg, und er hätte sie sofort beschlafen, wenn ihm nicht sein Milchbruder durch geheimen Rat ohne Worte eine Andeutung von der ihm gestellten Falle gemacht hätte. Als er nämlich überlegte, wie er wohl am besten unentdeckt den Warner spielen und die gefährliche Lüsternheit des Jünglings zügeln könne, da band er einer vorbeifliegenden Bremse einen Strohhalm, den er auf dem Boden fand, unter den Schwanz. Dann jagte er sie dahin, wo Amleth nach seiner Berechnung sein mußte, und dadurch erwies er dem Unvorsichtigen eine große Wohltat.

Mit ebenso großer Schlauheit wurde das Anzeichen gedeutet, als es übersandt war. Denn als Amleth die Bremse sah und den Strohhalm, den sie an ihrem Schwanze befestigt trug, genauer ins Auge faßte, da verstand er die versteckte Mahnung, vor Überlistung auf der Hut zu sein.

Unruhig gemacht durch die Vermutung eines Anschlags, nahm er, um mit mehr Sicherheit den gewünschten Genuß zu haben, das Mädchen in seine Arme und schleppte sie weit fort in einen unwegsamen Sumpf. Als er den Beischlaf vollzogen, beschwor er sie feierlich, niemand den Vorgang zu verraten. Mit gleichem Eifer wurde Stillschweigen erbeten und versprochen; denn die ehemalige gemeinschaftliche Erziehung machte den Amleth dem Mädchen sehr vertraut, da beide dieselben Pfleger in der Kindheit gehabt hatten.

Als er nun wieder nach Hause geleitet wurde und alle ihn fragten, ob er dem Liebesspiele gehuldigt, da sagte er ohne Hehl, daß ein Mädchen von ihm beschlafen sei: als er weiter gefragt wurde, wo er die Sache gemacht und was er als Lager benutzt habe, da sagte er, er habe gelegen auf dem Hufe eines Zugtieres, auf dem Kamme eines Hahns und auf dem Gesperre eines Daches; von dem allen hatte er nämlich Stückchen gesammelt, als er zu der Versuchung aufbrach, um nicht lügen zu müssen[1].

Diese Worte wurden von den Umstehenden mit lautem Gelächter aufgenommen, obgleich er im Scherze gar nichts von dem wirklichen Vorgange hinweggenommen hatte. Auch das Mädchen, darüber befragt, sagte, er habe nichts Derartiges vorgenommen. Dem Leugnen wurde Glauben geschenkt, und zwar um so bereitwilliger, als die Mannen ja nichts von dem Geschehenen wußten.

Da sagte der, welcher die Bremse gezeichnet hatte, um ihm eine Andeutung zu geben, daß Amleth sein Leben einem

[1] Die Erzählung meint nach Axel Olrik [Kilderne til Sakses Oldhistorie II, Norröne Sagaer og Danske Sagn 1894, Köbenhavn] S. 160 Huflattich (tussilago), Hahnenkamm (alectorolophus) und Schilfrohr.

schlauen Kunstgriffe von ihm verdanke, daß er sich jüngst außerordentlich sorglich um ihn bemüht habe. Nicht ungeschickt war die Erwiderung des Jünglings: damit es nämlich nicht scheine, als ob er das Verdienst des Warners gering schätze, erzählte er, er habe etwas Strohtragendes gesehen, was auf schnellen Flügeln herangeglitten sei und einen an seinem Hinterleibe befestigten Strohhalm getragen habe. Dieses Wort ließ die andern laut auflachen, aber den Freund des Amleth entzückte es durch seine Klugheit.

So waren alle geschlagen, und niemand hatte den versteckten und verschlossenen klugen Sinn des Jünglings an das Tageslicht ziehen können; da sagte einer von Fengos Freunden, der reicher an Eigendünkel als an Schlauheit war, gewöhnliche List reiche nicht hin, um den unfaßbaren klugen Verstand des Amleth nachzuweisen; denn seine geistige Widerstandsfähigkeit sei größer, als daß man ihr mit schwachen Versuchen beikommen könne; deshalb dürfe man nicht eine einfache Probe gegenüber seiner verschlungenen Schlauheit ins Feld führen. Er habe nun mit tieferem Nachdenken einen feineren Weg des Vorgehens entdeckt, der leicht zu beschreiten sei und am sichersten die beabsichtigte Ausspürung verbürge. Fengo solle sich nämlich mit Fleiß, ein wichtiges Geschäft vorschützend, vom Hofe entfernen, Amleth solle allein mit der Mutter in ein Zimmer eingeschlossen werden, vorher müsse dann jemand bestellt werden, der ungesehen von beiden an einem versteckten Platze im Gemache seine Aufstellung nehme, um aufmerksam ihr Zwiegespräch zu belauschen. Denn wenn der Sohn nur ein klein wenig bei Verstande sei, so werde er gewiß vor den Ohren der Mutter sprechen und sich der Mutter ohne Furcht anvertrauen. Er bot sich auch selbst eifrig zur Besorgung der Auskundschaftung an: er wollte den Ruhm haben, den Plan nicht allein ersonnen, sondern auch ausgeführt zu haben.

Fengo war mit diesem Vorschlage sehr einverstanden und schied vom Hofe unter dem Vorgeben einer weiten Reise.

Der aber, der den Plan angegeben, begab sich heimlich in das Gemach, in welchem Amleth mit der Mutter eingeschlossen werden sollte, und verbarg sich, indem er unter das Stroh kroch. Jedoch Amleth war um ein Gegenmittel gegen den Anschlag nicht verlegen. Da er nämlich gleich fürchtete, daß seine Worte von den Ohren eines versteckten Lauschers aufgefangen werden möchten, so griff er zunächst zu seinen gewöhnlichen Possen, nämlich er krähte laut wie ein Hahn und schlug mit seinen Armen, wie wenn er mit den Flügeln klatschte; dann aber trat er auf das Stroh und sprang darauf hin und her, um zu erfahren, ob sich etwas darunter verberge. Als er nun unter seinen Füßen einen festen Gegenstand fühlte, da stieß er dort sein Schwert ein, traf den unten Liegenden, holte ihn aus seinem Verstecke herauf und stach ihn tot. Seinen Körper zerhackte er in Stücke, kochte sie mit siedendem Wasser, schüttete sie in die Öffnung des Abtritts den Schweinen zum Fraße hin und ließ über die armen Glieder den faulen Kot sich ergießen.

Nachdem er so die List vereitelt, kehrte er in das Gemach zurück. Als nun die Mutter mit lauter Schmerzensklage die geistige Beschränktheit ihres Sohnes beweinte, da sagte er: »Was haschest du, verworfenste der Frauen, mit deinem heuchlerischen Jammer nach einem Deckmantel für dein ruchloses Verbrechen? Lüstern wie eine Hure bist du auf eine sündhafte und verfluchte Partie eingegangen, umarmst mit deinem Busen in Blutschande den Mörder deines Gemahls und schmeichelst dem mit ekelhaftem Kosewort, der den Vater deines Sohnes erschlagen hat. So paaren sich Stuten mit den Besiegern ihrer Hengste; in der Natur der verstandlosen Tiere liegt es, immerfort zu andern geschlechtlichen Verbindungen sich treiben zu lassen; so wie diese hast du die Erinnerung an deinen ersten Mann verlorengehen lassen. Ich aber trage nicht zwecklos das Aussehen eines Narren, denn ich bin gewiß, daß der, der den Bruder erschlagen konnte, auch gegen andere Verwandte mit gleicher Grausamkeit wüten wird. Deshalb ist es besser, daß ich mich töricht stelle, als daß ich meinen gesunden Verstand zeige, und daß ich einen Schutz für mein Leben in anscheinend völligem Wahnwitz suche. In meinem Herzen lebt mir immer das Streben, den Vater zu rächen, aber ich lauere auf günstige Umstände, ich warte auf eine geeignete Zeit. Nicht jede Gelegenheit paßt für ein jedes Vorhaben; einem versteckten und erbarmungslosen Sinne gegenüber muß man mit größerer Überlegung vorgehen. Du aber hast nicht nötig, meine Narrheit zu bejammern; du müßtest mit mehr Recht deine Schande beklagen; nicht an einem andern mußt du einen geistigen Mangel beweinen, sondern an dir selbst. Im übrigen denke daran, zu schweigen.« Durch diesen beißenden Tadel rief er die Mutter auf den Weg der Ehrbarkeit zurück und lehrte sie, die alte Liebe über die augenblicklichen Lockungen zu stellen.

Als Fengo zurückkam, den Anrater des hinterlistigen Aushorchens nicht fand und lange eifrig nach ihm forschte, da konnte niemand sagen, daß er ihn irgendwo gesehen habe. Auch Amleth wurde scherzweise gefragt, ob er irgendeine Spur von ihm entdeckt habe; da erzählte er, daß er auf den Abtritt gegangen sei, daß er dort tief hinuntergefallen, ganz im Kote versunken und von den herzulaufenden Schweinen gefressen worden sei. Dieser Bericht enthielt zwar völlig wahre Angaben, aber den Hörern diente er zum Gespötte, weil er dem Anscheine nach närrisch war.

Da nun Fengo seinen Neffen, bei dem er ganz bestimmt eine versteckte List voraussetzte, aus dem Wege räumen wollte, aber das vor dem Oheime Rorik und auch vor der Mutter nicht wagte, so hielt er es für geraten, ihn durch den König von Britannien töten zu lassen, um so seine Unschuld behaupten zu können, wenn ein anderer die Tat verübe. Während er also seine Unmenschlichkeit zu verbergen wünschte, wollte er lieber den Freund in üblen Ruf bringen als selbst die Schande auf sich nehmen.

Beim Scheiden trug Amleth der Mutter heimlich auf, die Halle mit geknoteten Wandbehängen auszustatten und nach einem Jahre für ihn einen Leichenschmaus fälschlich auszurichten; für diese Zeit verhieß er seine Rückkehr.

Es gingen mit ihm zwei Trabanten des Fengo, die ein Schreiben, auf Holz geritzt (denn das war seinerzeit das gebräuchliche Schreibmaterial), bei sich hatten, in welchem dem Könige der Briten die Tötung des ihm zugeschickten Jünglings aufgetragen wurde. Als sie schliefen, durchsuchte Amleth ihre Taschen und entdeckte das Schreiben. Als er die in ihm enthaltenen Aufträge gelesen, schabte er alles ab, was auf den Holzflächen stand, und schnitt neue Runen ein; in diesen wendete er durch Veränderung des Wortlautes des Auftrags die Verdammung zum Tode von sich ab auf seine Begleiter. Und er begnügte sich nicht damit, das Todesurteil von sich abgelenkt und die Gefahr auf andere abgewälzt zu haben, sondern schrieb noch, auch Fengos Namen fälschend, eine Bitte zum Schlusse hinzu des Inhalts, daß der König von Britannien dem verständigen jungen Manne, den er ihm zuschicke, seine Tochter zur Gemahlin geben solle.

Als sie alle nach Britannien kamen, suchten die Gesandten eine Audienz bei dem Könige nach und händigten ihm das Schreiben aus, das sie für ein Werkzeug zu dem Tode eines andern hielten, das aber ihren eigenen anbefahl. Der König ließ sich nichts merken, sondern zog sie huldvoll zur Tafel. Da wies Amleth das ganze prächtige königliche Mahl zurück wie eine alltägliche Mahlzeit, wandte sich in auffallender Enthaltsamkeit von den reichen Speisen ab und verschmähte ebenso den Trank.

Niemand konnte verstehen, wie ein junger Mann aus einem fremden Volke die Feinheiten des königlichen Tisches und das mit aller Pracht ausgestattete Mahl gleich wie eine Bauernkost verschmähen konnte. Als die Tafel aufgehoben wurde und der König die Hofstaaten zur Nachtruhe entließ, da schickte er einen Vertrauten in das Schlafgemach der

Fremden, damit er ihre Unterhaltung in der Nacht heimlich belausche. Amleth wurde nun von seinen Begleitern gefragt, weshalb er denn am Abend die Speisen wie Gift gescheut habe? Da sagte er, in dem Brote sei Blut gewesen, das Getränk habe nach Eisen geschmeckt, die Fleischspeisen hätten stark nach Leiche gerochen und seien durch eine Ähnlichkeit von Grabesgeruch verdorben gewesen. Er sagte noch weiter, der König habe Knechtsaugen, die Königin habe sich dreimal wie eine Magd benommen; so bedachte er mit scharfem Tadel nicht eigentlich das Mahl, sondern die Gastgeber.

Die Begleiter fielen nun, indem sie ihm seinen alten geistigen Mangel vorrückten, über ihn her mit vielen mutwilligen Hohnreden, daß er Tadelloses lästere, Unsträfliches schelte, daß er einen ausgezeichneten König und eine feingebildete Frau mit wenig ehrfurchtsvollen Worten angriffe, daß er über sie, die doch Lob verdienten, den Vorwurf der größten Schande ausgegossen habe.

Als der König das von dem Trabanten erfuhr, da erklärte er, wer so spräche, der sei entweder klüger als ein gewöhnlicher Sterblicher oder verrückt, indem er mit diesen wenigen Worten eine scharfe Auffassungsgabe bekundete. Er ließ darauf den Schaffner holen und fragte ihn, woher er das Brot habe kommen lassen. Als der sagte, es sei vom Hausbäcker hergestellt, forschte er weiter, wo das Getreide zu dem Mehle gewachsen wäre und ob irgendein Anzeichen verriete, daß dort ein Mensch erschlagen sei. Der antwortete, in der Nähe läge ein Feld mit alten Knochen von Erschlagenen bedeckt, das noch deutliche Spuren von einem früheren Gemetzel sehen lasse; das habe er, weil es mehr Ertrag geben würde als andere Feldstücke, in der Erwartung einer reichen Ernte im Frühjahre mit Saat bestellt. Es sei also wohl möglich, daß das Brot durch jenes Blut einen schlechten Geschmack angenommen habe. Nach dieser Antwort nahm der König an, daß Amleth die Wahrheit gesprochen, und forschte nun sorglich weiter, woher der Speck stamme.

Der Schaffner erwiderte, seine Schweine seien infolge nachlässiger Bewachung aus ihrem Gewahrsame entkommen und hätten von dem verwesenden Leichname eines Räubers gefressen, und damit habe vielleicht ihr Fleisch einen Geschmack erhalten, der es als verdorben erscheinen lasse.

Da der König auch hierin Amleths Wort als wahr erfunden, forschte er, aus welchem Naß er den Trunk gemischt hätte; als er vernahm, daß er nur aus Honig und Wasser hergerichtet sei, da ließ er sich den Ort des Quells zeigen und hier in die Tiefe graben; dort fand er einige von Rost angefressene Schwertklingen, aus deren Geruch offenbar das Wasser den verdorbenen Geschmack angenommen hatte. Einige erzählen, der Trunk sei deshalb getadelt worden, weil er beim Einschlürfen desselben entdeckt habe, daß die Bienen sich vom Pansen eines Toten genährt hätten und daß noch im Geschmacke die üble Beimischung sich kundgab, die dadurch dereinst sich den Waben mitgeteilt hatte.

Als der König sah, daß die Gründe für die Tadelung des Geschmacks zutreffend nachgewiesen seien, da erinnerte er sich, daß von Amleth auch ihm schlechte Augen vorgeworfen seien, und daß das einen Makel auf seine Abkunft werfe; deshalb nahm er heimlich seine Mutter vor und fragte sie, wer sein Vater gewesen sei. Als sie sagte, sie habe nur mit dem Könige Umgang gepflogen, drohte er ihr, er werde von ihr die Wahrheit durch die peinliche Frage hören; da erfuhr er, daß ein Knecht ihn gezeugt hatte; durch das erpreßte Geständnis löste er den Zweifel über den Tadel ob seines Ursprungs.

Voller Scham über seine Herkunft, aber auch hocherfreut über die Klugheit des Jünglings, fragte er ihn unmittelbar, weshalb er der Königin den Schimpf angetan, ihr Magdsitten vorzuwerfen. Aber während er unwillig darüber war, daß die Gesittung seiner Gemahlin in dem Gespräche des Gastes in der Nacht angegriffen war, erfuhr er, daß sie die Tochter einer Unfreien war; Amleth nämlich sagte, er habe drei

Verstöße, die nach Magdgewohnheit schmeckten, an ihr bemerkt: erstens, daß sie wie eine Magd den Mantel über den Kopf gezogen habe, zweitens, daß sie beim Gehen das Kleid hochgeschürzt, drittens, daß sie die Speisereste in den Zahnlücken mit einem Zahnstocher ausgestochert und dann noch zerkaut und gegessen habe. Er erzählte ihm auch, daß ihre Mutter durch Kriegsgefangenschaft unfrei geworden sei; somit war sie nicht allein der Aufführung nach eine Magd, sondern schon der Herkunft nach.

Seinen tiefen Sinn achtete der König wie einen übermenschlichen Verstand und gab ihm seine Tochter zur Gemahlin; sein Wort betrachtete er als eine Art himmlischen Zeugnisses. Seine Begleiter ließ er am nächsten Tage aufhängen, um dem Auftrage seines Freundes Fengo nachzukommen. Diese Wohltat faßte Amleth zum Scheine mit innerer Entrüstung als einen widerrechtlichen Eingriff auf und erhielt Gold vom Könige als Buße; das schmolz er darauf im Feuer und goß es heimlich in ausgehöhlte Stöcke.

Ein Jahr blieb er dort, dann erlangte er die Verabschiedung und ging in die Heimat, indem er nichts aus dem ganzen reichen Schatze des Königs mitnahm als die goldbergenden Stöcke. Als er Jütland betrat, da vertauschte er das Auftreten in der letzten Zeit wieder mit seiner früheren Aufführung; was er benutzt hatte, um Ehre zu erwerben, das verkehrte er nun wieder mit Fleiß in den Anschein albernen Tuns.

Als er den Trinksaal, in dem die Totenfeier für ihn begangen wurde, betrat, mit Schmutz bedeckt, da versetzte er alle in großes Staunen, daß die Nachricht von seinem Tode nicht wahr gewesen war. Zuletzt löste sich die Bestürzung in Lachen auf, indem die Gäste sich zur Kurzweil einander vorrückten, daß der lebendig vor ihnen stehe, dem sie als verstorben das Totenmahl weihten.

Als Amleth nach seinen Begleitern gefragt wurde, da zeigte er seine Stöcke vor und sagte: Da ist der eine und da ist der andere. Ob mit diesen Worten mehr Wahrheit oder mehr Scherz gegeben wurde, ist schwer zu entscheiden; denn das Wort wurde zwar allgemein als Unsinn aufgefaßt, entfernte sich aber doch nicht von der Wahrheit, da es ja als Ersatz der Gehängten auf die für sie gegebene Buße hinwies.

Er gesellte sich zu den Schenken und füllte eifrig die Becher, um die Tischgenossen noch mehr aufzuheitern, und damit seine weiten Kleider ihn beim Gehen nicht hemmten, gürtete er die Hüfte mit dem Schwerte, und dieses Schwert zog er absichtlich hin und wieder aus der Scheide und schnitt sich mit der Schneide in die Finger. Deshalb ließen die Umstehenden das Schwert samt der Scheide mit einem eisernen Nagel durchschlagen. Um seinem Anschlage einen sicheren Weg zu bahnen, füllte er den Herren immer frisch die Becher und ließ sie sich gehörig volltrinken, schließlich hatte er alle so trunken gemacht, daß sie sich taumelnd kaum auf den Füßen halten konnten und in dem Saale sich zur Nachtruhe hinwarfen, so daß sie an demselben Orte ihr Bett hatten, wo sie zu Tische gesessen hatten.

Als er sie so in der rechten Verfassung für seine geheime Absicht sah, glaubte er, daß die Ausführung seines Vorhabens jetzt in seine Hand gegeben sei; da holte er die einst gefertigten Klammern aus seiner Tasche, betrat dann das Gemach, in welchem die vornehmen Herren hie und da auf den Boden gelagert ihren Rausch im Schlafe ausrülpsten, und schnitt die Halter des von der Mutter angefertigten Vorhangs, der eben die inneren Wände des Saales bekleidete, durch und ließ ihn so herabfallen. Er warf ihn über die Schnarchenden, und dann knotete er ihn mit Hilfe seiner krummen Hölzer kunstvoll so unentwirrbar zusammen, daß keiner der darunter Liegenden dazu kommen konnte, aufzustehen, wenn er sich auch noch so sehr abmühte. Darauf warf er Feuer ins Haus; dieses verbreitete mit immer mehr Flammen den Brand weithin, erfaßte den ganzen Palast, verzehrte den Saal und verbrannte alle, wie sie entweder im tiefen Schlafe lagen oder vergebens sich mühten emporzukommen.

Dann ging er in das Schlafgemach des Fengo, der früher von seinem Gefolge dahin geleitet worden war, ergriff dessen Schwert, das am Bette hing, und hängte das seinige an dessen Statt hin. Darauf weckte er den Oheim und meldete ihm, daß sein Adel im Feuer umkomme: Amleth sei da, mit der Hilfe seiner alten Haken versehen, und begehre die gebührende Strafe für die Ermordung seines Vaters nun auszuüben. Bei diesem Worte sprang Fengo vom Lager auf, wurde aber, während er, des eigenen Schwertes beraubt, das fremde vergebens zu zücken versuchte, niedergestoßen.

Das war ein tüchtiger und ewig unvergeßlicher Mann, der, klug gestützt auf erdichtete Torheit, seine Weisheit, die das gewöhnliche menschliche Maß der Einsicht überragte, mit wunderbar durchgeführter Verstellung als Narr verbarg und nicht allein Schutzdecke für sein eigenes Leben von der List entlieh, sondern auch unter der Führung derselben sich in den Stand setzte, seinen Vater zu rächen. Da er so sich mit seiner Klugheit schützte und den Vater tüchtig rächte, so hat er es schwer zu entscheiden gemacht, ob seine Tüchtigkeit größer war, oder seine Weisheit.

51. Syritha und Othar

König Siwald hatte eine Tochter mit Namen Syritha; sie war so keusch und schamhaft, daß sie nicht bestimmt werden konnte, einen ihrer Freier, deren sich wegen ihrer großen Schönheit eine große Zahl meldeten, auch nur anzusehen. Im Vertrauen auf diese Selbstbeherrschung verlangte sie von ihrem Vater den zum Gemahle, der durch süße Vorstellungen einen Blick von ihrer Seite ihr abschmeicheln könne.

In der Vorzeit pflegte bei uns die Schüchternheit der Mädchen sehr die freien Blicke im Zaume zu halten, damit nicht die Keuschheit des Sinnes durch Ungebundenheit der Augen verdorben würde, und es wurde danach gestrebt, daß die Reinheit des Herzens in der Bescheidenheit des Blickes zum Ausdruck käme.

Da erglühte ein gewisser Othar, der Sohn eines Ebbo, in dem heißen Liebesverlangen, um die Jungfrau zu werben; Mut dazu gab ihm das Vertrauen auf seine großen Taten und auch auf seine feine Bildung und seine Redegewandtheit. Er suchte mit allen Kräften seiner Kunst ihren starren Blick zu erweichen, aber er vermochte durch kein Geschick ihre niedergeschlagenen Augen zu einem Aufblicke zu bewegen; da schied er voller Verwunderung ob der unbesieglichen Strenge.

Ein Riese, der dasselbe versuchte, mußte auch sehen, daß er nichts erzielte; der stellte aber eine Frau an; die spielte eine geraume Zeit die Magd bei der Jungfrau, schlich sich in ihr Vertrauen ein und führte sie einmal unter schlau erdachtem Vorwande für die Entfernung weit weg von dem Hause des Vaters; da überfiel sie der Riese und schleppte sie in eine enge Verzäunung im Waldgebirge. Andere stellen die Sache so dar, daß er selbst sich in eine Frau verwandelt, das Mädchen listig weggelockt, weit von dem Vaterhause weggeführt und so den Raub vollbracht habe.

Als Othar das erfuhr, durchforschte er die Schluchten des Gebirges, um die Jungfrau auszuspüren, fand sie, erschlug den Riesen und führte sie mit sich weg. So eigentümlich aber hatte aufdringlich der Riese das Haar des Mädchens mit fester Verflechtung zusammengebunden, daß die verworrene Masse des Haares mit einer Art geschürzten Gekräusels festgehalten wurde und man nicht leicht, außer durch das Eisen, die enge Verschlingung des Gelocks entwirren konnte.

Wiederum versuchte er durch mancherlei Lockmittel den Blick des Mädchens auf sich zu lenken, aber er versuchte seine Kunst vergebens an den unbeweglichen Augen und gab endlich, da sein Vorhaben nicht nach Wunsch vonstatten ging, sein Bemühen auf. Schänden aber wollte er die Jungfrau nicht: er konnte sich nicht dazu entschließen, den Sproß eines erlauchten Geschlechts durch Beischlaf, der das Licht der Öffentlichkeit scheute, zu beflecken.

Als sie mannigfache gewundene Pfade in der Einöde lange irrend durchlief, begab es sich, daß sie zu der Hütte einer schrecklichen Waldfrau geriet. Von dieser wurde sie dazu verwandt, die Herde ihrer Ziegen zu hüten, und als sie wiederum durch Othars Hilfe die Freiheit erlangt hatte, wurde sie von ihm mit folgender Anrede versucht:

Willst du meinen Worten Gehör nun schenken
Und mit gleicher Lieb' meine Lieb' erwidern,
Lieber als hier stehn zu der Hut der Herde
Stinkender Ziegen?

Stoß zurück die Hand deiner bösen Herrin,
Fliehe schnellen Laufs von der wilden Hexe,
Komm zurück mit mir zu den lieben Schiffen,
Lebe als Freie!

Wirf die Hut von dir des befohlnen Zweizahns,
Lenke nicht den Schritt und den Weg der Ziegen,
Schenke als mein Weib meinem heißen Sehnen
Süße Erfüllung!

Die so lang und heiß durch das Land ich suchte,
Heb doch hoch zu mir die gesenkten Sterne,
Richte kurz nur auf deine keuschen Augen,
Leicht ist der Aufschlag.

Zu des Vaters Haus will ich dich geleiten,
Froh zurück dich bringen der lieben Mutter,
Wenn nur einmal du meiner Bitte folgend
Öffnest die Augen.

Die so oft ich riß aus der Haft der Riesen,
Schenke doch huldvoll meiner Mühen Lohn mir,
Laß in Mitleid nun mit dem heißen Streben
Schmelzen die Strenge.

»Weshalb hast du denn tollwütig so töricht zu handeln begonnen, daß du lieber fremdes Vieh hüten und in der Dienerschaft von ungeschlachten Wesen aufgeführt werden willst, als durch Zustimmung zu dem Bunde mit einem Gleichstehenden den Abschluß unserer Ehe zu fördern?«

Sie aber hielt trotz alledem ihre Augen mit unveränderter Starre der Augenlider geschlossen, damit nicht ihr standhafter keuscher Sinn beim Anblicke der Außenwelt wankend werde. Wie keusch und züchtig müssen die Frauen jener Zeit gewesen sein, die nicht einmal zu einem flüchtigen Augenaufschlage durch die stärksten Anreize des Liebenden bewogen werden konnten!

Da also Othar auch durch die Verdienste einer zweiten Wohltat den Blick der Jungfrau nicht hatte wecken und auf sich lenken können, so ging er, von Beschämung und Kummer gequält, zu seiner Flotte zurück.

Als Syritha wie früher weithin die Felsen durchstreifte, kam sie auf ihrer Irrfahrt zu den Sitzen der Ebbo; hier gab sie sich aus Scham über ihre Nacktheit und Bedürftigkeit für eine Tochter von Bettlern aus. Da aber die Mutter des Othar es ihr ansah, daß sie, trotzdem sie blaß und abgehungert erschien und mit einem ärmlichen Mantel bekleidet war, von edlen Eltern abstammte, führte sie die Fremde auf den Ehrenplatz und behielt sie in hochachtungsvoller Freundlichkeit bei sich. Denn den Adel der Jungfrau verriet als Kündiger die schöne Gestalt und aus den Gesichtszügen als Dolmetsch ergab sich ihre hohe Abkunft.

Als Othar sie sah, fragte er, weshalb sie ihr Antlitz mit dem Kleide verhülle. Um ihre Gesinnung sicher zu erforschen, tat er so, als solle eine Frau ihn heiraten; er bestieg mit ihr das Lager und ließ Syritha den Leuchter halten. Als die Lichter beinahe heruntergebrannt waren und sie durch die näher rückende Flamme belästigt wurde, so gab sie ein solches Beispiel von Geduld, daß sie die Hand unbeweglich hielt und keine Qual durch die Hitze zu empfinden schien. Denn die äußere Glut wurde gedämpft durch die innere, und die Hitze des verlangenden Innern mäßigte den Brand der versengten Haut. Erst als sie von Othar gemahnt wurde, acht auf ihre Hand zu geben, wendete sie ihre ruhigen Blicke mit schamhaftem Augenaufschlagen auf ihn; sofort wurde das Gaukelspiel der erdichteten Hochzeit beiseite gestoßen, und sie bestieg das Ehebett zur Vermählung.

52. Die Prinzessin im Hügel

Man erzählt, daß Gunnar, ein tapferer Schwede, dereinst aus gewichtigen Gründen mit Norwegen verfeindet, auf seine Bitten die Erlaubnis erhalten habe, jenes Land anzufallen, daß er diese Erlaubnis zu harten Schlägen benutzt und seine beabsichtigten Streifzüge gegen das Land Jather[1] gerichtet habe; er brannte und mordete in diesem Striche, um Raub kümmerte er sich nicht, und es machte ihm nur Freude, auf Wegen mit Leichen besät und auf Pfaden mit Blut getränkt einherzuschreiten. Während andere Wikinger nicht auf Mord sinnen, sondern mehr auf Beute als auf Totschlag ausgehen, stand ihm die Grausamkeit über dem Raube, und er stillte den unheilvollen Drang seines Herzens hauptsächlich durch Menschenmord. Durch seine Grausamkeit bewogen, kamen die Einwohner der nahenden Gefahr durch allgemeine Unterwerfung zuvor.

Der greise König aber der Normannen, Regnaldus, verschloß, als er von dem leidenschaftlichen Wüterich hörte,

[1] Jæren, Die Küstenstriche südlich von Stavanger

seine Tochter Drota in eine künstliche Höhle und überwies ihr eine entsprechende Dienerschaft mit Mundvorrat für lange Zeit. Auch Schwerter, von kunstfertigen Schmieden geschmiedet, barg er zusammen mit dem königlichen Hausrat in der Höhle; ein Schwert, das er selbst nicht mehr führen konnte, wollte er nicht dem Feinde zur Benutzung überlassen. Damit die Höhle sich nicht sichtbar über den Erdboden erhübe, ließ er die ausgegrabene Erde dem festen Boden gleichmachen.

Darauf zog er in den Krieg, und da er mit den altersschwachen Gliedern nicht mehr in die Schlacht gehen konnte, so arbeitete er sich mühsam vorwärts, gestützt auf die Schultern seiner Begleiter. Er kämpfte zwar mit Eifer, aber nicht mit Glück; er fiel, und sein Tod wurde seinem Lande Anlaß zu einer schweren Schmach.

Um nämlich die Feigheit des besiegten Volkes durch eine schmachvolle Behandlung ohnegleichen zu bestrafen, setzte Gunnar als Regenten über sie einen Hund. Damit hat er offenbar nichts anderes bezweckt, als daß das hochmütige Volk seine Überhebung recht sichtlich bestraft sehen sollte, wenn es seinen steifen Nacken vor dem Beller beugen mußte. Um die Schmach voll zu machen, bestellte er Statthalter, die in des Hundes Namen alle öffentlichen und besonderen Angelegenheiten besorgen sollten. Auch bestimmte er den Adel in fester Reihenfolge zu beständigem und dauerndem Hofdienste bei dem Hunde. Er bestimmte ferner: wenn einer von den Höflingen sich widerwillig zeige im Dienste seines Herzogs und nicht seinen Sprüngen hin und her mit hochachtungsvoller Ergebenheit nachlaufe, der solle mit Verlust von Gliedern büßen. Er legte dem Volke auch eine zwiefache Abgabe auf, die eine aus den Herbstvorräten, die andere im Frühjahre zu zahlen. So wurde den Norwegern der Hochmut ausgetrieben, und sie mußten deutlich die Schäden ihres Stolzes sehen, da er zum Gehorsam gegen einen Hund gezwungen war.

Als aber Gunnar erfuhr, daß die Tochter des Königs in einem weit entlegenen Verstecke geborgen war, strengte er sich mit allen Geisteskräften an, sie auszuspüren. So kam es, während er selbst an der Suche teilnahm, daß er von weitem undeutlich ein Gemurmel unter der Erdoberfläche vernahm. Dem ging er Schritt für Schritt nach und hörte nun deutlich den Ton menschlicher Stimmen. Er ließ die Erde unter seinen Füßen bis auf den gewachsenen Boden aufgraben; da trat plötzlich ein hohler Raum zutage, und er bemerkte gewundene Gänge. Die Diener wurden niedergehauen, als sie den bloßgelegten Zugang zur Höhle schützen wollten, und das Mädchen wurde zusammen mit den dort geborgenen Schätzen heraufgeholt. Nur die Schwerter hatte sie in weiser Vorsicht dem Schutze eines abgetrennten Verstecks anvertraut. Sie wurde von Gunnar zum Beischlafe gezwungen und gebar einen Sohn, Hildiger.

53. König Snio und der Trinker

Als Snio König in Dänemark war, wurde durch anhaltend böse Witterung die Fruchtbarkeit des Ackers vernichtet, und es entstand eine große Teuerung. Da infolge der Seltenheit der Lebensmittel schwerer Hunger das gemeine Volk heftig plagte, so wollte der König in seiner Fürsorge, der Not der schweren Zeit zu begegnen, das Volk zu einem mäßigen Leben nötigen, und da er sah, daß die Trinker weit mehr verbrauchten als die Esser, so schaffte er die üblichen Trinkgelage ab und erließ das Gebot, daß aus der Brotfrucht kein Trank bereitet werden sollte: der bittere Hunger müsse durch das Verbot des übermäßigen Trinkens gelindert und der Durst zu einer Quelle reichlicher Speise gemacht werden.

Da geriet ein Mann mit ewig durstiger Kehle, der das Verbot des gewohnten Trinkens aus Herzensgrund beklagte, auf ein tiefsinniges, schlaues Auskunftsmittel, entdeckte für den verbotenen Genuß einen neuen Weg und brach das allgemeine Gebot der Enthaltsamkeit für seine Person durch seine Unmäßigkeit. Seinen geliebten Genuß mußte ihm ein schlaues, spaßhaftes Verfahren möglich machen: das verbotene Naß leckte er Tropfen für Tropfen und genügte so seinem Drange nach einem tüchtigen Rausche.

Deshalb vom Könige zur Rede gestellt, behauptete er, er habe die Vorschrift der Mäßigkeit genau beachtet, da er ja seine Gier zu trinken durch seine Erfindung des gemäßigten Zusichnehmens unterdrückt habe, und beharrte dabei, das ihm beigelegte Vergehen zu bestreiten: er habe ja nur geleckt und geschlürft.

Obschon ihm nun unter schwerer Bedrohung nicht allein zu trinken, sondern auch leckend zu schlürfen verboten wurde, konnte er doch seine Gewohnheit nicht meistern. Um den verbotenen Genuß sich in scheinbar erlaubter Weise zu verschaffen und seine Kehle nicht unter das Joch eines fremden Ermessens zu beugen, machte er kleine Stücke von Brotrinde mit Bier naß, aß die Bissen, wenn sie die Flüssigkeit tüchtig eingesogen hatten, und erzeugte so den gewünschten Rausch durch zäh ausdauerndes Zusichnehmen: so versetzte er sich in den Zustand der Völligkeit, ohne gegen den Wortlaut des Verbotes zu fehlen. Der unwiderstehliche Durst der Kehle, der ihn das Leben für die Schwelgerei einsetzen und selbst durch die Drohung des Königs sich nicht abschrecken ließ, trieb das sinnlose Verlangen dahin, jede Gefahr kühn zu verachten.

Wiederum wurde er von dem Könige zur Rede gestellt wegen der Verletzung des Gebotes. Aber auch jetzt verzichtete er nicht auf eine Verteidigung: er behauptete, er habe keineswegs gegen die königliche Verordnung gefehlt, noch sei die durch den Erlaß vorgeschriebene Maßhaltung durch Genußsucht von seiner Seite verletzt: das gegebene Mäßigkeitsgesetz habe die Form der Enthaltung in einer Weise vorgeschrieben, daß zwar offenbar die Erlaubnis, die Flüssigkeit zu trinken, entzogen werde, nicht aber, sie zu essen.

Da schwur der König unter Anrufung der Götter bei dem allgemeinen Wohle, er werde es mit dem Leben büßen, wenn er sich weiter ähnliches herausnähme. Aber der Mann mit der durstigen Kehle hielt den Tod für ein geringeres Übel als die Nüchternheit und das Leben zu lassen für noch erträglicher als sich den Genuß zu versagen; er kochte die Frucht wieder ohne Hehl in Wasser und ließ es gären. Da er nicht hoffen konnte, noch weiter eine Verteidigung für seine Leidenschaft in der Anklage vorzubringen, so wandte er sich offen wieder mit frecher Stirne zum Becher und zechte wacker; List in Trotz verkehrend, wollte er lieber die königliche Ahndung erwarten als enthaltsam werden.

Als ihn der König fragte, warum er sich wieder unterfange zu tun, was ihm so oft untersagt sei, da sagte er: »Diesen Drang, o König, erzeugte nicht meine Trunksucht, sondern Wohlwollen gegen dich; denn ich dachte daran, daß beim Leichenbegängnisse eines Königs das Totenopfer mit einem Schmause dargebracht werden muß. Damit nun der Schmaus, mit dem deine Bestattung gefeiert wird, nicht wegen Mangels an Hefe des festlichen Trunkes entbehren müsse, habe ich, nicht also durch meine Trunksucht, sondern durch weise Fürsorge geleitet, für die Möglichkeit der Herstellung des verbotenen Trankes gesorgt. Daß du aber früher als andere an Hunger sterben und der Bestattung bedürfen wirst, das ist mir gewiß; denn deswegen, denke ich, hast du das neuartige Gesetz der Sparsamkeit erlassen, weil du fürchtetest, daß dir zuerst es an Nahrung fehlen würde. Für dich, nicht für andere sorgend, hast du es über dich gewonnen, gegen königliche Sitte den Geiz einzuführen.«

Da verwandelte der feine Spott des Mannes den Zorn des Königs in Beschämung. Da er sah, daß der dem öffentlichen Wohle geltende Erlaß nur zu einer Verspottung seiner Person ausgeschlagen war, ließ er die Sorge für den allgemeinen Nutzen sein und widerrief seine Verordnung: er wollte lieber seine Satzung aufheben als den Unwillen des Volkes auf sich laden.

54. Regner

Das Gefolge des Heroth, Königs der Schweden, hatte auf einer Jagd im Walde Schlangen gefunden, und er hatte deren Pflege seiner Tochter übertragen; sie gehorchte willig dem Befehle des Vaters und zog das Otterngezücht mit ihren jungfräulichen Händen auf; sie trug auch Sorge, daß eine jede zu ihrer Sättigung jeden Tag eine ganze geschlachtete Kuh erhielt, und wußte nicht, daß sie mit dieser ihrer Fütterung ein Unheil für das ganze Land großzog.

Als sie nun heranwuchsen und mit ihrem vergifteten Hauche die Nachbarschaft versengten, da überkam den König die Reue über das verkehrte Beginnen, und er versprach dem die Tochter zur Frau, der die Plage beseitige. Diesem Aufrufe zur Bewährung der Tapferkeit und dem Locken der Minne folgte die Jugend in Scharen, aber ihr gefährliches Ringen war erfolglos.

Diese Wundermär vernahm Regner von fahrenden Leuten und ließ sich von seiner Nährmutter einen wollenen Mantel und recht zottige Hosen geben, um damit die Bisse der Schlangen unschädlich zu machen. Zum Schutze meinte er eine recht haarige Kleidung nehmen zu müssen, sie durfte ihn aber auch nicht in rascher Bewegung hemmen. Als er zu Schiff nach Schweden kam und Kälte einfiel, legte er sich mit Fleiß ins Wasser, ließ sein Kleid sich vollsaugen und dann in der Kälte steif frieren; so konnte kein Biß durchdringen.

Er ermahnte beim Abschiede sein Gefolge, seinem Sohne Fridlew treu zu bleiben, und zog allein in seiner Kleidung zur Königsburg. Als er sie zu Gesicht bekam, band er das

Schwert an seine Seite und nahm einen Riemenspeer in seine Rechte. Als er weiterschritt, schlängelte sich eine ungeheure Schlange ihm entgegen, und eine andere, ebenso große, kroch ihr gleitend nach. Sie mühten sich, den Mann bald mit dem ringelnden Schwanze zu Boden zu schlagen, bald mit ihrem durchdringenden, giftigen Geifer zu bespeien. Die Hofleute suchten sich ein sicheres Versteck und sahen sich wie furchtsame Mägdlein die Sache aus der Ferne an. Auch der König war in gleichem Schrecken mit wenigen Mannen in ein enges Gemach geflohen. Aber Regner vertraute auf seine hartgefrorene Kleidung, machte alles Anspringen der giftigen Tiere mit den Waffen und mit dem Anzuge zunichte, und er allein erwehrte sich, unermüdlich im Kampfe, des aufgesperrten Rachens der zweie, die hartnäckig das Gift gegen ihn schleuderten; denn die Bisse machte er mit dem Schilde, das Gift mit dem Kleide unschädlich. Zuletzt entsandte er den Speer aus seiner Hand und schleuderte ihn mit Kraft in den Leib der Tiere, die ihn anfielen; beider Herzen zerriß er damit, und so endete der Kampf für ihn glücklich.

Der König betrachtete verwundert seinen Anzug, den er so rauh und zottig sah; vorzüglich aber erregte das steifgefrorene Unterkleid und das unschöne Aussehen der Hosen seinen Spott, und er nannte ihn im Scherze Lothbrog[1]. Er ladet ihn auch zur Erfrischung nach seiner Anstrengung mit seinen Freunden zum Mahle; er aber sagte, er wolle erst wieder zu seinen Leuten gehen, die er zurückgelassen hätte. Er ging und führte sie, wegen des bevorstehenden Festmahls zierlich gekleidet, heran. Erst nach Vollendung des Gastmahls erhielt er den ausgesetzten Siegespreis.

[1] d. i. Lodenhose

NACHWORT

Die ältesten dänischen Märchen, die wir heute kennen, tauchen in der Literatur um 1200 bei dem Historiker Saxo Grammaticus auf, der in seinem Werk „Gesta Danorum" bewußt die Märchen- und Sagenüberlieferungen seiner Zeit benutzt und in eine Art Heldensagen um vorgeschichtliche dänische Könige umdichtet, die dadurch gewissermaßen eine „historische" Biographie und individuell in einem mehr oder weniger abenteuerlichen Lebenslauf Gestalt erhalten.

Man kann nur schwer mit Sicherheit sagen, woher Saxo seinen Stoff hat; man findet jedoch einen Wegweiser in seiner Einleitung[1], wo er selber über einige seiner Quellen berichtet:

„Die alten Dänen haben, worauf ich hier hinweisen will, wenn hervorragende Taten der Tapferkeit vollbracht waren, von Ruhmeseifer durchdrungen, in Nachahmung der römischen Literatur nicht allein einen Bericht über ihre Großtaten in einer auserlesenen Art von Darstellung, gleichsam wie in einem poetischen Werk gegeben, sondern haben auch die Taten der Ahnen, die durch Gedichte in der Muttersprache verbreitet waren, in Buchstaben ihrer Sprache auf Steine und Felswände eingraben lassen. In ihren Fußstapfen stehend, gleich wie auf Buchrollen des Altertums fußend, und ihrem Inhalte in treuer Übersetzung Schritt für Schritt nachgehend, habe ich Verse auf Verse wiedergegeben, und da sich meine ganze Darstellung auf diese Grundlage stützt, so mag sie nicht als jetzt frisch geschaffen betrachtet werden, sondern muß als ein Erzeugnis der alten Zeit gelten; denn das vorliegende Werk verspricht nicht inhaltleeres Wortgepräge, sondern treue Kunde der Vorzeit . . . Auch die Tätigkeit der Isländer darf nicht von mir verschwiegen werden. Ihre mit

[1] Nach P. Hermanns Übersetzung (1901) 4f. zitiert

geschichtlichen Zeugnissen angefüllten Schatzkammern habe ich eifrig zu Rate gezogen und einen nicht geringen Teil des vorliegenden Werks auf der Wiedergabe ihres Berichtes aufgebaut und habe nicht verschmäht, bei denen mir Rat zu holen, die ich eine so eingehende Kenntnis des Altertums besitzen sah. Ebenso habe ich es mir eine Sorge sein lassen, die Berichte Absalons, teils über seine eigenen Taten, teils nach Erkundigung über fremde, in gelehrigem Sinne und Worte zu verarbeiten ...“

Die von Saxo hier genannten Quellen zeugen von der Weite seiner historischen Orientierung, und da Geschichte im heutigen Sinne und Überlieferung für Saxo und seine Zeitgenossen ein und dasselbe waren, erfahren wir gleichzeitig, auf welchen Wegen ihm die mündlichen Märchen- und Sagenüberlieferungen in die Hände kamen: entweder unmittelbar durch dänische Gewährsleute oder mittelbar durch isländische Erzählungen, sowohl historische Sagen als auch Märchensagen. Es muß darum schon, ehe Saxo sein Werk schrieb, in Dänemark ein recht eingehendes Wissen über die gesamteuropäische Märchenüberlieferung vorhanden gewesen sein, das auf den verschiedenen Wegen den oder die Orte auf Seeland erreichte, wo Saxo seine dänische Geschichte schrieb.

Diese Wanderungen kann man nicht mit Sicherheit festlegen, ihre Richtung aber kann man durch einen kurzen Hinweis auf die kulturellen Beziehungen andeuten, die Dänemark seit der Wikingerzeit mit Deutschland, England, Irland und Frankreich unterhielt. Allerdings gaben die Wikingerzüge kaum besonderen Anlaß zu friedfertigen Verbindungen mit der überfallenen Bevölkerung, auf die Kriege aber folgte oft eine permanente Ansiedlung der Dänen mit daraus erfolgenden Einheiraten in die örtlichen Familien und dauernden Geschlechtsverbindungen zwischen den Emigranten und der Heimat, wodurch ein naher Kulturkontakt entstand, der für die Auswechslung von Überlieferungen ein natürlicher Nährboden ist. Eine andere Form der Traditionswanderung durch umherziehende Gaukler, Spielleute und Sänger nennt Saxo direkt in seinem Bericht über den Mord an Knud Laward, der 1131 von Magnus in einen Wald gelockt wurde. Magnus benutzte dazu einen sächsischen Sänger, der durch Eid zum Schweigen gezwungen worden war. Deshalb sang er Knud Laward in bestimmter Absicht mit den Worten des herrlichen Liedes die weltbekannte Treulosigkeit der Grimilda gegen ihre Brüder und versuchte durch den Hinweis auf eine berühmte Falschheit in ihm ein entsprechendes Bedenken wachzurufen.

Die Auswahl von Saxos Märchen, die in dieser Sammlung dänischer Volksmärchen enthalten ist (Nr. 49—54), stellt nur einen kleinen Ausschnitt des Stoffes aus der „Gesta Danorum“ dar, deren vorgeschichtliche Abschnitte geradezu ein Füllhorn voller Märchen- und Sagenmotive sind, die man in neueren Aufzeichnungen wiederfindet. Wir hoffen, daß die Auswahl so umfassend und variiert ist, daß sie bezeugt, wie weit die dänische Märchenüberlieferung um 1200 reicht; man findet u. a. die Ehe mit übernatürlichen Frauen, Kämpfe mit Ungeheuern in Gestalt von Riesen und Riesenschlangen (Nr. 49 und 54), Proben in List und Klugheit, vor die Amleth (Nr. 50) gestellt wird, der neueren Volkstradition entsprechend (Nr. 45), eine kurze Variante der Prinzessin im Hügel (Nr. 52), die auch in einer jüngeren Variante (Nr. 4) erscheint, das Amor-und-Psyche-Motiv (Nr. 51) und einen ausgesprochenen Schwank (Nr. 53).

In den nachfolgenden Jahrhunderten scheinen die Märchen ein ziemlich zurückgezogenes Leben zu führen, und wir wissen praktisch nichts über sie, wahrscheinlich weil dieser Stoff die Dichter und Historiker jener Zeit nicht interessierte. Erst um 1500 tauchen sie als vollständige Texte oder bruchstückweise, aber doch so vollständig, wieder auf, daß man sie auf bestimmte Märchentypen zurückführen kann. Der älteste dieser Texte scheint eine Variante von „Kaiser und Abt“ (AT 922, siehe oben Nr. 46) zu sein, in der ein Koch die Fragen beantwortet, die ein Vorgesetzter dem Abt gestellt hat: „Wieviel Sterne sind am Himmel – Wieviel Wasser ist im Meer? Was denke ich?" Etwas später findet man in einer undatierten Liederhandschrift aus dem 16. Jahrhundert eine Strophe der dänischen Version des Siegfried/Sigurd-Zyklus, die beweist, daß das Märchen vom Ritt auf den Glasberg (siehe Nr. 38) zu diesem Zeitpunkt schon so lange bekannt war, daß das Hauptmotiv Zeit genug hatte, um metrisch umgestaltet und einer anderen Überlieferungsform angeglichen zu werden:

Sivard, er hat ein Fohlen,
es war zahm:
Am lichten Tag er stolz Brynhild
vom Glasberg nahm.
– Des Königs Söhne von Dänemark.[1]

Von der Reformationszeit ab kann man auch Anfängen eines Imports des Stoffes auf literarischem Wege nachspüren, der die lesende Welt in den folgenden Jahrhunderten mit einer europäischen Überlieferung in Verbindung bringt, die durch verschiedene Kanäle in die Volksüberlieferung sickert und sich mit dieser vermischt, manchmal so stark, daß in vielen Fällen schwierig zu erkennen ist, ob es sich um reine Volksüberlieferung oder gesunkenes Kulturgut handelt. Das älteste, von zentraler Stelle dirigierte Beispiel eines solchen Prozesses finden wir in der protestantischen Kirchenverordnung von 1537, in der im Absatz über den Unterricht von Kindern bestimmt wird, daß die Schüler der 2. Klasse als grammatisches Übungsbuch Äsops Fabeln benutzen sollen. Diese Ordination gab vielleicht den Anlaß dazu, daß Christiern Pedersen 1556 Äsops Fabeln ins Dänische übersetzte, eine Übersetzung, die von den Schülern als ein zwar unerlaubtes, aber recht nützliches Hilfsmittel bei der Schularbeit benutzt wurde. Jedenfalls ist diese Übersetzung von den un-

[1] Ina-Maria Greverus, Skandinavische Balladen des Mittelalters (1963) 23

bekannten Lesern jener Zeit so stark benutzt und in dem Grad verschlissen worden, daß nur ein einziges unvollständiges Exemplar dieses Buches erhalten ist. Im vorhergehenden Jahre (1555) erschien in Rostock die älteste dänische Übersetzung des plattdeutschen „Reynke Vosz", eines der vielen Bücher, die damals in Deutschland gedruckt und in so zahlreichen Exemplaren nach Dänemark versandt wurden, daß König Frederik II. 1562 verordnete, daß alle Bücher in dänischer Sprache in Kopenhagen gedruckt werden müßten.

Mit dieser Verordnung beabsichtigten die Behörden insbesondere eine Überwachung des religiösen Inhaltes der übersetzten Bücher, und sie scheint vorerst der Herausgabe populärer Literatur, die nun künftig in Dänemark gedruckt wurde, nicht im Wege gestanden zu haben, und ebensowenig hinderte sie deutsche Buchhändler an der Kolportage dieser Bücher. Wir wissen u. a., daß Laurentz Albrecht 1591 die älteste dänische Übersetzung von „Till Eulenspiegel" verhandelte, sowie daß er im gleichen Jahr in Rostock eine neue Ausgabe der dänischen Übersetzung der „Sieben weisen Meister" drucken ließ, die die Neuauflage einer vor 1575 in Kopenhagen gedruckten älteren Ausgabe zu sein scheint. 1618 erschien eine Übersetzung des „Buches der Weisheit", 1626 eine dänische Ausgabe von „Schimpf und Ernst" usw. Und nun scheint die Produktion dieser Art Literatur so umfangreich geworden zu sein, daß die Behörden abermals einschreiten mußten, u. a. durch ein Reskript vom 27. September 1726, das unter Androhung von Konfiskation und Strafe den Verkauf einer Reihe populärer Schriften in Nordnorwegen, Finmarken und dem Amt Trondheim untersagte.

Das Reskript brachte jedoch nicht den Druck dieser Literatur ins Stocken, die in den nächsten Jahrzehnten immer umfangreicher wurde und dazu führte, daß die lesende Welt in Dänemark um 1700 praktisch die gesamte europäische Unterhaltungsliteratur kannte. Diese Bücher enthielten zahlreiche Geschichten, die ohne größere Schwierigkeit von der

Volksüberlieferung hätten aufgenommen und, wie das heutzutage der Fall ist, aufgezeichnet werden können. Daß das nur in wenigen Fällen geschah, scheint darauf zu beruhen, daß zu diesem Zeitpunkt zwischen den Lesern des Bürgerstandes und den Erzählern der Bauernbevölkerung immer noch eine kulturelle Distanz bestand. Die Volksüberlieferung ist immer ihre eigenen Wege gegangen, unberührt von literarischen Strömungen, aber stets eng verbunden mit den gleichzeitigen Überlieferungskanälen der Nachbarländer, insbesondere mit Deutschland und Holland, was ja sehr natürlich ist, wenn man in Betracht zieht, daß die südlichen Provinzen Dänemarks, Schleswig und Holstein einschließlich Altona, bis 1864 ein Teil des dänischen Reiches waren, und daß zwischen diesen Gegenden und Westjütland und den niederdeutschen Kulturgebieten, insbesondere auch Holland, von wo aus wiederum eine Überlieferungslinie weiter nach Frankreich führt, lebhafte Beziehungen bestanden.

Im 18. Jahrhundert scheint man in Dänemark praktisch alle die Märchen zu kennen, die in Nord- und Zentraleuropa im Schwange waren. Allerdings kennen wir – abgesehen von einem Teil Schwänke – nicht viele Texte aus diesem Zeitraum, sehr wahrscheinlich, weil man in der pietistischen Periode und in der Aufklärungszeit Märchen und andere Überlieferungen als Tand und dummes Zeug bezeichnete, die möglichst zugunsten sowohl der Religion als auch der gesunden Vernunft ausgerottet werden sollten. Der Stoff bleibt aber erhalten, bereit, um nach 1800 aufgezeichnet zu werden, als die neue romantische Bewegung und die nationalen Strömungen Volkslieder und Märchen zu einem Sammelobjekt für die Männer der neuen Zeit und zu einem Studienobjekt für Dichter, Philosophen und Volkskundler machten.

Die erste dänische Märchenausgabe, 1816 von Adam Oehlenschläger herausgegeben, fällt in die Übergangszeit zwischen Präromantik und Romantik. So wenig wie Herder sondert er zwischen literarischen Märchen und Volksüberlieferung, und als eine Art Verteidigung seines Werks zitiert er nicht die Einleitung der „Kinder- und Hausmärchen", sondern Lessings Worte über das Heimatrecht der Gespenster sowohl in der Literatur als auch im Volksglauben. Das Buch enthält zum größten Teil literarische Märchen von Ludwig Tieck, Heinrich von Kleist und Friedrich de la Motte Fouqué, aber auch Musäus ist vertreten sowie — was viel wichtiger ist — aus den „Kinder- und Hausmärchen" sind mehrere Märchen, u. a. „Der gestohlene Heller", „Däumling", „Der Froschkönig", „Das tapfere Schneiderlein", „Der Fischer un syne Fru" und „Machandelboom" übernommen. Zu den beiden letztgenannten Märchen schreibt Oehlenschläger: „Ich habe diese Märchen aus Runges eigenem Mund gehört, vorgetragen mit all dem Gefühl und all der Begeisterung, die möglich sind. Wer nur kindliche Phantasie ohne Geschmack in diesen Sagen erblickt, ist zu bedauern!"

Die erste vollständige Übersetzung der „Kinder- und Hausmärchen" erschien 1821 und wurde bereits 1823 neu aufgelegt. Diese Ausgabe scheint Mathiaus Winther als Vorbild gedient zu haben, als er 1823 die erste wirkliche Sammlung dänischer Volksmärchen, insbesondere aus Fünen, herausgab. C. Molbechs Märchenbuch von 1843 enthält hauptsächlich Übersetzungen der Gebrüder Grimm sowie mehr oder weniger echte Texte der Nachbarländer; er macht aber doch auch vier dänische Märchen bekannt, die er selbst nach einem Bauernburschen aus Mitteljütland aufzeichnete. Zu dieser Zeit ist das Interesse für echte Volksmärchen so stark geworden, daß eine besser organisierte Sammlung des Stoffes bemerkbar wird, und dieses Interesse erreicht seinen Höhepunkt zu Anfang des Jahres 1854, als Svend Grundtvig seinen Aufruf über das Sammeln von Märchen, Schwänken, Liedern, Reimen, Sagen usw. erließ. Dieser Aufforderung wurde mit so großem Eifer Folge geleistet, daß Grundtvig bereits im gleichen Jahre einen großen Teil des neuen Stoffes veröffentlichen konnte, und die Aufzeichner arbeiteten so emsig, daß er vor seinem Tode 1883 über eine Sammlung von mehr als 1000 Märchen und Schwänken verfügte.

1868 begann Evald Tang Kristensen seine lebenslange Sammelarbeit von Märchen und anderen Überlieferungsformen. Sein Werk wurde bald von anderen Männern und Frauen aufgegriffen, die alle auf fast ausschließlich privater Grundlage bis 1904 arbeiteten, als die „Dansk Folkemindesamling“ gestiftet wurde, die seit dieser Zeit die Sammelarbeit in verschiedener Weise organisierte und die Heimstätte zahlreicher Privatsammlungen wurde, die sich heute im Besitz des Staates befinden.

Die zahlreichen Ansätze zu Märchensammlungen, die man bis etwa 1200 zurückverfolgen kann, als Saxo einen Teil des damals vorhandenen Stoffes in seine dänische Geschichte aufnahm, liegen demnach seit mehr als hundert Jahren in einem einigermaßen festen Rahmen. In all diesen Jahren floß der Stoff in nie versiegendem Strom in Gestalt kürzerer oder längerer Berichte, in bearbeiteten Wiedergaben und wortgetreuen Niederschriften anfänglich auf Papier, später in unmittelbaren Magnetophon- (siehe oben Nr. 5) und Filmaufnahmen, so daß man das Märchen sowohl hören als auch sehen konnte, dieser Institution zu. Wenn man darum eine Auswahl aus diesem reichen Schatze treffen will, leidet man wahrlich nicht an Stoffnot – das Problem ist das Finden solcher Texte, die in bester Weise einen Eindruck von der Wiedergabe des dänischen Erzählers nationaler und internationaler Märchen aus dem gewählten Zeitraum von 1853 bis 1960 vermitteln.

Nivaa, Juni 1964 L. Bødker

ANHANG

Als Grundlage für diese Ausgabe dänischer Volksmärchen wurde die Auswahl benutzt, die sich in Clara Stroebes „Nordische Volksmärchen“ I (MdW 1915) befindet und hier nach der letzten Ausgabe von 1940 zitiert wird. Aus der ursprünglichen Sammlung wurden mehrere Märchen entfernt, die aus verschiedenen Gründen nicht befriedigend erschienen, und gleichzeitig wurden so viele neue Märchen hinzugefügt, daß der Umfang mehr als verdoppelt wurde.

Die jetzt hinzugefügten Märchen sind, analog den Texten von Frau Stroebe, Originalmanuskripten der Dansk Folkemindesamling in Kopenhagen entnommen; während jedoch Frau Stroebe ausschließlich gedruckte Ausgaben benutzte, ist ein Teil des neuen Stoffes bisher noch nicht veröffentlicht worden. Das Verhältnis zwischen den beiden Ausgaben geht aus den Anmerkungen hervor, in denen auf Frau Stroebes Auswahl, ihre Quellen sowie auf Erläuterungen hingewiesen wird, die erhellen, wo die einzelnen Texte nach 1915 eventuell gedruckt worden sind. Außerdem sind auf Wunsch von Professor Friedrich von der Leyen einige Märchen von Saxo Grammaticus (um 1200) aufgenommen worden.

Abkürzungen

AT	A. Aarne und S. Thompson, The Types of the Folktale. Second Revision. Helsinki 1961
BødkerDF	L. Bødker, Danske Folkeeventyr. København 1960
GrundtvigDglM	S. Grundtvig, Gamle danske Minder i Folkemunde I–III. København 1854–61
HerrmannSG	P. Herrmann, Erläuterungen zu den ersten neuen Büchern des . . . Saxo Grammaticus. Erster Teil: Übersetzung. Leipzig 1901
KampDF	J. Kamp, Danske Folkæventyr I–II. København 1879–91
KristensenJF	E. T. Kristensen, Jydske Folkeminder I–XIII. København 1871–97
LevinsenFV	N. Levinsen, Folkeeventyr fra Vendsyssel, udgivet af L. Bødker. København 1958
StroebeNVM	Clara Stroebe, Nordische Volksmärchen I (MdW). Jena 1940

Anmerkungen

1. Der Sohn des Fischers. Aufgezeichnet 1855 von A. C. Poulsen nach Inger Maria Nielsdatter in Skyum (Nordjütland). AT 400 u. 302.
2. König Lindwurm (StroebeNVM Nr. 1). Quelle: GrundvigGldM I, 172, Nr. 216; LevinsenFV 26 Nr. 8. Aufgezeichnet 1854 von Niels Levinsen nach Maren Mathisdatter in Furreby (Nordjütland). AT 433 B.

3. Der Zauberlehrling. Quelle: BødkerDF 81. Aufgezeichnet 1886 von E. T. Kristensen nach Tøger Dissing in Erslev, Mors. AT 325.
4. Die Prinzessin auf der Insel (StroebeNVM Nr. 3). Quelle: Grundtvig GldM II, 157 Nr. 308. Aufgezeichnet 1856 von Nikolaj Christensen nach Lars Østrup in Hvedsted (Nordjütland). AT 870.
5. Hans mit den Wasserstiefeln. Quelle: Folkeminder 9 (København 1963) 223ff. Magnetophonaufnahme 1960 von Anders Enevig nach Maren Kirsten Marie Jensen in Oddum (Westjütland). AT 300.
6. Ederland die Hühnermagd (StroebeNVM Nr. 6). Quelle: Grundtvig GldM I, 203 Nr. 348. Aufgezeichnet 1851 von Franziska Carlsen nach unbekanntem Erzähler in Ostseeland. AT 328.
7. Das graue Pferdchen. Aufgezeichnet 1860 von Nis H. Callesen nach Inger Høgelund in Rishjarup (Nordschleswig). AT 531.
8. Das kluge Mädchen (StroebeNVM Nr. 8). Quelle: GrundtvigGldM II, 307 Nr. 446. Aufgezeichnet 1856 von M. Hansen nach unbekanntem Erzähler, Falster. AT 1450.
9. Der Bärenmann. Quelle: BødkerDF 52. Aufgezeichnet 1902 von E. T. Kristensen nach Ane Marie Nielsdatter in Ringgive (Ostjütland). AT 361.
10. Der Hirschprinz (StroebeNVM Nr. 2). Quelle: GrundtvigGldM III, 62 Nr. 37. Aufgezeichnet 1856 von Anna Braase nach unbekanntem Erzähler in Ostjütland. AT 425.
11. Die geduldige Frau (StroebeNVM Nr. 7). Quelle: GrundtvigGldM II, 167 Nr. 310. Aufgezeichnet 1853 von Jeanina Stampe nach unbekanntem Erzähler in Südseeland. AT 887.
12. Der tapfere Schuhmacher. Quelle: BødkerDF 27. Aufgezeichnet 1905 von E. T. Kristensen nach Klavs Pedersen in Mølholm (Ostjüdland). AT 1640.
13. Die kleine Wildente (StroebeNVM Nr. 4). Quelle: KristensenJF V (1881) 118 Nr. 16. Aufgezeichnet 1874 nach Lavrine Dorothea Sørensdatter in S. Rind (Mitteljütland). AT 403.
14. Die Schlange (StroebeNVM Nr. 9). Quelle: GrundtvigGldM II, 191 Nr. 314. Aufgezeichnet 1856 von Nikolaj Christensen nach Bodil Marie Nielsdatter in Nykøbing, Mors. AT 432.
15. Der Reisekamerad. Quelle: BødkerDF 127. Aufgezeichnet 1901 von E. T. Kristensen nach Mads Kr. Madsen in Hammerum (Mitteljütland). AT 507.
16. Die Schlange und das kleine Mädchen (StroebeNVM Nr. 5). Quelle: GrundtvigGldM III, 15 Nr. 4. Aufgezeichnet 1859 von Elise Lindberg nach unbekanntem Erzähler auf Bornholm. AT 433A.
17. Der starke Hans (StroebeNVM Nr. 17). Quelle: GrundtvigGldM I, 33 Nr. 34. Aufgezeichnet 1851 von Franziska Carlsen nach unbekanntem Erzähler in Südseeland. AT 650A u. 301.
18. Mette Holzkäppchen. Quelle: Franziska Carlsen, Efterretninger om Gammekjøgegaard II (København 1878) 144ff. Aufgezeichnet 1855 von Franziska Carlsen nach unbekanntem Erzähler in Ostseeland. AT 510.
19. Der Gesundheitsbaum (StroebeNVM Nr. 13). Quelle: GrundtvigGldM

II, 20 Nr. 4. Aufgezeichnet 1851 von Franziska Carlsen nach unbekanntem Erzähler in Ostseeland. AT 610.

20. Der Topf (StroebeNVM Nr. 11). Quelle: GrundtvigGldM III, 79 Nr. 43. Aufgezeichnet 1856 von Lars Frederiksen nach unbekanntem Erzähler auf Fünen. AT 591.
21. Die Mühle auf dem Meeresgrund (StroebeNVM Nr. 25). Quelle: KristensenJF V (1881) 206 Nr. 27. Aufgezeichnet 1874 von E. T. Kristensen nach Erik Larsen in Uglkjær (Westjütland). AT 565.
22. Hans mit den goldenen Haaren (StroebeNVM Nr. 12). Quelle: GrundtvigGldM II, 170 Nr. 311; LevinsenFV 119 Nr. 23. Aufgezeichnet 1854 von Niels Levinsen nach Gjertrud Jørgensen in Furreby (Nordjütland). AT 314.
23. Der Schelm von Mols. Quelle: BødkerDF 168. Aufgezeichnet 1871 von E. T. Kristensen nach Jens Frederiksen in Ikast (Mitteljütland). AT 1535.
24. Peter Rothut (StroebeNVM Nr. 14). Quelle: KristensenJF V (1881) 96 Nr. 13. Aufgezeichnet 1872 von T. E. Kristensen nach T. Sørensen in Tulstrup (Mitteljütland). AT 900.
25. Das Schwein (StroebeNVM Nr. 26). Quelle: GrundtvigGldM III, 24 Nr. 8. Aufgezeichnet 1854 von Nanna Reedtz nach unbekanntem Erzähler in Ostjütland. AT 311.
26. Die drei guten Ratschläge (StroebeNVM Nr. 15). Quelle: Grundtvig GldM III, 39 Nr. 21. Aufgezeichnet 1856 von H. F. Feilberg nach E. Hagerup in St. Holt (Nordschleswig). AT 910A u. 901.
27. Klein-Mette (StroebeNVM Nr. 20). Quelle: KristensenJF V (1881) 57 Nr. 7. Aufgezeichnet 1874 von E. T. Kristensen nach Jens Madsen in Rind (Mitteljütland). AT 870A.
28. Trillevip (StroebeNVM Nr. 21). Quelle: GrundtvigGldM II, 163 Nr. 309. Aufgezeichnet 1854 von K. Sørensen nach unbekanntem Erzähler auf Fünen. AT 500 u. 501.
29. Ein Augenblick im Himmel (StroebeNVM Nr. 22). Quelle: GrundtvigGldM I, 108 Nr. 109. Aufgezeichnet 1854 von C. G. Buchholz nach unbekanntem Erzähler in Jütland. AT 470.
30. Der Prinz ohne Angst. Quelle: LevinsenFV 151 Nr. 27. Aufgezeichnet 1854 von Niels Levinsen nach Christian Skomager in Løkken (Nordjütland). AT 326.
31. Der ungehobelte Bauer (StoebeNVM Nr. 31). Quelle: KristensenJF V (1881) 360 Nr. 47. Aufgezeichnet 1875 von E. T. Kristensen nach J. Kr. J. Bisgaard in Mejrup (Westjütland). AT 1544.
32. Der Gang in die Mühle (StrobeNVM Nr. 38). Quelle: KristensenJF VII (1884) 177 Nr. 23. Aufgezeichnet 1871 von E. T. Kristensen nach Jens Poulsen in Sunds (Mitteljütland). AT 1696.
33. Das Rad kleiden. Aufgezeichnet 1868 von A. Pedersen nach J. Kr. J. Bisgaard in Mejrup (Westjütland). AT 950.
34. Das schwatzhafte Mädchen (StroebeNVM Nr. 28). Quelle: KristensenJF V (1881) 381 Nr. 50. Aufgezeichnet nach Lavst Johansen in Snejbjerg (Mitteljütland). AT 886.
35. Der Hund und der Hahn (StroebeNVM Nr. 35). Quelle: Grundtvig

GldM II, 117 Nr. 113. Aufgezeichnet 1856 von A. C. Poulsen nach unbekanntem Erzähler auf Fünen. AT 670.

36. Die erste Eule. Aufgezeichnet 1875 von E. T. Kristensen nach Peder Jensen in Tvis (Mitteljütland). AT 753.
37. Die Pfarrersfrau (StroebeNVM Nr. 23). Quelle: GrundtvigGldM III, 19 Nr. 6. Aufgezeichnet 1857 von H. A. Bering nach unbekanntem Erzähler in Nordjütland. AT 755.
38. Das schwarze Pferd. Quelle: GrundtvigGldM I, 211 Nr. 249; LevinsenFV 41 Nr. 10. Aufgezeichnet 1854 von Niels Levinsen nach Maren Mathisdatter in Furreby (Nordjütland). AT 530.
39. Mann und Frau (StroebeNVM Nr. 36). Quelle: GrundtvigGldM II, 125 Nr. 121. Aufgezeichnet 1854 von Nikolaj Christensen nach unbekanntem Erzähler in Nordjütland. AT 1366A*.
40. Die große Lüge. Quelle: LevinsenFV 17 Nr. 6. Aufgezeichnet 1854 von Niels Levinsen nach Maren Mathisdatter in Furreby (Nordjütland). AT 852.
41. Der faule Lars (StroebeNVM Nr. 30). Quelle: KampDF I, 160 Nr. 15. Aufgezeichnet o. J. von J. Kamp nach unbekanntem Erzähler auf Bogø. AT 675.
42. Eine lustige Geschichte (StroebeNVM Nr. 34). Quelle: Grundtvig GldM III, 199 Nr. 161. Aufgezeichnet 1854 von H. F. Feilberg nach unbekanntem Erzähler in Nordschleswig. AT 1736.
43. „Ich weiß, was ich weiß!“ (StroebeNVM Nr. 27). Quelle: Grundtvig GldM I, 196 Nr. 246. Aufgezeichnet 1854 von Nikolaj Christensen nach unbekanntem Erzähler in Nordjütland. AT 552B.
44. Terkild. Aufgezeichnet und erzählt 1877 von N. V. Madsen in Bjert (Ostjütland). AT 613.
45. Die klugen Studenten (StroebeNVM Nr. 39). Quelle: KristensenJF VII (1884) 156 Nr. 20. Aufgezeichnet 1873 vom E. T. Kristensen nach Kristine Væver in Filsø (Westjütland). AT 655.
46. Der Pfarrer und der König. Aufgezeichnet 1854 von Lehrer Nielsen nach unbekanntem Erzähler in Vær (Ostjütland). AT 922.
47. Ludwig XVIII. und die Räuber. Aufgezeichnet 1878 von Jørgen Hansen nach Hans Jørgensen in Viskinge (Seeland). AT 952.
48. Das gestohlene Schwein (StroebeNVM Nr. 29). Quelle: KristensenJF VII (1884) 79 Nr. 10. Aufgezeichnet 1877 von E. T. Kristensen nach P. Pedersen in Durup (Mitteljütland. AT 1525E.

Märchen aus Saxo Grammaticus

49. Hading und Regnilda. Quelle: HerrmannSG 37f. Cf. AT 300.
50. Amleth. Quelle: HerrmannSG 113ff. Cf. AT 655.
51. Syritha und Othar. Quelle: HerrmannSG 299ff. Cf AT 425.
52. Die Prinzessin im Hügel. Quelle: HerrmannSG 318ff. Cf. AT 870.
53. König Snio und der Trinker. Quelle: HerrmannSG 379ff.
54. Regner. Quelle: HerrmannSG 407f. Cf. AT 300.

INHALT